제2판

기술혁신의 경제와 경영

Economics and Management of
Technological Innovation

지일용

박영사

머리말

최근 기술경영 혹은 기술경제 분야에 관심을 갖는 인구가 크게 늘었다. 이들 중 일부는 이미 상당한 수준의 경영, 경제 관련 지식을 갖추고 이 분야 공부를 시작하기도 하지만, 아마도 많은 수의 사람들이 사전지식이 부족한 상태에서 입문하고 있는 것이 현실인 것 같다. 저자 역시도 첫 전공 분야가 기계공학이다 보니 대학원에 진학할 때까지 기술경영·경제에 대한 지식이 전혀 없는 상태여서, 대학원 시절 초반에 크게 고생했던 기억이 있다.

본서는 기술경제 및 기술경영 분야에 대한 입문서로 기획되었다. 본서와 유사한 도서는 이미 시중에 여러 권 나와 있고, 모두 이 분야 입문서로서 훌륭한 저작들이다. 그런데 이 분야 입문 시절 고생을 해 본 저자 입장에서는 내용상 조금씩 아쉽거나 너무 어렵게 느껴진 부분들이 있었다. 이에 나름대로의 경험을 바탕으로, 이 분야 입문 수준의 본서를 준비하게 되었다.

이번에 출간하게 된 개정판은 이전 판인『기술혁신과 경영』의 내용에 경제와 관련된 내용을 조금 보완하면서 제목을『기술혁신의 경제와 경영』으로 변경하였다. 입문자들이 비교적 쉽게 접근할 수 있는 기술경영에 대한 내용을 기본으로 하되, 기술혁신이론 내용을 좀 더 강화하고, 경제학적 관점을 추가하였다. 또한 경제학 관련 내용으로서 산업경제개론 부분을 추가하였으며, 기술혁신의 의미, 유형, 동적 변화와 업종별 패턴 등에 관한 개념을 소개하는 데에 지면을 할애하였다. 그리고 이러한 이해를 바탕으로 기업의 기술전략에 적용할 수 있도록 기술혁신의 경영에 대한 내용을 중반부 이후에 배치하였다.

사례의 경우 해외 교재의 것을 그대로 번역하여 소개하기보다는 저자가 그간 수집한 사례, 국내 사례, 산업혁명 시기 등 역사적 사례를 찾아 활용하였다. 아직은 사례들이 풍부하지는 않지만, 향후 보완을 거쳐 이들 사례만으로도 이공계와 인문사회계열의 전문 교양서가 될 수 있으면 하는 마음이다.

본서는 전체 16개 장으로 구성되어 한 학기 학습용으로는 양이 약간 많다. 따라서 책 전체 내용을 학습하기보다는 아래 표와 같이 접근하는 것이 좋을 것이다. 아래 표에서 기본 구성으로 표시된 장들을 학습의 주요 뼈대로 하되, 강사나 학생의 관심사에 따라 옵션 구성에 해당하는 장들을 추가하는 것이 좋겠다.

책 내용 중에는 기술경영 및 기술경제 분야의 중요한 개념이지만 입문서의 한계로 인해 충실히 다루지 못한 것들이 많다. 기술사업화, 기술가치평가, 기술재무와 금융, 기술창업, 기술로드맵, 기술정책 등 미처 다루지 못한 주제도 여럿이다. 입문서의 한계이기도 하고, 저자의 역량 부족이기도 하다. 이런 부분들은 다른 저자들의 교재들로 보완하기를 바란다.

Chapter	주제	기본 구성	옵션 구성
1	서론: 기술혁신과 경제·경영	○	
2	산업경제개론		○
3	혁신의 의미, 동인, 유형	○	
4	혁신의 동적 패턴	○	
5	산업 특성과 기술혁신		○
6	기술 표준화: 기술 간 경쟁의 역학	○	
7	추격과 기술혁신		○
8	중장기 기술예측과 전략기획	○	
9	혁신의 지표와 특허 통계		○
10	개방형 혁신과 협력 전략	○	

11	지식재산 관리와 전략	○	
12	신제품 기획과 개발 과정 관리	○	
13	혁신 프로젝트의 선택	○	
14	기술 마케팅	○	
15	기술과 조직	○	
16	기술혁신과 글로벌화		○

　　본서는 많은 선배 학자들과 스승님들의 가르침에 본인의 강의 경험을 약간 반영하여 완성한 것이다. 현재 영국 런던정경대(LSE)에 계시는 Simona Iammarino 교수님, 한국기술교육대학교 김병근 교수님, 옥주영 교수님, 그리고 스승님이자 이웃 어른이신 카이스트 이덕희 교수님께 감사의 말씀을 드리고자 한다. 그리고 항상 옆에서 저자를 응원해 준 부모님, 장모님, 장인어른, 동생, 그리고 아내 "당근"과 딸 "지구"에게도 고마움을 전한다.

차례

01 서론: 기술혁신과 경제·경영

1. 영국 런던의 피카딜리 서커스

세계의 많은 국가들은 저마다 다른 역사적 배경하에서 서로 다른 정치 체제와 경제사회 체제를 구축해 왔다. 정치적으로는 민주주의가 자리 잡은 나라가 있는 반면 그렇지 않은 나라가 있고, 경제적으로는 자본주의 체제가 있는 반면 그 반대의 경우도 쉽게 찾아볼 수 있다. 또한 많은 국가들이 산업화되어 있거나 산업화가 진행중인 가운데, 아직 산업화되지 않은 곳도 여전히 존재한다. 이렇게 다양한 정치, 경제 체제가 존재하는 가운데, 현대 한국에서 살아가고 있는 우리는 정치적으로는 민주주의, 경제적으로는 자본주의(혹은 최소한 혼합경제 체제)를 표방하는 산업 국가들이 비교적 다수를 차지하고 있다고 믿고 있다.

본서의 첫 장에서는 민주주의, 자본주의, 산업화를 초기부터 이끌어 온 영국이라는 나라의 사진 몇 장에 주목해 보고자 한다. 우선 정치적으로 영국은 13세기 마그나 카르타(Magna Carta) 이후 민주주의 발전을 주도했다는 자부심을 갖고 있다. 그리고 초기 경제학 및 자본주의 이론 정립에 기여한 애덤 스미스(Adam Smith)[1]가 태어나 살았고, 자본주의를 비판한 칼 마르크스(Karl Marx)[2]가 독일로부터 추방당한 후 망명하여 살던 곳이며, 거시경제와 수정자본주의를 주장한 케인즈(John Maynard Keynes)가 태어난 나라이기도 하다. 또한 영국은 산업혁명의 발상지이기도 한데, 영국인들은 '다른 나라를 뒤좇아[3] 본 경험이 없는' 즉 최초의 산업화 국가라는 데 큰 자부심을 가지고 있다.

---

1) 정확하게는 스코틀랜드 출신이다.
2) 독일 출신 경제학자이나 영국 런던에서 살면서 자본론을 집필했다고 한다.
3) 영어로는 catch-up이며, 학술적으로는 '추격'이라고 한다.

물론 현대에 들어서는 영국이라는 나라의 위상이 예전 같지 않은 것이 사실이다. 그러나 세계 경제에서 이 국가가 차지하는 비중이 상당하고, 산업혁명기 이후 근대 역사의 유적들이 여전히 '살아 있어서', 우리가 살아가고 있는 현대의 산업화 과정에 대한 대략적인 스냅샷을 제공해 줄 수 있을 것이다.

[그림 1-1] 런던 교외의 마그나 카르타 기념비(좌), 애덤 스미스 드로잉(중앙), 런던 하이게이트에 있는 마르크스의 묘지(우)

출처: Brian Slater (https://commons.wikimedia.org/wiki/File:Magna_Carta_memorial,_Run nymede_-_geograph.org.uk_-_1264714.jpg) 및 저자 촬영

영국 여행을 가기 위해 여행 책자나 관광 안내 사이트를 찾다 보면 자주 등장하는 주요 관광지들이 있는데, 그 가운데 피카딜리 서커스(Piccadilly Circus)라는 곳이 있다. 이곳은 다른 런던의 관광지들과는 달리, 역사적 사건이 벌어졌다거나 유적이 남아있는 곳은 아니다. 런던 시내 주요 도로 몇 개가 만나는 교차로이자 광장으로, 광장 가운데쯤에는 안테로스(Anteros)[4] 동상이 하나 있는데 이 역시도 그리 유명한 문화재까지는 아니라고 한다. 광장 인근에는 런던의 대표적인 쇼핑가, 번화가(Soho), 차이나타운, 극장가가 모여 있고, 서쪽으로는 영화『노팅힐』에 나온 리츠(The Ritz) 호텔[5]을 거쳐 버킹검 궁전이나 하이드파크로 갈 수 있으며, 동남쪽에는 내셔널갤러리와 트라팔가 광장 등이 연결되어 있어 항상 많은 사람들로 넘쳐난다. 특히 전 세계에서 온 관광객들로 항상 붐비다 보니, 광장 한편에 커다란 광고판이 자리 잡게 되었고 이 광고판이 바로 이 피카딜리 서커스를 대

---

4) 보통 에로스(Eros)상이라고 불린다.
5) 영화 '노팅힐'에서 여주인공 애나 스콧(쥴리아 로버츠)이 머물던 곳이다.

표하는 명물이 되었다.[6]

[그림 1-2] 관광 홍보 사이트에 소개된 피카딜리 서커스

출처: https://www.visitlondon.com/

　피카딜리 서커스 광고판은 현재 미국 뉴욕의 타임스퀘어(Times Square) 광고
판들과 함께 서구 세계에서 가장 유명한 광고판이라고 알려져 있다. 워낙 유명
한 장소이다 보니, 현재 여기에는 삼성전자를 비롯한 세계 유수의 대기업 광고
가 주를 이루고 있다. 한국 경제가 선진국 수준에 조금 못 미쳤던 2000년대 초
반까지만 해도, 이곳을 찾는 한국 관광객들은 한국 전자회사의 광고가 이곳에
올라와 있는 것을 보고 뿌듯해 하며 연신 사진을 찍기도 할 정도였다(물론 지금
도 마찬가지이기는 하다). 이곳에 광고가 올라 있을 정도면 세계 최고 수준의 기업
이라고 믿는 경우가 많기 때문이다.

　그렇다면 예전에는 이 피카딜리 서커스 광고판에 어떤 회사들이 광고를 올렸
을까? 과거 사진들을 살펴보면, 정확지는 않아도 대략적으로 각 시대별 유명한

---

6) 피카딜리 서커스를 구글에서 검색해 보면, 다름 아닌 안테로스상과 바로 이 광고판으로 유
　명하다는 내용이 있을 정도이다.

기업들의 이름을 찾아볼 수 있지 않을까? 아래에는 피카딜리 서커스의 옛날 사진들이 나열되어 있다. 우선 [그림 1-3]은 1930년대 사진으로 추측된다. 광장 가운데에 안테로스상이 있고, 좌측 상단으로 난 도로 양쪽 건물에 광고판들이 설치되어 있다. 이 광고판에서 현재 우리가 잘 알고 있는 브랜드들을 찾기는 쉽지 않다. 좌측의 BOV로 시작하는 광고는 Bovril이라고 하는 육류 추출 즙(meat extract) 브랜드로, 1889년부터 사업을 시작한 업체의 것이다. 그 아래에는 Schwepper라고 하는 토닉워터 광고가 위치해 있다. 그 우측(사진의 중앙)에는 Wrigley's라고 하는 미국 검(gum) 회사 광고로 이 회사는 1891년 설립된 것으로 알려져 있다. 이 시기에는 주로 식음료 및 생필품 광고들이 주를 이뤘던 것으로 보인다.

[그림 1-3] 피카딜리 서커스(1930년대 추정)

다음 [그림 1-4]는 1949년의 피카딜리 서커스 사진이다. 1939년부터 1945년까지 영국은 제2차 세계대전의 한복판에 있었으며, 독일군의 폭격을 피하기 위해 등화관제(Blackout)를 실시하였고, 옥외 전기 조명 사용을 금지했다. 이에 따라 피카딜리 서커스의 광고판도 1939년부터 조명을 사용하지 못했고, 이후 1949년 옥외 전기 조명에 대한 제한이 해제되면서 10년 만에 불을 밝히게 되었다. 사진은 10년 만에 불을 밝히게 된 피카딜리 서커스 광고판을 보기 위해 몰려든 인파를 촬영한 것이다. 광고 브랜드의 경우 1949년에도 1930년대와 별다른 차이가 없는 것으로 보인다. Bovril 위에 있는 Atlas Assurance는 영국의 보험회사로서, 이 회사 광고는 앞의 1930년대 사진에서도 일부 찾아볼 수 있다.

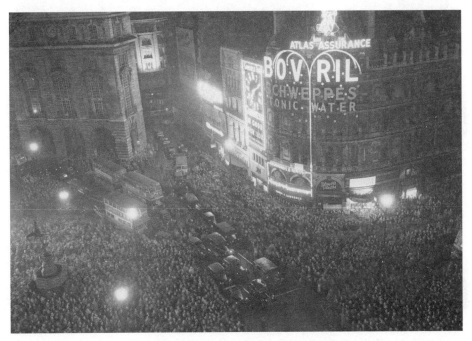

[그림 1-4] 피카딜리 서커스(1949년)

출처: Rob Baker, https://flashbak.com/100-years-of-amazing-piccadilly-circus-photos-3 71257/

[그림 1-5]는 1965년에 촬영된 사진이다. 이 사진에서는 세계적 브랜드인 코카콜라 광고를 가장 쉽게 찾아볼 수 있다. 그 옆 괘종시계 모양의 광고판은 아일랜드의 유명한 맥주 브랜드인 기네스(Guiness)사의 것이며, 그 아래의 Skol 역시 맥주 브랜드이다. 그 위에는 BP라는 브랜드가 올라와 있는데 이는 영국의 세계적인 석유회사이다. 이 시기에도 식음료 브랜드들이 전반적으로 많이 보이

고 있는 가운데, 당시 상당히 고급 기술 산업이었던 석유회사 광고판이 보이는 것은 주목할 만하다. 영국의 기술경제학 및 경제사학자인 크리스토퍼 프리먼(Christopher Freeman) 교수는 이 시기를 네 번째 산업혁명으로 보았는데, 그는 석유를 당시 혁명을 이끌던 주요 산업으로 보았다.[7] 즉 이 당시 가장 대표적인 첨단산업 분야 기업의 광고가 피카딜리 서커스에 등장한 것이다.

[그림 1-5] 피카딜리 서커스 1960년대

출처: Family photo collection of Infrogmation of New Orleans (https://commons.wikime dia.org/wiki/File:London_Visit_September_1965_-_Piccadilly_Circus.jpg) 및 Bon Bro oksbank (https://commons.wikimedia.org/wiki/File:Picadilly_Circus_geograph-3963 212-by-Ben-Brooksbank.jpg)

[그림 1−6]과 [그림 1−7]은 1980년대 사진이다. 앞의 것의 정확한 연도는 파악하기 어려우나 1980년대로 추정되며, 뒤의 것은 한국 서울에서 올림픽이 개최된 1988년 여름에 찍힌 것이다. 이 사진들에는 여전히 코카콜라 광고가 등장하고 있다. 그러나 이를 제외하면 커다란 변화가 있다. [그림 1−6]에는 전자제품 회사인 필립스(Philips), 카메라 및 전자−광학 기기 업체인 캐논(Canon), 카메라 필름 회사인 후지필름(Fujifilm), 전자제품 회사인 JVC와 산요(Sanyo)가 등

---

7) 프리먼 교수는 첫 번째 산업혁명의 파동이 18세기 후반 면화, 철, 수력 기술과 함께 영국에서 일기 시작했으며, 두 번째 파동은 철도, 증기기관, 기계화 기술, 세 번째 파동은 철강, 중공업, 전기 기술, 네 번째 파동은 석유, 자동차, 자동화, 대량생산 기술과 함께 등장하였다고 주장하였다. 이러한 내용은 최근 번역 출간된 Freeman 교수와 Louca 교수의 책 『혁신의 경제사: 산업혁명부터 정보화 사회까지』에서 찾아볼 수 있다.

장한다. 이들 가운데 네덜란드 회사인 필립스를 제외하면 나머지는 모두 일본 회사들이다. [그림 1-7]에는 [그림 1-6]에서 캐논이 있던 자리를 같은 나라(일본) 회사인 파나소닉(Panasonic)이 차지하고 있으며, 미국 식음료 브랜드인 맥도날드(McDonald's)도 코카콜라 아래 한 켠을 차지하고 있다. 이러한 트렌드는 기존에 주로 미국 및 영국 회사들이 이곳에 광고를 올리던 것과 비교하면 매우 큰 폭의 변화라고 할 수 있다. 또한 예전에는 주로 식음료품 광고가 주를 이뤘던 반면, 이제는 첨단기술 분야인 전자 및 카메라(광학) 분야 업체들이 주를 이루고 있는 것 역시 매우 눈에 띄는 변화이다.

[그림 1-6] 피카딜리 서커스 1980년대(추정)

출처: Rick Weston, https://commons.wikimedia.org/wiki/File:Piccadilly_Circus,_London_1980.jpg

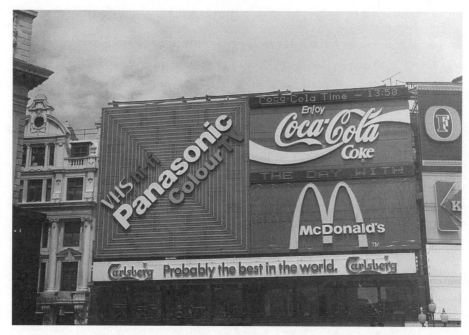

[그림 1-7] 피카딜리 서커스 1988년 여름

출처: Yottanesia, https://commons.wikimedia.org/wiki/File:1988_Piccadilly_Circus_1_of_2.j
pg

상기의 1980년대 상황은 대략 1990년대에도 비슷하게 진행되다가, 2000년대
에 들어서는 다음과 같은 작은 변화가 나타난다. (한국인들이라면 큰 변화라고 생
각할 수도 있을 것이다). [그림 1-8]은 한일월드컵이 개최된 2002년 여름 사진이
다. 코카콜라와 맥도널드, 일본 산요는 그 자리를 계속 지키고 있으며, 산요 위
에는 또 다른 일본 회사인 TDK 광고가 자리 잡고 있다. 그리고 맨 왼편, 기존에
캐논과 파나소닉이 있던 곳에서 이제 삼성전자 로고를 볼 수 있다. 산요, TDK,
삼성전자 등 전자제품 업체들이 주를 이룬다는 점에서는 큰 변화가 있다고 보기
어렵다. 그러나 한국 기업이 등장했다는 점에서는 상당히 의미 있는 변화라 할
수 있다. 기존의 영국, 미국, 일본, 네덜란드 등은 이미 1~2차 세계대전 이전부
터 산업화를 시작한 국가들이지만, 한국은 제2차 세계대전 이후부터 산업화를
시작한 신흥산업국(newly industrializaing economy)이었다. 따라서 신흥산업국이
기존 선진국 수준에 도달하였다는 상징적인 의미로 받아들일 수 있다.

[그림 1-8] 피카딜리 서커스 2002년

출처: Yottanesia, https://commons.wikimedia.org/wiki/File:Piccadilly_Circus_Advertising_J une_2002.jpg

삼성전자 이후 다른 한국 기업들도 속속 이곳 광고판에 등장하기 시작하였다. [그림 1-9]는 2018년 여름에 찍힌 사진이다. 이전까지 네온사인으로 만들어졌던 이곳 간판은 최첨단 LED 디스플레이로 교체되어 2018년 다시 불을 밝혔으며, 이제는 동영상 형태로 여러 기업의 광고를 내보내고 있다. 이 광고판의 우측에는 삼성전자의 갤럭시 S9+ 광고가 있으며, 좌측 하단에는 현대자동차의 광고가 보인다(시시각각 변하는 동영상 형태라 모든 브랜드가 보기 좋게 정확히 포착되지는 않았다). 그 옆의 붉은색 광고는 유럽 최대의 통신회사인 보다폰(Vodafone) 광고이다. 한국을 대표하는 기업으로 삼성, 현대 이외에 LG도 있는데, 이 광고판에는 등장하지 않는다. 대신 LG는 사진 속 광고판의 맞은편 건물에서 [그림 1-10]과 같이 별도의 광고를 내보내고 있다.

[그림 1-9] 피카딜리 서커스 2018년

출처: 저자 촬영

[그림 1-10] 피카딜리 서커스 2018년(맞은편)

출처: 저자 촬영

이상과 같은 피카딜리 서커스 광고판의 변화는 다음과 같은 사실을 시사한다. (물론 광고판에 등장한 브랜드명들은 매우 제한된 정보로서, 이들로부터 시사점을 도출하는 데에는 상당 부분 비약이 있음을 인정한다). 여기에 등장하는 기업들의 업종들을 보면 초기에는 주로 식음료 분야였으나, 1960년대 석유회사(BP)를 필두로 점차 고급 기술 분야가 등장하였으며, 1980년대부터는 전자, 2000년대 이후부터는 전자 및 통신 분야였다. 이곳 광고판이 세계적 주력 산업의 주도 업체들이 주로 광고를 올리는 곳이라고 볼 때, 이러한 업종 변화는 각 시기별 주력 산업이 변화하고 있음을 (간접적으로나마) 시사한다. 특히 첨단기술 분야가 부상하고 있음은 주목할 필요가 있다. 또한 국적으로 볼 때, 처음에는 주로 영국과 미국이었던 것이 점차 유럽, 일본, 한국으로 변화하였다. 이 중 한국을 제외하고 영국, 미국, 유럽, 일본의 등장은 프리먼(Freeman & Louca, 2021), 페레즈(Perez, 2004), 거센크론(1962) 등 문헌에서 볼 수 있는 주요 산업국의 등장 패턴과도 엇비슷하다. 세계경제를 주도하는 주요 국가들을 간접적으로 나타내 준다는 것이다. 한국의 경우 위의 문헌들이 출간된 2000년 전후까지는 단지 주목받는 신흥산업국 중 하나였으나, 이 이후에는 선진국 대열에 합류했다고 볼 수 있을 것이다.

이를 다시 종합 요약하면 (이 또한 비약일 수 있지만, 사진들 이외의 다른 정보들까지 종합적으로 고려하여 요약하면), 기술혁신은 세계경제 성장의 근간이고, 국가경제 발전의 중요한 발판이며, '경쟁 상황에서 성공으로 이끄는 가장 중요한 동인'[8]일 것이다. 따라서 기업은 물론 정부도 기술혁신의 중요성을 인식하고 이에 대한 노력을 지속적으로 기울여야 할 필요가 있다.

2. 기술에 대한 '흔한' 이해

전 절 말미에서 언급한 것과 같이, 기술혁신은 기업의 생존, 국가의 발전, 세계경제의 성장에 매우 중요한 요소이며, 심지어 일부 학자들은 가장 중요한 요소라고 언급하기도 하였다. 기술혁신은 본서의 제3장에서도 언급될 것과 같이 기술적 참신함(혹은 우수성)과 함께 시장에서 경제적 가치를 얻어 내기 위한 경영전략 및 관리 차원에서의 우수성도 필요로 한다. 아무리 우수한 기술이라도

---

8) Shilling, M.(2020), 『기술경영과 혁신전략(김길선 역)』의 제1장 첫 문장이다.

경제사회적 환경을 고려한 적절한 전략과 관리 차원의 노력이 없으면 시장에서 성공하기 힘들고, 아무리 뛰어난 경영자라고 해도 기술이 없으면 우수한 제품이나 서비스를 시장에 내놓기 어렵기 때문이다.

이처럼 기술혁신이 기술성과 시장성 양 측면을 모두 요구하는 개념으로서 현대의 과학기술인들과 경영인들 대다수가 이를 인정하고 중요하게 생각하고 있는 반면, 우리 주변에서 이들 중 한쪽 측면만을 강조하는 경우를 여전히 찾아볼 수 있다. 과학기술인력들 중 '오로지' 기술만을 외치는 맹신적인 경우도 있고, '굳이' 기술까지는 필요치 않고 경영자만 잘하면 된다고 믿는 경우도 없지 않다. 물론 사업 분야에 따라 양 측면 중 한쪽 측면이 불필요한 경우도 있겠으나, 문제는 그렇지 않은 분야에서 한쪽을 간과하는 경우에 일어난다.

우선 사업 환경이나 동향은 도외시한 채 기술 하나만 맹신하는 경우가 있다. 1990년대 이후 일본에서는 유수의 기업들이 세계시장에서 고립되고 점차 경쟁력을 잃어 가는 현상이 발생했는데, 게이오 대학 나츠노 다케시 교수는 이를 외부세계로부터 단절된 갈라파고스 제도에 빗대어 '갈라파고스 신드롬'이라고 하였다. 당시까지 일본 기업들은 전자산업에서 세계 최고의 기술 경쟁력을 보유하고 있었으며, 세계 전자제품 시장을 석권하고 있었다. 그러나 1990년대 이후부터 세계시장 동향을 무시하고 자신들의 기술만 고집하면서 국제표준과 멀어지게 되었고, 점차 세계시장에서 고립되는 길을 걸었다. 예를 들어 이동통신 기술의 경우 유럽의 GSM이 세계시장에서 사실상 표준으로 자리 잡았고 한국·미국의 CDMA가 신흥 세계시장 표준으로 떠오르는 와중에서도 일본 기업들은 PDC라고 하는 독자 표준만을 고집하다가 거의 모든 세계시장에서 소외되었다.[9] 이는 1990년대 초반까지만 하더라도 세계 최고의 전자제품 기업들이었던 일본 기업들의 이름을 지금 현재 통신기기 시장에서 찾아보기 어려운 이유 중 하나이다. 이와 비슷한 현상은 HDTV, 미니디스크 등의 분야에서도 발생했다. 일본의 갈라파고스화에 대해서는 각주의 인터넷 정보를 확인하기 바란다.[10]

---

9) 전유덕(2011) 박사학위 논문.

10) KOTRA 해외시장 뉴스, https://news.kotra.or.kr/user/globalBbs/kotranews/3/globalBbsDataView.do?setIdx=242&dataIdx=98373

[그림 1-11] 갈라파고스 제도

이외에도 우수한 기술에도 불구하고 경영·경제 혹은 심지어 사회적 차원의 고려가 미흡하여 실패한 경우는 얼마든지 있다. 일본 전자산업을 대표하는 소니는 1975년 비디오녹화기(VCR; Video Cassette Recorder) 분야에도 진출한 적이 있었다. 소니는 베타맥스(Betamax)라고 하는 독자 기술로 제품을 출시하였는데, 이는 당시 마츠시타 등이 주도한 VHS(Video Home System) 기술과 치열하게 경쟁했다. 베타맥스는 VHS에 비해 화질과 휴대성 측면에서 뛰어나, 많은 사람들은 이들 간 경쟁에서 소니가 승리할 것으로 예상하였다. 그러나 결과는 VHS가 시장을 석권하였고 베타맥스는 시장에서 사라지게 되었다. 이유는 전혀 기술적인 것이 아닌 바로 시장 전략이었다.[11]

상기의 사례들은 기술성에 치중하다 시장성을 간과하여 실패한 것들인데, 이와는 반대로 시장에만 관심을 가지다가 기술을 간과하여 실패한 사례도 얼마든

---

11) 이에 대한 상세한 내용은 본서의 제6장에서 다룬다.

지 존재한다. 1990년대까지 우리나라에는 대우그룹이라는 기업집단이 있었는데, 대우그룹은 전자, 자동차, 중공업 등을 주력으로 하여 재계 3~4위권 수준을 유지하던 국내를 대표하는 기업집단이었다. 대우그룹은 창업자 김우중이 충무로의 작은 사무실에서 1967년 설립한 '대우실업'을 모체로, 과감한 인수합병을 통해 규모를 키웠다. 그중 대표적인 것이 바로 대우전자로서, 처음에는 국내 주안전자, 인우전기 등 중견기업들을 인수하여 몸집을 불렸으며, 1983년에는 대한전자라는 대기업까지 인수하면서 가전시장에 강자로 부상하였다.[12] 이후 대우전자는 삼성전자, 금성사(현 LG전자)와 함께 한국의 3대 전자업체로 성장하였으며, 1990년대에는 세계시장에서의 입지까지 구축하여 1996년에는 당시 세계 6위 전자 업체였던 프랑스의 톰슨(Thomsom)을 인수할 정도로 성장하기까지 했다.[13] (어쩌면 대우전자는 삼성이나 LG보다도 먼저 세계시장에 이름을 알린 한국계 글로벌 기업의 원조인지도 모른다). 대우전자가 속한 대우그룹은 이러한 고속성장을 거듭하여 1990년대 말과 2000년에 들어서는 재계 2위까지 오르기도 했는데, 2000년 4월 15일 갑자기 부도를 맞고 그룹이 해체되는 운명을 맞았다.

대우그룹의 실패에는 다양한 원인이 있는 것으로 알려져 있다. 정치권과 관련된 루머 및 음모설이 있기도 하고, 지나친 인수합병에 따른 재무와 회계상의 문제가 있다고 알려져 있기도 하며, 조직 차원의 문제가 있었다는 의견도 있다. 이외에도 기술의 중요성을 간과했다는 주장도 있다. 대우그룹사 중 대우전자는 1990년대 초반 '탱크주의'라고 하는 슬로건을 내걸었다. 탱크주의는 필수 기능만을 갖춘 심플한 제품을 튼튼하게 만들어 세계시장에서 경쟁하겠다는 의지를 표현하였다. 당시 탱크주의는 기존의 삼성전자나 금성사(LG전자)가 첨단기술에 도전하던 것과는 정반대의 노선이었지만, 오히려 신선하고 현실적이라는 평가를 받기도 하였으며, 1990년대 대우전자의 세계시장 진출과 맞물려 긍정적으로 받아들여지기도 하였다. 그러나 탱크주의는 삼성전자나 금성사에 비해 열악한 기술수준을 마케팅으로 덮어 버린 것에 불과하다는 의견도 있다. 실제로 김우중 회장이 기술의 중요성을 간과했던 에피소드가 존재하기도 한다. 김우중 회장은 '기술이라는 것은 필요할 때 밖에서 사면 된다'는 철학을 가지고 있었다고 하며,[14] 심

---

12) https://it.donga.com/30854/

13) https://news.joins.com/article/3339525

14) http://www.scieng.net/column/5341?page=4

지어 자동차 같은 하이테크 제품을 와이셔츠 수준으로 인식하는 발언을 한 적이 있다고 전해진다.[15] (이는 경쟁사였던 모 그룹의 회장이, 매우 엔지니어적인 기질을 발휘하여 기술혁신을 추구하고 상세 제품의 기획까지 관여했던 일과는 매우 대조적인 모습이다). 혹자는 이러한 김우중 회장의 철학으로 인해 대우그룹은 기술력을 쌓지 못했으며, 이것이 대우그룹 실패의 원인 중 하나로 작동했다고도 한다.

[그림 1-12] 대우전자의 '탱크주의' 신문 광고

출처: 이데일리, https://www.edaily.co.kr/news/read?newsId=01164406622718520&media
CodeNo=257

그런데 한 가지 우려할 만한 것은 바로 '기술이라는 것은 필요할 때 밖에서 사면 된다'는 김우중 회장의 인식이, 우리가 흔히 접하는 교과서 경제학(신고전파

---

15) http://weekly1.chosun.com/site/data/html_dir/2005/06/23/2005062377044.html

경제학)에 반영되어 있다는 점이다. 비록 최근의 경제학에서는 기술혁신이라는 부분도 반영하여 많은 진전을 보이기도 하였으나, 가장 기본이 되는 이론적 기반은 여전히 기술에 대한 이해가 현실과는 괴리된 모습을 보여준다. 교과서 경제학에서 기업은 암흑상자, 즉 black box로 이해된다. 기업은 black box로, 이 안에서는 투입요소가 산출물로 변환되는데, 이 과정이 바로 기술의 영역이라고 볼 수 있다. 그런데 이 부분이 black box로 처리되었다는 말은 이 안쪽에서 어떠한 일이 벌어지는지 큰 관심이 없음을 의미한다.

[그림 1-13] 교과서 경제학에서 기업은 'black box'로 처리된다

아래의 [그림 1-14]은 교과서 경제학에서 가장 널리 알려져 있는 수요-공급 곡선이다. 이 그림을 보고 우리는 수요와 공급이 만나는 지점에서 제품의 가격과 수량이 결정됨을 이해한다. 그런데 여기서 우리가 또 한 가지 주목해야 할 것은 바로 기업이 black box로 처리되어 있으며 기업과 기술의 현실적 특성이 배제되어 있다는 점이다. 이 그림과 같은 현상이 실제로 벌어지기 위해서는 수없이 많은 기업들이 거의 같거나 유사한(homogeneous) 재화를 생산한다는 가정이 필요하다. 그런 일이 벌어진다는 것은 모든 기업들이 거의 동일한 기술을 바탕으로 거의 같거나 유사한 제품을 만들 때에나 가능하다.

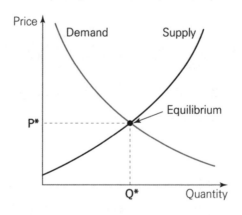

[그림 1-14] 경제학의 수요-공급 곡선

일반적인 교과서 경제학은 기술을 주어진 것(given), 누구나 자유롭게 사용할 수 있도록 허용된 것(freely available), 혹은 신께서 내려 주신 양식(manna from heaven)으로 인식한다고 한다.[16] 이는 기술은 설계 도면과 같이 공식화되어 (codified) 명시적으로 드러난 형태로 존재하여 누구나 활용할 수 있다는 가정이다. 즉 기술은 공공재적 성격을 가졌다거나 완전정보(perfect information)가 주어진다는 것이며, 이에 따르면 모든 기술은 선진국에서 개발되어 무료 혹은 저가로 개발도상국으로 흘러들어갈 수도 있고, 기술을 원하는 사람이면 누구나 자유롭게 쓸 수 있음을 의미한다.

그런데 실제 기술은 그러한 이해와는 전혀 다른 특성을 보인다. 그간 수많은 학자들이 다양한 기술의 특성들을 제시해 왔는데, 이탈리아 기술경제학자 아치부기와 피에트로벨리(Archibugi and Pietrobelli, 2003)는 기존 많은 학자들의 주장을 다음과 같이 요약하였다. 이들에 의하면 (1) 기술은 폴라니(Polanyi)가 분류한 것처럼 공식화(codified)된 형태는 물론 암묵적(tacit) 형태로도 존재하고, (2) 기계·설비나 상품에 체화(embodied)될 수도 있고 비체화(disembodied)될 수도 있으며, (3) 기술은 누적적(cumulative)이고 경로의존적(path-denpendent)인 발전 과정을 거치는 등의 특징을 보인다.

기술이 암묵적 형태로 존재한다는 것은, 기술지식이 설계도면(blueprint), 매뉴얼 등에 문서화된 형태로 남아 있기도 하여 다른 사람들에게 쉽게 전파될 수도 있지만, 직접 언어나 그림으로 표현하기 어려운 노하우나 손기술 같은 방식으로 남아 있기도 하여 쉽게 다른 사람들에게 전파되기 어려움을 의미한다.

또한 기술은 기계·설비나 제품에 체화되어 해외로 수출되는 기계나 제품에 의해 유출될 수도 있지만, 핵심적인 노하우는 여전히 비체화되어 타인에게 옮겨가기 어려운 것이 사실이다. 예를 들어, 한국 기업이 한국에서 만들어진 기계 설비를 해외 기업에 수출하여 해외 기업이 제품을 만들어 낸다면, 한국 기업의 제품 생산과 관련된 지식이 기계 설비에 녹아들어가 해외로 이전된 것으로 볼 수 있을 것이다. 그러나 만일 그 기계 설비가 고장난 경우라면 어떨까? 아마도 현지 엔지니어들이 해결하기 어려운 경우가 있을 것이며, 그 기계 설비를 만든 한국인 엔지니어가 현지에 가서 해결해야 할 수도 있을 것이다. 실제로 과거 한국

---

16) 이 부분은 다음 문헌을 참고하면 된다. 김정홍(2005), 『기술혁신의 경제학』, 시그마프레스.

기업들이 해외 기업들의 기계 설비에 의존할 때 이런 일들이 종종 발생하였다고 한다. 한국의 자동차, 전자, 반도체 기업들이 해외 장비로 제품을 생산하다가 장비에 고장이 발생하면, 외국 기업의 엔지니어들이 출장을 와서 해결할 때까지 기다리는 수밖에 없었다고 한다. (물론 외국 기업 엔지니어들이 장비를 수리할 때에는 한국인 엔지니어들이 지켜보고 배울 수 없도록 장막을 쳐 놓고 일했다고도 한다). 따라서 핵심적인 기술 지식이란 단순히 장비나 제품에 체화된 형태로 움직일 수 있는 성질의 것이 아니다.

그리고 기술이 누적적이고 경로의존적이라는 것은 장기간에 걸쳐 누적된 지식이 지금 현재의 기술지식이라는 의미이다. 현재 우리가 흔히 보고 있는 자동차의 형태, 철도의 크기, 비행기의 작동 원리, 선박의 구조 등 많은 기술들은 어느날 갑자기 유능한 엔지니어 한 사람이 복잡한 수학 공식과 최첨단 슈퍼컴퓨터를 동원하여 최적의 방식으로 만들어 낸 것이 아니라, 여러 세대에 걸쳐 많은 사람들의 지식과 노하우가 켜켜이 쌓여 만들어진 결과물이라는 것이다.

따라서 기술은 교과서 경제학의 이론에 나타난 것처럼 아무런 노력 없이 쉽게 구할 수 있는 것이 아니다. 오랜 시간에 걸친 학습과 수많은 성공 및 실패의 경험이 쌓였을 때 비로소 경쟁력 있는 형태로 나타나는 것이 기술이다. 기술에 대한 투자 없이 경영자의 능력만으로 시장에서 성공하겠다는 것은 미신일 뿐이다.

종합하면, 과학기술자들 일부는 기술에 대한 맹신을, 경영자들 일부는 미신을 가지는 경우가 있을 수 있다. 본서는 어느 한쪽의 미신도 맹신도 아닌 공학과 경영경제 간 균형 잡힌 시각을 가질 수 있도록, 기술혁신학의 이론적 기반과 전략적 기술혁신 관리의 기본 원리 및 기초 방법을 소개하고자 한다.

암묵적 지식

화학자이자 철학자인 마이클 폴라니(Michael Polanyi)[17]는 지식을 크게 명시적 지식 (explicit knowledge)과 암묵적 지식(tacit knowledge)으로 구분하였다. 명시적 지식은 지식이 언어나 그림(도면) 등으로 코드화(codified)되어서 외부로 표출된 것으로, 여러 사람이 공유하고 서로에게 전달할 수 있다. (명시적 지식은 공식화된 지식이라고도 불린다). 반면 암묵적 지식은 학습과 체험을 통해 개개인이 습득한 것 중, 언어나 그림 등으로 표출될 수 없는 상태의 것을 의미한다. 남들에게 쉽게 설명해 주기 어려운 개인의 노하우 같은 것들이 암묵적 지식의 한 예라고 할 수 있다. 명시적 지식과 암묵적 지식을 설명할 때 흔히 지식을 "빙산(iceberg)"에 비유하곤 한다. 빙산에는 물밖에 나와 있는 부분과 물속에 잠겨 보이지 않는 부분이 있다. 명시적 지식은 물 밖에 나와 있는 부분이며, 암묵적 지식은 물속에 잠겨 있는 부분으로 이해할 수 있다. 그리고 물속에 잠긴 부분이 물 위로 나온 부분보다 훨씬 큰 것처럼, 우리의 잠재의식 속에 있는 암묵적 지식의 양은 명시적 지식의 양보다 훨씬 많다.

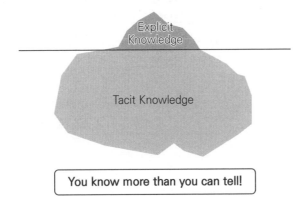

---

17) 헝가리 출신으로 영국 맨체스터 대학교와 옥스퍼드 대학교(머튼 컬리지)에서 교수로 활동한 화학자이자 철학자이다.

경로의존성(Path Dependency)

경로의존성이란 어떤 기술이나 제품의 발전이 그 이전의 기술이나 제품의 발전 경로에 영향을 받음을 의미한다. 예를 들면 최근에 발사한 우주왕복선 엔데버호의 연료 탱크에는 두 개의 '솔리드 로켓 부스터'가 붙어 있다. 이 추진 로켓의 크기가 로마시대 이래로의 역사적 사건에 영향을 받아왔다는 것이 학자들의 주장이다. 즉, 이 장치는 미국 북서부 유타에 있는 공장에서 남동부 플로리다의 우주선 발사대까지 기차로 운반되었다. 추진 로켓이 철로 폭보다 크면 터널을 지나갈 수 없으므로 로켓의 크기는 미국의 기차 궤도의 폭보다 크지 않도록 설계되었다.

미국의 초기 기차 궤도 간격은 단거리 지역 철도회사들의 난립으로 다양한 규격이 존재하였다. 이후 각 지역 철도회사들의 인수합병과 남북전쟁에서 북군의 승리에 따라 동북부지역 표준이 영국식 기차 궤도 표준으로 통일되었다. 한편 영국의 기차는 1800년대 초 광산에서 광석 운반용으로 사용되던 궤도 마차에 증기기관을 얹어 일반 운송에 사용하면서 시작되었다. 영국의 마차는 약 2000년 전 영국을 정복했던 로마 병정들이 건설한 로마로 통하는 길을 이용하면서 바퀴의 폭 143.5센티미터가 결정되었다. 고대 로마 마차는 말 두 마리가 끌었으므로 로마로 통하는 길의 폭은 말 두 마리가 나란히 달릴 수 있는 폭에 맞추어졌다. 따라서 우주 왕복선의 로켓의 크기의 결정은 2000년 이상의 역사적 사건들의 연쇄적 발전 경로를 따르는 경로의존성을 갖는다.

출처: http://www.dt.co.kr/contents.html?article_no=2007081702012369619005
이희상, 성균관대 기술경영대학원 교수

● 참고

기술의 의미, 과학과의 차별성

기술은 인간의 삶에 필요한 무엇인가를(특히 재화를) 만들어 내는 데 사용되는 방법이나 수단으로서의 지식이나 능력 등으로 이해된다. 우리말의 기술을 의미하는 영어 단어 technology의 어원은 그리스어 téchnē인데, 이것은 기술(craft)은 물론 예술(art)까지도 포함한 개념이었다. 그러던 것이 대략 17세기경부터 예술 등 몇 가지 영역이 떨어져 나가 craft 정도를 의미하게 되었는데,[18] 이후 여기에 logos가 붙으면서 technology라는 단어가 만들어지게 되었다고 한다(Auyang, 2004).

Technology의 한 부분을 구성하는 logos는 인간의 지적 활동이나 이성 같은 것을 의미하며, 여기서 지적 활동이란 흔히 과학적인 무엇인가로 이해되는 경우가 많다. 따라서 기술은 "과학적 지식을 활용하여 인간의 효용을 증가시킬 수 있는 물건을 생산하는데 활용할 수 있도록 응용된 지식"이라고 정의된다(이공래, 2000). 실제로 르네상스 시대의 인물인 레오나르도 다 빈치 역시 아래와 같이 언급함으로써, 과학적 지식이 기술에 있어서 중요함을 이미 지적하기도 하였다.

> 기술에 집착하나 과학을 알지 못하는 사람들은 선박의 키나 나침반도 없이 배를 모는 항해사와 같다. (Those who are obsessed with practice, but have no science, Are like a pilot out with no tiller or compass).
>
> – Leonardo Da Vinci

이러한 이유로 많은 사람들은 기술이 과학과 비슷하다고 여기거나, 아예 과학기술이라는 한 단어로 합쳐 같은 종류의 것으로 생각하기도 한다. 또한 기술은 어딘가 매우 합리적이고, 논리적이고, 기계적일 것이라고 믿는 경우도 많다. 실제로 대략 19세기부터는 기술의 과학화가 진전되어 온 것도 사실이다.[19] 그러나 현실적으로 기술은 여전히 우리의 이해와는 사뭇 다른 특성을 보인다.

아래 그림은 영국 학자 Paul Nightingale의 논문에 나온 내용을 그림으로 표현한 것인데, 이에 따르면 과학은 알려지지 않은 것을 알게 해 주는 것이며, 기술은 알려져 있

---

18) 신림항도 외(1994) 및 Auyang(2004) 등의 내용을 저자가 종합하였다.

19) 1792년에 프랑스에 에꼴 폴리테크닉(École Polytechnique)이라는 공학 교육기관이 등장하면서, 기술에 과학이 적극적으로 도입되기 시작하였다. 이 사실을 바탕으로 한 저자의 견해이다.

는 지식으로 알려져 있지 않은 무엇인가를 만들어 내는 활동으로, 둘은 서로 정반대의 방향성을 갖는다(Nightingale, 1998). 또한 과학과 기술은 아래 표에서 설명한 것과 같은 큰 차별성을 보이기도 한다.

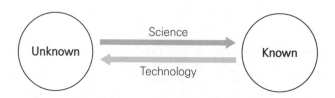

[그림 1-15] 과학과 기술 간 지적 활동의 방향성 차이

자료: Nightingale(1998)의 내용을 바탕으로 저자 작성

〈표 1-1〉 과학과 기술의 특성 비교

구분	과학	기술
지식 생성의 동기	호기심에 의한 발견	신제품 및 신공정 개발
지식 생성의 주체	과학자, 대학 및 공공연구소	기술자, 기업 및 기업 연구소
지식 생성의 목적	소속 커뮤니티에서 명성 확보, 존재감 확인	기술과 재화의 사적 소유화, 사적 이익 추구
지식 활용의 특성	공공성	사유성
지식 표현의 특성	문서화 경향(papyrocentric)	문서화 거부 경향(papyrophobic)
지식 생성의 형태	학술논문 중심	특허, 기업비밀/노하우
지식 축적의 형태	체계적/누적적 (과학문헌 DB)	체계적/누적적[20] (특허 DB) 비체계적 (암묵적 지식)

자료: 한국과학기술정보연구원(2010)의 『과학-기술-산업 간 지식흐름 연계구조 분석체계 개발』 보고서 내용을 일부 수정.

---

20) 기술의 누적적인 특징을 의미하는 말 중에 경로의존성이라는 것이 있다. 이에 대해서는 제4장에서 설명하기로 한다.

CHAPTER

02 산업경제개론

본 장에서는 일반적인 경제학에 대한 이해를 위해, 산업조직론이라고 하는 경제학 분야의 기초적인 내용을 소개하고자 한다. 경제학 전공자 수준의 내용이 아닌, 기술혁신 분야 입문자 (즉 비전공자) 수준에서 알아 두면 좋을 내용만 간략히 수록하였다.

1. 산업조직론 개요

산업조직론은 기업의 행위와 성과를 미시경제학 관점에서 살펴보고, 이에 대한 대응에 대해 연구하는 학문이다(박종국, 2012). 산업조직론에서는 Mason, Bain 등 학자들의 관점에 따라 시장구조(산업구조, structure)가 기업들의 행위(conduct)에 영향을 주고, 이것이 성과(performance)에 영향을 준다고 보고 있다. 이러한 관점을 "구조→행위→성과", 즉 SCP 패러다임이라고 부른다.

[그림 2-1] SCP 패러다임

시장구조에는 우리가 흔히 알고 있는 완전경쟁시장, 과점시장, 독점시장, 그리고 기타 다른 형태들이 포함되는데, 주로 경쟁하는 기업의 수가 얼마나 되는지로 구분되는 경우가 많다. 이들 시장구조에 따라 기업들은 가격결정, 협력, 인수합병 등 다양한 전략적 행위를 취하게 되며, 그 결과로 이윤이나 효율성 등 성과가 결정된다는 것이다. 여기서 효율성(efficiency)이란 최소의 희생으로 최대의 효과를 얻는 상태를 의미하며, 효율적 시장(efficient market)은 바로 그러한 효율성이 달성되는 시장으로서 가장 적절한 생산과 소비가 이루어져 사회 구성원들이 누리는 후생(welfare)이 극대화되는 시장이다.

이와 관련하여 한 가지 알아 둘 만한 개념으로는 시장실패(market failure)라는 것이 있다. 이는 시장이 효율성을 달성하지 못하는 상태를 의미하는 것인데, 시장실패 상황에서는 정부가 개입하여 문제 해결을 시도할 수 있다. 그리고 정부실패(government failure)라는 것도 있는데, 이는 시장실패 상황에 정부가 개입하였으나 오히려 상황을 악화시키는 경우를 일컫는다.

2. 비용 개념

앞서 언급한 것과 같이, 시장구조에는 완전경쟁시장, 과점시장, 독점시장 등 우리가 흔히 알고 있는 것들이 있으며, 그 외에도 독점적 경쟁시장, 수요독점, 쌍방독점 등 여러 형태가 존재한다. 기업들은 각 시장형태별로 다른 상황에 처해 있으며, 각자의 상황에서 최대의 이윤을 얻기 위해 제품의 생산 수량과 가격을 결정한다. 본 장에서는 가장 대표적인 세 가지 형태의 시장구조만 다루기로 하며, 각 시장형태별 수량과 가격 결정 방식을 살펴보도록 한다.

이를 위해서는 우선 기업들의 비용에 대한 이해가 필요하다. 비용은 크게 고정비(FC; Fixed Cost)와 변동비(VC; Variable Cost)로 구분된다. 이 가운데 고정비는 어떤 재화의 생산을 위해 꼭 필요하기는 하지만 생산량이 늘거나 준다고 해서 변하는 것이 아니며, 심지어 전혀 생산을 하지 않아도 고정적으로 지출되는 비용이다. 예를 들면 공장 건설 비용, 설비 비용, 최소한의 고정 인건비 등은 한 번 투입되면 생산량이 1에서 100으로 늘어난다고 해서 갑자기 변하지 않는데 이러한 것을 고정비라고 한다. 반면 변동비는 재화의 생산량에 따라 변하는 비용이다. 예를 들어 제품 생산을 위해서는 재료가 투입되어야 하는데, 재료비는 생산량이 많아지면 늘어나게 된다. 또한 최소한의 고정 인건비 이외에 생산량 증가에 따라 추가되어야 하는 인건비가 있을 수 있어서, 이러한 것도 변동비에 해당한다. (여기서는 재화 q개를 생산할 때까지 지출된 총 변동비용이라고 이해하자).

고정비와 변동비를 합하면 총비용(TC; Total Cost)이라고 하고, 이는 재화 q개가 생산될 때 까지 투입된 모든 비용을 의미한다. 또한 총비용을 생산량(q)으로 나눈 금액, 즉 q개까지의 재화가 생산되었을 때 단위 제품당 비용을 평균비용(AC; Average Cost)이라고 하며, 이는 q개 생산 시까지의 제품 1단위당 평균고정비(AFC; Average Fixed Cost)와 평균변동비(AVC; Average Variable Cost)의 합으로 이해할 수도 있다. 여기서 평균변동비(AVC)는 q개 생산 시까지의 변동비를 q로 나눈 값이다. 이외에 한계비용(MC; Marginal Cost)라는 개념이 있는데, 이는 어떤 제품 1단위가 더 생산될 때 총비용의 변화량을 의미한다.

$$TC = FC + VC$$

$$AC = TC / q$$

$$AVC = VC / q$$

$$MC = \frac{\Delta TC}{\Delta q}$$

예를 들어 어떤 제품의 고정비는 공장 건설 및 설비비 100이라고 가정하고, 변동비는 제품 생산에 들어가는 재료비로 제품 1개당 10원이라고 가정하면 FC, VC, TC, MC, AC, AVC는 아래의 <표 2-1>과 같이 계산되며, [그림 2-2]와 같은 그래프로 나타낼 수 있다.

〈표 2-1〉 비용 계산 예시

q	FC	VC	TC	MC	AC	AVC
0	100	0	100	.	.	.
1	100	10	110	10	110.0	10
2	100	20	120	10	60.0	10
3	100	30	130	10	43.3	10
4	100	40	140	10	35.0	10
5	100	50	150	10	30.0	10
6	100	60	160	10	26.7	10
7	100	70	170	10	24.3	10
8	100	80	180	10	22.5	10
9	100	90	190	10	21.1	10
10	100	100	200	10	20.0	10

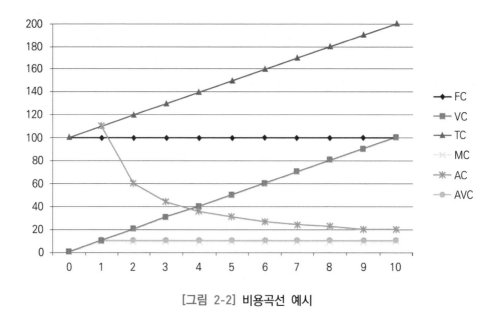

[그림 2-2] 비용곡선 예시

[그림 2-2]에서 다른 모든 선들이 직선임에도 불구하고 AC는 완만한 곡선
을 그리며 수치가 떨어지는 모습을 볼 수 있다. 이는 AC가 TC(=FC+VC)를 q로
나눈 것으로서, q가 늘어남에 따라 규모가 큰 FC가 많은 생산량에 의해 분산됨
으로 인해 작아지기 때문이다. 이렇게 생산량이 늘어남에 따라 평균비용이 하락

하는 현상을 규모의 경제(economies of scale) 효과라고 한다. 규모의 경제 효과는 생산량이 많은 기업들이 낮은 평균비용으로 인해 생산량이 적은 타사 대비 유리한 위치에 있을 수 있음을 시사한다. 규모의 경제의 의미와 그로 인한 효과는 본서 제6장에서도 다시 한번 언급할 예정이다.

그리고 TC와 VC의 경우, 위 그림에서는 직선으로 표현되어 있으나, 한계생산물체감의 법칙을 적용하여 다음 [그림 2-3]과 같이 곡선으로 나타내게 된다. 한계생산물체감 법칙에 의하면, 처음에 생산량 증가를 위해 노동 등의 투입량이 늘어나는데, 그에 따라 분업 등을 통해 효율적 생산이 이루어지고, 변동비와 총비용은 느리게 증가한다. 즉 투입된 비용에 비해 생산량이 급격히 증가한다는 것이다. 그러나 어느 수준을 지난 후부터는 여러 가지 비효율이 발생하면서 생산량을 늘리는 데 비용이 더 많이 투입된다. 따라서 VC와 TC는 그림과 같은 모습을 보이게 된다.

그리고 같은 법칙을 적용하여 AC, AVC, MC는 [그림 2-4]와 같이 표현된다. 생산량 증가에 따라 MC가 증가하게 되며, AC와 AVC는 초기에는 감소하다가 중간 이후에는 증가한다. 또한 MC 곡선은 AVC와 AC 각각의 최저점을 통과해 증가하는 모습을 보인다. 기하학적으로 볼 때, AC는 [그림 2-2]에서 TC상 특정 점과 원점을 연결한 직선의 기울기에 해당하며, MC는 TC상 특정 점에서의 접선의 기울기이다. 이를 고려하면 MC가 AC의 최저점을 통과하는 것을 알 수 있으며, 동일한 원리를 고려하여 AVC에 대해서도 설명이 가능하다. 이에 대해서는 독자들 각자 확인해 보기 바란다.

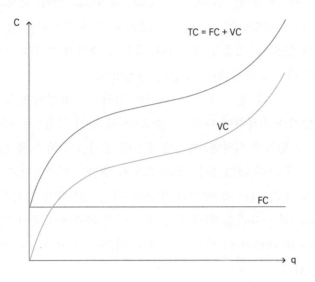

[그림 2-3] 고정비, 변동비, 총비용

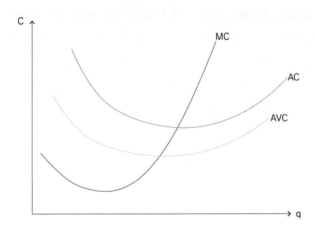

[그림 2-4] 평균비용과 한계비용

3. 시장구조와 성과

(1) 완전경쟁시장

우리는 흔히 시장에 다수의 기업이 참여하는 경우 그 시장 내 경쟁이 매우 치열하다고 이야기한다. 시장에 기업이 무수히 많이 존재하는 이상적인 상황을 가정할 경우, 이를 완전경쟁시장이라고 이야기한다. 현실적으로 이러한 이상적인 시장은 존재하기 어렵지만, 완전경쟁시장에 대한 이해는 경쟁이 치열한 다른 시장들을 이해하는 데 길잡이를 제공할 수 있다.

완전경쟁시장은 (1) 어떤 시장 내 제품은 모두 동질적(homogeneous)이어서 다른 회사의 제품들이라도 서로 완전 대체가 가능해야 한다, (2) 경제 주체들에게 제품과 가격 등 시장 내 완벽한 정보(perfect information)이 주어진다, (3) 시장에 대한 진입(entry)과 탈퇴(exit)가 자유로워야 한다, (4) 시장 참여자들은 가격수취자(price taker)이다 등과 같은 가정을 필요로 한다. 이 가운데 네 번째 가격수취자(price taker) 가정은 시장에 경쟁 기업들이 너무 많아 그 누구도 마음대로 가격을 결정할 수 없으며, 시장의 수요와 공급 상황에 의해 가격이 결정되면 기업들은 그 가격을 받아들임을 의미한다.

완전경쟁시장에서 기업은 가격수취자이기 때문에, 최대 이윤을 얻기 위해 오직 수량만을 결정할 수 있다. 아래 [그림 2-5]에서 볼 수 있듯, 만일 시장에서

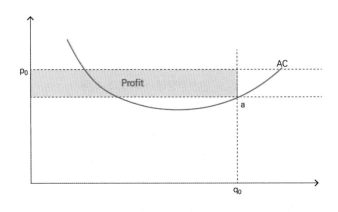

[그림 2-5] 완전경쟁에서 가격과 수량에 따른 이익

가격이 p_0로 결정되면, 기업은 이 가격을 받아들이며 생산 수량만을 결정한다. 만일 이 그림과 같은 평균비용 곡선을 갖는 기업이 시장가격 p_0를 받아들여 q_0만큼 생산한다면, 이만큼 생산했을 때 평균비용은 a점에 해당한다. 따라서 $p_0 \times q_0$만큼의 매출이 발생하고, 이익은 그림에 음영 표시된 영역의 넓이만큼이다.

그렇다면 최대 이윤은 어디에서 발생할까? 아래의 [그림 2-6]에서 볼 수 있듯, 최대 이윤은 p_0에서 수평선을 그었을 때, 이것이 MC와 만나는 지점의 수량(q_0)에서 발생한다. 이 지점에 다다를 때까지 이익이 계속 누적되는데, 이 지점에서 재화가 1단위 더 생산되어 수량이 q_0이되면, 이 한 단위 생산에 해당하는 한계비용(재화 1단위를 더 생산할 때 늘어나는 비용)이 가격(p_0)보다 높아진다. 따라서 이전까지 누적해 오던 이윤을 이때부터는 감소시키게 된다는 것이다. 따라서 p_0의 수평선과 MC가 만나는 지점의 수량(q_0)만큼 생산하였을 때 최대 이윤을 보게 된다.

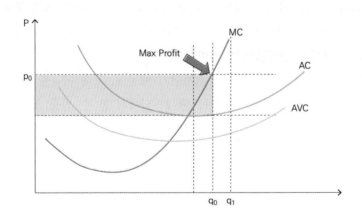

[그림 2-6] 완전경쟁에서의 최대 이윤

그런데 만일 아래 [그림 2-7]처럼 시장에서 정해진 가격이 이 회사 평균비용 곡선의 최저점(A)보다 아래로 떨어지면 손해를 보게 된다. 만일 가격이 평균변동비용 곡선의 최저점(B)보다도 아래로 떨어지면, 이때에는 변동비도 회수하지 못하고 손해를 보는 경우로서 조업을 중단하게 된다. 따라서 이 그림의 MC 곡선에서 B점 윗부분만 남길 수 있을텐데, 이것을 이 기업의 단기공급곡선이라고 한다. 시장에 있는 모든 기업들의 단기공급곡선을 모두 합한 것이 바로 시장 전체의 공급곡선이 된다.

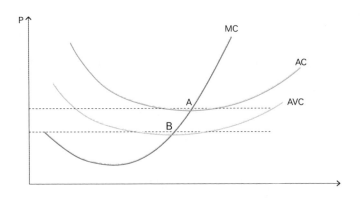

[그림 2-7] 완전경쟁에서 시장 가격에 따른 조업 중단

즉 개별 기업의 MC 곡선들로부터 시장 전체의 공급곡선이 결정되는데, 바로 이 공급곡선과 수요곡선이 만나는 점에서 시장 가격이 결정되고, 완전경쟁시장의 기업들은 이 가격을 받아들인 후 각자 사정에 따라 수량을 결정하는 것으로 이해할 수 있다.

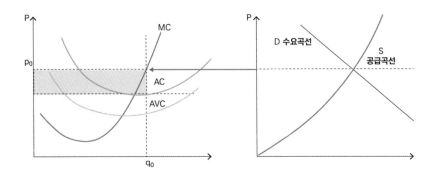

[그림 2-8] 완전경쟁에서의 가격과 수량 결정

(2) 독점시장과 과점시장

어떤 시장 내에 기업이 하나뿐이어서, 이 기업에 의해서만 모든 제품이 생산되고 판매되는 경우 독점(monopoly)시장이라고 한다. 독점시장에서 독점기업은 시장에서 정해진 가격을 받아들이는 가격 수취자가 아닌 가격 결정자(price setter)이다. 이는 시장에 기업이 단 하나뿐이기 때문에, 수량은 물론 가격까지 결정할 수 있게 되는 것이다.

그런데, 독점 기업이 가격과 수량을 무한정 마음껏 결정할 수 있는 것은 아니다. 시장에는 수요라는 것이 존재하는데, 이 수요를 초과하는 수준으로 가격이나 수량을 결정할 수는 없을 것이다. 시장에서의 수요는 아래 [그림 2-9]와 같이 수요곡선이라는 것으로 표현되는데, 수요곡선은 수량이 늘어날수록 가격이 떨어지는 우하향하는 선으로 표시된다. 만일 p_1 가격에 q_1만큼 생산하던 상황에서, 제품을 1개 더 생산해 팔고자 한다면, 그 제품은 p_1 가격에 판매할 수 없을 것이다. 수요곡선을 고려하여 그보다 낮은 가격에 판매를 하게 될텐데, 그로 인해 제품 1단위 증가에 따른 매출액의 증가분, 즉 한계수입(MR; Marginal Revenue)은 그 이전보다 줄어들 수밖에 없다. 만일 수량이 계속 늘어남에 따라 MR이 계속 줄어들고 MC보다 작아지게 되면, 그때부터는 이전까지 누적한 이윤이 줄어들게 될 것이다. 따라서 독점 상황에서 최대 이윤을 얻을 수 있는 가격과 수량을 결정하

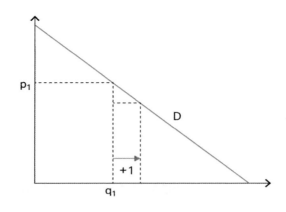

[그림 2-9] 독점에서 생산량 증가 시 가격 변화

기 위해서는 MR 변화 추이를 보여주는 곡선을 도출하고, 이 곡선과 MC 곡선이 교차하는 지점을 찾을 필요가 있을 것이다.

아래의 [그림 2-10]은 독점시장에서 수량과 가격 결정 방식을 보여준다. 우선 MC 곡선은 이해의 편의상 수평선으로 나타내었다. MR 곡선은 수요곡선(D)과 y축 절편은 같고, 기울기는 2배인 (즉 수요곡선을 반으로 가르는) 선을 그리면 된다.[1] 이 MR 곡선과 MC 곡선이 교차하는 곳은 a점이며, 이때의 수량은 q_1이다. 바로 이 지점에서 수량이 1단위 더 늘어나면 MR보다 MC가 위에 있게 되며, 이 1단위 판매로 인해 이전까지 누적된 이윤이 줄어들게 된다. 따라서 수량이 q_1이고, 수요곡선상 q_1에 해당하는 가격 p_1일 때 이 회사는 최대 이윤을 얻을 수 있다. 이윤의 크기는 음영 표시된 영역의 넓이만큼이다.

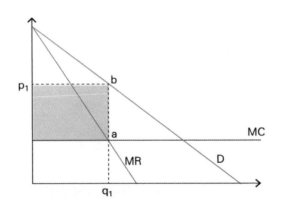

[그림 2-10] 독점에서 가격과 수량 결정

과점(oligopoly)시장은 소수의 대기업이 시장의 대부분을 지배하는 상태이다. 과점시장을 설명하는 모형은 여러 가지가 있으나, 가장 기초적으로는 상기의 독점시장을 설명하는 방식을 활용하여 설명한다.[2] 따라서 독점시장에서와 마찬가지로 과점시장에서의 기업은 가격 수취자가 아닌 가격 결정자로 가정한다. 그리고 과점 기업들은 각자 일정 부분의 시장을 차지하는데, 다른 회사들이 차지하

---

1) 이에 대해서는 산업조직론이나 미시경제학 등 경제학 전공 도서를 참고하기 바란다.

2) 경제학 교과서에서는 쿠르노(Cournot) 모델이라고 한다.

고 남은 수요(residual)를 독점하는 것으로 본다.

아래 [그림 2-11]은 어떤 시장을 두 개의 기업이 과점하는 상황을 나타낸 것이다. 시장 전체의 수요곡선은 D인데, 이 수요의 일정 부분을 어떤 기업 하나가 차지한다. 그 차지한 만큼을 제외하고 남는 수요곡선은 Residual로 표시된 선이다. (즉 한 기업이 차지한 수량만큼 수요곡선을 수평이동한 선). 이제 나머지 하나의 기업은 이 Residual에 해당하는 수요를 독점하는 것으로 보고, 이것에 대해 독점시장에서의 가격과 수량 결정 방식을 적용한다. 그러면 수량은 q_1, 가격은 p_1으로 결정된다.

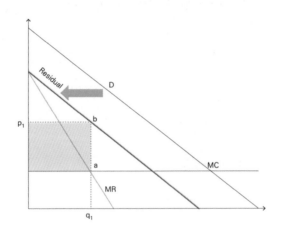

[그림 2-11] 과점에서 가격과 수량 결정

(3) 시장구조별 성과

앞서 살펴본 완전경쟁시장, 독점시장, 과점시장의 가격과 수량 결정 방식을 살펴보면, 각 시장구조별 가격, 수량, 이윤 등이 모두 다르게 나타나는 것으로 보인다. 완전경쟁시장에서는 개별 기업들의 MC로부터 도출된 시장 전체의 공급곡선과 수요곡선이 만나는 지점에서 가격이 결정된다. 그런데 독점시장에서는 MC와 MR이 만나는 지점에서 가격과 수량이 결정되기 때문에, MC와 수요곡선이 만나는 지점에서보다 수량은 줄어들고 가격은 높아지게 된다. 즉 독점기업은 시장에 대한 공급을 줄이고 가격을 높임으로써 많은 이익을 보게 되는 것이다.

과점시장에서는 독점시장의 수량과 가격 결정 방식을 응용하나, 다른 기업이 차지하는 수요를 제외한 나머지(residual)에 대해 독점시장의 방식을 적용함으로써, 독점시장보다는 수량은 약간 많고 가격은 약간 낮다. 그러나 여전히 완전경쟁시장에 비해서는 수량이 적고 가격은 높은 수준인 것으로 볼 수 있다. 물론 이익은 독점시장, 과점시장, 완전경쟁시장 순이다.

각 시장구조별 수량, 가격, 이익 이외에 또 한 가지 살펴보아야 할 것으로 소비자 잉여, 공급자 잉여, 사회적 후생이라는 개념이 있다. 아래 [그림 2–12]에서, 시장 가격은 수요곡선(D)과 공급곡선(S)이 만나는 곳인 p_0에서 결정된다. 수요곡선은 소비자들의 지불의사를 나타낸다고 볼 수 있는데, 예를 들어 수량이 q_0인 경우 p_1만큼 지불할 의사가 있다는 것이다. 그런데 시장 가격이 p_0로 결정됨으로써 실제 지불한 가격은 p_0이며 이로 인해 $p_1 - p_0$만큼의 혜택을 본 것이다. 이러한 매 수량별 지불의사와 시장가격의 차액을 모두 합친 것(음영 처리된 곳 중 위쪽 삼각형 면적)을 소비자 잉여(Consumer Surplus)라고 한다. 반대로 공급자는 q_0일 때 p_2만큼만 받을 의사가 있었는데, 시장가격이 p_0로 결정되면서 그 차액만큼의 혜택을 보게 된다. 이러한 공급자 측면의 혜택을 모두 합한 것(음영 처리된 곳 중 아래쪽 삼각형 면적)을 생산자 잉여(Producer Surplus)라고 한다. 그리고 소비자 잉여와 공급자 잉여를 합해 사회적 후생(Social Welfare)이라고 부른다.

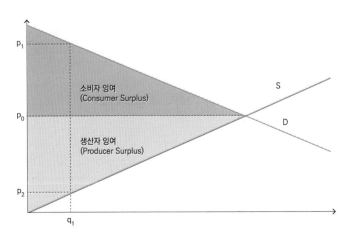

[그림 2-12] 소비자 잉여와 생산자 잉여

그런데 시장에서의 가격이 어떤 이유로 위의 가격보다 높은 수준으로 결정되면 이러한 사회적 후생의 크기는 줄어들게 된다. 예를 들어 아래의 [그림 2-13]의 경우, 완전경쟁시장이었다면 수량은 q_0, 가격은 p_0일 것이나, 만일 독점시장이라면 수량은 q_m, 가격은 p_m으로 결정된다. 수량은 줄고 가격은 높은 상태가 되는 것이다. 완전경쟁 상태일 때와 독점일 때의 사회적 후생을 비교해 보면, 독점일 때에는 완전경쟁일 때에 비해 음영 처리된 DWL 삼각형만큼 사회적 후생의 크기가 줄어들게 된다. 이 DWL 부분은 생산자 잉여와 소비자 잉여 중 어느 곳에도 속하지 못하고 사라져 버리는데, 이 영역을 Deadweight Loss (DWL) 또는 우리말로 사중손실이라고 부른다. 이러한 사중손실의 존재로 인해 사회적 후생의 크기는 완전경쟁시장, 과점시장, 독점시장 순서가 된다.

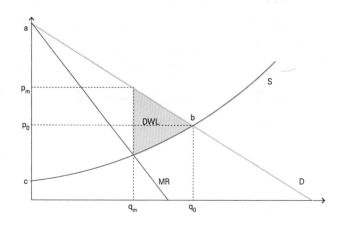

[그림 2-13] 사회적 후생의 비교

4. 시장구조의 측정

위에서는 여러 가지 시장구조 형태 중 가장 대표적인 완전경쟁시장, 독점시장, 과점시장에 대해 살펴보았다. 그런데 이들 시장구조들의 이상적인 형태는 현실에서 찾아보기가 쉽지 않다. 현실에서는 이상적인 완전경쟁시장, 독점시장, 과점시장을 찾기보다는 시장 내 기업들의 시장점유율 데이터를 바탕으로 시장

지배력이 특정 업체로 집중되어 있는지를 검토한다. 시장지배력의 집중도가 높을수록 과점 및 독점에 가까워지며, 낮을수록 경쟁적인 시장으로 평가할 수 있다. 이러한 평가를 위한 지표는 크게 시장점유율, 시장집중도, 허쉬만－허핀달 지수 등이 있다.

시장점유율은 개별 기업이 시장 내에서 차지하는 비중으로 일반적으로 시장점유율이 50% 이상인 기업은 시장지배력이 강해(strong) 시장지배적 사업자로 보며, 25~30% 내외라면 상당한(significant)한 시장지배력이 있는 것으로 본다. 일반적으로 15% 내외 및 그 이하는 시장지배력이 크지 않은 것(little)으로 평가할 수 있다.

$$S_i = \frac{q_i}{Q} \times 100\%$$

시장집중도(CR; Concentration Ratio)는 시장점유율 기준 상위 몇 개 업체의 시장점유율을 합한 것이다. 우리나라에서는 CR3라고 하여, 시장점유율 1위부터 3위까지 업체의 시장점유율의 합을 쓰는 경우가 많다. CR3가 높을수록 독점 및 과점화 정도가 높고, 낮을수록 경쟁적 시장으로 볼 수 있다. 통상적으로 CR3가 60% 이하면 높은 수준으로 보지 않으며, 60~80%는 높은 수준, 80% 이상은 매우 높은 수준으로 본다. 현재 우리나라의 공정거래위원회에서는 CR3가 75% 이상이면 시장지배력의 집중도가 높은 것으로 평가하고 있다.

$$CRk = \sum_{i=1}^{k} S_i$$

마지막으로 허쉬만－허핀달 지수(HHI; Hirshman－Herfindahl Index)는 시장 내 모든 기업들의 시장점유율을 조사한 뒤, 각각을 제곱하여 모두 더해 준 것이다. 따라서 시장에 기업이 하나밖에 없는 완전한 독점이면 HHI 값이 10,000이고, 반대로 순수한 완전경쟁시장은 0에 가까운 값(100 이하의 값)으로 측정된다. 일반적으로 HHI가 1,000 이하이면 어떤 기업도 눈에 띄는 시장지배력을 가지고 있지 않은 것으로 보며, 1,800 이상은 과점인 것으로 본다. 또한 2,500 이상인 경우는 대략 1위 기업이 40~50% 이상을 차지하는 경우로서, 상위권 업체로 시장지배력이 집중된 것으로 평가할 수 있다. HHI는 CR3에 비해 시장지배력을 정밀하게 측정할 수 있다는 장점이 있으나, CR3가 상위 3개 업체의 시장점유율만 알면 되는 반면 HHI는 모든 업체의 정보를 알아야 한다는 단점이 있다.

5. 기업 행위

다음으로는 주로 독점, 과점 등 일부 기업의 시장지배력이 높은 시장구조에서의 기업들의 행위들 중 일부를 살펴본다.

(1) 제품차별화

기업 행위로서 먼저 제품차별화를 들 수 있다. 제품차별화란 어떤 기업이 자사의 제품을 경쟁 기업의 것과 차이가 나도록 하는 것을 말한다. 이는 특히 소비자들이 제품을 어떻게 생각하느냐가 중요하게 작용한다. 일반적인 경제학에서는 기업들이 동질적(homogeneous) 제품을 생산한다고 가정하지만 현실에서는 같은 업종 내의 제품이라도 소비자들이 동질적이라기보다는 이질적이라고 평가하는 경우를 많이 볼 수 있다. 어떤 기업의 제품이 차별화되어 있는 경우, 이 기업은 약간의 시장지배력을 가질 수 있게 된다.[3] 예를 들어 생수 같은 경우, 어떤 생수건 성분상 큰 차이가 있다고 보기는 어렵지만, 소비자들은 고가의 수입 생수와 국내산 편의점 브랜드 생수를 서로 다르게 평가하고 있어서 가격 차이가 크게 발생한다.

제품차별화는 크게 수직적 제품차별화와 수평적 제품차별화로 구분된다. 수직적 제품차별화는 제품의 질적 차이로 차별화하는 것이고, 수평적 제품차별화는 제품이나 서비스의 질적 측면에는 별 차이가 없으나 다양한 제품 특성을 바탕으로 차별화하는 경우를 말한다. 예를 들어 앞에서 언급한 생수는 수직적 제품차별화에 해당한다. 전자기타(electric guitar) 시장에서 경쟁 업체인 펜더(Fender)와 깁슨(Gibson)은 각각 그 음악적 특성이 다르다고 알려져 있는데, 이

---

3) 이러한 점을 고려한 독점적경쟁시장(monopoistic competition)이라는 시장구조도 있으나, 본서에서는 일단 생략하였다.

경우는 수평적 차별화라고 할 수 있다. 제품을 차별화하는 원천으로는 지리적 차이, 신기술 적용 여부, 브랜드와 로고, 제품 원산지, 투입 요소 등이 있다.

(2) 가격차별화

가격차별화는 주로 시장지배력이 높은, 특히 독점 기업이 사용하는 경우가 많은 전략으로, 소비자 개인별 또는 소비자 그룹별로 다른 가격을 메겨 판매하는 것을 의미한다. 만일 제품 생산과 공급의 비용상 차이가 발생하여 제품 가격이 달라진다면 가격차별화라고 볼 수 없고, 비용에 차이가 없는데도 가격이 다른 경우라면 가격차별화라고 볼 수 있다.[4] 가격차별화를 위해서는 몇 가지 조건이 필요하다. 먼저 기업은 어느 정도의 시장지배력을 가지고 있어야 하고, 소비자의 지불 의향에 대한 정보를 알고 있어야 하며, 가격차별화에 의해 낮은 가격으로 구매한 소비자가 다른 소비자에 높은 가격으로 재판매하는 것이 불가능해야 한다.[5]

가격차별화에는 크게 세 가지 종류가 있다. 이 가운데 우선 1차 가격차별화는 모든 소비자 개인별로 서로 다른 가격을 제시하는 것을 말한다. 만일 어떤 재화에 대해 단일 가격을 제시한다면 다음 [그림 2-14]의 좌측과 같이 모든 소비자의 지불 의향 가운데 일부(음영 처리된 부분)만이 매출액이 될 수 있지만, 수요곡선을 따라 모든 소비자에게 서로 다른 가격을 제시할 경우 수요곡선 이하가 모두 매출액이 될 수 있다.[6]

---

4) 예를 들어 시내 중심가 상점에서 구입할 수 있는 음료수와 높은 산 정상의 간이매점에서 판매하는 음료수는 가격이 다를 수 있는데, 이는 판매 직전까지 투입된 비용에 차이가 있기 때문인 것으로서 가격차별화라고 보기 어렵다. 반대로 동일한 통신서비스를 직장인과 학생에게 서로 다른 가격으로 제공한다면, 비용상 차이가 없는데도 가격 차이가 발생한 것이므로 가격차별화에 해당한다.
5) 상세한 내용에 대해서는 산업조직론 전공도서들을 살펴보기 바란다.
6) 현실에서는 완벽한 1차 가격차별화가 쉽지 않기 때문에, 같은 효과를 얻기 위한 다른 방법이 사용되기도 한다. 예를 들어 단일가격으로는 매출로 얻을 수 없는 부분을 연회비, 기본요금 등을 부과함으로써 매출액으로 잡을 수도 있다.

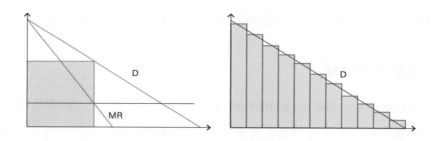

[그림 2-14] 단일가격(좌)과 1차 가격차별화(우)

두 번째로, 2차 가격차별화는 고객의 구매 수량에 따라 가격을 다르게 책정하는 것으로, 대량 구매 고객에게는 낮은 가격을 부과하고 소량 구매 고객에는 높은 가격을 받는 것이다. 예를 들어 휴대전화 요금의 경우, 데이터 이용 한도가 높은 요금제일수록 단위당 가격은 더 싸다.

세 번째로, 3차 가격차별화는 소비자 그룹별로 다른 가격을 부과하는 것이다. 시장 내 일부 소비자 그룹은 가격에 그리 민감하지 않아서 가격을 올리거나 내리더라도 수요에 큰 변화가 없으나, 어떤 그룹은 가격에 민감하여 가격이 조금만 변해도 수요량이 크게 변하기도 한다. 가격에 따라 수요량이 변하는 특성을 수요의 가격 탄력성이라고 하는데, 전자의 경우 수요가 비탄력적이라고 하고, 후자의 경우 탄력적이라고 한다. 탄력성의 크기는 아래 [그림 2-15]와 같이 수요곡선의 기울기로 나타나며, 이는 독점 기업의 매출과 이익에 영향을 미친

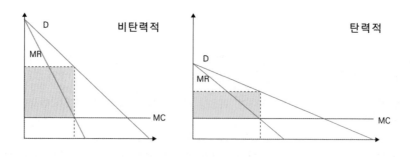

[그림 2-15] 3차 가격차별화

다. 따라서 비탄력적인 그룹에게는 높은 가격을, 탄력적인 그룹에게는 낮은 가격을 책정함으로써 더 큰 이익을 얻고자 하는 것이 3차 가격차별화이다.

(3) M&A

합병(Merger)은 두 개 이상의 기업이 결합하여 하나의 단일 기업이 되는 것을 의미하고, 인수(Acquisition)는 하나의 기업이 타기업의 주식이나 자산 일부 또는 전부를 취득하여 그 기업의 경영권을 얻는 것을 의미한다. 최근에는 합병과 인수를 통합하여 M&A로 부르는 경우가 많다. M&A에는 다양한 동기 요소가 있으나 규모의 경제 확보 및 비용 절감 등 효율성 개선, 시장지배력 강화 등이 대표적인 동기이다. 특히 서로 다른 기업이 하나로 통합되는 경우, 시장 내 경쟁 기업 수는 줄어들고, 통합된 기업의 시장점유율은 높아지게 되므로 시장지배력이 강화되는 효과를 누릴 수 있게 된다.

이와 관련하여 우리나라는 물론 각국 공정거래위원회는 시장지배력이 높은 시장지배적 사업자의 기준을 두고, 기업 간 결합을 심사·허가하고 있다. 한국의 경우 1개 기업의 시장점유율이 50% 이상이거나 CR3가 75% 이상인 경우 시장지배력이 높은 것으로 보고 있다.

(4) 약탈적 가격

시장에서 지배적 지위를 갖는 기업이 다른 기업에게 경제적 손실을 입히려는 목적 또는 시장에서 경쟁자를 제거하기 위한 목적으로, 가격을 비용보다 낮추는 등의 전략을 구사하는 경우 약탈적 가격 전략이라고 한다. 특히 경쟁자가 제거된 이후 시장지배적 기업이 가격을 올리게 되는 경우, 사회적 후생이 줄어드는 결과가 나타날 수 있어, 약탈적 가격은 규제의 대상이 된다. 다만 약탈적 가격 전략으로 인해 재화의 가격이 낮아지면 사회적 후생의 증가로 이어지는 경우도 있기 때문에, 이에 대해서는 신중하게 판단하는 추세라고 한다.

(5) 수직통합과 시장봉쇄

생산과정이나 유통과정의 수직적 관계에 있는 기업들 간 합병을 수직통합이라고 한다. 예를 들어 자동차 생산 업체와 부품 업체는 수직적 관계에 있다고 볼 수 있는데, 이들 업체가 합병을 하게 되는 경우 수직통합에 해당하는 것이다. 그런데 [그림 2-16]과 같이 수직통합으로 인해 통합되지 않은 다른 기업들이 시장에 접근하는 것이 제한되는 경우가 발생할 수 있다. 그림에서 제품생산업체와 부품 공급업체 B 간 통합으로 인해 부품 공급업체 A와 C는 제품 생산업체와의 거래에 제약이 발생할 가능성이 있는 것이다. 이러한 경우를 시장봉쇄(Market Foreclosure)라고 하는데, 시장 지배적 기업에 의해 시장봉쇄가 발생하는 경우 규제의 대상이 될 수 있다.

예를 들어 지난 2013년 세계 노광장비(리소그래피 시스템) 분야 당시 세계 1위였던 ASML이 노광장비 핵심부품인 광원 공급업체 Cymer사와의 기업 결합을 시도한 적이 있었다. 이 두 업체 간 결합은 수직통합에 해당하며, ASML과 Cymer 모두 각자 분야에서 시장지배적 사업자에 해당하는 상태로서, 수직통합 시 Gigaphoton, Nikon, Canon 등 다른 업체들의 시장 접근을 제한할 수 있는 상황이었다. 이에 한국 공정거래위원회는 시정조치를 부과하고 조건부 승인을 내렸다.

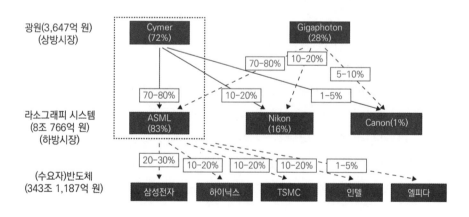

[그림 2-16] ASML-Cymer 수직결합 사례

자료: https://www.inews24.com/view/747677

(6) 기타

기타 담합, 끼워팔기, 묶어팔기, 진입저지가격, 수직제약(vertical restraints) 등 다양한 기업 행위들이 있다. 담합은 시장 내 기업들이 계약, 협정 및 기타의 방법으로 다른 사업자와 짜고 가격을 결정하는 등 행위를 함으로써, 그 분야의 실질적인 경쟁을 제한하는 행위이다.

끼워팔기와 묶어팔기는 소비자가 한 제품을 구입할 때 다른 제품도 구매하도록 한다거나, 서로 관련 없는 제품을 묶어 파는 것을 의미한다. 과거 마이크로소프트(MS)의 윈도우즈 운영체제에 메신저와 미디어플레이어 등이 기본 설치되었던 것, 구글(Google)의 안드로이드 운영체제에 구글 앱이 기본 설치되어 제공되던 것 등이 끼워팔기 및 묶어팔기 논란을 일으켰던 사례들이다. 국내에서도 오라클(Oracle)이 소프트웨어 유지보수료를 부과한 것을 두고 유사한 논란이 일기도 했었다.

이외에도 기업들의 다양한 전략적 행위들이 있으나, 본서에서는 생략하기로 하며, 더 상세한 정보는 경제학 전공 도서를 통해 확인할 것을 권한다.

6. 경제학과 기술혁신

이상 산업경제에 대한 개론으로서 산업조직론의 가장 기초적인 내용을 개략적으로 살펴보았다. 이는 미시경제학 이론을 바탕으로 시장구조와 기업의 의사결정 문제, 기업의 전략적 행위 등에 대해 체계적인 설명을 제공하고 있다. 특히 성숙단계에 접어든 많은 주력산업 분야의 경우 산업 동향과 중단기적 관점의 미래 전망에 효과적으로 사용될 수 있을 것으로 보인다. 그러나 기술혁신에 대한 관점이 부족하여, 기술혁신학 분야의 많은 학자들로부터 비판을 받고 있으며, 역동적으로 변화하는 기술환경에서는 그 활용성이 제한적일 수도 있다. 물론 산업조직론 분야에서는 전통적인 신고전파 경제학의 내용에 기술혁신 측면을 강화하고자 노력해 오기는 하였다. 규모의 경제, 학습효과 등에 있어서는 점진적인 기술혁신 관점이 투영되었다고 볼 수 있는 반면, 기술혁신의 다양한 측면이 충실히 고려되었다고 보기는 어렵다. 따라서 경영·경제 관점에서 기술혁신에

접근하고자 하거나, 반대로 기술혁신 관점에서 경영·경제의 문제에 접근하고자
할 때는, 기술혁신의 다양한 측면에 대한 이해가 보완되어야 할 것이다. 이에 다
음 장부터는 기술혁신의 의미, 유형, 패턴 등에 대해 알아보고자 한다.

03 혁신의 의미, 동인, 유형

1. 혁신의 의미

영어로 혁신을 의미하는 innovation을 Oxford Advanced Learner's Dictionaries[1]에서 찾아보면 "the introduction of new things, ideas or ways of doing something" 즉 새로운 물건이나 아이디어, 어떤 일을 수행하는 데 필요한 새로운 방법 등을 의미한다. 전장에서는 기술을 "과학적 지식을 활용하여 인간의 효용을 증가시킬 수 있는 물건을 생산하는 데 활용할 수 있도록 응용된 지식"이라고 정의하였는데, 그렇다면 기술의 개발은 혁신이라고 볼 수 있는가? 또한 혁신과 유사한 것으로 발명(invention)이라는 단어도 존재한다. Invention을 같은 사전에서 찾아보면 "a thing or an idea that has been invented"라고 정의되어 있는데, 동어 반복이기는 하지만 대략적으로 새롭게 만들어진 물건이나 아이디어로 이해할 수 있다. 그렇다면 발명과도 또 같은 의미인가?

혁신과 발명(혹은 기술개발)을 구분하기 위해 다음과 같은 사례를 살펴보자. 인터넷에서 "불필요한 발명들(unnecessary inventions)" 혹은 "쓸모없는 발명들(useless inventions)"라는 키워드로 검색을 해 보면 신기하지만 별 쓸모없는 발명품들을 얼마든지 찾아볼 수 있다. 예를 들어 뜨거운 라면을 식히기 위해 선풍기를 매단 젓가락, 빨래를 말리기 위해 자동차 위에 매단 빨래 건조대(airer), 비오는 날 신발을 보호하기 위한 신발용 우산 등 상상도 못 한 발명들이 있다. 더 황당하게는 DVD 뒤로 감기 기계(DVD rewinder)가 있을 정도이다. 이들은 이전에 없던 새로운 것들이기 때문에 분명히 발명의 범주에 속할 수는 있다. (물론 특허

---

1) https://www.oxfordlearnersdictionaries.com/

로 인정받느냐는 별개의 문제이다). 그러나 그 물건들이 과연 "유용한가"에 대해서는 의문을 표할 수밖에 없다.

[그림 3-1] 쓸모없는 발명들

출처: http://list25.com/25-most-useless-inventions-ever/

그런데 위의 장난기 가득한 것들 이외에, 실제 많은 자금을 투자하고 개발해 특허 출원까지 되어 있는 것들 중에도 쓸모없는 발명들은 얼마든지 찾아볼 수 있다. 지난 2009년 특허청이 국회에 제출한 자료에 따르면(<표 3-1> 참조), 국내의 대학과 공공기관이 보유한 특허 가운데 실제 사용되지 못하고 있는 "휴면특허"의 비율이 76%에 달한다고 한다. 심지어는 당장 사업을 해야 하는 기업들도 마찬가지로 보유 특허의 42.1%가 휴면특허였다고 한다. 이러한 상황은 점차 개선되어 오고 있지만 십수년이 지난 현재까지도 휴면특허에 대한 논란은 사라지지 않고 있다.

〈표 3-1〉 연도별 휴면특허 비율 (2005~2008)

	2005년	2006년	2007년	2008년
대학, 공공기관	92.6%	86.6%	74.5%	76%
기업	55.5%	57.2%	53.3%	42.1%

자료: 한국대학신문(2009) http://news.unn.net/news/articleView.html?idxno=56866

과연 쓸모없는 발명과 실제로 사용되지 않는 기술도 혁신이라고 부를 수 있겠는가? 우리가 흔히 혁신이라고 부르는 것들은 그것이 유형이건 무형이건 어느 정도의 "쓸모"가 있는 것들이다. 따라서 혁신은 우선 유용성을 제공할 수 있는 것이어야 할 것이다. 또한 유용성 이외에 경제적 가치도 있는 것이어야 한다. 새롭고 쓸모가 있지만 시장에 출시하여 가치를 얻어낼 수 있을 만한 것이 아니라면, 개인적인 수준의 유용성에 머물 뿐이다. 가급적 많은 사람들에게 제공되어 다수의 삶의 가치를 올리고, 그를 통해 경제적 가치를 얻을 수 있어야 우리가 혁신으로 인정할 수 있을 것이다. 종합하면 혁신이란 새로운 것(발명)으로서, 유용성이 있으며, 경제적 가치를 가져다 줄 수 있는 것으로 정의할 수 있다.

그런데 여기서 한 가지 짚고 넘어가야 할 것이 있다. 우리는 흔히 혁신은 뭔가 과학기술적인 것이라고 생각하는 경향이 있다. 테슬라의 전기차와 스페이스 X 우주발사체, 삼성과 LG의 반도체 및 디스플레이, 애플의 아이폰, 현대의 수소전기자동차 등 과학기술과 접목된 새로운 것들을 혁신이라고 부르거나 최소한 "혁신적인"이라는 수식어를 붙여 부른다. 혁신은 항상 과학기술적인 무엇인가를 동반할까?

다음의 사진 몇 장을 살펴보자.[2] [그림 3-2]에는 어떤 장소의 내부를 보여준다. 가운데 즉 정면 벽에는 J. Sainsbury라고 적혀 있고, 양옆으로는 진열대 위에 여러 물건들이 놓여 있다. 이 사진은 지금으로부터 거의 120년 전인 1906년 영국 Sainsbury's 상점 내부를 찍은 것이다. (J. Sainsbury는 Tesco, M&S 등과 더불어 영국 유통업계를 대표하는 회사이다. 참고로 Tesco는 한때 삼성물산과 손잡고 홈플러스라는 상표로 한국에 진출한 적이 있다). 내부공간의 양옆 진열대에 놓여 있는 것들은 판매할 상품들이며, 진열대 뒤로는 종업원으로 보이는 사람들이 서 있다. 이 사진으로 추측하건대, 이 상점은 오늘날의 "폐가식 도서관"과 같이 운영되었던 것으로 보인다. 고객은 매장에 입장하여 천천히 진열대 위 상품들을 둘러보고, 구매하고자 하는 물건이 있으면 진열대 뒤의 종업원에게 '무엇을 얼마만큼 달라'고 이야기했을 것이다. 그러면 종업원은 진열대 위 혹은 뒤편 창고에서 해당 상품을 가져오고, 손님은 상품 가격을 지불한 뒤 그것을 받아 가져가는 구조였을 것이다. 이러한 상점 운영 형태는 20세기 중반~말엽까지 우리나라에서도 흔히 볼 수 있었다. 아마도 어떤 상품은 돈을 지불하기 전까지는 고객의 것이 아니니 고객이 손대면 안 된다는 것이 일반적인 상식이었을 테고, 따라서 이러한 형태로 상점이 운영되었을 것이다. 그런데 이러한 상점 운영에는 몇 가지 단

---

2) 이하의 내용은 약 15년 전쯤 영국 Imperial College의 David Gann 교수의 강연에서 접해본 것이다. 그러나 적절히 인용할 만한 출판물을 찾을 수 없어, 이렇게 각주를 통해 Gann 교수의 아이디어였음을 밝히고자 한다.

점이 존재한다. 우선 고객이 상품을 둘러봐야 하므로 많은 양의 상품을 진열하기 어렵다. 그리고 고객이 상품 구매 시마다 매번 종업원이 따라붙어야 하니 판매의 속도와 효율성 측면에서도 좋다고 보기 어렵다.

[그림 3-2] 1906년의 영국 Sainsbury's 매장 (Guildford 지점)

출처: The Sainsbury's Archive, Museum of London Docklands 홈페이지, https://www.sain sburyarchive.org.uk/

이후 1950년대 들어 Sainsbury's의 매장은 다음과 같이 변화하기 시작했다. [그림 3-3]과 [그림 3-4]는 1952~3년에 촬영된 사진인데, 위의 1906년 사진과는 매우 다른 매장 모습을 보여준다. [그림 3-3]을 보면 1906년 매장과는 달리 넓은 매장의 진열대 위에 이전과는 비교하기 어려울 만큼 많은 상품들이 진열되어 있다. 상품별로 한두 개씩 샘플만 보여주는 것이 아니라, 사실상 창고 역할까지 겸할 수 있을 정도로 많은 양이다. 그리고 고객들은 이제 손에 바구니를 들고 다니며, 본인이 원하는 상품이 있으면 (심지어 지불을 하기 전임에도) 바구니에 집어넣는다. 그리고 [그림 3-4]에서처럼 매장을 빠져나갈 때 계산대에서 한 꺼번에 계산을 한다. 현재 우리 주변에 있는 대형 마트와 같은 구조이다.

[그림 3-3] 1953년의 영국 Sainsbury's의 매장 (Croydon 지점)

출처: The Sainsbury's Archive, Museum of London Docklands 홈페이지, https://www.sain sburyarchive.org.uk/

Sainsbury's의 매장은 20세기 중반에 들어 기존과는 전혀 다른 새로운 모습 을 보여준다. 그런데 이러한 새로운 매장 운영방식, 과연 혁신이라고 부를 수 있 을까? 우리는 흔히 뭔가 첨단의 과학기술적인 것이 결부되었을 때에만 혁신이라 고 생각하는데, Sainsbury's의 변화에는 그다지 과학기술적인 것은 보이지 않는 다. 심지어 [그림 3-4]의 계산대의 경우, 요즘에는 흔한 레이저 스캐너나 전자 식 계산기 등은 보이지 않는다. 그럼에도 불구하고, 이러한 변화는 혁신이라고 불릴 수 있을 것이다. 우선 매장 운영방식이 새롭다는 것은 말 그대로 "새로운 것"을 의미한다. 또한 새로운 매장운영 방식은 종업원과 고객 모두에게 유용하다. 기존에는 종업원 한명이 고객 한 명씩을 응대하며 구매 과정을 전담했지만, 새로운 방식하에서 매장 종업원은 매장과 상품 관리만 담당하고 계산대 종업원은 계산만 담당함으로써, 업무가 단순해지고 체계화되었다. 심지어 고객의 입장에서도 구매 전에 상품을 찬찬히 살펴볼 여유를 가질 수 있으므로 유용한 방식이라 할 수 있었을 것이다. 또한 경제적 가치라는 측면은 어떠한가? 업체 입장에서는 종업원 업무의 세분화, 전문화가 이루어지고 매장이 창고 역할을 (어느 정도) 흡수함에 따라 체계적 관리와 비용 절감이 가능하게 되었다. 또한 한꺼번에 많은 고객들이 매장 안에 들어와 쇼핑을 할 수 있게 되었다는 것 역시 긍정적인 측면이다. 종합하면, 새롭고, 유용하고, 경제적 가치까지 가져다 주는 것이었으니, Sainsbury's의 새로운 매장 운영 방식은 "혁신"의 개념에 정확히 부합한다.

[그림 3-4] 1952년의 영국 Sainsbury's 매장 (Eastbourne 지점)

출처: The Sainsbury's Archive, Museum of London Docklands 홈페이지, https://www.sainsburyarchive.org.uk/

이상의 사진들을 살펴본 바, 과학기술이 거의 접목되지 않은 유통업체의 매장 운영방식조차도 혁신이라고 부르는 데 어색함이 없을 것이다. 혁신은 항상 과학기술적인 것일 필요는 없다. 과학기술적인 것이 전혀 없어도, 새롭고, 유용하고, 경제적 가치를 가져올 수 있는 것이라면 모두 혁신이다. 다만, 본서는 '기술혁신과 경영'을 주제로 하고 있는 만큼, 혁신 가운데 과학기술적인 것이 동반된 것에 주목할 뿐이다.

2. 혁신의 동인

본서에서는 혁신 중에서도 특히 과학기술적인 것이 접목된 기술혁신에 초점을 둔다. 기술혁신은 말 그대로 혁신으로서, 과학과 기술 그리고 시장(market)이 연계된 개념이다. 그렇다면 과학, 기술, 시장은 어떻게 연계되어 혁신을 산출하는가? 과연 혁신의 동인(driving factors)은 과학인가 시장인가?

우리는 흔히 과학이 발전하면 그를 바탕으로 기술도 발전하며, 그 기술을 바탕으로 시장에서 성공을 거둘 수 있다고 생각한다. 출발점은 과학이고, 기술을 거쳐 시장에 도달하는 하나의 프로세스가 현대 한국사회를 살아가는 우리에게는 거의 상식으로, 우리는 이것이 당연하다고 믿는다. 우리가 상식적으로 생각하는 이것이 바로 기술혁신 프로세스 모형 중 가장 대표적인 공급추동(supply-push) 모형이다. 저명한 기술경영학자인 로스웰(Rothwell, 1994)은 과학-기술-시장 순서의 관계를 더욱 구체적으로 설명하면서 이를 1세대 혁신프로세스라고 이름 붙이기도 하였다.

반면 공급추동과는 반대로, 시장에서의 수요나 니즈를 충족시키기 위해 기술개발이 시작되며, 기술개발을 위한 과학적 지식이 부족하다면 그때 과학 연구가 진행된다는 주장이 있다. 이는 시장 수요가 기술과 과학의 발전을 이끈다고 하여 수요견인(demand-pull) 모형이라고 부른다. 로스웰은 이 모형을 2세대 혁신프로세스라고 하였다.

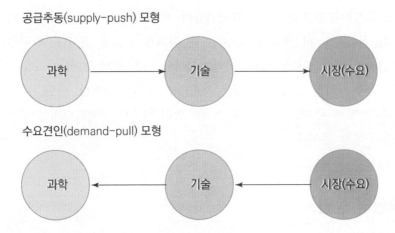

공급추동(supply-push) 모형

수요견인(demand-pull) 모형

[그림 3-5] 공급추동(supply-push)과 수요견인(demand-pull) 모형의 단순화 도식

출처: Rothwell(1994)의 모형을 단순화하였음.

공급추동 모형과 수요견인 모형은 기술혁신 이론 분야에서 대립되는 대표적인 두 가설로, 아직까지 어느 한쪽이 일방적으로 맞다는 결론이 내려지지 않은 상태이다. 근래의 기술혁신 학자들은 이 두 모형 중 어떠한 것이 맞는지를 논의하기보다는 이 두 모형 간 상호 보완적이거나 복합적 관계가 있음을 주장하는 경우가 많다. 예를 들어 기술경제학자인 클라인과 로젠버그(Kline & Rosenberg, 1986)는 혁신이 어느 한쪽 방향으로 흐른다는 기존의 이론과는 달리, 과학활동, 개발활동, 시장화 활동이 복잡다단하게 연계되어 있다는 체인연계(Chain-linked) 모형을 제시하기도 하였다. [그림 3-6]은 체인연계 모형을 나타낸 것인데, 신기술 및 신제품 개발 과정에서 과학연구(research)와 개발, 마케팅 등의 활동들 간에 다양한 연계관계가 있으며, 단계별 복잡한 피드백(feedback) 과정이 존재함을 확인할 수 있다. 로스웰(Rothwell, 1994)은 체인연계 모형을 비롯한 당시의 유사한 모형들을 통칭하여 3세대 혁신프로세스라고 하였다. 이후에도 혁신프로세스에 대한 학자들의 연구는 더욱 진전되어 4세대 및 5세대까지 발전하였는데, 본서에서 이에 대해서는 다루지 않는다.

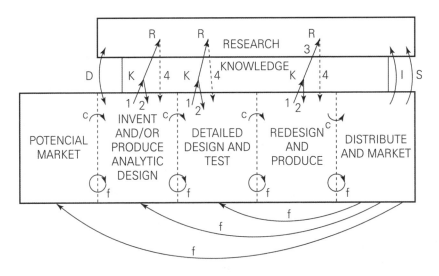

[그림 3-6] 체인연계(chain-linked) 모형

출처: Kline & Rosenberg(1986).

공급추동 모형과 수요견인 모형의 예시는 혁신의 역사에서 쉽게 찾아볼 수 있다. 우선 공급추동 모형의 예시로는 다음과 같은 것을 들 수 있다. 미국의 제2차 세계대전 승리의 결정적인 역할을 한 맨해튼 프로젝트(Manhattan Project)는 그 목적이 원자폭탄을 만드는 것이었다. 그런데 종전 이후 맨해튼 프로젝트를 통해 확보한 과학적 지식은 원자력 발전에 사용되었는데, 이는 대표적인 공급추동형 혁신이다(Leibowicz, 2016). 또한 인류 최초로 사람을 달에 보냈던 아폴로 프로젝트(Apollo Project)로부터도 수없이 많은 혁신이 파급되었다. 아폴로 프로젝트로부터 개발된 재료, 연료전지, 열처리, 식품, 통신, 컴퓨터, 로봇 분야의 기술들이 산업체로 파급되어 수많은 기업과 일자리가 만들어졌다고 한다.[3]

이러한 거대과학(Big Science)으로부터의 성과만 공급추동에 해당하는 것은 아니다. 20세기 발명의 대표적인 사례인 에디슨(Edison)의 축음기, 벨 연구소(Bell Labs)의 트랜지스터 등은 당시 소리 녹음이나 반도체 소자에 대한 시장의 강력한 요구가 있었다기보다는 이전까지 과학기술 분야에서 서서히 진전되어 오던 연구의 결과물들이 상업적 발명으로 연결된 결과물이라고 볼 수 있다. 최근 사례로, 21세기 초 현대인의 삶의 방식을 바꾼 것으로 평가받는 스티브 잡스

---

3) https://news.joins.com/article/10957403

(Steve Jobs)의 아이팟(iPod), 아이폰(iPhone), 아이패드(iPad) 등도 시장의 니즈를 포착하여 만든 것이라기보다는 당시까지의 기술을 바탕으로 새로운 제품을 기획하여 신시장을 만들어 낸 것이라고 보아야 할 것이다. 실제로 스티브 잡스는 "사람들은 대부분 만들어서 보여주기 전에는 자신이 무엇을 원하는지 모른다 (People don't know what they want until you show it to them)"라고 한 적이 있다.4) 이외에 일부 신기술 및 신제품은 과학기술 연구 도중 우연히 만들어지기도 하는데, 이러한 것들도 공급추동형이라고 볼 수 있다. 최초의 항생제인 페니실린은 1928년 영국 스코틀랜드의 생물학자 알렉산더 플레밍(Alexander Flemming)이 포도상구균 실험을 진행하다가 우연히 발견한 것이며, 미국 화이자(Pfizer) 제약사의 남성기능장애 치료제 비아그라(실데나필)가 협심증 치료제 개발 과정에서 우연히 만들어졌음은 잘 알려진 사실이다.5)

수요견인의 예시로는 파스퇴르의 과학적 업적들을 들 수 있다. 파스퇴르는 미생물학자로서 이전까지의 지배적 학설이었던 자연발생설을 비판하고 살균법 (pasteurization)을 개발하는 등 미생물학 분야에 크게 기여하였다. 그런데 그의 업적은 순수한 학술적 차원에서 시작되었다기보다는 시장 또는 사회로부터 동기를 부여받은 바가 크다. 『파스퇴르 쿼드런트』의 저자인 스토크스는 게이슨 (Geison, 1995)의 저작을 인용하여 "파스퇴르는 사탕무우로부터 알코올을 제조하는 업자들의 요청에 대응해 왔으며 그 결과가 놀라운 업적으로 연결된 것이다" 라고 하였다(Stokes, 2007). 또한 미국의 기술경제사학자 로젠버그(Rosenberg, 1982)는 Inside the Black Box라는 책에서 항공기술의 발전에 따른 과학의 발전 사례를 소개하였다. 20세기 초반까지 항공기들은 프로펠러 엔진을 사용하였고, 그로 인해 항공기의 속도가 지금처럼 빠르지 못했다. 이후 20세기 중반부터는 터보제트(turbo-ject) 엔진이 개발되어 사용되면서 속도를 급격히 증가시킬 수 있었으며, 항공기 업체들은 더욱 빠른 항공기 개발을 시도하였다. 그런데 항공기 속도는 엔진 성능이 아닌 다른 요인에 의해 한계에 봉착해 있었다. 그것은 바로 속도가 빨라짐에 따라 항공기 표면 재료와 공기의 마찰로 인해 생기는 새로운 문제점들이었다. 이러한 문제점들은 열자기역학(magnetothermodynamics) 등

---

4) 스티브 잡스의 명언을 중앙일보에서 정리한 자료를 참고하기 바란다.
   https://news.joins. com/article/6350249
5) 위키백과의 알렉산더 플레밍, 비아그라 항목에도 자세히 소개되어 있다.

과 관련한 초음속항공역학(supersonic aerodynamics) 분야가 등장하게 된 배경이 되었다.

최근의 혁신 사례로는 코로나−19 백신이 있다. 이 백신은 이미 창궐한 코로나−19 감염병을 예방하고자 하는 사회적 니즈에 대응하여 만들어진 것일까? 아니면 기존의 과학적 지식으로부터 도출된 것일까? 코로나−19 백신이 수요견인과 공급추동 중 무엇에 해당하는지는 각자 생각해 보기 바란다.

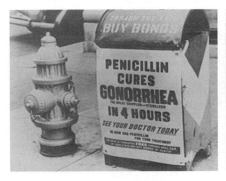 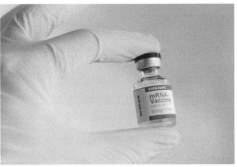

[그림 3-7] 페니실린과 COVID-19 백신, 기술혁신 프로세스상의 차이는?

출처: 위키백과(https://commons.wikimedia.org/wiki/File:PenicillinPSAedit.jpg) 및 Spencer B. David(https://commons.wikimedia.org/wiki/File:Solo-mrna-vaccine-4.jpg)

● 참고 ─────────────────────────────

공급추동과 수요견인 모형의 배경

공급추동 모형이 문헌에 공식적으로 등장한 것은 대략 1940년대 제2차 세계대전 종전 무렵이다. 제2차 세계대전 기간 중 미국은 과학에 엄청난 투자를 감행했고, 그 결과물인 원자폭탄 등으로 전쟁 승리를 목전에 두고 있었다. 이 시기를 전후하여 미국에서는 전후 미국 과학기술정책의 방향 설립을 위한 열띤 논쟁이 벌어졌다. 이 논쟁의 두 중심축은 할리 킬고어(Harley M. Kilgore) 상원의원 측과 전기공학자이자 미국 OSRD(Office of Scientific Research and Development) 책임자였던 바네바 부시(Vannevar Bush) 측이었다.

킬고어 측과 부시 측의 논쟁은 이미 1942년부터 시작되었으며 1950년 미국 과학재단(NSF; National Science Foundation) 설립 때까지도 진행되었다. 킬고어 측은 과학에 대한 정부의 재정지원, 특허 공유, 기초연구와 응용연구에 대한 투자, 공공성을 가진 연구 및 연구자에 대한 투자를 주로 주장했다.

부시 측은 킬고어의 의견에 어느 정도 공감은 하면서도, 기초과학과 최우수 과학자에 대한 집중 투자를 주장하였다. 기초과학과 과학자에 투자하여 그들이 자율적인 첨단 과학 성과를 만들어 내면, 자연스럽게 응용연구의 발전과 경제발전으로 연결될 것이라고 주장하였다. 즉, '시장이 무엇을 필요로 하니 과학자들은 무엇을 하라'는 등의 지시는 하지 말라는 뜻으로 해석될 수 있다. 바네바 부시 본인이 과학기술자였던 만큼, 킬고어 계획으로 인해 최첨단 연구와 과학자의 자율성이 침해받을 가능성에 대한 과학기술계의 불만이 반영된 것이라고 할 수 있다.

크리스 프리먼(Chris Freeman) 및 스토크스(Donals Stokes) 등 관련 연구자들은 선형 모형(linear model, 즉 공급추동 모형)이 바로 이러한 부시의 주장으로부터 나왔다고 보고 있다. 부시의 이러한 아이디어는 1945년 미국 대통령에게 제출된 『과학, 끝없는 프론티어(Science, the Endless Frontier)』라는 보고서에 나타나 있다. 이 보고서는 현재 인터넷에 공개되어 있다.

바네바 부시의 주장은 1950년 미국과학재단 설립에 반영되었고, 이후 미국 과학기술의 패러다임을 주도하였다. 그런데 이후 1960년대 후반부터 1970년대에 걸쳐 새로운 모형이 제시되기 시작하였다. 당시에는 일본이 새로운 경제대국으로 성장하고 있었는데, 일본은 미국만큼의 기초과학에 대한 투자 없이도 이러한 성과를 달성해 낸 것이었으며 이에 대해 미국에서는 일본이 미국 과학에 무임승차(free-riding)했다고 생각하기도 했다(Tunzelman et al., 2008). 또한 1960~70년대는 전후의 물자의 생산이 급격히 늘어나 수요를 초과하는 현상이 벌어지기도 하였다. 이는 인류 역사에서 기아와 가난을 이겨낸 '풍요로운 시기'로 볼 수도 있다. 그러나 역으로 공급자 입장에서는, 이전에는 재화를 만들기만 하면 다 팔 수 있었으나, 이제는 만든다고 해서 다 팔 수 있는 것이 아닌 시대가 된 것이다. 이러한 상황 속에서 슈무클러(Schmookler, 1962; 1966) 등의 학자들은 수요견인형 모형을 주장하게 된 것이다.

[그림 3-8] 바네바 부시(좌)와 할리 킬고어(우)

출처: https://en.wikipedia.org/wiki/Vannevar_Bush#/media/File:Vannevar_Bush_portrait.jpg
및 https://en.wikipedia.org/wiki/Harley_M._Kilgore#/media/File:Harley_M._Kilgore.jpg

3. 혁신의 유형

전 절에서는 혁신의 동인이 한 가지만 존재하는 것이 아니라 공급추동, 수요견인 등 여러 가지 형태가 존재할 수 있음을 보였다. 그렇다면 혁신의 결과물은 어떠한가? 혁신의 결과물에도 어떤 일정한 유형이나 패턴이 존재할까? 본 절에서는 혁신 과정의 결과물로서의 개별 혁신들에는 어떠한 형태 구분이 있는지 살펴보고자 한다. 혁신의 구분 방식은 그간 많은 학자들이 다양하게 제시해 왔는데 이들을 종합하여 (1) 제품혁신과 공정혁신의 구분, (2) 급진적 혁신과 점진적 혁신의 구분, (3) 핵심역량 소실형 혁신과 핵심역량 강화형 혁신의 구분, (4) 연속적 혁신과 불연속적 혁신의 구분, (5) 아키텍쳐 혁신과 모듈러 혁신의 구분 등으로 정리할 수 있다.

(1) 제품혁신과 공정혁신의 구분

혁신의 결과물은 종종 제품 또는 서비스 자체가 변화된 형태로 나타날 수 있다. 이러한 제품이나 서비스 자체의 혁신을 제품혁신(product innovation)이라고 한다. 20세기 초반 전자제품의 가장 핵심적인 부품은 진공관(tube 혹은 valve)이었다. 그런데 1940년대 미국 벨 연구소(Bell Labs)에서는 반도체를 사용한 트랜지스터를 새로 개발해 냈다. 이후 수많은 트랜지스터를 비롯한 개별 소자(discrete devices)를 하나의 칩 위에 집적한 집적회로(integrated circuits)가 등장하였고, 이는 집적도 증가에 따라 VLSI, ULSI 등으로 발전하였다. (집적회로는 다시 메모리 반도체와 시스템 반도체로 구분된다). 진공관이 트랜지스터로 대체되고, 개별 소자로서의 트랜지스터가 집적회로화되고 집적도가 증가하는 등의 과정은 바로 전자 소자라는 제품 자체의 혁신이므로 제품혁신이라고 볼 수 있다. 이외에도 2000년대 초반까지 TV나 모니터용 디스플레이 장치로 사용되었던 CRT(Cathod Ray Tube)가 2000년대 중반 이후 LCD(Liquid Crystal Display)로 대체되었는데, 이 역시도 제품혁신이다.

[그림 3-9] 제품혁신: 진공관, 트랜지스터, 집적회로

제품혁신과는 다르게 제품을 만드는 공정이 변화하는 경우도 있는데 이를 공정혁신(process innovation)이라고 한다. 예를 들어 액정디스플레이(LCD)를 제조공정 중에는 패널에 액정(liquid crystal)을 주입하는 단계가 있다. 예전에는 삼투압을 이용한 주입 방식을 사용하였으나, 최근에는 공정시간 및 공정프로세스 단축이 가능한 ODF(One Drop Filling) 공정을 활용한다.[6] ODF 공정은 LCD가 주입될 패널 내 공간의 체적을 계산하고, 정확한 분량의 액정을 한 방울 떨어뜨린 후 그 위해 글래스를 덮어 액정이 퍼지도록 하는 방식이다. 이는 제품 생산을 위한 방법(공정)을 개선한 것이므로 공정혁신이다.

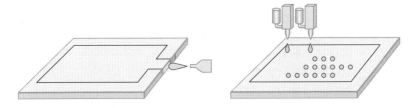

[그림 3-10] 공정혁신: 기존 LCD 제작 방식(좌)과 ODF 방식(우)

출처: Kim(2004), https://onlinelibrary.wiley.com/doi/pdf/10.1889/1.1847746

이상과 같이 제품혁신과 공정혁신은 서로 다른 형태의 혁신이다. 그런데 제품혁신과 공정혁신은 서로 독립적으로 발생하기도 하지만, 종종 서로 동반하여 발생하기도 한다. 예를 들어 DRAM 반도체의 경우 1980년대 수십 킬로바이트 수준에서 현재 기가바이트 수준까지 발전해 왔다. 이는 분명히 제품 자체가 개선된 것이므로 제품혁신이다. 그러나 고집적도의 반도체 생산을 위해서는 신공정 적용이 필요하다. 아래 표는 인터넷에 공개되어 있는 삼성전자의 DRAM 반도체의 제품개발 및 신공정 적용 일지이다.

---

6) https://news.samsungdisplay.com/12259/

〈표 3-2〉 삼성전자의 DRAM 반도체 및 공정 개발 일지

DRAM 반도체 개발 일지
• 1974년 한국반도체 인수로 반도체 사업 개시
• 1983년 미국, 일본에 이어 세계 3번째 64k D램 개발
• 1994년 256M D램 세계 최초 개발
• 1996년 1G D램 세계 최초 개발
• 2002년 DDR(Double Data Rate)2 D램 세계 최초 개발
• 2006년 세계 최초 50나노 D램 개발
• 2009년 세계 최초 4G DDR3 D램 개발
• 2010년 30나노 D램 개발·양산
DRAM 신공정 개발 일지
• 90나노 양산 2004년 9월 개발 2002년 9월
• 80나노 양산 2006년 3월 개발 2003년 9월
• 60나노 양산 2007년 3월 개발 2005년 10월
• 50나노 양산 2008년 4월 개발 2006년 9월
• 40나노 양산 2009년 7월 개발 2009년 1월
• 30나노 양산 2010년 7월 개발 2010년 1월

출처: 연합뉴스, https://www.yna.co.kr/view/AKR20110922067700003

(2) 급진적 혁신과 점진적 혁신의 구분

혁신은 급진적인 혁신 혹은 점진적인 혁신의 형태로도 구분해 볼 수 있다. 급진적 혁신(radical innovation)은 기존의 기술이나 지식과 매우 다른, 큰 폭의 변화가 있거나 새로운 혁신을 의미한다. 예를 들어, 과거에는 수학 계산을 수기나 암산에 의존했으며, 파스칼(Pascal)은 기계식 계산기를 개발하기도 하였다. 그러던 중 1947년에 펜실베니아 대학에서 전자식 계산기가 개발되었다. 이는 ENIAC (Electronic Numerical Integrator And Computer)이라고 불렸으며, 약 18,000개의 진공관이 사용되었다. ENIAC은 기존의 기계식 계산기와는 매우 다른 급진적인 혁신이었다. 이외에 2000년 이전까지만 하더라도 사진을 찍기 위해서는 필름 카메라가 사용되었는데, 2000년대 중반 이후부터는 디지털카메라로 대체되었다. 디지털카메라는 기존의 필름 카메라와는 완전히 다른 급진적 혁신이었다.

[그림 3-11] 급진적 혁신: 기계식 계산기와 전자식 계산기

반면 **점진적 혁신**(incremental innovaion)은 기존의 지식기반 위에 지속적인 기술 향상을 이루거나, 기존 기술을 약간 개선한 것으로서 기존 기술과의 차이가 크지 않은 것을 의미한다. 이에 일부 학자들은 제품이나 공정상의 선형적(linear)이고 누적적(cumulative)인 변화로서 주로 기존 기술의 소규모 개선이나 간단한 조정 정도라도 설명하기도 하였다(Dewar and Dutton, 1986). 앞의 <표 3-3>에 소개된 DRAM 혁신은 기존의 DRAM의 기본적인 지식기반을 유지하면서 점진적이고 지속적으로 기술적 향상을 이뤄낸 것으로 점진적 혁신의 사례이다. 이외에 자동차의 가솔린 엔진을 살펴보자. 지금으로부터 약 140년 전인 1886년 독일의 벤츠가 공개한 가솔린 엔진은 954cc 배기량에 최대 출력 0.75마력, 최고 속도 15km 수준이었다.[7] 140년 정도 지난 지금 가솔린 엔진은 중형차의 경우 150~200마력에 최고 속도도 시속 200km에 가까울 정도로 크게 발전했다. 그리고 과거에는 연료 분사 및 제어가 기계식이었던 것이 이제는 전자식 분사 및 제어 방식으로 바뀌기도 했다. 그러나 가솔린 엔진의 기본적인 작동 방식은 연료와 공기를 흡입하여 압축한 뒤 폭발시켜 배출하는 4행정 프로세스라는 점에서 동일하다. 또한 가솔린 엔진의 성능은 어느 한 순간 갑자기 폭발적으로 개선된 것이 아니며, 지난 140년 동안 지속적이고 점진적인 개선 과정을 거쳐 온 것이다. 따라서 가솔린 엔진은 점진적 혁신에 의해 발전해 온 것으로 볼 수 있다.

급진적 혁신과 점진적 혁신은 기존 기술로부터 얼마나 다른가에 의해 구분된다. 그렇다면 과연 어느 정도의 변화를 기준으로 급진적 혁신과 점진적 혁신을 구분할 수 있을까? 런셀러 경영대학원 근본적 혁신 프로젝트팀에서는 『래디컬

---

7) https://www.donga.com/news/Culture/article/all/20080703/8597739/1

이노베이션』이라는 책에서 (1) 완전히 새로운 성능, (2) 기존 성능의 5배 이상 개선, (3) 30% 이상의 비용 절감 등 세 가지를 기준으로 제시했다(Leifer et al., 2000).

〈표 3-3〉 런셀러 경영대학원이 제시한 급진적 혁신의 기준

	기준	예시
1	완전히 새로운 성능	최초의 비행기, 최초의 우주왕복선, 최초의 전등, 최초의 TV 등
2	기존 성능의 5배 이상 개선	ENIAC, 제트 엔진 등
3	30% 이상의 비용 절감	데스크톱 프린팅(DTP), 트랜지스터 및 트랜지스터를 활용한 전자제품

출처: 기준은 Leifer et al.(2000), 예시는 본서 저자.

라이트 형제가 최초 개발한 비행기는 (1)번의 완전히 새로운 성능에 해당하며, 앞에서 급진적 혁신의 사례로 제시했던 ENIAC은 (1)번에 해당할 수도 있고 (2)번의 기존 성능의 5배 이상 개선에 해당될 수도 있다. 인쇄 및 출판 분야에서 컴퓨터로 책을 디자인하고 인쇄판까지 제조하는 데스크톱 프린팅(DTP; Desk-top Printing)은 (3)번의 30% 이상 비용을 절감한 급진적 혁신의 사례라고 할 수 있다. 기존에는 금속으로 만들어진 활자를 하나하나 손으로 골라 인쇄할 책의 인쇄판을 만들었지만, 대략 1990년대 이후부터는 거의 컴퓨터로 책의 디자인과 인쇄판 제작까지 자동으로 하고 있다. 기존 금속 활자로 인쇄를 할 경우, 책의 디자인과 활판 제작을 모두 따로따로 진행했으며, 거의 수작업에 의존했기 때문에 엄청난 비용이 들었다. 반면 DTP 시대에는 (이론적으로) 디자인부터 활판 제작까지 거의 한 번에 진행이 가능하며, 기존에 비해 인력도 많이 요구되지 않는다. DTP의 도입에 따라 엄청난 비용이 절감될 수 있었던 것이다.

[그림 3-12] 비용 절감을 가져온 급진적 혁신: DTP 및 디지털 인쇄

그런데 런셀러 경영대학원에서 제시한 급진적 혁신의 기준은 단지 개념 이해를 위한 참고사항으로만 사용하기를 권한다. 완전히 새로운 성능의 경우 비교적 확인하기 어렵지 않지만, 성능이나 비용은 측정하여 비교하기 쉽지 않으며, 관점에 따라 측정치가 다른 경우도 있다. 또한 성능 5배, 비용 절감 30% 기준에 맞지 않더라도 현장에서는 충분히 "급진적"이라고 인식하는 경우도 존재할 수 있다. 따라서 현장에서 급진적 혁신을 구분해야 할 경우에는 런셀러 경영대학원이 제시한 것을 절대적 기준으로 삼기보다는 현장의 정성적(qualitative) 인식을 참고할 필요가 있다.

(3) 핵심역량 소실형 혁신과 핵심역량 강화형 혁신의 구분

급진적 혁신과 점진적 혁신 간 구분과 유사하게, 핵심역량 소실형 혁신(competence-destroying innovation)과 핵심역량 강화형 혁신(competence-enhancing innovation) 간 구분이 가능하다(Schilling, 2013). 어떤 종류의 혁신은 기존의 지식기반, 기법, 역량 등을 사용하지 못하게 만들어 버리는 경우가 있는데, 이를 핵심역량 소실형 혁신이라고 한다. 바로 앞에서 소개된 데스크톱 프린팅(DTP)은 컴퓨터로 책의 판면을 디자인하고 활판을 만들고 인쇄까지 하는 것으로서 기존의 활자를 다루는 지식은 거의 필요하지 않다. 따라서 이는 핵심역량 소실형 혁신이다.

반면 핵심역량 강화형 혁신은 기존의 지식기반, 기법, 역량에 상당 부분 의존하는 가운데, 새로운 지식, 기법, 역량을 추가적으로 도입하여 기존의 것을 강화한 것이다. 앞에서 소개된 <표 3-3>에는 삼성전자의 DRAM 개발 일지가 나와 있는데, 개선된 DRAM은 기존의 DRAM 개발과 생산에 사용된 지식을 상당 부분 사용하면서 약간 새로운 지식이나 기법을 적용한 경우가 많다. 따라서 이는 핵심역량 강화형 혁신의 좋은 사례이다.

앞에서 소개된 급진적 혁신 및 점진적 혁신과 비교할 때, 핵심역량 소실형 혁신은 급진적 혁신, 핵심역량 강화형 혁신은 점진적 혁신에 해당하는 경우가 많다. 개념 자체가 기존의 것으로부터 얼마나 다른가에 초점을 두다 보니 이들 두 구분법이 서로 유사한 경우가 많다. 그런데 핵심역량 소실형 혁신과 급진적 혁신이 항상 같은 것은 아니며, 핵심역량 강화형 혁신과 점진적 혁신 또한 항상 같은 것은 아니다. 아래의 예를 보자.

1950년대 이전까지 항공기들은 왕복형 엔진(recipro-engines)을 사용했다. 이 엔진은 자동차 엔진과 유사한 것으로, 프로펠러를 돌려 동력을 얻었다. 그러다 보니 고속 비행을 위한 출력이 충분치 않았다. 이를 해결한 것이 지금의 제트 엔진이다. 제트(jet) 엔진은 외부의 공기를 흡입하여 압축한 후 연료를 분사하고 폭발시킴으로써 출력을 얻는다. 이로 인해 엔진의 힘과 항공기의 속도가 비약적으로 개선되었다. 이러한 제트 엔진의 개발과 생산에 필요한 지식은 기존 왕복형 엔진에 필요하던 것과 매우 다르다. 따라서 이는 급진적 혁신이자 핵심역량 소실형 혁신이다.

제트 엔진 가운데 가장 흔하게 사용되는 것은 터보젯(turbo-jet) 엔진이다. 이는 엔진 내부에서 터빈(turbine)을 돌리고 그 힘으로 외부로부터의 공기를 흡입하여 압축시키는 것으로 매우 성능이 뛰어나다. 그런데 이 엔진은 워낙 강한 폭발력으로 인해 연료가 완전히 연소되지 않고 배기가스에 섞여 나오게 됨으로써, 연료의 낭비와 환경오염 등을 야기한다는 단점이 있었다. 이에 따라 새롭게 만들어진 제트 엔진이 터보팬(turbo-fan) 엔진이다. 터보팬 엔진은 일반적인 터보젯 엔진 외부를 통해 공기를 추가적으로 유입하여 압축해 연소기 뒤쪽으로 보내는데(이를 bypass라고 한다), 안쪽 터보젯 엔진에서 불완전연소된 연료가 추가적으로 연소되면서 더 큰 추력을 얻는다. 기존의 불완전연소로 인한 문제점을 크게 개선한 것이다. 터보팬 엔진은 점진적 혁신이라고 볼 수도 있지만, 기존의 터보젯 엔진에 팬이라고 하는 새로운 부분품을 도입하여 기존에 해결하지 못했던 문제를 개선하였다는 측면에서는 급진적 혁신에 가까운 측면도 있다. 그런데 이는 기존의 터보젯 엔진에 사용되던 지식이나 역량을 거의 그대로 활용하므로 핵심역량 강화형 혁신에 해당한다.

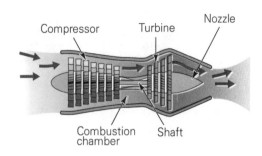

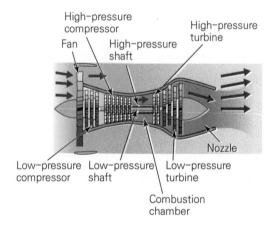

[그림 3-13] 터보젯 엔진과 터보팬 엔진

유사한 사례로 오토매틱 워치(automatic watch)가 있다. 시계의 핵심 부품인 진자는 크게 기계식 진자(mechanical movements), 전자식 수정 진자(quartz movements), 오토매틱 진자(automatic watch movements) 등이 있다. 오토매틱 시계는 이 중 오토매틱 진자를 사용한 것인데, 이는 예전의 기계식 진자가 발전된 형태이다. 이는 급진적 혁신과 점진적 혁신 중 어디에 해당하는가? 또한 핵심역량 소실형 혁신과 핵심역량 강화형 혁신 중 무엇에 해당하는가? 이에 대해서는 독자들이 직접 인터넷에서 자료를 찾아보고 생각해 보기 바란다.

[그림 3-14] 기계식(좌), 수정(중), 오토매틱(우) 진자 시계

출처: https://commons.wikimedia.org/wiki/File:Pocketwatch_cutaway_drawing.jpg,
https://commons.wikimedia.org/wiki/File:Seiko_35A.jpg,
https://commons.wikimedia.org/wiki/File:Mechanics_movement_feinmechanik_wrist
_watch_clock_automatic_gmt_master_gmt-932709.jpg!d.jpg

마지막으로 급진적 혁신과 점진적 혁신의 구분, 핵심역량 소실형 혁신과 핵심역량 강화형 혁신의 구분은 혁신을 관찰하는 사람에 따라 다르게 인식될 수 있다. 예를 들어 디지털카메라는 일반적으로는 급진적 혁신에 해당하며, 특히 기존의 필름 카메라 업체들에게는 급진적 혁신임은 물론 핵심역량 소실형 혁신이다. 그런데 소니 등 전자 업체들에게도 급진적 혁신일까? 소니 등 전자 업체들은 디지털카메라 등장 이전에도 캠코더, 비디오카메라 등 광학 부품을 이용한 전자제품을 만들어 오고 있었다. 따라서 소니 등과 같은 업체들에게 디지털카메라는 급진적 혁신이 아닌 점진적 혁신으로 보일 수 있는 것이다.

(4) 연속적 혁신과 불연속적 혁신

연속적 혁신(continuous innovation)과 불연속적 혁신(discontinuous innovation)의 구분도 앞에서 살펴본 급진적 혁신과 점진적 혁신의 구분, 핵심역량을 소실형 혁신과 핵심역량 강화형 혁신의 구분과 유사하다. 연속적 혁신은 점진적 혁신이나 핵심역량 강화형 혁신과 유사한 측면이 있고, 불연속적 혁신은 급진적 혁신이나 핵심역량 소실형 혁신과 비슷한 측면이 있다. 그런데 연속적 혁신과 불연속적 혁신은 한 가지 기준을 더 고려한다. 바로 소비자 행동의 변화를 요구하느냐의 여부이다.

연속적 혁신은 기술적 지식 측면에서 큰 변화가 없으며, 소비자의 행동 변화를 크게 요구하지도 않는다. 이는 기존 제품이나 서비스를 개선하고자 하는 노력의 산물로서, 점진적 혁신의 상당수는 연속적 혁신의 범주에 들어갈 수 있다. 기존보다 속도가 향상된 반도체, 연비가 개선된 자동차, 화면이 넓어지고 처리속도가 빨라진 스마트폰 등은 점진적 혁신임과 동시에 연속적 혁신이라고 할 수 있다.

불연속적 혁신은 지식 측면에서 기존과 매우 다름은 물론 소비자의 행동 변화까지 수반하는 혁신이다(최용희·김상훈, 2004). 예를 들어 전기자동차는 소비자가 운전하는 방식은 기존의 자동차와 똑같아서 별도의 학습을 요구하지 않지만, 연료 공급이 아닌 전기 충전이 필요하다는 점에서 소비자의 행동 변화를 수반하기 때문에 불연속적 혁신이라고 할 수 있다. 기존의 휘발유 자동차는 휘발유가 떨어지면 근처의 주유소에 가서 휘발유를 구매해 주입한다. 주유소는 전국 어디를 가건 흔해서 휘발유 자동차 운전자의 동선은 주유소 위치에 크게 구애받지 않는다. 반면 전기 자동차는 전기 충전을 해야 하는데 이는 최소 40분에서 길게는 12시간까지 걸리며, 전기차 충전소도 휘발유 주유소만큼 흔하지 않다. 따라서 전기차 운전자의 동선은 전기차 충전소 위치에 크게 영향을 받는다. 이런 불편함이 있는 반면, 전기 요금이 휘발유에 비해 매우 싸고 (2021년 현재 1/4~1/8 정도), 먼 곳의 주유소를 찾아가는 것이 아니라 집이나 직장에 주차를 해 둔 사이 충전이 되는 형태라는 편리함도 있다. 또한 회생제동 등의 기능에 따른 적합한 운전 방식도 있다. 이로 인해 전기차는 규칙적인 이동 패턴하에서 운행 거리가 긴 경우 유리하며, 따라서 전기차 사용자들의 행동 변화를 요구한다.

(5) 아키텍쳐 혁신과 모듈러 혁신

기술경영학자인 헨더슨과 클락(Henderson and Clark, 1990)은 지금까지 소개된 혁신의 유형 이외에 아키텍쳐 혁신과 모듈러 혁신이라는 유형이 있음을 주장하였다. 이들에 의하면, 당시까지는 혁신을 주로 제품혁신과 공정혁신, 급진적 혁신과 점진적 혁신 정도로 구분하였는데, 1950년대 트랜지스터 라디오는 이러한 개념들로는 설명하기 어려운 사례였다. 1950년대 이전까지 라디오는 진공관이라는 부품으로 제작되었다. 이 당시 미국의 RCA는 진공관 라디오 분야를 주도하던 회사였다. 1952년 RCA는 회사가 보유하고 있던 기술인 트랜지스터 기술, 라디오 회로, 스피커 기술, 튜닝 장치 등을 활용해 최초의 트랜지스터 라디오 시제품을 만들었다. 이는 기존의 진공관 라디오에 비해 작았으며 적은 비용으로 만들 수 있다는 장점이 있었다. 그러나 트랜지스터 라디오는 그 성능이나 음질 측면에서 진공관 라디오에 비해 열악했고, RCA는 트랜지스터 라디오 양산에 나서지 않았다. 그러던 중 1954년 미국의 텍사스 인스트루먼트(Texas Instruments)와 I.D.E.A(Industrial Development Engineering Associates)가 TR-1이라는 트랜지스터 라디오를 상용화했다. 또한 이 무렵 일본의 동경통신공업주식회사(Tokyo Telecommunications Engineering Corporation)의 창업자 마사루 이부카는 RCA로부터 트랜지스터 라디오 기술을 라이센스받았다. 이 회사는 일본 최초의 트랜지스터 라디오를 개발했으며, 1955년에는 회사명을 소니(Sony)로 바꾸고 TR-55라는 모델을 출시하였다. 특히 소니는 일본 자국시장에서의 성공을 발판으로 미국 시장에까지 진출하여 성공을 거두기 시작하였으며, 소니 이외의 다른 기업들도 트랜지스터 라디오를 판매하여 시장을 장악하기 시작하였다. 그런데 한 가지 아이러니는 정작 최초의 트랜지스터 라디오 시제품을 만든 RCA는 소니를 비롯한 신규 기업들을 따라잡지 못하고 있었다는 사실이다. 물론 트랜지스터 라디오가 급진적 혁신이기는 하였으나, RCA 입장에서는 핵심역량 소실형이 아닌 강화형 혁신이었을텐데 어떻게 이러한 일이 일어날 수 있었는지 설명이 어려웠다.

헨더슨과 클락은 그 이유를 아키텍쳐 혁신과 모듈러 혁신의 구분에서 찾았다. 일반적으로 하나의 제품은 하위 부품(component)이나 모듈(module)들로 구성된 시스템인 경우가 많다.8) 시스템은 기본적으로 부품이나 모듈들이 모여 만들어진다. 그런데 부품이나 모듈을 모아 놓는다고 하나의 제품으로 작동하는 것은 아니다. 시스템은 부품 및 모듈들을 조합하고 연계시켜 작동하게 만든 것으로, 시스템을 만들기 위해서는 부품 자체에 대한 지식 외에 부품 간 연계, 즉 구조(아키텍쳐 architecture)에 대한 지식이 별도로 필요하다. 예를 들어 컴퓨터라는 시스템을 조립하는 경우를 생각해 보자. 컴퓨터의 가장 기본적인 부품은 반도체라고 할 수 있는데, 일반 소비자들은 반도체에 대한 전문 지식을 갖고 있는 경

---

8) 예를 들어 하드디스크(HDD)는 많은 반도체 부품들로 만들어진 시스템적 성격을 보이지만, HDD는 일반적으로 컴퓨터 시스템의 부품으로 사용된다. HDD와 같은 기능적 구성요소를 모듈이라고 부른다.

우가 거의 없다. 컴퓨터의 주요 모듈 중 하나인 HDD의 경우에도 마찬가지로, 일반 소비자들은 HDD에 대한 전문적 지식은 거의 갖고 있지 않다. 그런데도 소비자들 중 일부는 컴퓨터를 직접 조립하여 사용하기도 하는데, 이들은 시장에 출시된 CPU, 메모리, 메인보드, DRAM, HDD(SSD) 등에 대한 기본 정보를 바탕으로 부품 및 모듈을 구입한 뒤 정해진 아키텍쳐에 맞게 조립한다. 이는 컴퓨터 조립에는 컴퓨터의 아키텍쳐에 대한 지식이 필요함을 의미한다. 따라서 제품 생산에 필요한 지식은 크게 부품에 대한 지식(component knowledge)과 아키텍쳐에 대한 지식(architectural knowledge)으로 구분될 수 있다.

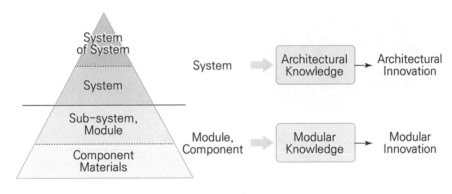

[그림 3-15] 아키텍쳐와 부품(모듈)

아키텍쳐 혁신(architectural innovation)이란 부품에는 큰 변화 없이 부품들 간 연계방식(즉 제품 구조)이 변화한 것, 즉 시스템에 대한 지식 차원에서의 혁신을 의미한다. 반면 부품이나 모듈 자체를 개선하거나, 새로운 것을 만들어내는 경우 모듈러 혁신(modular innovation)이라고 한다. 예를 들어, 프로젝션 TV는 아키텍쳐 혁신이라고 할 수 있다. 2000년대 초반 당시 대화면 TV에 대한 요구가 증가하는 가운데, 당시 가장 많이 사용되던 CRT 디스플레이는 화면 대형화에 한계가 있었다. 또한 CRT의 대체품이었던 LCD는 여전히 TV에 사용되기에는 화질이 좋지 않았으며 가격도 비쌌다. 이에 전자회사의 엔지니어들은 기존의 CRT로 대화면을 구현할 방법을 생각해 냈다. 기존에는 CRT에 맺힌 이미지를 그대로 보여줬는데, CRT의 이미지를 거울에 한 번 반사시키면서 화면을 확대하여 스크린에 투사하는 방식을 고안해 낸 것이다. 이는 거울이라는 신규 부품을 하나 추가하기는 했지만, CRT라는 핵심부품을 사용한다는 측면에서 볼 때 부품의 변화는 없었다. 반면 핵심 부품을 배치하여 작동하게 만드는 아키텍쳐 차원에서는 큰 변화가 있었다. 따라서 프로젝션 TV는 아키텍쳐 혁신에 해당한다. 반면 컴퓨터의 주요 모듈인 HDD는 최근 SSD로 대체되고 있다. SSD로 인해 컴퓨터의 아키텍쳐에 당장 변화가 생긴 것은 아니지만, SSD로 인해 성능상 큰 변화가 나타났다. 이는 모듈러 혁신에 해당한다.

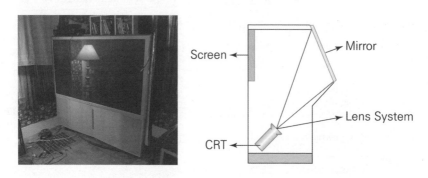

[그림 3-16] 프로젝션 TV

다시 RCA와 소니의 트랜지스터 라디오 사례로 돌아가 보자. RCA는 트랜지스터 라디오를 최초로 개발했으면서도 소니 등 후발주자들에게 밀려 고전했다. 트랜지스터 라디오는 특유의 아키텍쳐가 필요한데, 소니 등 후발주자들은 실제 상용 제품을 만들고 개선하는 과정에서 아키텍쳐 혁신을 시도하고 관련 지식을 충분히 쌓은 반면, RCA는 시제품만 만들어 본 상태로 아키텍쳐에 대한 지식을 쌓지 못했기 때문일 것으로 생각해 볼 수 있다.

[그림 3-17] Sony TR-63의 미국시장 진출 광고(1957)

출처: Joe Haupt, https://commons.wikimedia.org/wiki/File:Advertising_For_Sony_Transist
or_Radios_(TR-6,_TR-63_%26_TR-72)_In_The_Vancouver_Sun_Newspaper,_July_26,
_1957_(46264879332).jpg

CHAPTER

04　　혁신의 동적 패턴

전장에서는 혁신의 여러 가지 유형을 살펴보았다. 본 장에서는 시간의 흐름에 따라 기술이 어떻게 동적으로 변해가고 혁신은 어떠한 변화 패턴을 보이는지 알아보도록 한다. 이에 우선 기술 S−곡선을 설명하고, 이와 관련하여 와해성 기술의 개념을 소개한다. 그리고 기술혁신 경영 분야에서 매우 중요하게 취급되고 있는 어터백과 아버나시의 제품수명주기론(PLC)에 대해 설명한다.

1. 기술 S-곡선

기술 S−곡선(technology S−curve)은 어떤 기술이 최초로 등장한 이후 기술적으로 발전해 나가는 과정을 보여준다. 이는 포스터(Foster, 1986)가 언급한 후 크리스텐슨(Christensen, 1997)에 의해 널리 알려지기 시작했다. 이는 아래의 [그림 4−1]과 같이 표현된다. 우선 가로축에는 시간을 놓고, 세로축에는 기술의 성능 수준 변수를 놓는다. (경우에 따라 가로축에 노력의 정도를 두기도 하지만, 본서에서는 시간에 따른 변화를 다루는 만큼 시간만 고려하도록 한다). 가로축과 세로축으로 만들어진 공간에 어떤 기술의 변화 과정을 그리면 S자를 기울여 놓은 듯한 그래프를 얻을 수 있다. 이러한 S자형 곡선이 그려지는 이유는 시간의 흐름에 따른 기술의 성능상 발전 속도 때문이다. 어떤 기술이 만들어진 초기에는 주변 사람들은 물론 그 기술을 만든 엔지니어 역시도 그 기술에 대해 충분히 다 이해하고 있지 못하는 경우가 많다. 심지어는 기술이 사전 계획에 의해 개발되는 것이 아닌 우연에 의해 만들어지는 경우도 있는데, 이런 경우라면 해당 기술에 대한 이해는 더더욱 부족할 수밖에 없다. 따라서 엔지니어들조차 충분한 지식을 갖고 있지 못한 초기에는 기술 발전의 속도가 더디게 나타난다. 그러다가 어느 정도 시간이 지나게 되면 엔지니어들이 해당 기술에 대해 충분히 학습하고 이해하게 되는데, 이를 바탕으로 급격한 기술 발전을 이룰 수 있게 된다. 따라서 중간 단계에서는 기술의 성능이 급격히 증가하게 되며, 아래 그래프에서 곡선의 기울기가 커지게 된다. 그런데 이러한 기술의 성능상 발전은 영원히 지속되기 어렵다. 어떤 기술이건 물리적 세계에서 한계에 봉착할 수밖에 없기 때문이다. 따라서 기술의 성능 발전 속도는 점차 느려지고, 종국에는 어느 수준의 물리적 한계에 수렴된다. 전반적으로 이러한 변화 과정을 그래프로 나타내면 초기에는 기울기가 낮고, 중간에는 기울기가 높으며, 후반기에는 기울기가 다시 낮아지는 S자형 곡선이 그려지게 된다.

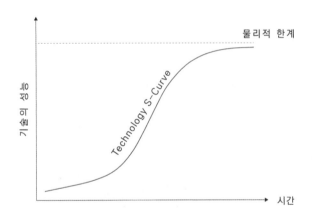

[그림 4-1] 기술 발전의 S-곡선

출처: Foster(1986)의 자료를 Christensen(1992)에서 재인용

기술 S-곡선이 많은 기술 분야에서 정확하게 들어맞는다면, 이는 기술예측과 기업 전략에 결정적인 증거로 활용될 수 있을 것이다. 그런데 실제로 S-곡선이 현실을 정확하게 반영한다고 보기는 어렵다.

예를 들어 크리스텐슨(Christensen, 1992) 등 학자들은 기술 발전의 물리적 한계가 어디인지 알기 어려운 등의 이유로 S-곡선을 맹목적으로 신뢰하기는 어렵다고 하고 있다. 아래의 [그림 4-2]은 1970~80년대 하드디스크 강자였던 일본 후지츠(Fujitsu)와 미국 CDC(Control Data Corporation) 회사의 페라이트/옥사이드(Ferrite/Oxide) 기술 발전의 추이를 보여주고 있다. 두 기업의 곡선 모두 각각 2개의 S-곡선이 합쳐진 듯한 모습을 보여준다. CDC의 곡선은 1978~81년에 정체기를 맞았던 해당 기술이 1982년부터 다시 발전하여 S-곡선을 새로 그리는 것처럼 보인다. 후지츠의 곡선의 경우 1977년부터 1982~3년 사이에 하나의 S-곡선을 그린 뒤 1983년경부터 다시 S-곡선을 그리고 있다. 이는 두 회사 모두 1970년대 말~1980년대 초 페라이트/옥사이드 기술에 대한 투자를 줄이고 다른 기술을 개발하려다가 1980년대 초반 다시 페라이트/옥사이드 연구개발에 집중하였기 때문이다(Christensen, 1992).

이는 기술 S-곡선이 이론처럼 매끈하게 그려지기 어려움을 보여주는 사례이다. 이외에도 다양한 이유로 S-곡선을 바탕으로 미래 기술 발전의 추이를 예측하는 것은 매우 어렵다. 따라서 본서에서는 기술 발전의 S-곡선은 기술 발전에 대한 개념적 이해를 위해서만 활용할 것을 권한다.

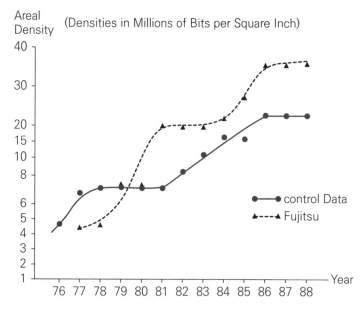

[그림 4-2] 후지츠와 CDC의 Ferrite/Oxide 기술 S-곡선

출처: Christensen(1992)

2. 기술 간 대체 패턴과 와해성 기술

전장에서 살펴본 것과 같이 기술은 시간이 지남에 따라 S-곡선을 그리며 발전한다. 그런데 만일 다른 신기술이 등장하여 더 높은 성능수준을 보여준다면 어떻게 될까? 기존 기술은 성숙 여부와 관계없이 신기술로 대체될 것이다.

아래의 [그림 4-3]에는 3가지의 경우가 기술 발전의 S-곡선으로 시각화되어 있다. 이 중 (a)의 경우, 기술 A가 먼저 개발되어 성장하기 시작하고 이후 기술 B가 등장하였으나 한동안은 기술 A보다 그 성능이 뒤떨어지는 모습을 보여준다. 그런데 기술 A가 성숙하여 물리적 한계 수준까지 도달하였을 때쯤 기술 B가 A의 수준을 뛰어넘는다. 이는 기술 A가 거의 한계치까지 성장한 다음 기술 B로 대체되는 경우이다.

두 번째로 (b)는 기술 A가 먼저, 그리고 기술 B가 나중에 등장하는데, 기술 B의 발전 속도가 워낙 빨라서, A가 미처 다 성숙하기도 전에 A의 성능수준을 뛰어넘는 상황이다. 이러한 경우, 기술 A는 S-곡선상의 초기임에도 불구하고 기술 B로 대체되어 버리게 될 것이다. 디스플레이 기기 분야에서 PDP(Plasma Display Panel)와 LCD(Liquid Crystal Display)의 경우가 이와 유사하다. 1990년대까지만 하더라도 TV나 모니터에 사용되는 디스플레이 기기는 CRT(Cathod Ray Tube)가 거의 대부분이었다. 그러던 중 2000년대 초반부터는 평판디스플레이라고 불리던 PDP와 LCD가 CRT를 대체할 신기술로 치열한 경쟁을 벌이기 시작하였다. 이 중 PDP는 1927년에 개발되어 서서히 발전해 온 기술로, 1960~70년대부터는 상용화가 시작되었다.[1] 이후 1980년대부터는 본격적으로 TV와 전문가용 컴퓨터 등에 사용되기 시작하였으며, 1990년대부터는 대형 TV에 적용되었다.[2] LCD는 PDP에 비해 늦은 1968년에 최초 개발되어 PDP와 경쟁을 벌였다.[3] 두 기술은 각각 장단점이 있었다. PDP는 우수한 색감과 시야각, 빠른 응답속도로 인해 기존 CRT에 근접한 성능을 냈던 반면, 많은 전기를 소비하며 발열과 번인(burn-in) 등이 단점으로 지적되었다. LCD는 소비전력, 발열, 번인 측면에서

---

1) https://it.donga.com/22529/

2) https://it.donga.com/22529/

3) https://www.merckgroup.com/kr-ko/expertise/displays/solutions/liquid-crystals/history-of-lcd-displays.html

는 우수하지만 색감, 시야각, 응답속도 면에서는 아직 좋은 성능을 보여주지 못해 CRT를 대체하기는 어려울 것으로 생각됐다. 즉 1990년대와 2000년대 초반까지만 하더라도 PDP가 기술적으로 우세했으며, 심지어 시장점유율 측면에서 앞서기도 했다. 그런데 2000년대 초반부터 LCD의 성능이 급격히 향상되어 단점으로 지적됐던 응답속도와 시야각 등이 눈에 띄게 개선되었다. 그 결과 화질, 전력소비, 물리적 특성, 가격 등을 종합했을 때 LCD가 PDP를 능가하면서, LCD가 시장을 장악하고 PDP는 미처 다 성장하기도 전에 시장에서 사라지고 만다.[4][5]

　마지막으로 (c)에서는 결과가 어떻게 될까? 기술 A는 시종일관 기술 B보다 성능상 우위에 있다. 이 경우 기술 B는 기술 A에 밀려 시장을 장악하지 못한 채, 끝까지 비주류 기술로 남거나 혹은 미처 성장하지 못한 채 사라져 버리는 운명을 맞게 될 것이다.

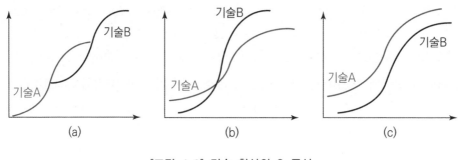

[그림 4-3] 기술 확산의 S-곡선

　상기 그림의 (c)와 같은 상황이라면 기술 A가 살아남는다는 것은 거의 상식적으로 이해할 수 있다. 그런데 현실에서는 그와 반대되는 현상이 종종 일어나기도 한다. 성능 면에서 열위에 있는 기술이 오히려 우위에 있는 기술을 이기고 시장에서 살아남는 경우가 있는 것이다. 하버드 대학교 경영대학원의 크리스텐슨 교수는 하드디스크 산업 분야에서 이러한 일이 여러 번 발생했음을 목격하고, '와해성 기술(disruptive technologies)'이라는 개념으로 이러한 현상을 설명하고자 하였다. 크리스텐슨 교수는 『혁신자의 딜레마(The Innovator's Dilemma)』라

---

4) https://it.donga.com/22529/

5) https://m.etnews.com/20161021000221?obj=Tzo4OiJzdGRDbGFzcyI6Mjp7czo3OiJyZWZlc
mVyIjtOO3M6NzoiZm9yd2FyZCI7czoxMzoid2ViHRvIG1vYmlsZSI7fQ%3D%3D

는 책을 통해 이 개념을 소개하였으며, 이 책은 당시 기술경영 분야 베스트셀러가 되기도 했다.

와해성 기술[6]은 "기존 기술을 무력화시키고 기존 기술로 형성된 시장과 네트워크를 파괴시킬 수 있을 만한 새로운 기술"로 정의할 수 있다. 와해성 기술은 처음 등장할 때에는 그 성능이 기존 기술보다 열등한 경우가 많다. 그러나 와해성 기술은 성능이 열등함에도 불구하고 기존 기술이 충족시키지 못하는 시장 요구를 충족시킬 수 있다는 점에서 잠재력을 발휘한다. 이러한 시장 요구는 그 규모가 작고 당장은 시장성이 좋아 보이지 않기 때문에 기존 기업들이 간과하는 경우가 많다. 반면 와해성 기술을 출시한 기업은 이러한 작은 시장의 고객들에게 접근한 뒤 점차 성능을 향상시킨다. 이후 기술의 수준이 기존 시장의 요구를 충족시킬 수 있을 만큼 향상되면 점차 기존 기술의 시장을 잠식하여 기존 기술을 무력화시키게 된다. 이러한 이유로 이런 기술들을 와해성 기술이라고 부른다.

신규 기업이 와해성 기술로 성장하는 동안 기존 기업은 이 가능성을 무시하는데, 그 이유는 바로 와해성 기술이 처음 진입하는 시장이 보통 규모가 작고 수익성이 낮기 때문이다. 기존 기업들은 대규모 시장에 표준화된 고성능의 제품을 대량으로 공급하여 이익을 얻는데, 이를 위해 많은 자본 투자를 벌여야 한다. 만일 새롭게 등장하는 기술의 수익성이 이러한 거대한 자본 투자를 감당할 만큼 크지 않다면 기존 대기업은 굳이 이러한 기술에 투자할 매력을 느끼지 못한다. 따라서 기존 기업의 대규모 시장 외부에 존재하는 고객들은 오히려 새롭게 등장한 기업(주로 중소기업) 제품을 수용하게 되며, 이들은 신규 기업에게 매력적인 시장 기회를 제공한다.

와해성 기술이 등장하는 방식은 크게 두 가지이다. 하나는 "하위시장 와해(low-end market disruption)"이며 나머지 하나는 "신시장 와해(new-market disruption)"이다. 이 중 하위시장 와해의 메커니즘은 [그림 4-4]로 설명된다. 어떤 제품(기술)의 성능에 대한 고객의 니즈(needs)는 매우 다양하여, 그림에서와 같이 낮은 수준(하위시장)의 요구 성능 수준부터 까다로운 소비자들의 높은

---

6) 이후 크리스텐슨 교수의 저작들에서는 '와해성 혁신(disruptive innovation)'이라는 용어가 사용되기도 하였고, 그 의미가 확장되기도 하였다. 본 장에서는 '와해성 기술'이라는 용어를 사용하도록 하며, 기술적 혁신에 주로 초점을 둔다.

수준(상위시장)의 요구까지 넓게 분포한다. 초기에는 이러한 니즈를 어느 기업도 만족시키지 못하지만, 기업가들은 혁신을 통해 기술의 수준을 향상시키고 점차 하위시장 소비자들의 니즈부터 만족시키기 시작하여 나중에는 상위시장 소비자들의 니즈까지 충족시키게 된다. 이렇게 성장한 기존 기술을 존속적 기술(sustaining technology)이라고 부른다. 그런데 이 존속적 기술은 지나치게 발전하여 심지어 상위시장 소비자들의 요구 수준도 상회해서 불필요한 수준까지 치닫는 경우가 있다. 물론 과도한 성능으로 인해 가격 수준까지도 높아지는 경향이 있기 마련이다. 이러한 상황이 되면 특히 하위시장 소비자들은 자신들에게는 불필요할 정도로 높은 수준의 기술을 자신들의 입장에서는 과도한 비용을 지불하며 사용하게 되는 수가 있다. 이러한 상황에서 어느날 신기술이 등장하게 되는데, 이 기술은 등장 초기에는 성능이 열등하지만 점차 개선되면서 하위시장 소비자들에게는 충분한 수준으로 성장하게 된다. 아직 존속적 기술에 비해 성능도 열세이고 시장성도 불투명한 만큼 가격이 저렴하게 책정되는 경우도 있다. 이렇게 되면 하위시장 소비자들은 점차 존속적 기술로부터 이탈하여 신기술로 옮겨가게 되며, 이 기술의 성능이 나중에는 상위시장의 요구까지 만족시키게 되면 존속적 기술을 몰아내고 전체 시장을 차지하게 된다.

하위시장 와해에서 중요한 역할을 담당하는 것은 '하위시장 소비자들'이다. 이들은 기존에 자신들이 필요로 하지도 않는 고성능의 기술을 많은 돈을 지불해 가며 사용하던 사람들이다. 이들이 와해성 기술을 수용하면서 와해성 기술이 시장 기회를 잡고 기술의 개선 작업이 가능한 기반을 제공해 주는 것이다. 1987년부터 1998년까지 인텔(Intel)의 CEO였던 앤디 그로브(Andy Grove)는 이러한 소비자들이 모인 하위시장을 Segment Zero라고 부르기도 하였다.

크리스텐슨 교수는 1997년 『혁신자의 딜레마(The Innovator's Dilemma)』에 이어 2003년 마이클레이너(Michael E. Raynor)와 함께 『성장과 혁신(The Innovator's Solution)』을 발표하였다. 이 책은 "신시장 와해(new-market disruption)"의 개념을 소개하였다. 하위시장 와해는 새로운 기술이 당장 성능은 뒤떨어지지만 성능 대비 저렴하다는 특징으로 시장에 진입하여 시장을 와해함을 의미하는 반면, 신시장 와해는 신기술이 아예 기존 시장과는 다른 신시장을 창출하고 그 시장이 성장함에 따라 점차 기존 시장을 와해함을 의미한다.

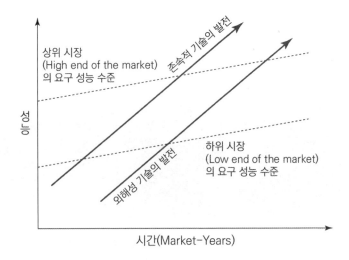

[그림 4-4] 하위시장 와해

출처: Christensen(1997)

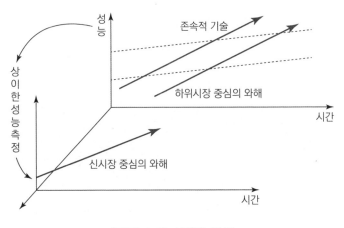

[그림 4-5] 신시장 와해

출처: Christensen(2003)

크리스텐슨 교수는 1997년 처음 와해성 기술을 소개하면서 하드디스크(HDD; hard disk) 산업 역사를 주요 사례로 제시했다. HDD는 IBM이 대형 컴퓨터를 만들던 시절, 지금은 상상하기 힘든 사이즈인 14인치 수준이었다. 14인치 HDD는 이후 8인치로 대체되었고, 8인치는 다시 5.25인치에 의해 시장에서 몰락했다. 이후 5.25인치는 다시 3.5인치 HDD로 대체되었으며, 이후에는 2.5인치 HDD가 등장하였다. 책이 발간된 이후에는 2.5인치 폼팩터의 SSD, M.2 SSD 등 다양한 신기술이 등장하기도 하였다.

[그림 4-6] 초기의 HDD (맨 왼쪽은 14인치)

출처: Christensen(1997) 및 기타 인터넷 자료

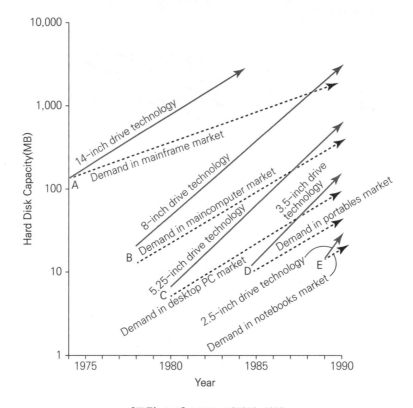

[그림 4-7] HDD 시장의 와해

출처: Christensen(1997)

와해성 기술의 특징은 흔히 '단순-저렴-안정성'으로 알려져 있다 (Christensen, 1997. p.192). 그러나 기술혁신의 개념적 차원에서는 다음과 같은 세 가지 특징을 지적할 수 있다.

첫 번째 특징은 수요에 기반한 기술변화라는 점이다. 물론 와해성 기술 개념은 인식 혹은 표현되지 않았거나 그 가치를 제대로 평가받지 못한 니즈를 충족시킨다는 점에서 공급 측면도 중요하다. 그러나 결국 신기술을 선택하고 수용하여 추가적인 혁신의 기회를 제공하는 것은 수요이다.

두 번째는 와해성 기술의 등장에 있어 '점진적 혁신'이 중요하다는 점이다. 와해성 기술은 '비연속적 혁신' 혹은 '급진적 혁신'으로 인식되는 경우가 많다. 물론 최초 등장 시에는 비연속적 또는 급진적 혁신인 경우가 많지만, 시장 와해의 과정 중에는 '점진적 혁신'의 역할이 더 강조된다. 와해성 기술이 등장한 초기에 틈새시장의 소수 수요자에게만 선택받던 기술이 점차 그 시장을 기존 시장으로 넓혀 '와해성 기술'로 자리 잡는 데에는 최초의 제품 혁신에 뒤이은 일련의 점진적 혁신을 통한 성능 및 경쟁력 향상이 필수적이다(Christensen, 1997).

세 번째 특징은, 주로 "신시장(New-market) 와해"에 해당되는 것으로 "가치네트워크(value network)"에 기반한 혁신이라는 점이다(Christensen and Raynor, 2003). "가치네트워크는 경영학에서 일반적으로 언급되는 가치사슬과 유사한 개념으로 이해될 수 있는데, 가치사슬이 수직적 위계에 따른 1차원적 구성이라면, 가치네트워크는 더욱 다양한 기업활동 및 연계가 동일 층위에 배치됨으로써 2차원적 네트워크 형태의 구조를 보인다는 것이다. 와해성 기술은 주류 가치네트워크를 침범하지 않고 새로운 가치네트워크를 형성한다. 대신 주류 가치네트워크에서 새로운 가치네트워크로 고객들을 유인하고, 고객들은 신제품 사용이 더 편리하다는 사실을 깨닫게 되면서 점차 신시장으로 이동한다.

※ 지금까지 와해성 기술에 대해 살펴보았다. 원서에서 제시된 하드디스크 사례 이외에, 주변에서 찾을 수 있는 와해성 기술의 사례는 무엇이 있을까? 하위시장 와해와 신시장 와해로 구분하여 사례를 찾아보자.

---

3. 제품수명주기와 혁신

기술 S-곡선은 초기의 불안정한 시기에서 시작해 중간에 급격한 발전 과정을 거치며, 최종적으로는 발전의 한계 및 정체 상태에 도달하게 됨을 보여준다. 그런데 이는 기술 발전과 확산의 속도 및 정도에 관련된 패턴으로, 전장에서 살펴본 혁신의 유형과의 연계는 찾아보기 어렵다. 과연 어떤 종류의 혁신이 주기적으로 등장하거나 사라지는 등의 패턴은 없을까?

어터백과 아버니시(Utterback & Abernathy, 1975)의 제품수명주기(PLC; Product Life Cycle) 모형은 어떤 신기술이나 신제품이 최초 등장한 이후 성숙해 나가는 과정에서 시기별로 특정 혁신이 등장하는 패턴을 소개하고 있다. 이 모형에서는 어떤 기술이나 제품의 등장 이후 최종 성숙 단계까지의 기간을 하나의 수명주기(lifecycle)라고 보고, 이를 유동기(fluid phase), 전환기(transition phase), 구체기(specific phase) 등 세 가지 시기로 나누고 있다. (이 세 시기가 정확히 언제 구분된다는 절대적인 기준은 없다). 그리고 이 세 시기별로 주로 발생하는 혁신의 유형과 빈도(frequency)가 달라지는 패턴을 보여주는데, 유동기에는 제품혁신이 주를 이루고, 전환기에는 공정혁신이 활발히 일어나며, 구체기에는 제품혁신과 공정혁신 모두 빈도가 떨어지는 가운데 공정혁신이 약간 더 많이 일어난다. 또한 이 모형에서는 지배적 설계(dominant design)라는 개념이 등장하는데, 이는 한 분야를 대표하는 기술이나 제품을 의미하는 것으로 수명주기상 전환기 중에 등장한다. 이 모형을 시기별로 구분하여 좀 더 구체적으로 살펴보면 다음과 같다.

첫 번째로 유동기는 어떤 기술이나 제품이 처음 등장한 초기 얼마간의 시기에 해당한다. 이 시기에 새롭게 등장한 기술이나 제품은 아직 개발된 지 얼마 되지 않아 안정화가 되지 않은 상태이다. 이 시기의 기술이나 제품은 아직 기초적인 작동만 하는 상태로서 소비자들을 충분히 만족시키기에는 부족한 상태이며, 세부적인 설계도 완전히 정해지지 않은 채 유동적이다. 즉 아직 어떻게 해야 소비자들에게 선택받을 수 있을지 잘 알려지지 않은 상태이기 때문에, 이 시기 기업들의 전략적 목표는 "성능 극대화(performance maximization)"가 된다. 따라서 기술이나 제품 자체를 개선하기 위한 노력이 시도되며, 다양한 경쟁자들이 다양한 기술적 대안을 제시하며 서로 경쟁한다. 이러한 이유로 이 분야에서는 "제품혁신"의 빈도가 높게 나타난다.

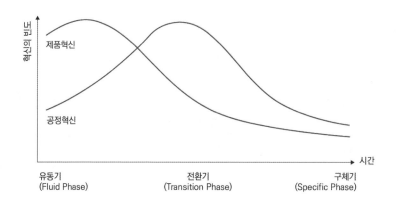

[그림 4-8] 어터백과 아버나시의 PLC 모형

자료: Utterback & Abernathy(1975)

　두 번째로 전환기는 유동기와 구체기 사이의 중간 단계이다. 전단계인 유동기에 다양한 경쟁자들이 다양한 기술적 대안을 제시하고 각각 성능 극대화를 추구하는데, 성능 향상에 따라 기술적 가능성이 가시화되고 나면 기업들은 시장을 장악하기 위한 경쟁에 돌입한다. 즉 이 시기 기업들의 전략적 목표는 "판매 극대화(sales maximization)"가 된다. 따라서 제품차별화, 효율적 대량생산, 가격경쟁 등을 추구하게 되는데, 이 과정에서 "공정혁신"이 증가하여 제품혁신 수준을 뛰어넘게 된다. 판매 극대화를 목표로 한 경쟁이 진행되는 가운데, 소수의 기술이나 제품이 살아남아 시장을 지배하게 되는데 이를 "지배적 설계"라고 한다.

　세 번째로 구체기는 전환기 다음에 등장하는 시기이다. 전 단계인 전환기에서 판매 극대화를 목표로 한 경쟁의 결과로 지배적 설계가 등장하는데, 그 이후로부터는 지배적 설계를 중심으로 소수의 기업들이 경쟁을 펼치게 된다. 이 시기에는 기술 및 제품에 대한 어느 정도 합의가 되어 있는 상태이며(지배적 설계), 제품 생산을 위한 공정도 이미 전 단계에서 상당 수준 개발되어 어느 정도 표준화되어 있는 상태이다. 이에 소수의 기업들 간 가격 경쟁을 펼치게 되며, 이 와중에 수익도 실현하고자 한다. 따라서 전략적 목표는 "비용 극소화(cost minimization)"가 되며, 제품혁신과 공정혁신 모두 빈도가 낮아진다. (단 공정혁신이 조금 더 높은 수준이며, 외부의 전문 공급업체들이 혁신적인 장비나 설비를 납품하는 경우가 많다).

어터백과 아버나시의 PLC 모형은 시간에 따라 혁신의 유형이 동적으로 변화함을 보여준다는 측면에서 매우 큰 의미가 있다. 그런데 그 외에도 시기별 산업구조, 기업 조직의 행태와 구성, 외부와의 상호작용 등 다양한 측면에 대한 설명을 제시하고 있어서 기술혁신과 관련된 경영 분야에 많은 영향을 주었다. 산업구조, 조직, 외부연계 등 더 상세한 내용은 어터백과 아버나시의 1978년 논문을 참고하기 바란다. (본서의 제14장 기술과 조직 부분에서도 이 부분이 다시 언급될 예정이다).

산업 특성과 기술혁신

1. 기업 규모, 시장구조와 기술혁신

본서의 제2장에서는 경제학에 대한 기초적 이해를 위해 산업조직론에 대한 내용을 소개하였다. 산업조직론에서는 시장구조(산업구조, structure)가 기업들의 행위(conduct)에 영향을 주고, 이것이 성과(performance)에 영향을 준다고 보고 있으며, 이러한 관점을 "구조→행위→성과", 즉 SCP 패러다임이라고 부른다고 했다. 이러한 관점과 관련하여, 경제·경영 분야에서는 기업 규모 또는 시장구조별로 기술혁신에 차이가 있는지에 대해 많은 관심을 보여 왔다. 기업 규모나 시장 구조와 혁신과 관련한 대표적인 논의로는 슘페터 가설, 애로우 가설, 역U자 가설 등이 있는데, 본 절에서는 이들에 대해 간략히 알아본다.

우선 슘페터 가설은 기술혁신 연구 분야를 촉발시킨 대표적인 학자 조지프 슘페터(Joseph Schumpeter)가 제시한 가설이다. 슘페터의 혁신에 대한 이론은 크게 슘페터 마크1(Schumpeter Mark I)과 슘페터 마크2(Schumpeter Mark II)라는 두 가지 패턴으로 구분된다. 슘페터 마크1은 그의 저작 중 『경제발전의 이론(The Theory of Economic Development』(Schumpeter, 1912) 이라는 책에서, 그리고 마크2는 『자본주의, 사회주의, 그리고 민주주의(Capitalism, Socialism, and Democracy)』(Schumpeter, 1942)라는 책에서 각각 제시되었다(Malerba and Orsenigo, 1997).

슘페터 마크1은 "창조적 파괴(creative destruction)"라는 유명한 개념으로 특징 지을 수 있다. 슘페터는 과감한 기업가들의 혁신적인 아이디어가 경제구조에 혁명을 일으키며 낡은 것을 파괴하고 새로운 것을 창조해 내는데, 이러한 과정을 창조적 파괴라고 하였으며 자본주의 경제발전의 원동력이라고 보았다. 즉 신규 진입하는 기업들의 혁신으로 인해 격변하는 환경에 놓여 있는 경우를 슘페터 마크1이라고 할 수 있는 것이다. 반면 슘페터 마크2는 신규 진입에 대한 장벽이 높고 산업 환경이 비교적 안정적인 경우를 말한다. 슘페터 마크2에 해당하는 산업들에서는 주로 기존 기업들(incumbents)이 혁신을 주도하는데, 이들은 산업 내에 구축되어 있는 기술발전의 궤적(trajectory)을 따르는 혁신이 주를 이루기 때문에 "창조적 축적(creative accumulation)"의 과정이라고 표현되기도 한다.

이들 가운데 우선 슘페터 마크2에서는 주로 대기업이 혁신을 주도한다고 볼 수 있다. 대기업들은 신기술을 빨리 이용할 수 있는 생산 능력, 마케팅 능력, 자금 능력을 갖고 있으며, 자체 보유한 연구소에 연구원과 엔지니어들을 고용하고 대규모 R&D를 수행할 수 있다. 이러한 이유로 대기업 및 대기업 중심의 산업에서 혁신이 더 많이 일어난다고 볼 수 있을 것이다. 그렇다면 슘페터 마크1을 고려하면 과연 어떤 경우에 혁신이 더 많이 일어난다고 볼 수 있을까? 신규 진입 기업이 혁신을 주도한다는 관점에서 볼 때, 흔히 작은 기업들이 혁신을 많이 하는 경우로 생각해 볼 수 있을 것이다. 그런데 기술혁신은 위험(risk)를 수반한다는 점을 고려하면 다르게 생각해 볼 수 있게 된다. 기존 생산물 시장에서 독점력을 확보하고 있는 대기업은 새로운 분야에서의 실패에 대한 보험을 확보하고 있는 것과 같다. 반면 완전경쟁 시장의 경우 완전정보를 가정하는데 이 경우 어떤 기업의 신기술은 즉시 경쟁자들에 의해 모방되므로 혁신자가 충분한 이익을 얻기 어렵다. 이러한 이유를 종합할 때 슘페터 마크1의 경우에도 대기업이 혁신에 유리하다고 볼 수 있게 된다. 따라서 슘페터의 논의를 종합하면, 독점적 지위에 있는 대기업이 완전경쟁하에 있는 중소기업보다 기술혁신에 유리하다고 정리할 수 있으며, 이를 바로 슘페터 가설이라고 부른다.

반면 애로우(Arrow, 1962)는 시장구조가 독과점적일 때보다 경쟁적일 때 기업들이 더 많이 혁신하게 될 것이라고 주장하는데 이를 애로우 가설이라고 한다. 독과점적 지위에 있는 기업은 이미 초과이윤을 누리고 있고 관료주의가 팽배하여 혁신을 많이 하지 않는 반면, 경쟁적인 시장 환경에 있는 기업들은 살아남기 위해 끊임없이 혁신을 추구할 수밖에 없기 때문이다. 예를 들어 다음의 [그림 5-1]을 살펴보자. 여기서 MC_0는 혁신이 일어나기 이전의 MC 곡선이고, MC_1은 혁신이 일어난 후의 MC 곡선이다. 우선 혁신이 일어나기 전의 상황에서, 만일

이 산업이 완전경쟁 상황이었다면 MC_0 곡선 자체를 공급곡선이라고 볼 수 있을 것이고, 수량과 가격은 c점에서 결정될 것이다. 이 점에서 경제학적인 이익은 0 이다. 만일 독점 상황이라면 수량과 가격은 m점에서 결정될 것이며, 이때의 이익은 $p_m m d C_0$ 사각형이 된다. (독점 상황에서 수량과 가격의 결정, 이익의 크기 등은 2장 참조). 이후 혁신으로 인해 MC_0가 MC_1으로 바뀌고 혁신으로 인한 독점 기업이 등장하게 된다면, 이때 독점자의 이익은 $p_{m'} m' e C_1$ 사각형이 된다. 그렇다면 완전경쟁에서 MC_1 상태가 된 경우와 독점에서 MC_1 상태가 된 경우, 이익의 증가폭은 어느 쪽이 더 큰가? 기하학적으로만 보더라도 전자가 더 크다. 따라서 완전경쟁에서 혁신으로 인해 시장을 독점하는 경우가 이익의 증가폭이 더 크기 때문에 혁신의 유인이 더 크다고 할 수 있다. 이로 인해 애로우는 시장이 경쟁적인 경우 혁신을 더 많이 할 것이라고 주장한 것이다.

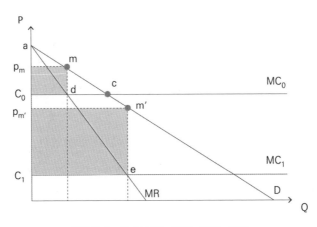

[그림 5-1] 혁신에 따른 이익 비교

이와는 달리 시장집중도와 혁신 간에는 역U자 형태의 관계를 보인다는 역U자 가설도 존재한다. Scherer(1967)는 기업 규모와 특허활동 간의 관계를 분석한 결과 정의 상관관계가 존재함을 확인하였는데, 규모가 커질수록 그 효과가 약해짐을 지적하면서, 역U자 관계의 힌트를 제공했다. Levin et al. (1985), Aghion et al. (2005) 등도 역U자 관계가 있음을 보였다. 역U자 관계는 복수 기업 간 경쟁은 R&D 지출을 자극하는 가운데, 과도한 경쟁은 기술혁신으로부터의 이익을 기대하기 어렵기 때문인 것으로 설명할 수 있다. 이러한 가설을 역U자 가설이라고 한다.

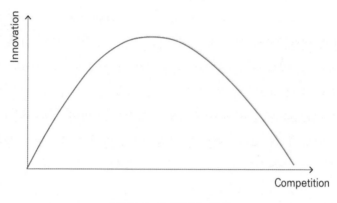

[그림 5-2] 역U자 가설

이상 살펴본 이론들은 주로 독점, 과점, 완전경쟁 등의 여부, 즉 시장집중도와 혁신 간의 관계에 주로 초점을 두었다. 이들 이론들은 "대략적"으로 산업구조나 기업 규모가 혁신을 좌우한다는 관점을 공유하는 가운데, 산업 특수적 관점이나 차별성에는 큰 관심을 두지 않고 있다. 경제학의 한 부류인 진화경제학 분야에서는 산업마다 고유의 특성이 있기 때문에 현재 산업의 모습도 다양할 수밖에 없다고 본다. 따라서 산업별로 혁신의 양태는 다를 수 있다는 것이다. 다음 절에서는 산업별 혁신패턴에 대해 알아보도록 한다.

2. 파빗(Pavitt)의 업종별 혁신 패턴 분류

혁신에는 다양한 유형이 존재하며, 시간에 따라 다른 형태를 보이기도 한다. 또한 혁신은 장소에 따라 다른 패턴을 보이기도 한다. 같은 기술 분야라고 하더라도 국가별로 다른 형태를 보이기도 하고, 산업의 세부적인 업종에 따라 유형이 달라지기도 한다. 본 장에서는 이 가운데 특히 업종에 따른 혁신 패턴의 차이에 주목하고자 한다.

[그림 5-3] 업종 예시

[그림 5-3]에는 16개의 업종이 예시로 나열되어 있다. 좌측 상단은 가전/컴퓨터 산업이 있고, 우측 하단 농업/식품이나 의료장비 등에 이르기까지 업종이 매우 다양하다. 만일 이들 16개 업종을 몇 개의 그룹으로 나눈다면 어떻게 분류할 수 있을까? 다음 단락으로 넘어가기 전에 연필로 몇 개의 그룹들로 묶어 보기 바란다.

아마 본서 독자 대부분은 가로로 네 개씩의 업종을 묶어 크게 네 개의 그룹으로 분류했을 것이다. 우선 가전/컴퓨터, DRAM, ASIC, 반도체 장비를 하나의 전자산업으로 분류했을 것이다. 두 번째로 스마트폰, 통신서비스, 통신장비, 모바일 메신저 서비스를 통신산업 혹은 정보통신산업으로 분류하였을 것이다. 세번째는 기계 혹은 자동차 산업으로 자동차, 정밀가공 기계, 자동차 판매/금융, 자동차 정보서비스 등이 이에 해당하였을 것이다. 마지막으로 네 번째는 바이오 및 신약, 화학/비료, 농업/식품, 의료장비 등을 바이오 또는 생명과학 산업으로 분류하였을 것이다. 아마도 거의 대부분의 독자들이 이와 유사하게 분류하였을 것이며, 가장 일반적인 방식일 것이다.

그런데 이러한 분류는 일정한 제품을 생산하는 가치사슬에 따라 업종을 분류한 것으로, 어떤 제품을 만드느냐에 관계된 것이지 혁신의 패턴이 고려된 분류라고 하기는 어렵다. 예를 들어 바이오 및 신약 분야에서의 혁신 패턴과 농업/식품 분야에서의 혁신 패턴이 유사하다고 볼 수 있겠는가?

바이오 및 신약 분야는 21세기 초입인 현재 가장 최첨단의 연구 활동이 일어나는 분야 중 하나이며, 이 분야 기업들 중 일부는 매출액 대비 20% 이상을 연구개발비에 투자하기도 할 정도이다. 반면 농업 분야는 바이오 및 신약 분야만큼 첨단 연구개발을 한다고 보기는 어렵다. 또한 바이오 및 신약은 자체 연구개발은 물론 대학 및 공공연구소들과의 협력을 추진하는 경우가 많은 반면, 농업/식품 분야는 일부 자체 연구개발이 추진하는 것 외에 외부로부터의 혁신을 도입(장비, 약품 등)함으로써 혁신 성과를 창출하는 경우가 많다. 또한 바이오 및 신약 분야는 새로운 제품의 개발에 치중하는 반면, 농업/식품 분야 중 특히 농업은 새로운 제품 개발은 물론 농작물 생산량 증대에 관심을 갖는 경우가 많다. 이렇게 볼 때, 하나의 가치사슬로 연결된 몇 개의 업종들이 혁신이라는 관점에서 보면 무척 상이한 패턴을 보임을 알 수 있다.

영국 서섹스대학교(University of Sussex) 과학기술정책대학원(SPRU)의 파빗(Keith Pavitt, 1984) 교수는 혁신을 기준으로 하면 업종별 차이가 존재할 것이라는 관점에서, 혁신의 업종별 분류를 시도하였다. 파빗 교수는 분류 작업을 위해 우선 혁신 사례를 수집하였다. 수집된 혁신 사례는 1945년부터 1979년까지 약 45년 동안 영국에서 만들어진 주요 혁신 사례들로 총 2,000여 건에 달했다. 파빗 교수는 이들 사례들을 혁신의 유사성, 차별성 등을 분석하였다. 그의 분석에 따르면 각 업종들은 기술혁신을 주도하는 기업의 규모, 혁신의 유형, 혁신의 원천 등에서 각기 다른 모습을 보였다. 그는 이러한 차별성들을 종합하여 (1) **공급자주도형** (supplier dominated), (2) **규모집약형**(scale intensive), (3) **전문공급자형** (specialized suppliers), (4) **과학기반형**(science based) 등 총 4개의 업종 그룹을 분류해 냈다. 이 분류는 흔히 그의 이름을 따 파빗 분류(Pavitt's Taxonomy)라고 불리고 있다.

파빗 분류 가운데 첫 번째로 공급자주도형은 농업, 주택, 개인서비스, 전통 제조업 등이 주로 포함된다. 이 업종들의 주요 고객들은 주로 가격에 민감하여 비용 절감이 혁신의 주요 방향성이며, 그에 따라 공정혁신에 중점을 둔다. 이 분류에 해당하는 기업들의 규모는 비교적 작은 편이며, 이들이 혁신의 주요 원천으로 삼는 것은 외부 공급자 및 사용자들이다. 농업의 예를 생각해 보면 이러한 특징들을 이해하기 쉽다. 농산물의 소비자들은 제품의 품질도 중요하게 생각하지만 제품의 가격에 특히 민감하다. 이러한 소비자 요구로 인해 생산자들은 대량 생산 등을 통해 원가를 절감하고 가격을 낮추고자 노력하고 있으며, 이를 위해 농업기계나 비료 등을 도입함으로써 공정혁신을 달성하고자 한다. 농업기계나 비료 등은 농가의 요구가 반영된 제품이기는 하나 기본적으로 외부의 공급업자(농업기계 회사, 화학비료 제조사)들이 납품한다. 공급업자들이 제품의 성능을 개선함으로써 농업 분야에서는 생산 과정상의 비용을 줄이고 대량생산을 꾀할 수 있게 되는 것이다.

두 번째는 규모집약형으로 철강이나 유리 등 대량 소재, 내구성 소비재와 자동차 등 대규모 조립형 산업 등이 이에 해당한다. 규모집약형 업종들인 만큼, 기업 규모는 비교적 크다. 이 분야 주요 고객들도 가격에 민감하여 업체들은 비용 절감을 주로 추구하여, 혁신의 유형은 공정혁신이 주를 이루는데 기업 내부 및 공급업자의 연구개발이 주된 혁신의 원천이다. 그런데 내구성 소비재나 자동차 같은 경우 비용절감에 주요 초점을 두는 가운데 제품 설계에도 관심을 두고 있어서 상기의 공급자주도형 그룹과는 약간 차이가 있다. 규모집약형 업종의 대표적인 예시는 자동차 산업이다. 우선 규모 측면에서 보면 자동차 생산 업체들은 연간 수백만 대의 생산능력을 보유한 대기업들인 경우가 많다. 그런데 자동차 산업의 혁신이 비용 절감과 제품 설계 중 어디에 더 중점을 두느냐에 대해서는 논란이 있을 수 있다. 특히 최근 고가의 자동차들이 인기를 끈다는 측면이 "가격에 민감한 소비자"와 "비용 절감을 추구하는 업체"라는 규모집약형 업종의 특징과 상충된다고 볼 수도 있다. 그러나 자동차 산업은 기본적으로 대규모 생산을 통해 가격을 낮춤으로써 대중 시장에 진입한 산업이다. 또한 최근 제품 자체의 성능과 이미지 등이 중요하게 취급되고는 있으나 가격이 여전히 중요한 선택 요인으로 작용하고 있으며, 업체들도 비용 절감을 위해 공정혁신을 비롯한 다양한 노력을 기울이고 있다. 따라서 자동차 산업은 규모집약형 업종의 특징을 거의 대부분 보여준다고 할 수 있다.

세 번째는 전문공급자형이다. 기계 및 장비(machinery)나 각종 계기(instruments) 생산 업체들이 이에 해당하며, 이 분야 업체들의 규모는 비교적 작은 편이다. 주요 고객들은 기계 및 계기를 사용하는 업체들인 경우가 많으며, 이들은 제품의 가격보다는 성능에 관심이 많다. 기계가 제대로 된 성능을 발휘해야 자신들의 제품을 원활하게 생산해 낼 수 있기 때문이다. 따라서 업체들은 주로 제품 설계에 주로 관심을 두며, 혁신의 유형은 제품혁신이 주를 이룬다. 혁신의 원천은 기업 내 기술활동은 물론 고객인 경우도 있다. 전문공급업자의 예로 반도체 장비 업체를 들 수 있다. 반도체 장비 업체들은 고객사인 반도체 생산업체들에 비해 규모가 작다. 이들의 고객사인 반도체 생산업체들은 고품질의 반도체 생산을 위해 높은 성능수준을 요구한다. 물론 가격도 중요한 요소이기는 하나, 가격보다는 장비의 성능을 더 중요하게 취급한다. 따라서 반도체 장비 업체들은 제품 설계에 주로 관심을 두고 제품혁신을 추구하는 경우가 많다. 기업 내부의 연구개발 및 설계 부서, 그리고 고객사가 주요 혁신의 원천이다. 반도체 장비 생산 업체 이외에 각종 전문 계기류 생산업체, 기계요소 생산업체 등도 전문공급업자에 해당한다.

네 번째는 과학기반형 분류이다. 파빗의 논문이 발표된 1984년 당시 기준으로는 전기전자, 화학 등이 여기에 해당했다. 21세기인 현재 기준으로는 (논란이 있을 수 있지만) 바이오 및 제약, 첨단 화학 및 소재 등이 여기에 속한다고 볼 수 있다.[1] 이 업종의 기업들은 비교적 큰 경우가 많고, 사용자의 관심, 혁신의 방향, 혁신의 형태는 복합적이다. 과학기반형 분류의 특징적인 부분은 주로 기업 내부 연구개발과 대학 및 정부연구소 등으로부터의 기초과학(public science)을 혁신의 원천으로 삼는다는 점이다. 국내외 주요 바이오 및 신약 개발 업체들이 내부 연구개발에 많은 투자를 하는 가운데, 대학 및 공공연구소들과의 공동연구를 추진하는 것으로부터 과학기반형 그룹의 특징을 찾아볼 수 있다. 예를 들어

---

1) 파빗의 논문에서는 전기전자와 화학을 과학기반형 그룹의 예시로 들고 있다. 이 논문이 출판된 1984년 당시의 기준으로는 과학기반형 업종이라고 볼 수 있다. 그러나 21세기에 들어서 전기전자와 화학을 일괄적으로 과학기반형이라고 보는 데에는 무리가 따를 수 있다. 그럼에도 불구하고, 2000년대 이후에 발간된 국내외 교재(Tidd & Bessant, 2013) 및 논문(홍장표 김은영, 2009)에서 시대 변화가 고려되지 않아 전자와 화학이 그대로 과학기반형으로 분류되어 있다. 이에 본서에서는 시대 상황을 고려하여 바이오 및 제약, 첨단 화학 소재 정도를 과학기반형 업종의 예시로 조심스럽게 제시한다. 단 이에 대해서는 향후 학계에서의 논의가 필요할 것이다.

영국을 기반으로 하는 다국적 제약사 아스트라제네카는 전체 직원 7만 6천명 중 약 13%인 9,200명이 연구 인력이며, 매출액 대비 연구개발비는 20%를 넘는 수준으로 한화로 약 6조 6천억 원 수준이라고 한다.[2] 아스트라제네카는 영국 옥스퍼드 대학교와 공동으로 COVID-19 백신을 개발했다.

〈표 5-1〉 파빗 분류

분류	주요 업종	기업의 상대적 규모	고객 특징	혁신의 방향성	혁신의 주된 유형	혁신의 주요 원천
공급자주도형	농업, 주택, 개인서비스, 전통 제조업 등	Small	가격에 민감	비용 절감	공정 혁신	외부 공급자 및 사용자
규모집약형	철강 및 유리 등 대량 소재, 내구성 소비재와 자동차 등 대규모 조립형 산업	Large	가격에 민감	비용 절감 (제품 설계)	공정 혁신	기업 내부 및 공급자의 연구개발
전문공급자형	기계 및 장비, 계기	Small	성능에 민감	제품 설계	제품 혁신	기업 내부 연구개발, 고객
과학기반형	1984년 당시까지의 전기전자, 화학 (최근은 바이오, 제약, 첨단 화학 소재 등)*	Large	복합적	복합적	복합적	기업 내부 연구개발, 기초과학(public science)

출처: Pavitt(1984) 주요내용 발췌 및 일부 수정

각 업종 분류에 속한 기업들은 분류 범위를 넘어 다른 분류의 업체들과 연계 관계를 가진다. [그림 5-4]는 업종 분류 간 연계, 즉 기술적 흐름을 보여준다. 공급자주도형에 속하는 기업들은 주로 과학기반형 및 규모집약형 기업들의 기술을 최대한 활용한다. (예를 들면 농업의 경우 작물이나 가축과 관련된 유전학적, 생물학적 기술이 필요하다면 과학기반형 업종의 기업에 의존해야 할 것이며, 농업을 위한 기계, 장비 등은 규모집약형 업종으로부터 가져와야 할 것이다). 과학기반형 업종의 기업들은 공급자주도형, 규모집약형, 전문공급업자형 업종의 기업들에게 기술을

---

2) http://economychosun.com/client/news/view.php?boardName=C00&t_num=13610039

제공한다. 규모집약형 그룹의 기업들은 과학기반형 및 전문공급업자형 그룹의 기업들로부터 기술을 공급받고 공급자주도형 그룹에 기술을 제공한다. 전문공급자형은 과학기반형 및 규모집약형 업종들로부터 기술을 받기도 하고 제공하기도 한다. 예를 들어 측정용 계기 같은 경우, 전문공급업자가 생산하여 과학기반형 및 규모집약형 업종의 기업들이 사용한다. 각 업종 분류들 간 연계관계는 물품 구매 등 거래관계(transaction)인 경우도 있지만, 지식정보 및 기능(skills) 제공 등 거래관계를 넘어선 다양한 연계관계가 존재한다.

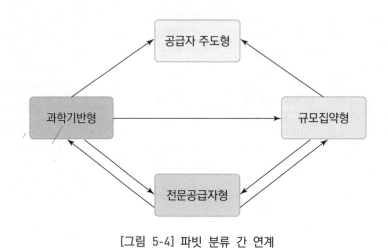

[그림 5-4] 파빗 분류 간 연계

출처: Pavitt(1984)

파빗 분류는 1945년부터 1979년까지의 혁신 사례를 바탕으로 만들어져 1984년에 발표된 것으로, 일부 내용은 현시대를 반영하지 못하는 부분도 있다. 첫 번째로 전기전자와 화학이 과학기반형으로 분류되어 있는데, 21세기인 현재 기준으로는 그렇다고 보기 어려울 수도 있다. 전기전자 분야의 대표적인 업종 중 하나인 반도체의 경우, 당시까지만 하더라도 최첨단 전자 및 화학 연구가 필요했기 때문에 과학기반형 업종이었을 것으로 생각된다. 그러나 그로부터 40년 이상 지난 현 시점에서도 반도체 산업이 과학기반형 업종인지 아니면 다른 업종인지는 다시 생각해 볼 필요가 있다. 이는 학계와 업계 전문가들의 논의를 통해 해결되어야 할 문제이다.

두 번째로 정보통신기술(ICT)의 발전에 따라 기존의 네 개 분류로 설명하기 어려운 업종들이 나타났다. 파빗 당시까지만 하더라도 지금과 같은 형태의 ICT는 존재하지 않았으며, 반도체, 컴퓨터, 서비스 업종이 개별적으로 존재할 뿐이었다. 그러나 그 이후 정보통신기술과 융합된 한 새로운 비즈니스가 등장하기 시작했다. 이에 파빗 교수는 "정보집약형(Information Intensive)"이라는 새로운 분류를 추가하였다(Pavitt, 1990; Archibugi, 2001; Tidd & Bessant, 2013). 정보집약형 분류에는 금융, 유통(소매), 출판, 여행 등 정보 및 정보통신기술을 기반으로 한 업종들이 포함된다. 이들 업종에서는 효율적인 정보처리와 관련 제품 개발을 추구하며, 이를 위해 정보처리 시스템을 설계하고 운영한다. 혁신의 원천은 기업 내부의 소프트웨어 및 시스템 관련 부서이며, 외부의 공급자 역시 중요한 혁신의 원천이다.

본 절에서는 이상과 같이 파빗 분류에 대해 설명하였다. 이제 다시 본 절의 맨 앞 [그림 5-3]으로 되돌아가 보자. 파빗 분류를 학습하기 전에는 그림

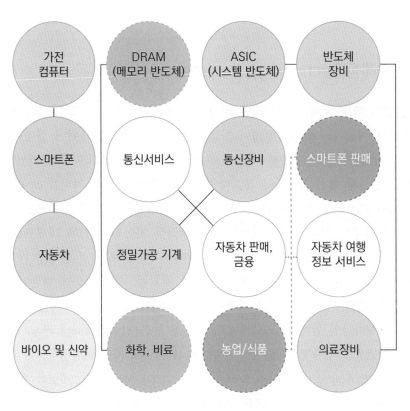

[그림 5-5] 파빗 분류를 고려한 업종 재분류

에 나열된 16개 업종을 가로로 4개씩 묶어 분류하였을 것이다. 파빗 분류를 학습한 지금은 이들을 어떻게 분류할 수 있겠는가? 잠정적으로 아래의 [그림 5-5]와 같은 분류가 가능할 것이다. (아래 그림의 분류는 "잠정적"인 것으로, 논쟁의 여지가 있음을 밝힌다). 우선 스마트폰 판매와 농업/식품은 공급자주도형으로 묶을 수 있고, 통신서비스, 자동차 판매/금융, 자동차 여행 정보 서비스는 정보집약형으로 묶을 수 있다. 전자는 전통적인 농업 및 서비스업에 해당하는 반면, 후자 업종들은 정보통신 기술을 바탕으로 고객정보 관리, 최적의 상품 (요금제 등) 개발, 정보서비스 제공 등을 수행하기 때문이다. 그리고 가전/컴퓨터, 스마트폰, 자동차는 규모집약형 중 특히 내구성 소비재 및 조립형인 경우이며, DRAM과 화학, 비료는 규모집약형 가운데 대량생산되는 부품 및 소재라고 볼 수 있다. 이외에 정밀가공 기계, 통신장비, ASIC, 반도체 장비, 의료장비는 전문공급자형으로 분류할 수 있다. 마지막으로 바이오 및 신약 분야는 과학기반형이다.

3. 기술레짐(Technology Regime)

전 절의 파빗 분류 이전까지만 하더라도 제품혁신과 공정혁신, 급진적 혁신과 점진적 혁신 등 혁신의 유형이 있고, 시간에 따른 동적 패턴이 있음이 알려졌지만, 산업분야별로도 다른 패턴이 존재할 수 있음은 알려져 있지 않았다. 파빗 분류는 실제 혁신 사례들을 분석하여 업종별 혁신 패턴의 차이를 보여주었다는 점에서 혁신연구 분야에 큰 업적을 남겼다. 그러나 파빗 분류는 혁신 패턴의 차이를 보여주는 것을 목표로 함에 따라, 그러한 차이의 원인에 대해서는 깊이 있는 설명을 제시하지 않고 있다(김석관, 2005). 그러다 보니 전 절에서 과학기반형 및 정보집약형 분류를 설명하면서 언급한 것처럼, 시대 변화에 따른 혁신 패턴의 동적 변화에 대한 이해가 제한적일 수 있다.

기술경제학자인 말러바, 오르세니고, 브레시 등은 기술레짐(technology regime)이라는 개념으로 업종별 또는 산업분야별 혁신 패턴의 차이를 설명하고자 하였다 (Malerba & Orsenigo, 1993; 1996; Breschi et al., 2000). 이들은 이 개념을 확장하여 산업혁신체제(sectoral systems of innovation)론을 펼치기도 했다(Malerba, 2004). 기술레짐이란 기업의 기술혁신활동에 영향을 미치고 특정 방향으로 유도하는 기술적 환경으로 이해할 수 있다. 레짐(regime)이라는 말이 일반적으로 가치나 규범 등의 총합으로서 인간의 행태나 상호작용에 영향을 미치는 체제라는 점을 고려할 때, 기술레짐은 기술혁신활동에 영향을 미치는 기술적 특성들로 이루어진 하나의 체제라고 볼 수 있는 것이다.

기술레짐은 기회성(opportunity), 전유성(appropriability), 축적성(cumul−ativeness), 지식기반(knowledge base) 등 4개의 요소(building blocks)로 구성된다. 첫 번째로 기회성은 일정한 투자에 따른 혁신의 가능성 정도로 정의되는데, 좀 더 쉽게는 혁신이 일어나기 용이한 정도로 이해될 수 있다. 기회성이 높은 상황에서는 혁신을 시도할 기회가 풍부하여 목표를 달성할 가능성이 높으므로 혁신에 대한 투자나 참여가 활발하게 일어날 수 있다. 또한 이러한 상황에서는 새로운 지식은 다양한 제품이나 시장에 적용될 수 있다. 반면 기회성이 낮은 경우는 이와는 반대의 상황이다.

두 번째로 전유성은 혁신을 타인의 모방으로부터 보호하고 혁신으로부터의 수익을 전유할 수 있는 가능성을 의미한다. 예를 들어 혁신의 결과물들을 지식재산권 제도로 잘 보호할 수 있는 상황이라면 전유성이 높다. 반면 지식재산권 제도가 잘 갖추어져 있지 않거나, 지식재산권 제도가 구축되어 있음에도 불구하고 혁신의 결과물을 보호하기 어려운 상황도 존재한다. 이러한 상황은 다음과 같은 예시에서도 나타난다. 비즈니스 모델 같은 경우 과거에는 지식재산권 제도를 통해 보호되지 못했다. 이후 비즈니스 모델에 대한 보호 제도가 갖추어졌음에도 불구하고, 현장에서는 혁신적 비즈니스 모델에 대한 실질적인 보호가 어렵다는 의견이 있기도 하였다. 이런 상황이라면 전유성이 낮은 것이다. 전유성은 혁신에 대한 서로 다른 두 가지 영향을 미친다. 전유성이 높은 경우 이는 기업들의 연구개발 투자에 대한 유인으로 작용하여 혁신활동이 증가할 수 있다. 반면 다른 기업들이 혁신의 이익에 접근하는 것을 막아버리기 때문에, 혁신에 대한 신규 참여를 제한하고 업종(산업) 수준에서의 전체적인 효율성을 저해하기도 한다.

세 번째로 축적성은 현재의 지식과 혁신활동이 미래 혁신의 기반이 되는 것과 관계가 있다. 즉 어떤 분야의 기술적 지식과 역량이 오랜 기간에 걸쳐 어떤 기업이나 산업 분야에 꾸준히 누적되어 왔느냐에 대한 것이다. 만일 어떤 업종 내에서 과거의 혁신에 기반한 점진적 개선이라는 형태의 혁신이 꾸준히 발생해 왔다면, 이 분야에서의 축적성은 높다고 볼 수 있다. 반면 어떤 기술 분야가 최근 새롭게 부상하였거나 급진적 혁신이 특징적으로 일어나고 있다면 축적성은 낮을 가능성이 있다.

네 번째로 지식기반은 해당 분야의 기반 지식이 일반적인가 특수적인가, 암묵적인가 명시적인가, 복잡한가 단순한가 등의 여부를 의미한다. 예를 들어, 일반적 지식은 종종 기초과학과 결부되는 경우가 많고, 특수적인 지식은 응용과학과 결부되는 경우가 많다. 이처럼 지식기반의 성격은 어떤 분야의 기술적 환경을 결정하는 중요한 요인 중 하나로 작용한다.

기술레짐의 특성들은 각 업종별 산업구조적 특성, 기업들의 기술전략, 혁신활동의 패턴 등에 영향을 줄 수 있다. 업종별 혁신활동의 산업구조적 특성은 혁신활동이 특정 기업에 집중되는 정도, 혁신을 주도하는 기업의 규모, 기업 간 위계의 안정성, 신규 진입 가능성 등으로 나타난다. 개별 기술레짐 요소별 영향은 아래의 <표 5-2>에 정리되어 있다. (지식기반에 대한 것은 일단 제외하였다). 그리고 기술레짐 요소들의 개별적 특성들이 어떻게 조합되느냐에 따라 한 업종 내에서 누가 혁신을 추구하고, 누가 또 신규로 진입하는지 등이 영향을 받을 수 있게 된다. 기회성, 전유성, 축적성이 모두 높은 상황에서는 혁신활동이 특정 업체에 집중되며, 높은 전유성과 축적성으로 인해 혁신적 기업들의 위계(순위)는 안정적으로 유지된다. 기회성이 높고 축적성이 낮은 상황에서는 혁신적 신규 진입이 많이 발생할 수 있다.

〈표 5-2〉 기술레짐 요소별 특징에 따른 영향

	기회성	전유성	축적성
높음	• 많은 신규진입 및 퇴출 • 기업 간 위계의 안정성	• 지식 파급의 제한 • 특정 기업으로의 높은 집중도 • 혁신자 수가 적음	• 기존 혁신활동 지속 • 적은 신규진입 • 기존기업에 호의적 환경
낮음	• 적은 혁신적 신규진입 • 기존 기업의 낮은 혁신 성장 • 상대적으로 안정적 환경	• 혁신자 수가 많음	• 많은 신규진입

출처: Malerba & Orsenigo(1997) 내용 정리

말러바와 오르세니고(Malerba & Orsenigo, 1993)는 기술레짐 특성에 따른 영향을 고려하여 <표 5-3> 및 <표 5-4>와 같은 기업의 기술전략이 가능함을 제시하였다. 우선 <표 5-3>에서는 기술레짐 특성별로 탐색(exploration) 또는 활용(exploitation) 전략과 기타 방안을 보여준다. 탐색은 주로 새로운 가능성을 찾고자 시도하는 모험적 활동의 의미가 있으며, 활용은 기존 지식이나 기술을 활용함으로써 이익을 얻는 행동을 의미한다. 주로 기회성은 탐색과 관련이 있고, 축적성은 활용과 관계가 있다. 전유성은 전유성 강화 전략 또는 모방 전략과 관계가 있다. <표 5-4>는 이를 더 확장한 것으로, 각 기술레짐 특성별 어떠한 혁신 패턴이 전략적으로 활용 가능한지 보여주고 있다. 이 표를 살펴보면 기회성이 높을수록 급진적 혁신이, 축적성이 높을수록 점진적 혁신이 전략적으로 유용함을 알 수 있다. 전유성은 주로 혁신을 보호하는 데 치중할 것인지, 다른 기업의 혁신을 모방할 것인지와 관련되어 있다. 이러한 기업의 기술전략은 결국 상황별 혁신의 패턴으로 나타날 수 있다. 또한 기술레짐의 특성은 상황에 따라 다를 수 있으므로, 같은 업종이라고 하더라도 시대 변화에 따라 기업전략은 물론 혁신 패턴도 다르게 나타날 수 있게 될 것이다.

〈표 5-3〉 기초적 기술전략

	높은 기회성		낮은 기회성	
	높은 축적성	낮은 축적성	높은 축적성	낮은 축적성
높은 전유성	• 탐색 • 활용	• 탐색	• 활용	• 혁신활동 없음
낮은 전유성	• 탐색+전유성 강화 • 활용+전유성 강화 • 모방	• 탐색+전유성 강화 • 모방	• 활용+전유성 강화 • 모방	• 혁신활동 없음

출처: Malerba & Orsenigo(1993) 수정

〈표 5-4〉 전략적 혁신 패턴

	높은 기회성		낮은 기회성	
	높은 축적성	낮은 축적성	높은 축적성	낮은 축적성
높은 전유성	• 급진적 혁신 • 점진적 혁신	• 급진적 혁신	• 점진적 혁신	• 체계적 혁신활동 없음
낮은 전유성	• 급진적 혁신 • 점진적 혁신 • 모방	• 급진적 혁신 • 모방	• 점진적 혁신 • 모방	• 체계적 혁신활동 없음

출처: Malerba & Orsenigo(1993) 수정

06 기술 표준화:
기술 간 경쟁의 역학

1. 지배적 설계

앞선 장에서 어터백과 아버나시(Utterback & Abernathy)의 제품수명주기 모델을 소개하였다. 이 모델을 설명하면서 지배적 설계(dominant design)라는 개념을 소개하였는데, 본 장의 첫 절에서는 바로 이 지배적 설계가 어떻게 등장하는지 살펴보기로 한다.

지배적 설계(dominant design)의 개념은 어터백과 아버나시의 1975년 논문[1]에서 유래되었다. 사실 그들의 논문에는 해당 용어가 직접 사용되지는 않았으나, 후대의 논문들(Teece 1986; Utterback & Suarez 1990)[2]이 지배적 설계라는 용어를 사용하면서 어터백과 아버니시의 논문이 그 기원이라고 밝히고 있다. 티스(Teece, 1986)에 의하면 지배적 설계는, 어떤 제품수명주기의 초반부에 수많은 시행착오(trial-and-error) 과정을 거친 이후 대략 중반기의 한 시점에 나타나는 것으로서, 다른 대안들보다 시장에서 더 촉망받는 것을 의미한다. 실링(Schilling, 2013)은 이를 더욱 정교하게 다듬어 "하나의 제품 카테고리를 지배하는 (대개 시장의 50% 혹은 그 이상을 차지하는) 하나의 제품 또는 프로세스 구조"라고 정의하였으며,[3] 이는 비록 제도적으로 강요되지는 않더라도 일종의 표준으로서 작용하게 되는 "*de facto* standard(사실상의 표준)"[4]으로 이해할 수 있다고 하였다.

---

1) Utterback, J. M. and Abernathy, W. J.(1975), "A dynamic model of process and product innovation", OMEGA, The Int. Jl. of Mgmt Sci., 3(6), pp.639-656.

2) Teece, D. J.(1986), "Profiting from technological innovation: Implications for integration, collaboration, licensing and public policy", Research Policy, 15(6), pp.285-305.

3) Schilling, M. A.(2013), Strategic Management of Technological Innovation, McGrow Hill.

4) 이에 대항하는 개념으로 "de jure standard(제도적 표준 혹은 공적 표준)"이 있는데, 이는 다음 절에서 설명한다.

즉 시장 경쟁에서 살아남은 (시장에서 선택된) 사실상의 표준이라는 것이다. (단 본서에서는 실링의 정의를 받아들이되 수치상 시장점유율 50%를 절대적 기준으로까지 받아들이지는 않을 것이다).

예를 들어 TV에 사용되는 디스플레이 장치(display device) 분야에서의 지배적 설계를 살펴보자. 아래 [그림 6-1]은 2000년대 이후 디스플레이 장치 기술 간 경쟁 현황을 보여준다. 2004년과 2005년만 하더라도 CRT 디스플레이는 세계적으로 1억 5천만 대 이상 판매되어 세계시장의 거의 대부분을 차지하였다. 이 때까지만 하더라도 TV용 디스플레이 장치는 CRT가 지배적 설계였던 것이다. (물론 CRT TV가 TV 시장의 지배적 설계라고 해도 문제는 없다). 그런데 2007년부터 2008년 사이를 기점으로 TV용 디스플레이 시장에는 큰 변화가 나타난다. 2000년대 초반부터 서서히 시장 점유율을 늘리던 LCD(액정 디스플레이)가 2007년 거의 1억대 가까이 판매되었고, 2008년에는 CRT 판매량을 앞지른 것이다. 그리고 2009년에 들어서는 CRT 판매량이 거의 1억 5천만 대에 육박하였고, 그림으로만 보아도 명백히 시장점유율 50%를 넘기게 되었다. 따라서 2000년대 초반까지는 CRT가 TV용 디스플레이 장치의 지배적 설계였으며, 2000년대 후반부터는 LCD가 지배적 설계였다고 볼 수 있다.

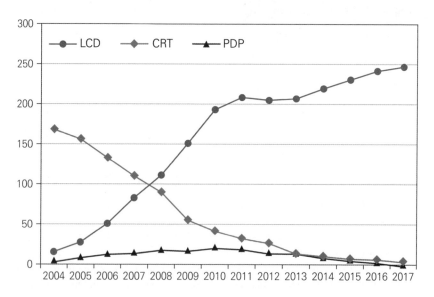

[그림 6-1] TV용 디스플레이 장치 간 경쟁, 단위: 백만 대(2014년 이후는 추정치)

출처: https://www.digitaltvnews.net/?p=23994 로부터 Display Search의 자료를 재인용.

※ 2020년 이후 시장 현황은 어떠하며 지배적 설계는 무엇인가? 앞으로의 지배적 설계는 무엇이 될 것으로 예상되는가? 이는 생각해 볼 과제로 남겨두겠다.

위에서는 지배적 설계의 의미에 대해 알아보았다. 그렇다면 왜 수많은 대안들 가운데 특정한 것 하나가 지배적 설계로 등장하는가? 실링(Schilling, 2013), 박태영(2014) 등에 의하면 지배적 설계는 기술 수용에 따른 수익체증(increasing returns to adoption) 때문에 등장하며, 수익체증의 이유는 학습효과, 네트워크 외부성, 정부 규제 등이라고 한다. 그런데 지배적 설계가 시장 경쟁에 따라 등장하는 사실상의 표준(de facto standard)이라는 의미에서 정부 규제는 지배적 설계의 원인이라고 보기 어렵다. 따라서 본 절에서는 정부 규제는 다루지 않고 다음 절에서 별도로 다루도록 한다. 또한 본서에서는 규모의 경제 효과를 추가하기로 한다. 이는 흔히 학습효과와 결부되어 보스턴컨설팅그룹의 경험곡선(experience curve)으로 제시되기도 하는데, 본서에서는 간략히 규모의 경제 효과만 언급하도록 한다.[5] 따라서 지배적 설계의 등장에 영향을 미치는 원인으로 본 절에서는 학습효과, 규모의 경제 효과, 네트워크 외부성을 제시한다.

(1) 학습효과

어떠한 일을 처음 시작할 때에는 아무래도 일이 익숙지 않아 속도도 느리고 일의 성과도 시원치 않을 때가 많을 것이다. 그런데 조금 답답하더라도 꾸준히 일을 해내다 보면 점차 일하는 방법도 개선이 되고, 일의 성과도 좋아지게 됨을 느끼는 경우도 있을 것이다. 동일한 작업을 아무래도 자주 수행하다 보면, 더 익숙해지기도 하고 더 좋은 일 처리 방법을 터득하여 적용할 수도 있기 때문이다.

---

5) 본서에서는 학습효과(learning effect) 또는 학습곡선(learning curve)에 대해 주로 다룬다. 비슷한 개념으로 1970년대 미국의 보스턴컨설팅그룹(BCG)에서 제시한 경험곡선(learning curve)이라는 개념이 존재하기도 한다. 이는 경험이 많아질수록 노동 시간은 물론 비용도 줄어든다는 것으로 학습곡선과 매우 유사한 주장을 한다. 특히 학습을 통해 얻을 수 있는 이익이 시간 절감뿐만 아니라 비용 절감도 있음을 주장하여 경영학 분야에서 매우 중요하게 다루어지는 개념이다. 그런데 경제학자들 사이에서 BCG의 경험곡선 개념은 사실상 규모의 경제 효과제 의한 것이라는 비판도 다수 존재한다. 따라서 본서에서는 BCG의 개념보다는 좀 더 단순한 규모의 경제 효과만 언급하도록 한다.

이러한 경우 우리는 '학습'에 의해 일을 더 효과적으로 처리하게 되었다고 이야 기한다.

이는 아주 당연한 상식에 해당하는 이야기인데, 편의점에서 상품을 정리하는 일이나, 학교 과제 또는 직장 업무를 위해 인터넷에서 다양한 자료를 수집해 데 이터화하는 등 주변에서 흔히 볼 수 있는 단순한 업무는 물론, 심지어 거대한 항공기를 생산하는 데에도 적용된다. 만일 어떤 특정 기술(제품)이 시장에 많이 판매되어 더 많이 (혹은 더 자주, 더 오랫동안) 생산되다 보면 (1) 그 기술(제품)이 더욱 개선되고 (2) 생산은 더 효율화되는데, 이러한 현상을 학습효과(learning effect)라고 한다.

먼저 기술(제품)의 개선 측면에서, 어떤 기술이 많이 사용될수록 그에 따른 판매 수익이 증가하는데, 기업들은 이 수익을 연구개발에 재투자함으로써 기술 (제품)을 개선할 수 있다고 한다. 이를 통해 기술(제품)의 성능(performance)이 증 가하고 품질(quality)이 향상되면 소비자들은 더욱 더 이 기업의 기술(제품)을 선 택하게 될 것이고, 이 기업은 이로부터의 수익을 다시 연구개발에 투자할 수 있 게 될 것이다. 이러한 선순환 과정을 거치다 보면 특정 기술이 소비자들로부터 더 많은 선택을 받게 되고, 그에 따라 지배적 설계로 등장할 수 있다는 이야기 이다.

그리고 연구개발에 대한 재투자로 인해 기업들이 해당 기술(제품)에 대한 지 식을 얻는다는 직접적 효과 외에, 기업들은 미래에 '더 잘 학습할 수 있는 능력' 을 갖춤으로써 간접적 이익을 얻기도 한다. 바로 이 '더 잘 학습할 수 있는 능력' 을 학술용어로 **'흡수능력**(absorptive capacity)'이라고 하며, 이는 '새로운 지식을 인지하고 이해하여 활용할 수 있는 능력'으로 정의된다.[6] 흡수능력은 여러분들 이 중고등학교 문학 수업에서 들어 보았을 '사전지식(스키마)'에 해당한다고 보면 쉽게 이해될 수 있다. 어떤 분야에 대한 지식이 전혀 없는 상태에서는 새로운 지식을 얻기가 매우 힘들지만, 약간이라도 사전지식을 갖추고 있으면 그 사전지 식을 바탕으로 새로운 지식을 조금 더 수월하게 습득할 수 있다.

흡수능력은 [그림 6-2]와 같이 작동한다. 어떤 기업(또는 기타 기관)이 기술 지식을 축적하거나 새로운 혁신을 만들어 내는 데 가장 직접적으로 사용되는 방

---

6) Cohen, W. M. and D. A. Levinthal(1990), "Absorptive capacity: A new perspective on learning and innovation", Administrative Science Quarterly, March 1990, pp.128-152.

법은 연구개발일 것이다. 연구개발을 통해 얻고자 하는 기술지식 및 혁신을 만들어 내는 것이 가장 일반적인 경우이다. 그런데 기업들은 외부로부터 새로운 지식을 획득하여 그러한 효과를 얻기도 한다. 예를 들어 국내의 많은 디스플레이 장치 생산 업체들(2021년 현재 삼성, LG, SK하이닉스 등)은 처음부터 LCD나 OLED를 만들 줄 알았던 것은 아닐 것이다. 다른 사업을 하고 있던 와중에 외부로부터 새로운 지식(LCD)을 획득하고 그것이 혁신의 원천이 되기도 하였을 것이다. 그런데 만일 흡수능력이 많으면 이러한 외부의 새로운 지식을 획득하기 쉬울 것이며, 흡수능력이 부족하다면 외부 지식을 활용하는 데에는 한계가 있을 수밖에 없다. 다시 한국의 디스플레이 업체들의 예를 들면, 이들 기업들은 디스플레이 장치 이전에 반도체 분야에서 생산 관련 지식과 경험을 보유하고 있어서, 이를 바탕으로 디스플레이(특히 LCD) 관련 지식을 더 쉽게 흡수할 수 있었을 것이라는 이야기이다. 그렇다면 흡수능력은 과연 어디에서 만들어지는가? [그림 6-2]에서와 같이 흡수능력은 결국 연구개발을 통해 만들어진다. 꾸준한 연구개발을 수행한 결과는 기술지식의 축적이나 혁신으로 귀결됨은 물론, 흡수능력의 향상에도 기여함으로써 외부의 새로운 지식을 얻는 데에도 큰 기여를 할 수 있게 된다.

다시 지배적 설계에 대한 내용으로 돌아와, 특정 기술(제품)이 더 많이 판매됨에 따라 기업은 연구개발을 더 많이 수행할 수 있게 되며, 그에 따라 그 기업은 연구개발 경험으로부터 흡수능력을 획득함으로써 더 많은 기술지식을 확보하거나 혁신을 창출함으로써 시장에서 강자로 등장할 수 있게 된다.

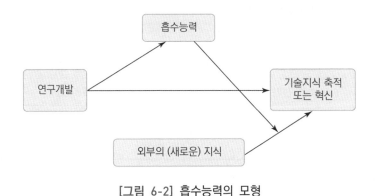

[그림 6-2] 흡수능력의 모형

출처: Cohen & Levinthal(1990) 약간 수정

이상은 학습효과의 기술 개선 측면에 대한 내용이었다. 그런데 학습효과는 기술 개선은 물론 생산의 효율성 측면, 즉 비용 절감에도 긍정적인 영향을 미친다. 본 '학습효과' 절의 도입 부분에서 '동일한 작업을 아무래도 자주 수행하다 보면 더 익숙해지기도 한다'고 하였는데, 이것이 바로 생산의 효율성에 대한 이야기이다. 어떤 일을 반복적으로 수행하다 보면 나중에는 이 일에 익숙해져 소요 시간이 줄어들게 된다. 경험이 축적됨에 따라 시간이 단축되는 것은 물론, 재료나 원자재의 절감, 불량률 저하 등 다양한 효과로 인해 비용이 줄어드는 효과도 당연히 예상해 볼 수 있을 것이다. (일을 수행하면서 학습한다고 하여 이를 learning−by−doing, 즉 수행에 의한 학습이라고 부르기도 한다). 실제로 1930년대 미국의 한 공군기지에서는 비행기 생산량이 두 배가 될 때마다 노동시간이 10~15%씩 줄어든다는 것을 확인하기도 하였다.[7] 또한 NASA에서는 이에 근거하여 각 분야별 비용(혹은 시간)의 감소에 대해 [표 6−1]과 같은 가이드라인을 제시하기도 한다. 이러한 생산의 효율성이 좋아지는 현상은 어떤 제품이 더 많이 생산될수록 시간과 비용이 더 절감되어 시장 경쟁에서 유리해지므로 지배적 설계의 위치에 오를 가능성이 더 많아짐을 시사한다.

〈표 6-1〉 학습효과에 의한 단위비용

분야	2배 생산 시 이전 대비 단위비용
항공우주	85%
조선	80~85%
신모델을 위한 복잡한 공작기계	75~85%
반복적 전자 제조	90~95%
반복적인 기계작업 및 punch-press 공정	90~95%
반복적인 전기 작업	75~85%
반복적인 용접	90%
원자재	93~96%

출처: http://cost.jsc.nasa.gov/learn.html

---

7) Wright, T. P(1936), "Factors Affecting the Cost of Airplanes", Journal of the Aeronautical Sciences, 3(4), pp.122−131.

(2) 규모의 경제 효과

규모의 경제(economies of scale)는 경제학 교과서에 자주 등장하는 개념이다. 이는 어떤 기업이 어떤 재화의 생산량을 늘림에 따라 "평균비용"이 절감된다는 것을 의미한다. 기업의 비용은 크게 고정비(FC)와 변동비(VC)로 구성되며, 고정비와 변동비를 합친 것을 총비용(TC)이라고 한다. 고정비는 생산량과 관계없이 고정적으로 지출되는 비용이며, 변동비는 생산량에 따라 변하는 비용이다. 따라서 총비용은 생산량에 따라 달라지게 되는데, 총비용을 생산량으로 나누어 준 것을 평균비용(AC)이라고 한다. 이에 대해서는 이미 본서의 제2장 산업경제개론에서 소개하였으며 상세한 예시도 제공되었으니, 해당 부분을 참고하기 바란다.

규모의 경제 효과는 생산량이 많은 기업들이 평균비용을 낮춤으로써 생산량이 적은 기업에 비해 타사 대비 유리한 위치에 있을 수 있음을 시사한다. 어떤 기업의 제품이 시장에서 타사 제품에 비해 많이 팔리게 되면 그 기업은 생산을 더 늘리게 될 것이고, 그럴 경우 평균비용이 줄어들어 소비자 가격을 낮추거나 더 많은 이윤을 누릴 여유가 생길 수 있을 것이다. 만일 그렇다면 시장에서 소비자들은 이 기업의 제품을 더 많이 선택하게 될 것이고, 결국 시장은 특정 기업의 특정 제품(기술)이 장악하는 모습을 보이게 될 수 있다. 따라서 규모의 경제 효과도 지배적 설계가 등장하는 한 요인이 될 수 있는 것이다.

(3) 네트워크 외부성

경제학 용어 중에 외부성(externality)이라는 말이 있다. 이는 경제행위의 거래 결과가 거래 당사자가 아닌 제3자에 영향을 미치는 상황을 의미한다(이덕희, 2023).

그런데 외부성 가운데 사람들 간의 관계나 기타 재화나 기반시설 등 다양한 연결관계 등으로 인해 발생하는 경우가 있다. 특히 어떤 재화에 대한 수요가 해당 재화를 구매하는 다른 사람들에 의해 영향을 받기도 하는데, 이런 경우를 '네트워크 외부성(network externality)'이라고 부른다. 만일 네트워크 외부성으로 인해 소비자들이 특정 제품(기술)을 더 많이 구매하게 된다면 아마 이 제품(기술)은 더 많은 시장 점유율을 차지하며 지배적 설계 위치를 점할 수 있게 될 것이다.

네트워크 외부성은 흔히 (1) 물리적 네트워크가 연결된 경우, (2) 호환성이 중요한 분야에서 사용자 기반에 의해, 또는 (3) 보완재의 가용성이 중요한 경우에 발생한다.

우선 물리적 네트워크가 연결된 경우는 철도나 통신 분야에서 그 예를 상상해 볼 수 있다. 철도는 철도로 연결된 목적지의 수가 많을수록 가치가 높을 것이다. 만일 어떤 작은 도시 내에 A라는 철도회사가 2개의 목적지를 가지고 있고, B라는 철도회사가 10개의 목적지를 가지고 있으며, 두 회사 간 철도 운송 서비스는 호환이 되지 않는 상황에서 하나의 회사 서비스만 선택해야 한다면 여러분들은 과연 어느 회사를 선택할 것인가? 본인의 집 바로 앞에 특정 회사의 기차역이 있다면 당연히 그 회사를 선택하겠지만, 그런 특별한 경우가 아니라면 B가 더 가치 있다고 느끼지 않을까? 만일 그렇다면 이 철도 분야에는 네트워크 외부성이 있다고 볼 수 있다. 통신 분야에서도 마찬가지이다. 물론 요즘에는 이동통신 전국망이 갖춰져 있고 서로 다른 통신사 간 연결도 당연히 가능한 시대이다. 그러나 유선 전화 사업 초기에는 이런 일이 있었을 수도 있다. 같은 도시 내에 전화 회사가 두 개 있는데, A라는 회사는 가입자가 2명, B라는 회사는 가입자가 5명, C라는 회사는 가입자가 12명이다. 그렇다면 이 중 가장 가치가 높을 것으로 기대되는 회사는 어디인가? 만일 여러분이 신규 가입을 하고 싶다면 어느 회사를 선택하겠는가? 물론 예외도 많겠지만, 많은 경우 C를 선택할 것이다.

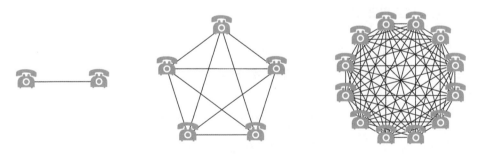

[그림 6-3] 통신 네트워크 예시

출처: https://en.wikipedia.org/wiki/Network_effect

두 번째로, 사용자 기반에 의해 네트워크 외부성이 발생하기도 한다. 사용자 기반(installed base)은 특정 제품이나 기술의 사용자 숫자를 의미한다. 만일 두 개의 서로 다른 기술 가운데 어느 한쪽의 사용자 수가 많다면 (사용자 기반이 크다면), 사람들인 그쪽의 가치가 크다고 여기게 될 것이다. 만일 서로 다른 두 기술이 서로 호환되지 않는 상황이라면 그러한 현상은 더욱 명확하게 나타날 것이다. 우리가 일상생활에서 많이 사용하고 있는 모바일 메신저가 바로 그러한 예가 될 수 있다. 현재 세계적으로는 위챗, 왓츠앱, 텔레그램 등 많은 모바일 메신저가 있으며, 국내에는 카카오톡과 라인이 많이 사용되고 있다. 이 가운데 국내 시장의 경우 거의 대부분의 스마트폰 이용자가 카카오톡을 이용하고 있다고 한다. 실제로 주변 사람들의 모바일 메신저를 조사해 보아도, 카카오톡은 거의 100% 설치되어 있는 반면, 다른 메신저들은 찾아보기 쉽지 않다. 따라서 국내 시장에서는 카카오톡이 지배적 설계라고 볼 수 있을 것이다. 이렇게 카카오톡이 우위를 점하는 이유는 무엇일까? 그것은 아마도 모바일 메신저들의 호환성 문제와 사용자 기반 때문일 것이다. 카카오톡과 다른 모바일 메신저들은 서로 호환이 되지 않는다. 카카오톡에서 라인으로 메시지를 보낼 수 없고, 그 반대도 불가능하다. (이는 이동통신 사업자 간 상호접속이 되는 것과는 다른 상황이다. 예를 들어 SKT 가입자는 KT나 LG유플러스 가입자에게 얼마든지 전화나 문자로 연락할 수 있다). 이렇게 서로 호환이 되지 않는 상황에서 소비자들은 어떤 모바일 메신저를 더 많이 선택할까? 당연히 내 주변인들이 많이 사용하는 것을 선택하게 될 것이다. 즉, 어떤 이유에서건 더 많은 사람들이 사용하고 있는 제품이나 서비스가 있다면, 사람들은 그것을 더 많이 선택하게 될 것이고, 그것을 이용하는 사람들의 숫자는 더욱 늘어나게 될 것이다. 바로 호환성이 문제가 되는 상황에서는 사용자 기반이 큰 제품이나 서비스가 지배적 설계가 될 가능성이 더 많다.

세 번째는 보완재의 가용성으로 인해 네트워크 외부성이 나타나는 경우이다. 보완재란 (경제학적으로 설명하면) 한 재화의 수요가 증가할 때 함께 수요가 증가하는 재화이다. 좀 더 쉽게 설명하자면, 두 가지 서로 다른 제품이 함께 사용되어야 하거나, 한 제품이 잘 작동하기 위해 다른 제품이 필요한 경우 보완재 관계에 있다고 한다. 예를 들어 프린터와 토너, CD플레이어와 CD로 출시되는 음악 앨범, 필름 카메라와 필름 등이 보완재 관계이다. 이렇게 보완재 관계가 중요한 품목의 경우, 보완재의 가용성이 갖추어져야 비로소 소비자에게 가치 있게 이용될 수 있다. 실제로 본 저자는 예전에 B사의 레이저 프린터를 구입한 적이 있다. 인쇄 속도 28ppm이라는 상당한 성능에, 다른 회사들의 업무용 프린터 토너 가격 정도의 가격에 프린터를 살 수 있었으니 매우 매력적인 제품이었다. 그런데 문제는 프린터 토너를 쉽게 구할 수 없는 것이었다. 저자는 당시 프린터 토너 대신 그냥 프린터를 새로 살까 고민도 잠깐 했지만, 결국 토너가 잘 공급되는 유명 회사의 제품을 새로 구입하였다.

실제 기술 간 경쟁에서 보완재의 가용성으로 인해 어느 한쪽이 승리를 하게 된 경우가 여럿 있다. 이 가운데 대표적인 것은 비디오 녹화 및 재생 기기(VRC) 표준을 둘러싼 소니(Sony)와 JVC 간의 대결이었다. 당시 소니는 베타맥스(Betamax) 표준을 개발하였고, JVC는 VHS라는 표준을 제시하였다. (시기상으로는 베타맥스 방식이 약 1년 정도 먼저 발표되었다). 일반적 스펙 측면에서는 VHS가 비디오 테이프를 조금 더 큰 것을 사용했고, 이에 따라 영화 재생시간이 더 길었다. 그러나 화질 등 품질 측면에 있어서는 베타맥스 방식이 우위에 있었다고 한다. 게다가 당시 소니는 미국 전자시장에까지 성공적으로 진출하여 일본 전자산업의 대표격이 된 유망 업체로, 최첨단 기술 이미지까지 보유한 회사였다. 반면 JVC는 소니에 비해 시장 영향력이 크지 않았다고 한다. 이러한 상황으로 인해 당시 많은 사람들은 소니가 JVC보다 시장에서 유리할 것으로 예상하였다. 그런데 결과는 소니가 1988년 베타맥스 방식을 포기하고 VHS를 생산하기 시작하여, VHS의 승리가 되었다. 베타맥스의 기술적 우위에도 불구하고 VHS가 승리하였다니, 어떻게 된 일인가? 이에 대해서는 많은 해석이 존재하는데, 완재로서의 비디오 테이프의 역할이 컸던 이유도 있었다고 한다. 당시 영화가 출시되어 극장 상영을 마치면 (물론 극장 상영을 안 하는 경우도 많았지만) 비디오 테이프에 기록하여 비디오 시장에 출시하였는데, 베타맥스보다는 VHS로 출시하는 영화가 더 많았던 것이다. 이는 베타맥스와 VHS의 스펙 차이와 양 기업의 전략 모두에 의한 것이라고 한다. 우선 베타맥스는 최장 녹화 가능 시간이 약 100분 정도인 반면, VHS는 3시간까지도 가능했다. 따라서 2시간짜리 영화의 경우 VHS 방식 테이프는 1개면 충분했지만, 베타맥스는 2개에 녹화해야 했다. 영화 고객들은 번거롭게 테이프 2개짜리를 보는 것보다는 1개짜리를 더 선호할 만했다. 또한 소니는 상당히 폐쇄적인 라이센스 정책을 펴서 폭력적이고 선정적인 영화는 베타맥스로 출시하지 않도록 하였는데, 사실 이런 영화들은 극장에서 보기보다는 집에서 혼자 보고자 하는 수요가 더 많았다. 이에 따라 대부분의 비디오 출시작들이 VHS로 판매되는 반면, 베타맥스로 출시되는 영화는 찾아보기 어려워졌다. 보완재 가용성이 위축되는 이러한 상황이 계속되자 나중에는 소니의 베타맥스 VCR 자체도 판매가 어려워질 수밖에 없었던 것이다.

[그림 6-4] VCR(좌)과 서로 다른 포맷의 비디오 테이프(우)

출처: Julian Villa(https://commons.wikimedia.org/wiki/File:VCR_Panasonic_Stereo_PV-V45 20.jpg) 및 Ya Saya inBaliTimur (https://en.wikipedia.org/wiki/Betamax#/media/File: Betavhs2.jpg)

※ 컴퓨터와 외부기기 간 연결 인터페이스에는 USB, Firewire, Serial, Parallel 등 다양한 방식이 존재한다. 이 가운데 요즘 일반적으로 가장 많이 사용되는 것은 USB인데, USB가 많이 사용되는 이유는 무엇인가? 그리고 최근 새롭게 부상하는 신기술(혹은 새로운 인터페이스)은 무엇이며, 인기를 얻는 이유는 무엇이라고 생각하는가?

---

2. 공적 표준

일부 분야에서는 시장 경쟁에 따라 지배적 설계가 등장하는 것이 아니라 정부나 공적 기관이 규제나 법률로 특정 기술을 선택하기도 한다. 시장에서 지배적 설계가 등장하면 사실상의 표준(de facto standard)이라고 하는 것과는 반대로, 정부나 공적 기관이 지배적 설계를 선택하면 공적 표준(formal standard) 혹은 법적 표준(de jure standard)라고 한다. 용어의 통일을 위해 본서에서는 우리말로는 "공적 표준"이라고 하고 외국어 표기는 de jure standard라고 부르도록 한다.[8] 또한 정부, 공공기관, 협회 등 공적 표준을 정하는 기관을 여기서는 "표준화기관 (standardization organization)"으로 통일해 부르고자 한다.

---

8) 국가기술표준원(KATS) 홈페이지에서도 공적 표준(de jure standard)이라고 표기하고 있다. https://www.kats.go.kr/content.do?cmsid=26

공적 표준은 표준화기관이 결정하는데, 공공재, 통신, 방송 등의 산업에서 이러한 방식으로 표준이 정해지는 경우가 많다. 예를 들면 이동통신 표준의 경우 과거 유럽에서는 GSM을 사용하였고 점차 세계시장에서도 지배적 설계가 되어가고 있었는데 우리나라에서는 정부 주도로 CDMA가 국내 표준이 되었다. 방송의 경우도 마찬가지이다. 한국은 과거 NTSC 방식의 아날로그 TV 방송에서 현행의 고품위방송(HDTV)으로 전환하였는데, 당시 세계시장에서 유력한 후보였던 유럽연합의 DVB 방식과 미국의 ATSC 방식 중 ATSC를 고정형 TV의 표준으로, DVB의 한 부류인 DMB를 이동식 방송 표준으로 "정부" 차원에서 결정하였다.

공적 표준이 정해지는 방식에는 크게 세 가지가 있는데, 시장에서 정해진 지배적 설계를 공적 표준으로 수용하는 방식, 국가·사회의 이익이나 자국 산업 발전을 위해 전략적으로 결정하는 방식, 미래 기술을 미리 정의하고 개발하는 방식 등이 있다.

우선, 시장에서 정해진 지배적 설계를 공적 표준으로 수용하는 방식은 비교적 기술 표준화에 따른 리스크가 적어서 전통적으로 많이 활용되던 방식이다. 기술 변화가 급격히 일어나는 정보통신 분야의 경우 근래에는 다른 방식의 표준화 방식이 사용되고 있으나 1990년대 중반까지만 하더라도 이 방식이 주를 이루기도 했다.[9] 이 방식에 따라 표준이 정해진 기술은 주변에 흔하게 존재하고 있으나, 기술혁신 역사에서 재미있는 사례를 하나 들자면 영국의 철도 궤간 표준 사례가 있다.

18세기 말 영국은 수력과 방적기계로 산업혁명을 시작했고, 이후 19세기에는 증기기관과 철도 등을 통해 더욱 발전해 나가는 상황이었다. 새로 개발된 최첨단 운송수단이었던 철도가 전국적으로 뻗어나가면서 사람과 재화를 실어나르고, 제2차 산업혁명을 심화시키는 와중이었다. 그런데 이때 산업혁명의 중심이었던 철도 분야에서 '궤간전쟁(gauge war)'이라고 하는 사건이 발생한다. 궤간은 두 개의 선로 간 폭인데, 이것이 통일되지 않다 보니 여러 불편한 점들이 있었다. [그림 6-5]는 당시 궤간 비표준화에 따른 혼란을 기록한 그림이다. 여러 철도 노선이 난립한 가운데 궤간이 노선마다 다르다 보니, 어떤 목적지로 가기 위해서

9) Byrn, B. M. & Golder, P. A.(2002), "The diffusion of anticipatory standards with particular reference to the ISO/IEC information resource dictionary system framework standard", Computer Standards & Interfaces, 24, pp.369-379.

는 궤간이 다른 열차로 갈아타야 하는 일이 빈번했다. 그러한 환승이 꼭 필요한 곳에서는 서로 다른 궤간의 열차 두 대에서 서로 다른 기차로 갈아타려 기차에 오르내리는 승객들이 플랫폼에서 뒤엉켜 혼란이 일어나는 일이 다반사였다. 따라서 영국 정부에서는 다양한 궤간을 하나로 통일하고자 논의를 시작하였다. 당시 가장 유망한 궤간은 크게 두 가지였다. 하나는 스티븐슨(Stephenson) 궤간이었고, 나머지 하나는 브루넬(Brunel) 궤간이었다. 19세기의 이 두 궤간 열차는 현재까지도 영국에 전시용으로 남아 있으며, 이는 [그림 6-6]에서 비교해 볼 수 있다. 스티븐슨 궤간은 폭이 1435mm로서, 철도 이전 육상 교통수단이었던 마차의 폭을 고려하여 만든 것이었다. 이는 증기기관의 개발자로 유명한 스티븐슨(Stephenson)이 처음 사용함에 따라 그의 이름을 따서 부른 것이며, 당시 가장 많은 철도 노선에 적용되었다. 그런데 스티븐슨 궤간은 마차를 기준으로 하다 보니 궤간이 협소하여 열차의 고속 운행에 어려움이 있었다. 이에 19세기 유명한 공학자였던 브루넬(Brunel)은 고속 운행이 가능하도록 2140mm 궤간을 제시하였고, 이는 브루넬 궤간이라고 불렸다. 브루넬 궤간으로 건설된 철도는 확실히 사람들로부터 좋은 평을 받았다. 스티븐슨 궤간 철도보다 빨랐고, 무엇보다도 사고 없이 안전하였기 때문이다. 기술적으로 보면 당연히 브루넬 궤간이 표준이 되어야 했으나, 영국 의회는 스티븐슨 궤간을 표준으로 정했다. 영국 의회가 스티븐슨 궤간을 선택한 데에는 매우 다양한 이유가 있다고 한다. 각종 로비와 안전성, 경제성 등 양측의 주장이 있었다고 하며, 특히 당시 스티븐슨 궤간은 약 3,000km였던 반면 브루넬 궤간은 300km밖에 설치되지 않아 불리한 점이 있었다고 전해진다. 따라서 이미 많은 철도 노선에 적용되어 있던 스티븐슨 궤간을 표준으로 정했다고 보아도 그리 큰 무리는 없을 것이다.

※ 주변에서 "시장에서 확립된 지배적 설계를 공적 표준으로 정한 사례"가 무엇이 있을지 찾아보자.

[그림 6-5] 19세기 영국 궤간 비표준화에 따른 혼란

출처: https://en.wikipedia.org/wiki/File:Break_of_gauge_GWR_Gloucester.jpg

[그림 6-6] 스티븐슨 궤간(좌)과 브루넬 궤간(우)

출처: Andrew Bone, https://commons.wikimedia.org/wiki/File:GWR_No.22_AEC_Diesel_
Railcar_with_Firefy_Broad_Guage_Steam_Loco_Replica_at_Didcot_Great_Western_R
ailway_Centre_(7882212230).jpg

두 번째는 국가·사회의 이익이나 자국 산업 발전을 위해 전략적으로 공적 표준을 결정하는 방식이다. 우리나라의 2세대 이동통신 표준은 이 방식의 매우 좋은 사례이다.[10]

한국의 이동통신 서비스는 1984년 한국이동통신서비스 주식회사가 차량전화 서비스를 제공하면서부터 시작되었으며, 한동안 이 회사의 독점 체제를 이루고 있었다. 당시 세계 이동통신 서비스는 미국의 AMPS, 유럽의 NMT, TACS 등 아날로그 방식을 사용하고 있었고, 한국은 이 가운데 미국의 AMPS에 의존하고 있었다. 그러던 중 1992년부터 제2이동통신사업자 선정 논의가 벌어졌고, 1994년부터는 신규 서비스인 PCS[11] 도입을 추진하면서 2세대 이동통신 서비스 도입 논의가 시작되었다. 이를 위한 기술표준으로는 크게 두 가지 방식이 경쟁하였는데, 하나는 이미 유럽 표준으로서 세계시장에서 두각을 나타내고 있던 GSM이었고, 다른 하나는 CDMA였다. 1980년대 세계 각국은 급증하는 이동통신 서비스 수요에 대응하고 기술적 문제를 해결하기 위해 아날로그에서 디지털 방식으로 점차 전환하고 있었다. 이때 등장한 것이 유럽의 GSM와 일본의 PDC였는데, 이 중 유럽의 GSM은 TDMA(시분할다중접속) 기술에 기반하여 만들어진 것으로 점차 많은 국가에서 상용화되기 시작하였다. GSM이 시장을 확장해 나가던 당시 미국에서는 벤처기업이었던 퀄컴(Qualcomm)이 CDMA 기술을 개발해 시장 진입을 모색하던 중이었다. 이들 기술 가운데, 체신부(후일 정보통신부)는 CDMA 도입을 추진했고 상공자원부(후일 산업부)는 GSM을 지지하였다. 당시 주무부처는 체신부였지만, 유관부처였던 상공자원부가 반대 의견을 내면서 이동통신 국내 표준을 둘러싼 양측 간 논쟁이 벌어지게 된 것이다. 체신부가 처음부터 CDMA를 지지한 것은 아니고 미국의 US−TDMA 표준을 바탕으로 모토롤라 등 미국 업체들과의 공동개발을 통해 국내 이동통신 방식을 개발하고자 하였는데, 공동개발 추진이 무산되면서 핵심 기술 확보에 어려움을 겪게 되었다. 그러던 중 마침 CDMA라는 신기술을 개발한 퀄컴이라는 벤처기업을 만나게 되면서, 퀄컴의 원천기술에 한국의 상용화 역량을 적용할 가능성을 확인하게 되었고 체신부의 정책방향은 CDMA로 급선회하게 되었던 것이다. 이에 상공자원부는 CDMA는

---

10) 이 부분은 송위진(1999)의 내용에서 필요한 부분을 참고하여 정리하였다.

11) 송위진(1999)에 의하면 당시 체신부는 PSC(Personal Communication Services)를 "저속, 보행자 중심의 저렴한 이동통신"으로 정의하였다.

아직 해외에 시장 형성이 안 되어 있기 때문에 한국 업체들이 해외시장 진출을 하기 어려운 반면 GSM은 이미 유럽에서 상용화가 되어 있었기 때문에 수출산업화가 가능하다고 주장하였다. 따라서 국내 표준도 GSM으로 하고, 이를 바탕으로 국내 이동통신 장비 또는 단말기 업체들을 육성하자는 의견이었다. 이러한 상공자원부의 주장에 대해 체신부는 GSM을 비롯한 TDMA 방식들은 이미 선진국들이 기술개발을 끝내고 제품을 납품하고 있기 때문에 국내 기업들이 경쟁력을 가질 수 없다고 맞섰다. 아예 새로운 기술로부터 새 출발해야 세계시장을 선점할 수 있다는 논리였다. 요약하면 상공자원부는 불확실성 높은 신규 기술을 받아들여 실패 부담을 안기보다는 이미 확립된 지배적 설계를 받아들이자는 의견이었고, 체신부는 국가 산업과 연구개발 전략 차원에서 신기술에 투자하자는 의견이었다. 이들 두 정부 부처를 중심으로 한 기나긴 논쟁 끝에 국내 표준으로 정해진 것은 CDMA였다. 이는 국내 IT산업 발전을 위한 전략적 선택으로 볼 수 있는데, 실제로 1996년 세계최초 상용화 이후 국내 휴대전화 산업이 비약적으로 발전하기 시작하였으며 현재 세계적 경쟁력을 보유한 스마트폰 산업으로 이어졌다.

[그림 6-7] 1996년 세계최초 CDMA 상용화

출처: 한국전자통신연구원 https://www.etri.re.kr/webzine/20150925/sub04.html

세 번째는 미래 기술을 미리 정의하고 개발하는 방식으로, 이는 특히 IT분야에서 많이 사용되고 있다. 1980년대까지만 하더라도 IT분야에서 공적 표준을 제정하는 방식은 이미 확립된 지배적 설계를 공적 표준으로 받아들이는 것이었다(그림 6-8). 그런데 기술발전의 속도가 급격하게 빨라지고 수명주기가 짧아지면서 이러한 방식으로 현실에 대응하기는 어려워졌다. 이에 1990년대부터는 현재 상용화된 기술이 없는 상태에서 미래 기술 표준을 미리 정의하는 방식으로 전환되었으며, 일부 학자들은 이를 예지적 표준(anticipatory standards)라고 부르기도 한다.[12] 이는 [그림 6-9]에서 볼 수 있는 것과 같이, 여러 기술적 가능성들을 고려하여 일부만을 공적 표준의 영역에 수용하며, 그 이후 공적 표준들 간 시장경쟁이 벌어지는 과정이다. 실제로 ISO/IEC의 표준화 과제들을 살펴보면, 아직 지배적 설계가 등장하지 않은 분야에서의 표준화 논의가 진행되고 있음을 확인해 볼 수 있다. 참고로 <표 6-2>는 표준화기구 ISO/IEC에서 현재(2019년) 진행 중인 프로젝트 현황이다.

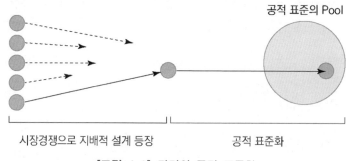

[그림 6-8] 과거의 공적 표준화

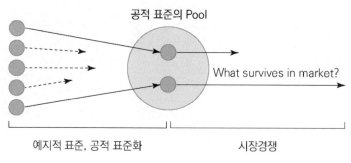

[그림 6-9] 새로운 공적 표준화 과정 – 예지적 표준

---

12) Cargill(1989) 및 Byrne & Golder(2002)

118 기술혁신의 경제와 경영

〈표 6-2〉 ISO/IEC의 웨어러블 기기 분과 프로젝트 현황(2019)

No.	Project Reference	Title
1	PWI 124-2 ED1	Skin pressure sensors
2	PNW 124-49	Electronic Textile – Determination of electrical resistance of conductive textiles under wearing environment
3	PNW 124-50 ED1	Test method of electrochromic films for wearable equipments
4	IEC 63203-101-1 ED1	Terminology
5	IEC 63203-201-1 ED1	Electronic Textile – Measurement methods for basic properties of conductive yarns
6	IEC 63203-201-2 ED1	Measurement methods for basic properties of conductive fabric and insulation materials
7	IEC 63203-204-1 ED1	Electronic textile – Washable durability test method for leisure and sportswear e-textile system
8	IEC TR 63203-250-1 ED1	Snap button connectors for e-textile wears and detachable electronic devices
9	IEC 63203-401-1 ED1	Functional elements – Evaluation method of the stretchable resistive strain sensor
10	IEC 63203-402-1 ED1	Test and evaluation methods of glove-type motion sensors for measuring finger movements
11	IEC 63203-406-1 ED1	Low temperature skin burn safety test methods for band type on-body wearable electronic devices

지배적 설계는 물론 상용화된 기술이 없는 상태에서 표준화가 진행되기 때문에, 이러한 형태의 표준화 과정에서는 다양한 이해관계자들이 참여하는 협상과 조정이 매우 중요해진다. 많은 참여자들이 향후 가능한 기술적 대안들을 종합적으로 검토하여 사회적으로 적절한 것을 도출해 내는 가운데, 참여자들 각각은 각자의 이해관계도 계산하기 때문에 매우 치열한 협상 과정을 거치게 되는 것이다. 따라서 미래 기술을 미리 정의하고 개발하는 방식은 급격한 기술변화에 대응할 수 있다는 장점이 있기도 하지만, 표준화가 완벽히 진행되기 어렵다는 문제점도 있다. 지배적 설계 등장 이전에 여러 이해관계자들이 참여하여 협상을 하기 때문에, 이들의 예상 이해가 반영될 수밖에 없다. 따라서 단일 표준을 도출해 내기보다는 몇 개의 대안을 공적 표준의 풀로 수용하는 경우가 많다. 이로 인해 표준끼리 상호 호환이 되지 않는 "표준을 준수하지만 호환되지 않는" 현상이 벌어지기도 한다.[13]

---

13) Egyedi(2007)는 이를 'Standard—compliant, but incompatible'한 현상이라고 하였다.

07 추격과 기술혁신

1. 추격에 대한 이해의 필요성

이전 장들을 통해 우리는 산업경제와 기술혁신에 대한 기초적인 내용을 학습하였다. 제2장 산업경제개론에서는 일반적인 교과서 경제학에서 기업 간 경쟁을 어떻게 이해하는지 살펴보았다. 일반적인 경제학에서는 주로 시장구조가 기업의 행위(전략)와 성과를 결정하는 중요한 요소로 설명되어 있음을 알게 되었으며, 기술에 대한 관심이 그리 크지 않음을 확인할 수 있었다. 따라서 제3장부터 제6장까지에서는 기술에 대한 관심이 필요함을 강조하고자, 경영·경제 관점에서 기술혁신의 의미, 동인, 유형, 패턴, 그리고 기술 간 경쟁의 동역학에 대해 살펴보았다. 기존의 교과서 경제학에서 상대적으로 부족하였던 기술에 대한 이해를 보완함으로써 기술혁신을 고려한 경쟁전략에 대해 생각해 볼 기회가 되었을 것이다.

그런데 기술경제학자 Gabriela Dutrénit(2004)에 따르면, 많은 기술전략 관련 이론들은 어느 정도 산업화가 된 국가 간의 경쟁, 어느 정도 역량을 갖춘 기업들 간의 경쟁에 대한 것이라고 한다. 본서의 이전 장까지의 내용도 주로 중진국 이상의 국가들, 어느 정도 역량 있는 기업들에 초점을 둔 것이 대부분이다.

반면 우리가 상대하는 국가나 기업들은 선진국과 선진국 기업들에만 국한되지 않는다. 미국, 일본, 서구 유럽 등이 우리나라와 우리 기업들의 주요 경쟁 및 교역 상대인 가운데, 중남미, 인도, 아프리카 많은 국가들이 우리의 상대로 떠오르고 있는 것이 현실이다. 특히 중국 같은 경우에는 과거 우리보다 경제적·기술적 수준이 현저히 낮은 상태였으나 최근에는 우리나라의 가장 큰 교역 상대국이

되었음은 물론, 위협적인 경쟁상대로 떠오르기까지 했다. 여러 동남아시아 국가들과 인도 역시 마찬가지다. 그리고 더욱 중요하게는, 우리나라와 우리나라의 기업들이 바로, 거의 "무(無)"의 상태에서 현재와 같은 수준을 일궈낸 가장 대표적인 사례이기도 해서, 선진국 및 선진 기업 관점이 아닌 후발국 및 후발 기업 관점에서의 기술혁신과 경영·경제 전략에 대해서도 이해할 필요가 있다.

후발 주자(후발국이나 후발 기업)가 선발 주자(선진국 및 선발 기업) 수준으로 발전하여 격차를 좁히는 것을 추격(catch-up)이라고 한다. 본 장에서는 바로 이 추격에 대해 살펴보기로 한다. 다음의 2절에서는 추격과 관련한 신고전파 경제학의 수렴 논의를 살펴본다. 제3절에서는 주로 과거 유럽의 경험에 초점을 둔 초기 추격 연구에 대해 살펴보며,[1] 제4절에서는 20세기 중반 이후 남미와 동아시아의 경험에 대해 다룬다. 그리고 제5절에서는 주로 동아시아(특히 한국)의 경험을 통해 기업 수준에서의 추격(특히 기술추격)에 대해 학습한다.

2. 신고전파 경제학적 관점

현재 많은 국가들의 경제지표를 살펴보면, 국가들마다 경제 수준이 다름을 알 수 있다. 예를 들어 미국, 유럽, 일본 등 주요 선진국들은 GDP 등의 지표에서 알 수 있듯 경제 수준이 매우 높으며, 아시아, 중남미, 아프리카의 많은 국가들은 그 수준이 매우 낮다. 그리고 경제성장의 속도 역시 국가 간 큰 차이를 보이고 있는데, 일부는 경제성장의 속도가 높았지만 다른 일부는 낮은 현상도 찾아볼 수 있다.[2]

---

1) 이 부분은 주로 Fagerberg & Godihno(2005)의 "Innovation and Catching-up"을 참고하여 작성하였다.

2) 예를 들어 2022년 2분기의 경우 OECD 국가 중 아이슬란드, 네덜란드 등이 비교적 높은 2~3%의 경제성장률을 보인 반면, 일본과 독일은 1%미만, 미국은 -0.1%의 성장률을 보이기도 했다. 한국무역협회 자료 참조
https://www.kita.net/cmmrcInfo/cmmrcNews/cmmrcNews/cmmrcNewsDetail.do?searchOpenYn=&pageIndex=1&nIndex=70472&logGb=A9400_20220914

〈표 7-1〉 1인당 GDP 상위 및 하위 국가 (2015년 기준)

Rank	Country	GDP/c	Rank	Country	GDP/c
1	Luxembourg	101,994	167	Burkina Faso	615
2	Switzerland	80,675	168	Afghanistan	600
3	Qatar	76,576	169	Guinea-Bissau	595
4	Norway	74,822	170	Togo	569
5	United States	55,805	171	Guinea	542
6	Singapore	52,888	172	Mozambique	535
7	Denmark	52,114	173	Democratic Republic of the Congo	476
8	Ireland	51,351	174	Liberia	474
9	Australia	50,962	175	The Gambia	451
10	Iceland	50,855	176	Niger	405
11	Sweden	49,866	177	Madagascar	402
12	San Marino	49,847	178	Malawi	354
13	United Kingdom	43,771	179	Central African Republic	335
14	Austria	43,724	180	Burundi	306
15	Netherlands	43,603	181	South Sudan	221

경제학자 솔로우(Solow)는 국가 간 소득 수준에 차이가 있는 가운데 성장률에도 차이가 있다는 점과 관련하여, 저소득 국가의 소득이 선진국 수준으로 올라가는 일종의 수렴(convergence) 현상이 있을 것이라고 주장하였다. 그는 경제성장을 이루고 그것을 통해 높은 생활수준을 유지하기 위해서는 한 국가 내 자본의 축적이 중요하다고 보았다. 여기서 자본은 물적 자본을 의미하는데, 저축과 투자가 증가하면 이를 통해 자본의 규모가 커지고, 그것을 통해 생산량이 늘어남으로써 경제성장을 이룰 수 있다는 의미이다. 저소득 국가의 경제발전 수준이 낮은 것은 저소득 국가가 선진국에 비해 더 적은 자본을 가지고 있기 때문이라는 것이다. 그런데 이는 곧 저소득국가에 자본이 조금만 더 투입되면 더 큰 경제성장을 이룰 수 있다는 의미가 되기도 한다. 자본량 증가에 따른 생산량을 그래프로 나타내면 다음의 [그림 7-1]과 같이, 자본량이 적을 때에는 생산량이 급격히 늘어나지만, 자본량이 많을 때에는 자본을 많이 늘려도 생산량이 급격히 늘지는 않는다. 이를 자본의 한계생산물 체감의 법칙이라고 한다. 즉 고소득 국

가들이 느리게 성장하는 동안 저소득 국가들이 빠르게 성장하게 되면 결국 많은 국가들의 경제가 일정한 수준에 수렴할 것으로 예상할 수 있게 된다.

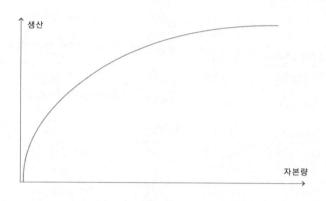

[그림 7-1] 자본량 증가에 따른 생산량

그런데 과연 이러한 수렴 현상이 실제로 나타나는가? 다음의 <표 7-2>는 몇 개 국가들의 1870년부터 1979년까지 생산성과 1인당 GDP, 수출액 등의 성장 추세를 보여준다. 이 표에 나온 국가들은 위에서부터 19세기 당시 경제 수준이 높았던 순서대로 정렬되어 있는 것으로 보면 된다.[3] 이에 따르면 19세기 경제 수준 기준으로 상위권 국가들이 적게 성장한 반면, 하위권 국가들의 성장률이 매우 큰 것을 알 수 있다. 실제로 [그림 7-2]는 이들 국가들의 노동시간당 GDP(GDP per work hour)를 보여주는데 과거 수준이 높았던 국가들은 성장률이 낮고, 과거 수준이 낮았던 국가들은 성장률이 높아, 전반적으로 좌상단에서 우하단까지의 사전을 이루는 패턴을 보여주고 있다. 이는 즉 솔로우의 주장대로 국가 간 경제 수준이 수렴하는 현상으로 해석될 수 있는 것이다.

---

3) 호주는 당시 골드러시로 인해 GDP가 높았던 것으로 보인다.

〈표 7-2〉 16개 산업화 국가들의 생산성, 1인당 GDP, 수출액 성장률(%) (1870~1979)

	Real GDP per Work-Hour	Real GDP per Capita	Volume of Exports
Australia	398	221	
United Kingdom	585	310	930
Switzerland	830	471	4,400
Belgium	887	439	6,250
Netherlands	910	429	8,040
Canada	1,050	766	9,860
United States	1,080	693	9,240
Denmark	1,098	684	6,750
Italy	1,225	503	6,210
Austria	1,270	643	4,740
Germany	1,510	824	3,730
Norway	1,560	873	7,740
France	1,590	694	4,140
Finland	1,710	1,016	6,240
Sweden	2,060	1,083	5,070
Japan	2,480	1,661	293,060

출처: Angus Madison의 자료를 Baumol(1986)로부터 재인용

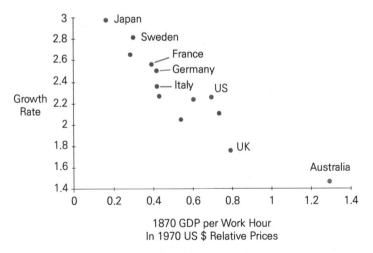

[그림 7-2] 노동시간당 GDP 비교

출처: Maddison 자료를 Baumol(1986)로부터 재인용

그런데 상기의 자료는 19세기 후반의 산업화 국가에 한정된 데이터라는 점을 고려해야 할 것이다. 이들 국가들은 현재도 세계에서 가장 부유한 국가들로서, 어느 정도 비슷한 경제 수준을 달성한 것으로 볼 수 있다. 그러나 세계적으로 200여 개 이상의 국가들이 있는데, 나머지 국가에서도 동일한 현상이 나타난다고 볼 수 있을까?

이에 대해 Baumol 교수는 아래 [그림 7-3]과 같은 자료를 통해 수렴 현상이 뚜렷하지 않음을 보여준다. 시야를 위의 16개 국가에서 더 많은 국가들로 넓히면 국가들은 사선 위치에 모여 있는 것이 아니라 좌표평면에 넓게 자리 잡고 있다. 그러한 가운데 비슷한 경제체제를 가진 국가들(16개 선진 산업국가, 중앙계획경제 체제 국가 등) 사이에서 주로 수렴 가능성이 나타나는 수렴 클럽(Convergence Club)이 있을 가능성을 보여준다.

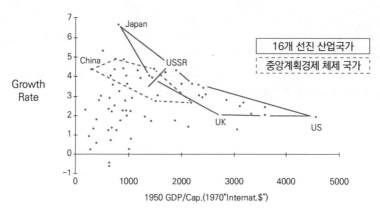

[그림 7-3] 72개 국가의 GDP와 성장률 비교

출처: Baumol(1986)

실제로 국가들의 경제성장 현황을 조사해 보면 수렴 현상이 광범위하게 일어난다고 보기 어려울 것이다. 상기 자료의 출발점인 1870년으로부터 벌써 150년 이상의 시간이 지났지만, 부유한 국가와 그렇지 않은 국가 간 경제 수준은 그리 크게 줄어든 것 같지 않다.[4] 역사적으로 볼 때 실제로 후진국에서 선진국 수준으로 도달한 국가는 영국 이외의 현재 선진국들뿐이며, 특히 20세기 후반 이후

---

4) 이에 대해서는 세계은행(World Bank) 등의 자료를 직접 찾아 확인해 보기 바란다.

선진국에 근접한 국가는 이스라엘, 한국, 대만, 홍콩, 싱가포르, 중국 정도밖에 없다.

선진국 수준으로 성장한 나라가 손에 꼽을 정도밖에 없다면, 과연 그 국가들은 어떻게 그러한 성공을 이룰 수 있었을까?

3. 초기 추격 연구

Fagerberg & Godinho(2005)에 의하면 추격에 대한 논의를 시작한 것은 20세기 초반 베블런(Veblen, 1915)이라고 하는데, 베블런은 기술적 변화가 후발국 산업화의 조건을 바꾸어 놓았음을 주장하였다.

18세기 후반 영국에서 최초의 산업혁명이 시작되었을 때까지만 하더라도 기술은 현재 우리가 생각하는 것과 같지 않았다. 현재 우리에게 기술은 어느 정도 암묵적(tacit)이기도 하지만 어느 정도는 명시적·공식적(explicit or codified)이기도 하다. 명시적 혹은 공식적이라는 것은 과학적 원리들이 적용되어 기술적(technological) 지식이 기술(describe)되어 있다는 것이며, 이로 인해 우리는 정규 교육과정에서 논문이나 교재 등을 통해 어느 정도의 학습을 할 수 있다.

그런데 18세기 후반 산업혁명 당시까지만 하더라도, 기술의 공식화(codification)가 많이 진전되었다고 보기 어려운 상황이었다. 그때까지도 기술적 지식은 오랜 숙련을 통해 획득하게 되는 경우가 많았고, 장인들이 보유한 경우가 많았다. 그러던 중 18세기말에서 19세기 초 프랑스에서는 대혁명(The Revolution)의 바람이 불면서, 사회 전반에 과학화 기조가 나타나기 시작하였다. 그와 함께 새로운 형태의 고등교육기관이 설립되기 시작하였는데, 공학 분야에서는 에꼴폴리테크닉(École polytechnique)이라고 하는 학교가 설립되었다. 프랑스에서는 이때부터 기술의 과학화, 체계화를 추진하기 시작했다. 또한 19세기 중반부터 독일에서는 중화학공업을 중심으로 한 산업화가 발생하기 시작했다. 중화학공업은 과거 방적기술을 중심으로 한 영국의 산업화와는 달리, 상당한 수준의 과학적 지식이 필요한 분야라고 볼 수 있다. 즉 과거(18세기 영국의 산업화 당시)에는 기술이 여전히 암묵적 지식 형태인 경우가 많았던 반면, 19세기 이후부터는 명시적·공식적인 형태의 지식이 증가하기 시작하였다.

암묵적 지식에서 명시적 지식으로의 변화는 기술이 쉽게 전수될 수 있음을 의미한다. 암묵적 지식은 글이나 그림으로 표현되기 어려운 것이기 때문에, 이를 전수받기 위해서는 장기간에 걸친 도제식 교육(apprenticeship)이 필요했다. 오랜 시간에 걸쳐 장인의 문하생으로 들어가 장인으로부터 직접 지도받으며 노하우를 전수받아야 했던 것이다. 반면 명시적 지식은 글이나 그림으로 표현될 수 있는 것이며, 특히 명시적 기술지식은 과학적 이론으로 설명된 경우가 많아, 많은 사람들이 비교적 짧은 시간에 쉽게 학습할 수 있다는 특징이 있다.

베블런은 명시적 지식이 늘어남에 따라 후발주자들은 직접적인 기술 개발 비용을 들이지 않고, 선발주자들의 기술을 "ready-made" 형태로 흡수할 수 있게 되었으며, 이로 인해 추격의 발판을 마련할 수 있게 되었다고 주장한다. 이를 최근의 경영·경제학 용어로 이야기하면, 선발주자의 불이익(first-mover disadvantage)과 후발주자의 무임승차 효과(free rider effect)가 존재한다는 것이다.

이상과 같은 베블런의 관점에 따르면 후발주자가 선발주자를 따라잡는 것은 현대적인 상황에서는 그리 어렵지 않은 일이라고 볼 수 있다. 그러나 경제사학자인 **거셴크론(Gerschenkron, 1962)**은 베블런과는 조금 다른 관점을 취하면서 추격의 어려움을 좀 더 강조하였다. 거셴크론에 의하면 18세기말 산업혁명 당시 영국의 기술은 여전히 소규모 기술이었기 때문에, 특별히 제도적 차원에서 요구되는 것들이 많지 않았고 개인 기업가 수준에서 산업화가 가능했다. 예를 들어 아크라이트가 세운 방적공장(크롬포드 공장; Cromford Mill)이나, 영국 산업혁명의 상징인 세계 최초의 철교 이언브리지(The Iron Bridge)도 개인 투자자들의 자금으로 만들어진 것으로 알려져 있다.

그러나 이러한 상황은 19세기부터 달라지기 시작한다. 19세기 독일이 산업화를 시작할 당시의 최신 기술들은 주로 화학이나 철강 등과 관련된 것으로서, 이전과는 달리 거대하고 복잡한 설비를 요구하였다. 당시 선진국인 영국은 이전의 산업혁명을 통해 막대한 부를 축적한 상태였기 때문에 이것이 큰 문제가 아니었을지도 모르지만, 후발국인 독일에게는 큰 어려움으로 다가왔을 것이다. 독일은 숙련된 노동력이 부족함은 물론, 자본, 자원, 재료 등 모든 것이 부족한 상황이었다. 따라서 독일과 같은 후발국들은 새로운 물리적, 재정적, 제도적 장치들이 필요하였을 것이다. 특히 재정과 관련하여, 영국은 상업은행(Commercial Bank)[5]들이 기업가들에게 영업자본을 제공하는 것으로 충분했지만, 독일은 그러하지

못했기 때문에 투자은행(investment bank)[6] 기능과 상업은행 기능을 통합한 종합
은행(universal bank)라는 새로운 제도를 만들어 내 산업화에 필요한 자금을 제공
하였다.[7]

이와 같은 상황을 종합하여, 거셴크론은 산업화를 위한 선행요건(prerequisite)
이 존재하며, 후발국들은 그것이 부족한 상황이었기 때문에 독일의 종합은행 같
은 대체물(substitute)을 만들어 내며 산업화를 추진하였다고 보았다. 즉 추격의 어
려움을 극복할 대체물의 존재가 추격을 가능케 한 열쇠라는 것이다. 아래의 <표
7-3>은 각 시기별 후발 추격국들의 대체물들이 무엇이었는지를 보여준다.

〈표 7-3〉 거셴크론 관점의 추격을 위한 대체물

Advanced	Early European Followers	Late European Followers	Latecomers since2ndWW
Britain	France Germany	Italy, Russia, (Japan)	Korea and etc.
Industrial firms, Individual Entrepreneurs, Commercial Banks	Investment Banks, Universal Banks	State	Foreign Loans
	Industrial firms	Banks	State
		Industrial firms	Banks(controlled by the state)
			Industrial firms

자료: Gerschenkron의 내용을 신장섭·장하준(2004)으로부터 재인용하고, 이후 연구자들의 내용을
바탕으로 저자가 추가·보완하였음.

이후 아브라모비츠(Abramovitz, 1986, 1994)는 이상의 주장에 추가적인 요인이
필요하다고 하였다. 기술변화에 따라 추격의 가능성이 확대되었다는 베블런의
주장이 틀리지는 않았으나, 모든 국가가 다 추격에 성공하는 것은 아니므로, 국
가 간 차이를 설명할 수 있는 다른 요소가 필요하다는 것이다. 또한 거셴크론은
산업화를 위한 선행요건의 대체물로서 제도적인 것에 주로 주목했던 반면, 아브

---

5) 주로 단기 금융업무를 담당하는 은행.

6) 프랑스의 크레디 모빌리에(Crédit Mobilier)가 개척한 분야(신장섭·장하준, 2004).

7) 거셴크론의 논의를 신장섭·장하준(2004)와 Forsyth & Verdier(2005)로부터 재인용.

라모비츠는 추격의 잠재력을 실제로 추격으로 이끌어 낼 수 있는 역량이 중요하다고 보았다.

이에 아브라모비츠가 중요하게 생각한 것은 바로 기술적 정합성(technological congruence)과 사회적 역량(social capability)이다. 기술적 정합성은 당시의 기술과 국가들의 시장 규모, 요소 공급 등이 서로 적절히 들어맞는 정도를 의미한다. 예를 들어 19세기 말부터 20세기 초반 사이에 등장한 미국의 주요 산업은 자동차, 철강 등이었는데, 당시 유럽 국가들은 이를 소화할 만한 단일시장이 존재하지 않았던 반면, 미국에는 충분히 큰 국내 시장이 존재했었다. 이러한 정합성 상황에서 당시 미국은 급격한 경제성장을 이룰 수 있었다. 그리고 사회적 역량은 추격의 가능성을 실제로 실현시킬 수 있는 사회가 보유한 역량으로, 어떤 국가 내 기업들의 기술적 역량은 바로 이 사회적 역량에 의존한다. (사회적 역량이 필요하다는 것은 곧 추격을 위해서는 어느 정도의 노력이 필요함을 의미하기도 한다). 예를 들어 2차대전 중 유럽 국가들은 전 국토가 거의 황폐화된 상황이었는데, 20세기 중반 이후 다시 성장할 수 있었던 것은 유럽 통합을 통한 거대한 시장이 확보되었으며, 교육 수준이 높아 사회적 역량이 충분했기 때문이다. 사회적 역량이라는 개념이 모호한 측면이 있기는 하나 일부 학자들(예: Fagerberg et al., 2010)은 다음과 같은 요소들이 사회적 역량에 포함된다고 보고 있다.

- 기술적 능력 technical Competence (한 국가의 교육 수준)
- 사업체 조직 및 관리 경험
- 대규모 자본을 동원할 수 있는 금융제도 및 시장
- 정직과 신뢰
- 정부의 안정성과 경제성장에 대한 효과성

4. 동아시아와 남미의 비교

유럽과 북미 국가들은 19세기에서 20세기 초반에 걸쳐 주로 추격을 달성해 왔으며, 20세기 중반 이후부터는 주로 남미와 동아시아 국가들이 추격을 달성해 왔다. 한때 남미와 동아시아 국가들은 모두 유망한 개발도상국들로 생각되기도 하였는데, 21세기인 현재에 와서는 상황이 크게 변했다.

아래 표는 1960년부터 1999년까지의 각국별 1인당 GDP를 비교하여 그룹화한 것으로, 일부 국가는 발전하고 일부 국가는 뒤떨어지는 현상을 확인할 수 있다. 1960년대 최상위에 있었던 미국과 프랑스는 1999년에도 여전히 같은 위치에 남아 있고, 영국, 핀란드, 이탈리아 등은 1그룹에서 2그룹으로 약간 떨어졌다. 눈여겨볼 것은 동아시아의 약진으로, 당시 3그룹이었던 홍콩과 싱가포르는 1그룹으로, 4그룹이었던 한국과 대만은 2~3그룹으로 순위가 올랐다. 반면 남미 국가들인 아르헨티나, 칠레 등은 2그룹에서 3그룹으로, 브라질은 3그룹에서 4그룹으로 내려앉았다. 일부 국가들은 지속발전(moving ahead)하는 가운데, 동아시아 국가들은 추격(catch-up)하는 반면, 남미 국가는 낙오(falling behind)해 온 것이다.

〈표 7-4〉 1960년과 1999년 국가별 소득수준 비교 (1인당 GDP, 천달러, 1990년 기준 PPP)

	1960	GDPpc	1999	GDPpc
1st Quartile	US	11.3	US	28.1
	(West)Germany	10.1	Japan	21.0
	UK	8.6	Singapore	20.7
	France	7.5	France	20.1
	Finland	6.2	Hong Kong	19.9
	Italy	5.9	Ireland	19.7
2nd Quartile	Argentina	5.6	UK	19.2
	Chile	4.3	Finland	19.1
	Ireland	4.2	(Unified)Germany	19.0
	Japan	3.9	Italy	18.2
	Spain	3.4	Taiwan	16.6
	Mexico	2.2	Spain	14.6
3rd Quartile	Greece	3.1	Portugal	13.5
	Hong Kong	3.1	South Korea	13.2
	Portugal	3.0	Greece	11.5

	1960	GDPpc	1999	GDPpc
	Brazil	2.3	Chile	10.0
	Singapore	2.1	Argentina	8.7
	Malaysia	1.5	Malaysia	7.7
	Taiwan	1.5	Mexico	6.9
	Philippines	1.5	Brazil	5.4
4th Quartile	South Korea	1.1	China	3.3
	India	0.8	Philippines	2.3
	China	0.7	India	1.8

출처: Maddison의 자료를 Fagerberg(2005)에서 재인용

　그렇다면 동아시아의 약진과 남미의 낙오는 어떤 이유 때문인가? 동아시아와 남미 공히 20세기 개발도상국으로 주목받던 국가들이었고, 특히 남미 국가들은 동아시아(일본 제외)보다 먼저 중진국 대열에 합류한 것은 물론 아르헨티나 같은 경우 2차대전까지만 하더라도 연합국의 중요한 축을 담당할 정도의 부국이었는데 어떻게 해서 그 위상이 떨어지게 되었는가?

　기술경제학자 벨과 파빗(Bell and Pavitt, 1993)은 기술역량의 향상이 바로 남미와 동아시아의 차이점이었다고 보았다. 벨과 파빗에 의하면 재화의 생산(industrial output)을 산출하는 기술적 차원의 능력에는 크게 두 가지가 있는데, 하나는 생산능력(production capacity)이고 나머지 하나는 기술역량(technological capabilities)이다. 생산능력은 산업제품을 생산하는 데 필요한 자원으로서 장비(equipment), 기능 및 숙련(labour skills), 제품 및 투입요소 사양(specifications), 조직화 방법 및 시스템 등을 포함한다. 나머지 하나인 기술역량은 기술을 변화시키는 데 필요한 자원으로서 기능(skills), 지식, 경험, 산업구조 및 연계관계 등을 포함한다. 기술적 지식의 축적(technological accumulation) 혹은 학습(learning)에 따라 기술역량의 향상이 이루어지고, 그에 따라 기술변화가 이루어지며, 기술변화에 따른 신기술은 어떤 기업이나 국가의 생산능력으로 통합된다(그림 7-4 참조).

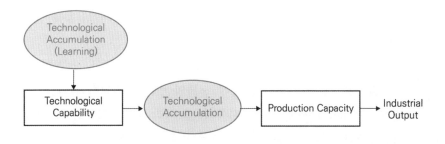

[그림 7-4] 기술역량과 생산능력의 구분

출처: Bell and Pavitt(1993, p.164)

이들 두 가지 기술적 차원의 능력들 가운데, 남미는 생산능력 수준에 머물렀다면 동아시아(특히 한국)는 기술역량까지 향상시킨 것이 두 지역의 차이라고 볼 수 있다. 남미 기업들 가운데 일부는 상당한 수준의 기술혁신을 이룬 사례들이 있기는 하나, 일반적으로 남미 기업들은 선진 기술을 받아들여 더 발전시키기보다는 지역 시장 특성에 맞게 적용(adapt)하는 데 집중하였고, 1960~70년대에 들어서는 기술변화의 정도가 상대적으로 낮아지기까지 했다. 반면 한국 기업들은 새로운 플랜트 도입에 머물지 않고, 지속적으로 제품 및 공정의 변화를 추구해 왔다. 또한 한국 기업들은 자동차, 철강, 내구재, 화학 등의 규모집약형 산업은 물론, 전문장비공급 산업(specialized equipment supplying industries)도 육성하였으며, 노동집약적 산업에서 기술집약적 산업으로 재빠르게 이동해 왔다. 벨과 파빗은 다른 여러 가지 요소들의 영향도 있겠지만, 바로 이러한 기술역량의 차이가 남미와 동아시아 간 산업적 성과의 차이를 만들어냈다고 보았다.

이외에 Fagerberg et al.(2007) 등 다른 기술경제학자들도 이와 비슷한 설명을 하고 있는데, 이들은 남미와 동아시아의 기술경쟁력(technological competitiveness)과 기술활용경쟁력(capacity competitiveness)을 비교하였다. 여기서 기술경쟁력은 우리가 일반적으로 생각하는 기술경쟁력의 의미와 동일하게 어떤 기술을 개발할 수 있는 능력을 의미한다. 반면 기술활용경쟁력은 "capacity competitiveness"를 의역한 것인데, 위에서 벨과 파빗이 언급한 생산능력과 유사한 개념이다. 예를 들어 20세기 중반 미국 기업들은 트랜지스터를 개발하였는데, 이 개발 능력은 기술경쟁력에 해당한다. 반면 일본 기업들은 트랜지스터를 개발하지는 못하였지만 이를 바탕으로 제품을 생산하여 판매하는 측면에서는 미국 기업들을 압도하였는데, 이러한 능력을 기술활용경쟁력이라고 할 수 있다.

아래 [그림 7-5]는 1980년부터 2002년까지의 기간 동안 각 지역별 기술경쟁력과 기술활용경쟁력의 변화를 세계 전체의 변화와 비교한 결과를 보여준다. 이 그림에서 Asian Tigers, 즉 "아시아의 네 마리 호랑이"는 한국, 대만, 홍콩, 싱가포르 등 20세기 후반 당시 성공적으로 추격을 달성한 동아시아의 신흥 강자들을 의미한다. 이들 국가들의 기술경쟁력과 기술활용경쟁력의 세계 대비 변화량은 다른 어느 지역보다도 눈에 띄게 높으며, 심지어 선진국들(developed countries)보다도 높은 수준을 보여준다. 반면 남미는 양측면 모두 낮은 수준이며, 특히 기술경쟁력은 동아시아와 비교하기 어려울 정도로 미미한 수준을 보여준다. 이러한 결과 역시 기술역량에 대한 투자가 남미와 동아시아의 차이를 만들어냈음을 시사한다.

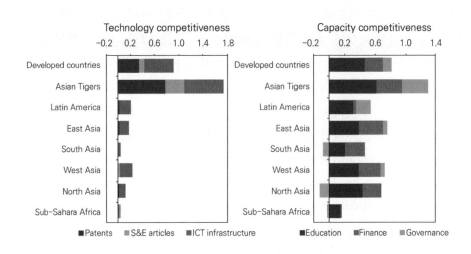

[그림 7-5] 각 지역별 세계 대비 기술경쟁력과 기술활용경쟁력 변화

출처: Fagerberg et al.(2007)

5. 동아시아의 기술학습과 추격

전절에서는 남미와 동아시아를 비교하여, 기술역량이 추격의 발판이 되었음을 확인하였다. 그렇다면 동아시아 후발주자들은 어떻게 기술역량을 축적하고 추격을 달성할 수 있었을까?

이 질문에 대해 일본 학자들은 안행(雁行)모델(Flying geese model)이라는 것을 제시하면서, 동아시아에서 일본의 역할을 강조하였다. 안행모델에 의하면 동아시아 지역에서 먼저 일본이 산업화를 선도하고, 인접 국가들이 일본을 뒤따르면서 동아시아 지역이 산업화와 경제발전을 이룰 수 있었다고 한다. 이 모델을 지지하는 학자들은 초기에 일본이 섬유·의류 산업을 시작한 이후 인근의 신흥산업국(NIE; Newly Industrializing Economies)들이 이를 따르고, 이후 아세안 및 기타 국가들까지 따르게 되었다고 한다. 또한 일본은 철강, 전자 등의 산업을 선도하였고, NIE, ASEAN 국가들은 마찬가지로 이 분야에서의 산업화를 시도할 수 있었다고도 한다. 이와 같이 일본이 선도를 하고 나머지 국가들이 따르는 모습을 그림으로 표현하면, [그림 7-6]에서 볼 수 있듯 마치 기러기 한 마리가 나머지 무리들을 이끌고 가는 모습과 비슷해 보인다고 하여 안행모델이라고 불린다.

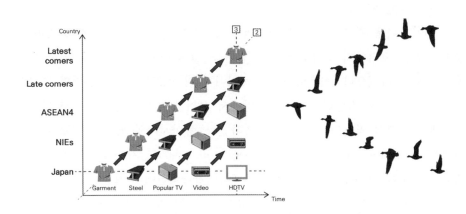

[그림 7-6] 안행모델(Flying Geese Model)

출처: 일본 政策研究大學院大學 포럼 자료
   (https://www.grips.ac.jp/forum/module/prsp/FGeese.htm)

이러한 일본 학자들의 주장에 대해 영국 Sussex 대학교의 Mike Hobday 교수는 아시아 국가들의 혁신에 대한 논문(Hobday, 1995)[8]에서 다음과 같이 비판한다.

우선 일본의 주도적 역할에만 주목하다 보니 일본식 혁신체제와 화교혁신체제(overseas Chinese innovation systems)의 차이를 간과하였다. 20세기 후반 추격을 달성한 동아시아 4개 국가·지역들(Asian Tigers) 가운데 3개(홍콩, 싱가포르, 대만)는 화교경제권에 해당하는데, 화교경제권의 혁신체제는 중소기업, 가족 소유기업(family-owned business), 중화권식 경영 등을 특징으로 한다. 이는 Keiretsu라고 불리는 대기업이 중심을 이루는 일본식 혁신체제와는 다르다.

또한 일본에만 주목을 하다 보니, 이 지역 내 산업화와 추격에 있어서 미국과 유럽의 영향력이 간과되었다. 특히 안행모델은 일본의 동아시아 지역에 대한 해외직접투자(FDI)를 강조하는데, Hobday 교수는 이 지역에 대한 일본의 FDI가 그리 크지 않았다(minor였다)면서, 오히려 미국과 유럽의 다국적 기업들이 일본보다 더 크게 기여했다고 지적하였다. 또한 이들 국가들의 추격에 있어서 수출이 매우 중요한 역할을 담당했는데, 미국이나 유럽으로의 수출량이 일본으로의 수출량보다 더 많았다. 따라서 동아시아 국가들의 추격과 경제발전이 전적으로 일본에 의존했다고 보기는 어렵다.

그리고 더욱 중요한 것은 안행모델이 동아시아 신흥국들의 내적 노력과 다양한 전략을 고려하지 못하고 있다는 점이다. 물론 산업화 과정에서 일본의 영향이 있기는 하였으나, 신흥국들의 자체적이 노력이 없었다면 성공적인 추격을 이룰 수 있었을지 장담하기 어렵다. 앞에서 살펴본 이론들 중 아브라모비츠의 경우에도 사회적 역량의 중요성을 강조하였고, 동아시아와 남미를 비교한 기술경제학자들(Bell and Pavitt, 1993; Fagerberg et al., 2007)도 기술역량 또는 기술경쟁력을 강조함으로써, 자체적인 노력에 의한 기술혁신이 중요함을 시사하였다. 실제로 많은 연구들이 기술은 가까이 있다고 자연스럽게 파급(spillover)되는 것이 아니라, 학습을 하기 위한 자체적인 노력이 필요함을 실증적으로 보여주고 있다.[9]

---

8) Hobday(1995), "Innovation in East Asia: Diversity and Development", Technovation, 15(2), pp.55-63.
9) 예를 들어 해외직접투자 분야의 경우, 선진국 기업이 후발국에 지사나 공장을 설립하는 등

1990년대 이후 동아시아 추격 연구는 동아시아 국가 기업들이 어떠한 노력을 기울였는지, 어떠한 전략을 활용하였는지에 초점을 두어 왔다. 김인수, 이진주, 배종태(Lee et al., 1998; Kim, 1997) 등 한국의 한국과학기술원(KAIST)을 기반으로 한 학자들은 한국 기업들이 어떻게 기술학습을 수행해 왔는지 역기술수명주기론(Reverse Product Life Cycle)으로 설명하였다. 우선 후발 기업들은 기본적으로 해외기술의 도입(adoption) → 흡수(assimilation) → 개선(improvement) 과정을 통해 기술학습과 혁신을 달성할 수 있었다. (여기서는 이것을 AAI 모델이라고 부르기로 한다). 그리고 이러한 과정은 기술수명주기 내에서 일정한 패턴을 이루며 나타난다. 이들 한국 학자들은 선진국 기업들이 Utteback and Abernathy의 일반적인 기술수명주기를 따르는 데 반해, 한국 기업들은 이 기술수명주기의 역방향을 따랐음을 지적하였다. (Utterback과 Abernathy의 기술수명주기는 본서의 제4장에서 소개하였다). 선진국의 기술수명주기는 Fluid phase → Transition phase → Specific phase 순서인데, 한국 등 후발국들은 선진국이 경화기(specific phase)에 도달했을 때 시장에 진입하여 역의 방향으로 거슬러 올라가면서 AAI 과정을 반복하며 기술역량을 확보하고 발전시켜 왔다는 것이다. 선진국의 경화기는 기술이 표준화되어 있고 시장도 성숙·안정화되어 있는데, 이 시기에 이미 확립된 선진국의 기술을 받아들여 초보적인 제품을 생산하고, 이를 안정적인 해외 시장에 판매한다. 또한 AAI 과정을 통해 선진국 기술을 이해하고 더 발전시킬 수준이 되면, 선진국의 전환기(transition phase)에 진입하여, 우수한 공정기술을 받아들이고 기술능력과 제품 성능을 향상시킨다. 마지막으로 후발국 기업들은 앞에서 확보한 역량을 바탕으로 유동기(fluid)에 진입하여 새로운 제품 개발에 도전하게 된다. 다음 [그림 7-7]은 김인수 등 학자들의 역기술수명주기론을 설명한다.

해외직접투자를 하면, 그것을 통해 선진국의 기술이 후발국으로 파급된다는 주장이 있다. 그러나 많은 실증연구들은 그러한 파급이 자동적으로 이루어지는 것이 아니고, 후발국의 인적자본(human capital)과 교육에 대한 투자, 자체적인 연구개발 투자, 자체적인 기술 능력, 혁신을 위한 금융시장 구축, 제도적 지원 등이 뒷받침되어야 가능함을 밝히기도 했다 (Koko, 1994; Borensztein et al., 1998; Kinoshita, 2000; Alfaro et al., 2004; Durham, 2004).

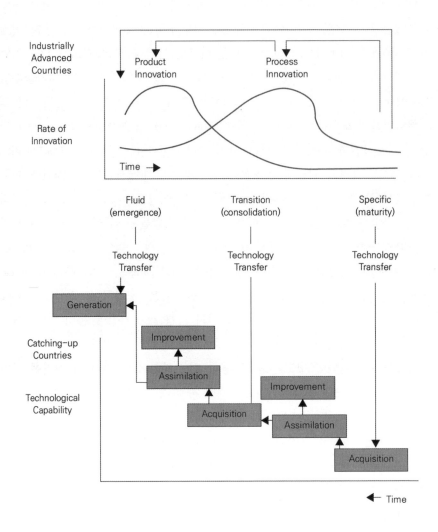

[그림 7-7] 역기술수명주기론

출처: Kim(1997)

이외에 영국의 기술혁신학자 Hobday(1994; 1995)는 후발국의 기술과 마케팅 측면에서의 변화 패턴에 주목하여 OEM-ODM-OBM 발전단계를 제시했다. OEM(Original Equipment Manufacturing)은 선진국의 기술과 설계도에 따라 후발국 기업이 초보적인 수준의 제품을 생산하고, 이를 선진국 기업의 브랜드를 붙여서 세계시장에 판매하는 것을 의미한다. 이 OEM 단계에서 후발국 기업은 제품의 조립 등 기초적인 기술 역량을 학습하게 되며, 이를 바탕으로 다음 단계인 ODM(Original Design Manufacturing)에 진입한다. 이 단계에서는 이전에 학습한 기술역량을 바탕으로 제품을 직접 설계하여 생산하고, 이를 선진국 기업에 납품하면 선진국 기업이 자사 브랜드를 붙여 판매한다. 마지막으로 OBM(Own Brand Manufacturing)은 후발국 기업이 자체 설계로 생산한 제품에 자체 브랜드를 달아 시장에 진입함을 의미한다.

OEM−ODM−OBM 모델의 예시로 제시된 후발국 기업은 바로 한국의 삼성전자와 대만의 에이서(Acer)이다. 특히 한국의 삼성전자는 현재 전자와 반도체 분야에서 세계 최고 수준의 대기업으로 성장하였지만, 1960~70년대까지만 하더라도 일본 기업들로부터 하청을 받아 전자제품을 조립·생산하던 회사였다. 이후 1980년대부터는 자체적인 제품 설계로 제품을 생산해 일본에 납품하기 시작하였고, 1990년대부터는 자체 브랜드로 세계시장 진출을 시도하였다. 대만의 컴퓨터 업체인 에이서 역시도 이러한 과정을 거쳐 세계적인 대기업으로 성장하였다.

〈표 7-5〉 OEM, ODM, OBM 단계

	Technological transition	Market transition
1960s/1970s OEM Original equipment manufacture	Local firm learns assembly process for standard, simple goods	Foreign TNC/buyer designs, brands and distributes/gains non-manufacturing value added
1980s ODM Own design and manufacture	Local firm learns process engineering and detailed product design skills	As with OEM, TNC buys, brands and distributes. TNC gains non-manufacturing value added
1990s OBM Own brand Manufacture	Local firm conducts manufacturing, product design and conducts R&D for new products	Local firm has own brand, organizes distribution and captures all value added

출처: Hobday(2003)

마지막으로 국내 학자인 서울대 이근 교수를 중심으로 한 학자들은 기술레 짐이라는 개념을 바탕으로 후발국 기업들의 추격을 설명하고자 하였다. 기술레 짐은 본서의 제5장에서 소개되었는데, 본 장 학습을 위해 간략하게 설명하자면 "기술혁신 활동에 영향을 미치고 특정 방향으로 유도하는 기술적 환경" 정도로 이해할 수 있다. 이근 · 임채성(Lee and Lim, 2001)은 기술레짐을 이용해 후발국의 추격 전략을 설명하고자 하였다. 이 과정에서 제5장에서 소개된 기술레짐을 그 대로 사용하지는 않았고, 그것을 약간 변형하여 사용하였다.

이 연구에 따르면 후발국 기업의 추격 패턴은 경로추종형(path-following), 단계생략형(stage-skipping), 경로창출형(path-creating) 등 3가지가 있다. 경로 추종형은 선진국이 경험해 온 단계를 모두 그대로 쫓아가는 형태이고, 경로생략 형은 선진국이 경험한 단계 중 일부를 생략하고 뛰어넘는 형태이며, 경로창출형 은 추격과정 중 일부 단계에서 선진국의 경로를 추종하지 않고 독자적인 새로운 경로를 만드는 형태이다.

〈표 7-6〉 추격의 유형 구분

선진국의 경로 : Stage A → Stage B → Stage C → Stage D
경로추종형 추격 : Stage A → Stage B → Stage C → Stage D
단계생략형 추격 : Stage A → Stage C → Stage D
경로창출형 추격 : Stage A → Stage B → Stage C' → Stage D'

출처: Lee and Lim(2001)

이근 · 임채성(2001)은 몇 개의 한국 산업들을 예시로 제시하였는데, 가전이 나 컴퓨터 산업은 경로추종형, 자동차와 반도체(DRAM)는 경로생략형, CDMA 이동통신은 경로창출형에 해당한다. 이 가운데 자동차와 반도체의 경우, 당시 기술발전의 경로가 예측 가능(predictable)하였고 후발국(한국) 기업들이 연구개 발을 수행하여 도전할 만한 유인이 있었던 기술적 환경에 있었다. 이에 한국 기 업들은 선진국이 경험해 온 경로 중 일부를 생략하였던 것이다. 예를 들어 현대 자동차가 독자 엔진을 개발할 당시, 자동차 엔진은 기계식 기화기 방식이 대세 였는데, 엔진 기술이 점차 전자분사방식으로 전환될 것임이 알려져 있던 상황이었다. 일반적으로 후발주자들이라면 선진국이 밟아 온 경로를 그대로 추종하여 기계식 기화기 방식을 먼저 도전하였을 것이지만, 현대자동차는 그 단계를 생략하고 곧장 전자분사방식 엔진 개발에 착수했던 것이다.

나머지 가전, 컴퓨터, CDMA 이동통신은 모두 기술발전 경로가 예측하기 어려운 유동적(fluid) 상황이었고, 각 산업별 혁신이 빈번하게 일어나는 환경이었다. 이 중 CDMA는 경로창출형에 해당하는데, 기술발전 경로를 예측하기 어려운 가운데, 접근 가능한 외부의 신기술(퀄컴의 CDMA)이 있었고 정부의 적극적인 지원이 제공되면서, 선진국과 다른 독자적 경로를 창출할 수 있었다. 당시 유럽에서는 TDMA(시분할다중접속) 방식의 GSM이라는 기술이 사용되고 있었는데, 한국은 이 선진국 기술을 도입하는 대신 당시 원천기술 단계였던 퀄컴의 CDMA를 채용하여 독자적인 이동통신 방식을 개척하였던 것이다.

반면 가전과 컴퓨터의 경우, 기술발전 경로를 예측하기 어렵다는 점은 CDMA와 같았으나, 독자적인 기술을 개발한다고 경쟁우위를 보장받기 어려웠고, 산업 특성상 정부의 지원을 얻기도 어렵다는 기술환경에 있었다. 이러한 상황에서 한국 기업들은 경로추종형으로 선진국 기업들을 추격하였다.

최근 한국, 대만, 홍콩, 싱가포르 등 과거 후발국이었던 동아시아 국가들은 추격을 거의 달성하고 선진국으로 인정받고 있다. 따라서 이제는 선진국을 모방(imitation)하거나 선진국에 의존하는 수준을 넘어서 독자적인 기술 창출(creation)을 시도해야 할 시점이다. 이러한 시점에서 문제가 되는 것은, 후발국(특히 우리나라)의 경우 지난 반세기 동안 체화해 온 후발국 특유의 경로의존성을 보인다는 점이다. 후진국형 관행이나 관리방식 등을 탈피해야 할 필요가 있다는 뜻이다. 이에 일부 학자들은 역기술수명주기론 관점에서 탈추격(황혜란 외, 2012) 이론을 주장하기도 하고, 다른 일부 학자들은 추격 유형 관점에서 경로창출과 단계생략 등 기술적 비약(leapfrogging)을 강조하기도 한다(이근, 2014).

중장기 기술예측과 전략기획

1. 기술예측

(1) 기술예측의 의미

조직의 향후 기술혁신의 방향을 결정하고 그에 따른 계획을 세우기 위해서는 우선 본인의 관심 분야(혹은 회사 및 조직의 사업분야)에서 앞으로 기술이 어떠한 방향으로 변화할지 예측해 보는 활동이 필요하다. 하버드 경영대학원의 마이클 포터(Porter et al., 1991) 교수는 예측을 '합리적이고 과학적인 방법과 이용 가능한 자료 분석의 결과로서 미래의 사건, 조건 또는 상황을 전망하는 작업'[1]이라고 정의하였다. 기술예측은 이러한 예측활동 가운데 특히 기술의 미래에 초점을 두는 것으로 이해하면 된다. 기술예측은 '(기술의) 미래 상황을 예상하고 현재의 행위를 지도하는 데 사용될 수 있는 미래의 비전을 제시'(정선양, 2016)할 수 있는 것으로, 다음 절에서 살펴볼 외부환경 분석 차원에서도 유용하게 활용될 수 있다. 따라서 과학기술인이나 경영인 모두 개인 수준이건 조직 수준에서건 항상 기술예측 활동에 관심을 둘 필요가 있다.

기술예측은 일반적인 예견(prediction), 과학적 예측(forecasting), 예지(foresighting) 등 크게 세 가지로 분류될 수 있다.[2] 우선 일반적인 예견(prediction)은 세 가지 가운데 가장 포괄적인 것으로, 어떠한 방법을 통해서건 미래에 대해 단순히 추측하는 것까지 포함한다. 심지어 예언자(prophet)들의 예언도 예견의 범주에 들

---

1) 김진우 외.(2017)에서 재인용.

2) 영어로는 모두 다른 의미이지만 우리말로는 모두 "예측"으로 번역되는 것이 일반적이다. 본 서에서는 영어에서의 숨겨진 의미를 최대한 반영하고자 예견, 예측, 예지로 따로 번역하였다.

어갈 수 있다. 반면 나머지 두 가지는 비교적 과학적이거나 상당히 합리적인 방법을 동원한다는 점에서 예견과는 구분된다. 과학적 예측(forecasting)은 '과학적 (혹은 합리적) 방법을 동원하여 특정 분야의 단기, 중기, 장기 미래의 모습을 예상하는 것'이라고 정의내릴 수 있다.[3] 예측은 1970년대 이전까지만 하더라도 [그림 8-1]과 같이 한 가지 미래를 예측해 내는 데 중점을 두었다. 반면 1970년대 이후부터 예측은 [그림 8-2]에서처럼 다수의 대안이 존재할 수 있음을 인정하기 시작하였다. 일부 미래학자들은 예측(forecasting)이 아래에서 설명하게 될 예지(foresight)에 가깝게 진화했다고 주장하기도 한다.

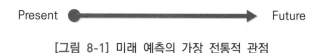

[그림 8-1] 미래 예측의 가장 전통적 관점

출처: Cuhls(2003)

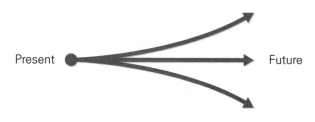

[그림 8-2] 다수 대안을 고려한 미래 예측

출처: Cuhls(2003)

예지(foresight)는 예측보다 좀 더 포괄적인 의미를 가진다. 영국의 기술혁신학자 벤 마틴(Martin, 1995)은 '기술예지는 최대한의 경제적 사회적 이익을 산출할 수 있을 만한 전략적 연구와 새롭게 등장하는 기반 기술(generic technologies) 분야를 확인하기 위해 과학, 기술, 경제, 사회의 장기 미래를 체계적으로 살피기 위한 프로세스'라고 하였다. 예측처럼 (다양한) 미래의 대안을 도출하고자 시도한다는 점에서는 예측과 유사하다. 그러나 예지는 (1) 미래의 대안을 예측함은 물론, (2) 도출된 대안이 현재에 어떤 의미를 가지는지를 살펴보고, (3) 그에 따

---

3) Martino(1983)의 의견을 Cuhls(2003)에서 재인용한 뒤 수정.

라 특정 대안을 선택하는 활동이다.[4] 따라서 향후 전략적 계획(plans) 수립의 기초가 되는 것이다. 김진우 외(2017)는 기술예측과 예지를 구분하기 위해 다음과 같은 예시를 들었다.

> 예를 들어, 지금까지의 각종 자료들을 종합하여 합리적이고 과학적으로 분석한 결과 '향후 5년 후에 10나노미터 이하의 반도체회로 기술이 상용화될 것이다'가 forecast라면 ...(중략).... foresight는 '향후 5년 후에 10나노미터 이하의 반도체 회로 기술이 상용화될 것이므로, 현 시점에서 10나노미터 상용화를 위한 설비투자를 진행할 필요가 있다'라는 ... (이하 생략)
> – 김진우 외(2017)

이외에 예측과 예지의 차이점을 추가하면 <표 8-1>과 같다. 표 내용 중 눈여겨보아야 할 것은, 예측은 좀 더 정량적(quantitative) 분석에 가까운 반면 예지는 정성적(qualitative) 분석에 가깝고, 예측이 미래의 모습이 어떨지에 대한 분석 결과를 도출해 내는 데 초점을 두는 반면 예지는 우선순위 도출을 위한 정보 획득에 중점을 둔다. 전반적으로 예지가 방법론이나 접근방법에 있어서 더 포괄적이고 정성적이며, 수행 목적이나 결과에 있어서는 좀 더 전략적 관점이 강하다고 이해하면 될 것이다.

본 절에서는 기술예측(forecasting)과 예지(foresight)를 모두 기술예측의 범위에 포함하였다. 기술예지가 좀 더 포괄적, 정성적, 전략적이기는 하지만, 최근에는 기술예측도 점차 예지에 가까워진 상황이며, 본 절에서는 일단 전략적 의미 탐색보다는 주로 미래의 대안 도출에 초점을 두기 때문이다. 다만 다음에 설명될 방법론들은 좀 더 정성적이어서 기술예지 활동에 가깝다.

---

4) Cuhls(2003)의 내용을 재정리하였다.

〈표 8-1〉 기술예측과 예지의 차이

기술예측(forecasting)	기술예지(foresight)
• 사전에 기초 요점, 주제, 연구질문이 명시되어야 함.	• 기초 요점, 필요, 연구질문 등이 있기는 하나 확정적이지는 않으며 예지활동 중 정해지기도 함
• 정량적 〉 정성적	• 정성적 〉 정량적
• 미래상이 어떠한가라는 질문에 대한 답을 구하고자 함	• 우선순위 도출을 위해 미래에 대한 정보 탐색에 초점을 둠
• 특정 방법론에 의존하는 경우가 많음. 개인이 수행하기도 함	• 미래에 대한 토론이나 네트워킹 중점, 집단지성을 활용
• 의사소통보다는 결과 도출이 중요함	• 미래에 대한 의사소통이 목적이기도 함
• 전문가 중심의 참여	• 전문가는 물론 일반인도 참여

출처: Cuhls(2003)

(2) 기술예측의 주요 방법

기술예측(또는 예지)을 위해서는 다양한 정량적, 정성적 방법들이 동원된다. 정량적 방법으로는 추세분석 기법, 모델링 기법 등이 있으며, 정성적 방법으로는 델파이 기법, 시나리오 기법, 브레인스토밍, 설문조사 등이 있다. 본서에서는 기술의 장기 미래 예측이나 메가트렌드를 이해하는 데 많이 사용되는 전문가의견법, 델파이 기법과 시나리오 기법을 살펴보기로 한다.

전문가의견법(expert opinion method)은 특정 분야 전문가들을 대상으로 설문조사를 실시하여 미래에 대한 식견을 알아내는 방법이다. 각 분야별 전문가들은 일반인에 비해 많은 지식과 높은 안목을 가지고 있으므로, 이들의 의견을 취합하여 미래를 예측해 보자는 것이다. 기술예측인 경우 전문가는 업계 종사자(고위급), 연구원, 컨설턴트, 대학교수 등을 포함한다.

전문가의견법은 기술기획에 자주 사용되고 있다. 예를 들어 정재용 외(2010)는 영상기술의 미래에 대한 연구에서 전문가의견법을 활용하였다. 이들은 3D 영화가 주목받던 당시, 이와 관련한 영상기술의 미래를 예측하여 연구개발 투자의 우선순위를 기획하고자 했다. 그런데 이들은 전문가들에게 '앞으로 어떤 영상기술이 중요하다고 생각하는지'를 묻지는 않았다. 대신 3D 영상기술을 대-중-소분류로 구분하고 각 분류별 미래 가치(기술의 중요성, 미래 시장성, 개발 가능성)에 대한 전문가들 의견을 물었다.[5] 연구자들은 설문조사 결과를 분석하여 가까운 미래에 어떠한 기술이 중요할지 확인하였으며 이를 바탕으로 <표 8-2>와 같은 연구개발 투자 우선선위를 도출하였다.

⟨표 8-2⟩ 전문가설문법 사례

대분류 분야	중분류 분야	우선순위
전반작업	시나리오	1
	사전시각화	8
촬영	입체촬영	4
	입체촬영부가	6
후반작업	3D영상후반	7
	2D/3D변환	2
	VFX/CG합성	5
	배급	9
상영	영사	11
	영사부가	3
	기타	10

출처: 정재용 외(2010)

델파이(Delphi) 기법은 1950년대 미국의 RAND 연구소에서 개발한 방법론이다. 이는 전문가의견법의 약점을 보완하기 위해, 전문가들에 대한 설문을 두 차례 이상 반복적으로 실시한다. 이 과정에서 이전 단계 설문조사의 결과를 전문가들에게 제공함으로써 설문 대상 전문가들 간 대략적인 의견 수렴을 기대할 수 있다. 델파이 기법의 장점은 판단이 요구되는 문제에 객관적으로 접근할 수 있

---

5) 이들이 사용한 방법은 더 정확하게는 NEPSA 방법론이라고 하여, 차년도 연구개발 과제 우선순위를 결정하기 위해 사용되는 방법이다. 그러나 이들은 각 기술별 미래 가치에 대한 전문가 의견을 물어보았기 때문에 일종의 기술예측 활동이라고 볼 수 있다.

고, 비교적 신뢰할 만한 결과를 기대할 수 있으며, 정량화가 어려운 문제를 통계 자료로 보여줄 수 있다는 것이다. 반면 시간과 비용이 많이 소요되고, 회수율이 저조할 수도 있으며, 결과가 결국 평균값으로 수렴되어 버릴 위험이 있다는 단점도 존재한다.

델파이 기법을 실행하기 위해서는 분석팀 또는 위원회(steering committee)를 구성하고 전문가 패널이 확보되어야 한다. 위원회는 델파이 설문조사와 분석의 주체로서, 먼저 설문 주제와 세부 질문사항을 준비하여 설문지를 만든다. 이를 위해서는 문헌조사와 전문가 자문 등이 활용될 수 있다. 그 다음 미래예측 주제와 관련된 전문가 패널을 확보하여야 한다. 전문가들은 앞선 전문가의견법에 나온 전문가들과 다르지 않다. 전문가를 확보하기 위해서는 각종 논문, 기술문서 등을 참조하고, 학술대회나 전시회 참가자 명단을 활용하며, 전문가 추천을 받는 등 다양한 방법이 시도될 수 있다. 전문가 패널이 확보되면 이들에게 설문지를 배포하여 1차 설문조사를 실시한다. 이들이 1차적으로 응답을 보내오면 위원회(분석팀)는 응답 결과를 분석하고, 분석 결과와 함께 동일한 설문지를 다시 한 번 전문가 패널들에게 발송한다. 전문가들은 1차 설문 결과를 참고해 자신의 의견을 조정하여 설문에 재응답하게 된다. 이러한 과정을 몇 차례 반복하면 패널들 간 어느 정도 일치된 결과를 볼 수 있게 된다.

아래는 과거 독일에서 진행된 'Delphi 98'프로젝트의 예시이다. 이 프로젝트에서는 우선 분석위원회(steering committee)에서 미래사회의 몇 가지 대주제와 설문 내용을 결정하였으며, 각 세부주제별 전문가 패널을 구성하여 델파이 조사를 실시했다. Delphi 98에서 다룬 대주제는 정보와 통신, 환경과 자연, 서비스와 소비, 에너지와 자원, 경영과 생산, 건설과 주거, 이동성과 교통, 우주, 거대과학, 화학과 재료, 건강과 생명, 농업과 영양 등 총 12개였다(표 8-3). 대주제별로 추가적으로 세부 아이템들을 도출한 다음 각 소주제별로 패널들에게 <표 8-4>와 같은 질문을 하였다. [그림 8-5]는 설문 분석 결과로 도출된 가장 중요한 기술 클러스터이다.

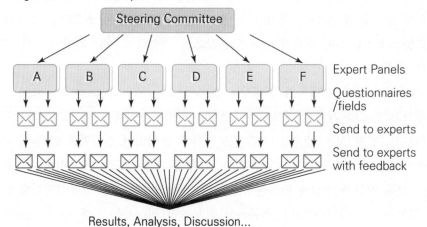

Organisation of the Delphi-Process

[그림 8-3] 독일 Delphi 98 조사의 조직과 진행방식

출처: Cuhls and Blind(2001)

〈표 8-3〉 독일 Delphi 98 조사의 주요 분야(대분류)

Information & Communication	Mobility & Transport
Service & Consumption	Space
Management & Production	Big Science Experiments
Environment & Nature	Chemistry & Materials
Energy & Resources	Health & Life Processes
Construction & Dwelling	Agriculture & Nutrituion

출처: Cuhls and Blind(2001)

New services (based on new media)

Teleshopping

- electronic supermarkets
- biometric technics for the authentication of
  trade transactions

Finance services

- digital money for electronic money transactions
- permanent monitoring as deterrence against
  money-laundering and fraud
- robot-leasing

Leisure

- pay-TV
- virtual reality for journeys,sports events,
  film shows etc.

[그림 8-4] 세부 아이템 예시(신규 서비스)

출처: Cuhls and Blind(2001)

〈표 8-4〉 독일 Delphi 98 조사의 주요 질문

Are they important for	Other criteria can be
• the enlargement of human knowledge • the economy • the development of society	What is your expertise on the specific topic? Is it very high, high, medium, or low?
• the solution of environmental problems • work and employment?	Which country is leading in the field?
Or are they unimportant?	What measures should be taken? Here, also can be given, e.g. bettercation, more financial support...

출처: Cuhls and Blind(2001)

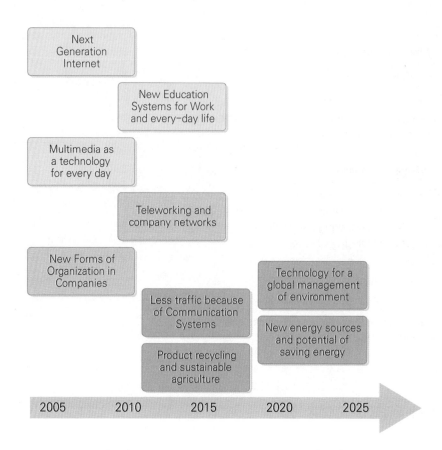

[그림 8-5] 독일 Delphi 98 조사의 결과(일부)

출처: Cuhls and Blind(2001)

● 참고 ───────────────────────────

델파이 조사의 타당도, 수렴도, 안정도, 합의도

델파이 조사를 연속형(continous) 척도로 측정하여 통계적으로 접근할 경우 최종 결과치에 도달하기 위한 어느 정도의 기준이 필요하다. 이러한 기준으로 사용되고 있는 것이 내용타당도, 수렴도, 합의도, 안정도 같은 것들이다.

내용타당도는 CVR(Content Validity Ratio)라고 불리며, 아래와 같은 공식으로 구할 수 있다. 이 공식에서 N은 전체 응답자의 수를 의미하며, N_e는 전체 응답자들 가운데 긍정적으로 응답한 사람들의 수이다. 만일 어떤 설문조사에서 5점 만점으로 응답을 받았다면 보통 4점과 5점으로 응답한 사람들의 수가 N_e이다. 이는 조사결과의 유의미함을 평가하는 방법으로서, 많은 연구들은 아래 표의 값을 기준으로 삼고 있다.

$$CVR = \frac{N_e - (\frac{N}{2})}{\frac{N}{2}}$$

〈표 8-5〉 응답자 수별 CVR 기준치

N	CVR
5	0.99
7	0.99
10	0.62
13	0.54
15	0.49
20	0.42
25	0.37
30	0.33
35	0.31
40	0.29

출처: Lawshe의 자료를 김정흠 외(2017)에서 재인용

수렴도(Convergece)는 응답자들이 어느 정도의 의견 일치를 보여주었는지를 나타낸다. 이를 위해서는 우선 사분위수(quartile)를 구해야 하는데, 응답 결과를 오름차순으로 정렬한 순위 기준으로 25% 순위의 값을 제1사분위수(Q_1), 50% 순위의 값을 제2사분위수(Q_2), 75% 순위의 값을 제3사분위수(Q_3)라고 한다. 이 값들 중 Q_3, Q_1을 다음 식에 대입하여 수렴도 값을 구하며, 0.5보다 값이 작을수록 수렴이 잘 이루어진 것을 의미한다.

$$Convergence = \frac{Q_3 - Q_1}{2}$$

합의도(Consensus)는 Q_1과 Q_3가 일치했을 때 1의 값을 갖고, 그 차이가 커질수록 수치가 감소하는 특징이 있어서, 전문가 의견의 합의 수준을 알아보는 데 활용될 수 있다. 합의도는 아래 식으로 구할 수 있으며, 0.75 이상일 때 합의에 도달했다고 판단할 수 있다. 여기서 Median은 중앙값으로 Q_2에 해당한다.

$$Consensus = 1 - \frac{Q_3 - Q_1}{Median}$$

안정도는 표본의 표준편차를 표본의 평균으로 나눈 값으로, 0.5보다 작으면 전문가 의견이 안정된 것으로 판단한다.

$$CV = \frac{S}{\overline{X}}$$

시나리오 기법(scenario method)은 미래 기술발전의 제반 측면을 몇 개의 시나리오로 나타내는 것을 의미한다(정선양, 2016). 이는 미래 예측의 결론을 얻어내기보다는 미래의 불확실성을 해소하여 가능한 미래상의 윤곽을 그려내고, 의사결정자들이 판단의 근거로 삼도록 하는 것이 목적이다. 미래에 벌어질 수도 있는 일들에 대해 풍부하고 사실적인 묘사를 할 수 있으므로, 미래 예측의 결과를 독자(또는 의사결정자)들에게 쉽게 설명할 수 있다. 그러나 이러한 시나리오를 마련하는 데 있어 충분한 근거와 과학적 접근방식이 결여될 수도 있으므로 이를 보완할 방법이 필요하다.

통상적으로 시나리오 기법은 다음과 같은 단계에 따라 진행될 수 있다. 우선 무엇에 대한 미래인지 결정해야 한다. 기술 전반에 대한 대략적인 내용이 아니라, 구체적인 시나리오가 구성되기 위해서는 핵심 이슈를 파악하여 주제를 결정하는 것이 중요하다. 다음으로는 그 주제와 관련된 미래에 영향을 미치는 주요 요인을 도출해야 한다. 이를 위해서는 정치, 경제, 사회, 기술 등 다양한 환경적 측면들에 대한 조사를 실시하여 미래에 대한 주요 요인들을 나열한다. 그리고 이들 요인들을 평가하여 미래에 대한 영향도가 크면서 불확실성이 높은 요인들을 뽑아낸다. 이 과정에서는 [그림 8-6]과 같은 방법을 활용할 수 있다.

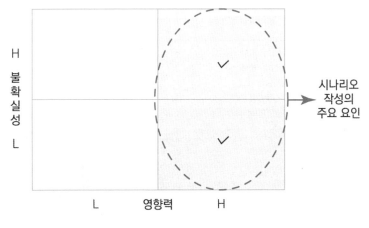

[그림 8-6] 주요 요인의 평가 및 선정

    통상적으로 영향력이 크고 불확실성이 높은 것 가운데 연구자가 가장 관심을 갖는 것 두 개 정도를 선정하여 다음과 같이 시나리오 작업을 진행한다. 두 개의 요인으로 [그림 8-7]과 같은 사분면을 만들고 각 요인의 불확실성 정도에 따른 시나리오를 작성한다. 예를 들어, 지역사회 미래 연구인 김영형 외(2013)의 시나리오 분석 논문의 경우, [그림 8-8]과 같이 주요 요인을 도출하고, 이 요인을 바탕으로 [그림 8-9]와 같은 시나리오를 구분하였으며, 각 시나리오별 구체적인 묘사를 논문에 기술하였다.

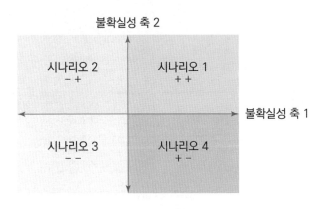

[그림 8-7] 두 요인으로부터 시나리오 도출

출처: 김영형 외(2013)

영향력 높음 · 불확실성 낮음	영향력 높음 · 불확실성 높음
반송의 지역자치회의 공동생산 시스템 정립 반송에 2개의 대학(영산대, 동부산대) 재송, 반여 지역에 재개발이 활발 반송, 반여 지역에 저소득층이 많다 지하철 4호선 개통으로 접근성 증가 구청 이전	[서쪽 발전 사업] 반송 · 반여 도시재생 석대지구 드림시티조성 [동 · 서 간의 상호작용] 마리나, 센텀, 해수욕장에 대한 투자를 통한 서쪽지역의 스필오버(Spillover) 효과 기대 동 · 서 지역의 인적, 문화적 교류

영향력 낮음 · 불확실성 낮음	영향력 낮음 · 불확실성 높음
센텀시티(기업 중심) 주중 체류 많은 인구 존재 관광자원 풍부 많은 관광객 방문 센텀시티의 예상 외의 적은 수의 기업입주	동쪽지역 지역의 슬럼화 진행

[그림 8-8] 주요 요인의 평가 및 선정 예시

출처: 김영형 외(2013)

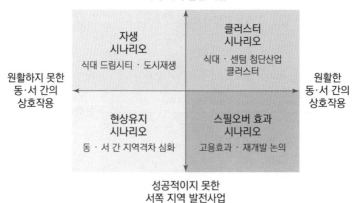

[그림 8-9] 시나리오 도출 예시

출처: 김영형 외(2013)

2. 외부환경 분석

기술전략 수립을 위해서는 혁신주체[6]를 둘러싼 환경과 혁신주체 자신의 역량을 분석한 다음, 이를 통합하여 전략적 방향성을 결정하는 활동이 필요하다. 대략적인 절차는 [그림 8-10]과 같다. 외부환경 중에는 혁신주체가 활동하고 있는 분야에서 직접적으로 영향을 미치는 (즉 가까운 외부) 환경이 있고, 혁신주체에게 다양한 영향을 미치기는 하나 혁신주체 입장에서는 통제하기 어려운 (즉 멀리 있는 외부) 환경이 존재한다. 혁신주체가 기업인 경우 전자는 흔히 그 기업이 활동하고 있는 산업인 경우가 많고, 후자는 그 기업과 산업을 둘러싼 거시환경이라고 볼 수 있다. 여기서는 우선 후자인 거시환경 분석에 대해 알아보기로 한다.

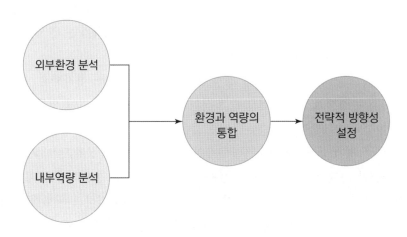

[그림 8-10] 기술전략 수립을 위한 분석 절차

(1) 거시환경 분석

거시환경 분석을 위해서는 주로 PEST라는 틀을 활용하는 경우가 많다. P는 정치적·법적(Political and legal) 환경을, E는 경제적(Economic) 환경을, S는 사회·문화적(Social and cultural) 환경을, T는 기술적(Technological) 환경을 의미한다.

---

6) 혁신주체는 주로 기업인 경우를 의미하는 경우가 많다. 그러나 여기서는 개인이건 다른 형태의 기관이건 혁신을 추진하고자 한다면 모두 혁신주체로 보기로 한다.

전 절에서는 기술예측에 대해 알아보았는데, 본 PEST 분석에는 또한 기술적 환경이 존재한다. 기술예측의 결과물은 PEST 분석의 T에 반영될 수도 있고, 반대로 기술예측 활동을 수행할 때 PEST 분석의 결과를 활용하기도 한다. (전문가 설문이나 델파이 조사를 실행할 때 그러하다). 따라서 기술예측 활동과 본 거시환경 분석의 틀(PEST)은 어떠한 순차적 프로세스상에 있다고 이해하기보다는 상호 보완적으로 사용되는 것이라고 이해하면 좋다.

정치적·법적(Political and legal) 환경은 정부나 지자체, 혹은 국제기구 등에 의해 발생하는 기술혁신에 대한 외부 영향요인을 의미한다. 예를 들어 정부나 국제기구에 의한 탄소배출량 규제, 신재생에너지 지원정책 및 제도, 특정 정치집단의 특정 산업 지원, 한국과 외국 정부 간 정치적 갈등, 외부로부터의 군사적인 위협 등은 어떤 기술혁신의 주체가 통제할 수 없는 먼 외부의 일이나 분명히 기술혁신과 사업에 영향을 미친다. 정치적·법적 환경은 기술혁신이나 사업에 부정적인 영향을 미치기도 하나 반대로 기술혁신을 촉진시키는 인자로 작용하여 긍정적인 영향을 미치기도 한다.

경제적(Economic) 환경은 거시 경제 변동이나, 경기변화, 투자환경, 자금조달 여건 등 주로 경제적 외부요인으로 조직의 기술혁신이나 사업에 영향을 미치는 것을 의미한다. 예를 들어, 뉴스나 신문 등은 미국과 유럽 경제의 하강 및 상승, 주요 주변국 경기 동향, 기업경기실사지수, 기준금리 변동 상황, 국내외 주가 변동 등 다양한 경제 관련 소식들이 전해지는데 이들 모두 경제적 환경 변화의 지표들로 이해할 수 있다. 이러한 변화는 혁신주체에게 편리하고 저렴한 자금 조달의 가능성, 신기술개발의 기회, 기술사업화 및 창업의 기회 등을 제공함으로써 중요한 혁신 환경으로 작용한다.

사회·문화적(Social and cultural) 환경은 사회 구성원들이 공유하는 사회적 제도, 가치, 규범, 관습, 전통, 행동양식, 생활양식 등의 총체로 이해할 수 있다. 사회·문화적 환경은 정치적·법적 환경, 경제적 환경, 기술적 환경 등 제 환경요인이 복합적으로 작용하여 생성되기도 하고 이들 환경요인에 영향을 미치기도 한다. 사회·문화적 환경의 예로, 인구 감소와 고령화, 1인가구 증가, 여성의 사회 활동 증가, 다문화 가정 증가 등은 새로운 산업의 등장이나 기존 산업의 쇠퇴 등에 영향을 미칠 수 있다. 또한 사고나 재해에 따른 생활양식 변화 역시 새로운 기회와 위협을 제공한다.

기술적(Technological) 환경은 기술의 변화, 미래 전망, 기술에 대한 접근 가능성, 그리고 그들의 사업에 대한 영향 등을 의미한다. 여기서 기술은 생산에 적용되는 기술만이 아니라 경영이나 마케팅 등에 활용될 수 있는 사실상의 모든 지식을 망라하는 것이다. 최근 많이 언급되는 기술적 환경으로는 인공지능과 사물인터넷 등으로 대표되는 4차 산업혁명이 있다. 4차 산업혁명으로 인해 재화 및 서비스의 새로운 생산·공급 방식이 나타날 것으로 예상되고 있다. 빅데이터 역시 새로운 기술적 변화이다. 이외에도 전기전자 기술의 파급, 스마트폰의 확산, 친환경 신기술개발 등 다양한 기술변화 소식들이 존재하는데, 모두 기술적 환경 변화라고 할 수 있다.

PEST 분석의 네 가지 요소 이외에, 최근에는 자연·생태(environmental) 환경을 따로 떼어내 별도로 분석하기도 한다. 이럴 경우 STEEP(Social, Technological, Economic, Environmental, Political) 분석이라고 한다. 또한 정치적·법적 환경을 정치적 환경과 법적(legal) 환경으로 구분하는 PESTEL(Political, Economic, Social, Technological, Environmental, Lega) 분석이 있다. 개론 수준인 본서에서는 기본적으로는 간략한 PEST 분석을 따르되, 필요에 따라 STEEP 혹은 PESTEL을 활용하는 것을 권한다.

(2) 산업환경 분석

산업환경은 거시환경보다는 기업의 경쟁우위나 의사결정에 좀 더 직접적인 영향을 미친다. 산업환경을 분석하는 데 가장 널리 활용되는 도구로는 하버드대학교 마이클 포터(Michael Porter) 교수가 제시한 5-forces 모델이 있다. 기업의 수익성과 생존은 자신이 속한 산업의 경쟁 강도에 가장 민감하게 영향을 받는데, 이에 영향을 미치는 요소는 현존하는 경쟁의 정도(the degree of sxisting rivalry), 잠재적 진입기업으로부터의 위협(threat of potential entrants), 대체재의 위협(threat of substitutes), 공급자의 협상력(bargaining power of suppliers), 구매자의 협상력(bargaining power of buyers) 등 다섯 가지이다.

우선, 현존하는 경쟁의 강도는 "현재", 혹은 "현재까지" 이 산업 내 경쟁의 강도가 높은지 낮은지 정도를 의미한다. 경쟁의 강도는 여러 요소로부터 영향을 받는데, 그중의 가장 대표적인 것은 산업 내 기업의 수와 상대적 크기이다. 일반적으로 유사한 크기(혹은 작은 크기)의 기업들이 많이 존재할수록 완전경쟁시장(perfect competition)에 가깝다고 보고, 그 산업은 경쟁의 정도가 매우 높다고 판단한다. 반면 거대 기업이 하나만 존재하는 경우 독점시장(monopoly)이라고 부르며, 경쟁의 정도가 매우 낮다고 본다. 과점시장(oligopoly)은 소수의 대기업이 존재하는 경우인데, 보통 경쟁 강도는 완전경쟁시장과 독점시장의 중간 정도라고 보는 경우가 많다.

그런데 완전경쟁시장, 과점시장, 독점시장을 현실적으로 판단하기가 쉽지 않다. 그래서 시장점유율을 활용하여 시장지배력을 따지는 경우가 많은데, 이에 대해서는 본서 제2장의 4절 "시장구조의 측정" 부분에서 소개한 시장집중도(CR)나 허쉬만-허핀달 지수(HHI)를 참고하기 바란다.

여기서 한 가지 주의해야 할 것은, 과점시장이라고 하더라도 때로는 경쟁이 치열하기도 하고, 경쟁이 거의 없기도 하다는 점이다. 만일 기업들이 경쟁을 선택하게 되면 비슷한 규모의 기업들이 치열한 경쟁을 벌이게 되며, 반면 서로 간 정면 대결을 피하고자 하면 경쟁의 정도는 낮아지기도 한다.[7] 예를 들어 글로벌 D램 반도체 시장은 소수의 대기업이 차지하고 있는 과점시장이나, 기업들이 경쟁을 선택함으로써 경쟁 강도가 매우 높다. 지난 2007년과 2010년에는 D램 업체들이 적자를 감수하면서까지 경쟁에 나선 '치킨게임'이 벌어지기도 하였으며, 독일의 키몬다(Qimonda)와 일본의 엘피다(Elpida)가 파산하는 일까지 벌어졌다.[8] 반면 2000년대 초반 국내의 교복 시장에서는 업체들이 담합하여 서로 시장점유율을 나눠 가짐으로써 사실상 경쟁을 거의 하지 않는 일이 벌어지기도 하였다. (이는 공정거래법 위반으로 공정거래위원회의 제재 처분을 받았다). 따라서 실제 분석 시에는 기업의 수와 상대적인 크기 이외에 기타 실질적인 경쟁 현황을 다각도로 살펴볼 필요가 있다.

기업의 수, 상대적 크기 이외에 고려할 수 있는 것으로는 산업의 성장성, 차별화 정도, 고객의 충성도, 전환비용, 퇴출장벽 등이 있다. 산업의 성장이 느린 가운데 팽창지향적인 업체가 있으면 경쟁이 치열해질 수 있다. 또한 제품이 차별화되어 있지 않고, 한 회사의 제품에서 다른 회사의 제품으로 전환할 때 별다

---

7) Schilling(2013, p.135)

8) SK하이닉스 뉴스룸 (https://news-skhynix.tistory.com/1546), 디지털타임스(http://www.dt.co.kr/contents.htm?article_no=2012102902011032758001) 참조.

른 비용(전환비용)이 들지 않을 때에도 경쟁이 치열해질 수 있다. 물론 고객들이 특정 회사의 제품에 대한 충성도도 경쟁의 정도에 영향을 미치기도 한다. 그리고 특화된 자산이 있거나, 고정비 투입이 큰 경우 사업 철수가 쉽지 않은데, 사업 철수가 쉽지 않다는 것은 시장에 남아 생존하기 위해 투쟁해야 함을 의미하므로 치열한 경쟁을 유발할 수 있다.

두 번째는 공급자의 협상력이다. 한 산업에서 생산되는 제품에 투입되는 원자재, 부품, 장비 등을 공급하는 업체들을 공급자라고 한다. 산업 내 기업들은 이들 공급자들과 직접 경쟁하지는 않는다. 그러나 기업들은 공급자들의 원자재, 부품, 장비를 값싸게 구매하고 싶어 하는 반면, 공급자들은 (가능하다면) 가격을 더 많이 받아 수익성을 높이고 싶어 한다. 만일 공급자들의 협상력이 높다면 가격을 높이고자 할 것이며 이는 공급자들로부터 투입요소를 구매해야 하는 기업들에게는 부담이 된다. 따라서 공급자들의 협상력이 어떠한지 판단해 볼 필요가 있다. 일반적으로 어떤 산업이 소수의 공급자에게 의존하고 있다면 그 공급자는 협상력이 높아 위협이 된다고 판단한다. 반면 다수의 공급자가 존재한다면 그와 반대로 공급자의 협상력이 높지 않다고 본다. 물론 협상력은 단순히 공급자의 수만으로 측정하기보다는 다양한 상황과 요인을 고려하여 판단할 필요가 있다.

> ※ 2019년 이전 기준으로 반도체 산업에 있어서 주요 공급업체들의 협상력은 어떠하였는가? (2019년 당시 신문기사 등을 참고하여 조사 분석해 보시오).

세 번째는 구매자의 협상력이다. 공급자와 반대로 구매자는 한 산업이 생산하는 제품을 구매하는 주체이다. 이는 개인으로서의 소비자가 될 수도 있고, 다른 기업, 기관, 정부가 될 수도 있다. 구매자는 더 저렴한 가격으로 더 좋은 제품이나 서비스를 구매하고 싶어 한다. 만일 구매자의 협상력이 높은 상황이라면 기업은 구매자에 유리한 조건으로 판매를 할 수밖에 없으므로, 기업의 수익성은 악화될 수 있다. 반면 구매자의 협상력이 무시할 수준이라면 그 반대의 결과가 나타날 수도 있다. 단순하게 볼 때, 제품 생산 기업은 1~2개인데 구매자는 수없이 많은 개인으로 이루어져 있다면 구매자의 협상력은 높다고 볼 수 없다. (이러한 상황에서 구매자들이 공동구매를 통해 대량 구매를 추진하여 협상력을 높이고자 시도

하는 경우도 있다). 반대로 제품 생산 기업은 여러 개인데 구매자는 소수인 경우도 존재한다. 이런 상황이라면 구매자의 협상력은 높다. 예를 들어 대한민국 정부가 군용 항공기를 대량 구입하고자 한다면, 구매자는 하나뿐이며 공급하고자 나서는 업체는 다수가 되어, 구매자의 협상력이 높다고 볼 수 있다. 그러나 이는 아주 단순한 판단기준이자 이상적인 예시일 뿐이며, 실제로는 구매자의 구매 비중, 구매 규모, 구매자의 지식과 정보의 수준, 가격에 대한 민감도 등 다양한 요인들을 종합적으로 판단하여 구매자 협상력을 분석하여야 한다.

네 번째는 잠재적 진입기업으로부터의 위협이다. 지금 현재는 시장에 진입하지 않은 상태이지만, 향후 진입할 것으로 예상되는 기업이 있다면 그 기업은 기존 기업들에게 위협이 된다. 만일 어떤 기업이 한 산업에 신규로 진입하게 되면 일차적으로 산업 내 기업의 수가 증가하는데, 기업의 수가 증가한다는 것은 곧 경쟁이 치열해질 것임을 의미한다. 더욱이 신규 진입기업이 새로운 능력과 자원을 가지고 적극적으로 시장 경쟁에 참여하게 된다면 그 위협은 더욱 커질 것이

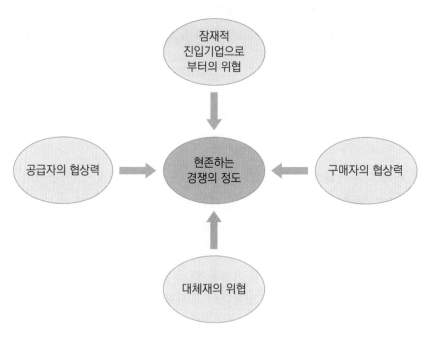

[그림 8-11] 5-forces 모델

출처: Porter(1985, 2008)

다. 그러나 물론 신규 진입 기업이 큰 위협이 안 되는 경우도 있을 것이다. 만일 신규 기업이 규모, 기술, 가격 면에서 기존 기업에 비해 매우 열악하다면 기존 기업들에게 미치는 영향은 미미하다.

다섯 번째는 대체재의 위협이다. 대체재는 기존 제품과 다르지만, 동일하거나 유사한 욕구를 충족시킬 수 있는 제품이다. 예를 들어 돼지고기의 대체재는 소고기나 닭고기일 것이며, 버터의 대체재는 마가린이다. 돼지고기 가격이 너무 높아지면 소고기나 닭고기 등 다른 육류를 찾게 되며, 버터 가격이 너무 높아지면 마가린을 찾게 될 것이다. 따라서 쉽게 찾을 수 있는 대체재가 많다면 기업들은 가격을 한없이 높일 수 없으며, 가격 상한선 내에서 기존 기업들끼리 치열한 경쟁을 벌이는 수밖에 없다. 또한 만일 소비자들이 기존 기업들의 제품 대신 대체재를 선택하는 경우가 발생한다면, 결국 동일 시장 내 다수의 경쟁사들이 존재하는 것과 같은 효과가 발생함으로써 경쟁의 강도는 높아지게 된다.

이상 다섯 가지 요소를 바탕으로 산업환경을 분석하게 되는데, 산업환경 분석 입문자나 학생들이 흔히 저지르는 실수가 있다. 첫 번째는 다섯 가지 요소를 단순히 나열만 하는 경우이다. 다섯 가지 요소에 대한 설명을 나열하기보다는 이를 바탕으로 산업환경에 대한 스토리를 구성하여 설명할 필요가 있다. 추천하는 방법은 먼저 현존하는 경쟁의 강도를 먼저 제시한 다음 나머지 네 가지 요소 현황을 보여주며, 이를 종합하여 이 산업의 향후 경쟁 양상이 어떻게 전개될 것인지 전망을 제시하는 것이다. 5-forces 모델은 흔히 [그림 8-11]처럼 그려지는데, 이를 참조하면 좀 더 이해하기 쉬울 것이다. 두 번째로 공급자의 협상력과 구매자의 협상력을 혼동하는 경우가 많다. 여기서 이야기하는 협상력은 어떤 산업의 공급자로서의 혹은 구매자로서의 협상력이 아니다. 어떤 산업에 대한 공급자의 협상력이 어떠한지와 구매자의 협상력이 어떠한지를 각각 따로 판단하라는 이야기이다.

3. 내적 역량 분석

전 절 도입부에서 기술전략 수립을 위해서는 혁신주체를 둘러싼 환경과 혁신주체 자신의 역량을 분석한 다음, 이를 통합하여 전략적 방향성을 결정하는 활동이 필요하다고 하였다. 본 절에서는 혁신주체 자신의 역량에 대해 살펴보기로 한다. 내적 역량 분석에는 마이클 포터(Michael Porter)의 가치사슬 모형(Porter, 2008), 프라할라드와 하멜(Prahalad and Hamel, 1990)의 핵심역량 개념이 활용되는 경우가 많다.

우선 포터의 가치사슬(Value Chain) 모형에 의하면 기업의 활동은 크게 주 활동(primary activities)와 지원 활동(support activities)로 구분된다. 주 활동은 투입요소를 받아들여 재화를 생산하여 시장에 공급하는 일련의 활동이다. 주 활동은 다시 유입물류, 운영, 유출물류, 마케팅 및 판매, 서비스 등으로 구성된다. 유입물류는 투입물을 입고하여 저장하는 것(물리적인 운송 포함)이고, 운영은 이들 투입물을 산출물로 변환시키는 활동이며, 유출물류는 산출물을 저장하고 출고시키는 것에 해당한다. 마케팅 및 판매는 소비자에게 기업의 제품에 대한 정보를 제공하여 구매하도록 하는 활동이며, 서비스는 제품의 가치를 향상시키고 유지하기 위한 활동들로 설치, 수리, 부품공급, 제품 사용 교육 등을 포함한다. 지원 활동은 상기의 주 활동이 원활하게 이루어질 수 있도록 후방에서 지원하는 업무들이다. 여기에는 기업 인프라, 인적자원관리, 기술개발, 조달 등이 있다. 기업 인프라는 기업활동을 위한 회계, 법무, 재무, 기획, 대중홍보(PR), 일반관리 등을 의미한다. 인적자원 관리는 채용 및 교육훈련 등을, 기술개발은 제품 생산과 관련된 기술의 개발을 의미하며, 구매조달은 투입요소의 취득활동을 의미하는 것으로 물리적인 물류 활동은 제외한다.

[그림 8-12] 마이클 포터의 가치사슬

출처: Porter(1985, 2008)

포터의 가치사슬 모형을 바탕으로 내적 역량을 분석할 때에는 각 활동별 기업의 장점과 단점이 무엇인지를 중점적으로 파악하도록 한다.

상기 포터의 가치사슬 모형은 기업의 주요활동들을 구조화해 보여줌으로써, 기업의 장단점을 파악하는 데 큰 도움을 준다. 그런데 지금 현재 각 활동별 장단점만을 파악하기보다는 기업의 지속가능한 경쟁우위(sustainable competitive advantage)를 위한 중요한 자원으로서의 기업 역량이 무엇인지 판단할 필요가 있다.[9]

프라할라드와 하멜(Prahalad and Hamel, 1990)은 핵심역량(core competences)을 기업을 시장에서 차별화시키는 통합적이고 조화된 역량이라고 정의하고 이것이 지속가능한 경쟁우위의 원천이라고 하였다. 이러한 역량은 기업에 분포해 있는 기술 및 기능(technologies and skills)이 조화롭게 통합된 것으로, 다른 기업들이 모방하기 힘든 기업 고유의 능력으로 발휘됨으로써 장기적인 우위를 제공해줄 수 있다. 또한 이러한 핵심역량이 반영된 제품들을 핵심제품이라고 한다. 예들 들어 1990년대까지 세계 전자산업을 주도하던 일본의 소니(Sony)는 소형화(miniaturization)가 핵심역량이었다. 이 핵심역량은 반도체, 전자 소자, 전자회로 등 다양한 기술의 접목을 통해 구현된 것이며, 이를 바탕으로 TV, 라디오, VCR 등 다양한 핵심제품을 출시하여 오랜 기간 동안 전자제품 시장에서 강자로 군림하였다. 이와 유사하게 일본 자동차 회사 중 토요타(Toyota)는 품질관리가 핵심역량이었다고 생각해 볼 수 있다.

※ 한국 전자회사들의 핵심역량은 무엇이라고 생각하는가? (반도체, 디스플레이를 제외하고, 가전 및 스마트폰 등 제품 중심으로)

그렇다면 어떠한 역량들을 핵심역량이라고 할 수 있는가? 프라할라드와 하멜은 다음과 같은 조건을 만족하여야 핵심역량이라고 부를 수 있다고 제시하였다. 우선 핵심역량은 (1) 조직에 독특한 특성을 제공하여 기업을 차별화시켜 줄 수 있는 것이어야 한다. 소니나 토요타의 경우에서처럼 다른 기업들과 실질적으로 차별화될 수 있는 능력이어야 한다는 것이다. (2) 특정 제품이나 사업단위에 국

---

9) 박태영(2014)

한되는 것이 아닌, 현재와 미래의 일정 사업 범위를 포함할 수 있도록 포괄적인 것이어야 한다. 일시적으로 특정 제품 하나가 성공할 수는 있지만, 기업이 장기적으로 생존하고 성장하기 위해서는 일시적인 성공뿐만이 아닌 장기적인 경쟁력도 보유하여야 한다. 따라서 핵심역량은 기업 활동의 포괄적인 범위에서 활용 가능한 능력이어야 한다. (3) 가장 중요하게, 경쟁자가 모방하기 어려운 것이어야 핵심역량으로서 가치가 있다. 예를 들어 토요타는 자동차의 품질이 핵심역량이었는데, 세계시장의 다른 기업들도 토요타의 품질관리 기법을 도입하여 품질을 향상하려 하였으나 품질에 있어서 토요타의 위상은 여전하다. 만일 다른 기업들이 쉽게 베낄 수 있었다면 품질관리 역량은 토요타의 핵심역량이라고 부를 수 없었을 것이다.

4. 환경과 역량의 통합

외부환경과 내부 역량에 대한 분석이 마무리되면, 이들 분석 결과를 통합하여 전략적 방향성을 결정하여야 한다. 이를 위해서는 SWOT이라는 분석의 틀을 활용한다. SWOT은 Strengths, Weaknesses, Opportunities, Threats의 앞 글자 하나씩을 딴 것으로, 강점, 약점, 기회, 위협을 종합한다는 것을 의미한다. SWOT 분석은 미국의 경영 컨설턴트인 알버트 험프리(Albert Humphrey)가 개발하여 주요 기업의 전략 분석에 사용되면서 유명해진 것으로 알려져 있다.

SWOT의 틀은 [그림 8-13]처럼 2×2의 단순한 모양으로 되어 있다. 앞에서 분석한 것들 중 외부환경 분석의 결과는 SWOT에서 순서상 뒤에 있는 기회(opportunities)와 위협(threats)에 배치하며, 내부 역량 분석의 결과는 강점(strengths)과 약점(weakness)에 배치한다. 이렇게 하면 혁신주체를 둘러싼 외부로부터의 기회와 위협, 이에 대응하는 혁신주체의 강점과 약점을 일목요연하게 정리할 수 있다. 의사결정자들은 이를 바탕으로 혁신주체가 어떠한 방향으로 나아가야 할지 생각해 볼 수 있다는 것이 SWOT 분석의 핵심이다.

[그림 8-13] SWOT 분석의 틀

그런데 SWOT 분석에 있어서 몇 가지 오해가 있다. 우선 많은 이공계 전공자들은 '분석'이라고 하면 어떤 공식이나 기법을 활용하여 자료를 투입한 뒤 결과물을 얻어내는 과정이라고 생각한다. 그래서 SWOT 분석에 자료를 투입했는데도 자동으로 결과가 나오지 않는다는 불평을 할 수 있다. 그런데 전략 관점에서 결과를 자동적으로 도출해 주는 분석은 존재하지 않는다고 생각해 주기 바란다. 만일 자동적으로 그러한 결과가 도출된다면 어떠한 혁신도 실패하지 않을 것이다. 혁신은 '자동적이지도 않고 쉽지도 않은 것'[10]이어서 의사결정자의 창의적 전략과 노력을 요구한다. SWOT 분석은 의사결정자의 그러한 창의적 전략 도출과 노력을 보완하는 도구이다.

SWOT 분석을 좀 더 효율적으로 활용하기 위해서는 아래와 같은 시도를 해 볼 수 있다. [그림 8-14]와 같이 강점, 약점, 기회, 위협을 조합하여 다음과 같은 네 가지 전략적 방안 및 그에 따른 세부 실천방안을 설계해 보는 것이다. 우선 SO전략은 내부 강점을 이용하여 외부 기회를 확보하는 것으로, 이 분야에 대한 적극적 투자와 확장을 고려해 볼 수 있다. ST전략은 시장의 위협을 회피 극복하고자 하며 강점을 활용하는 전략이다. 이를 위해서는 급격한 변화보다는 안정적 개선과 성장을 추구해 볼 수 있다. WO전략은 외부 기회는 포착하되 내부 약점은 극복(또는 노출을 최소화)하는 전략이다. 외부 기회에 직접적으로 도전하

---

10) 영국 Sussex 대학교의 Keith Pavitt 교수는 'Innovation is neither easy nor automatic'이라고 하였다.

기보다는 우회하여 기회에 접근하는 우회 전략을 생각해 볼 수 있다. 마지막으로 WT전략은 시장의 위협으로부터 약점의 노출을 최소화하는 전략으로, 사업 축소 및 철수가 그 예가 될 수 있다.

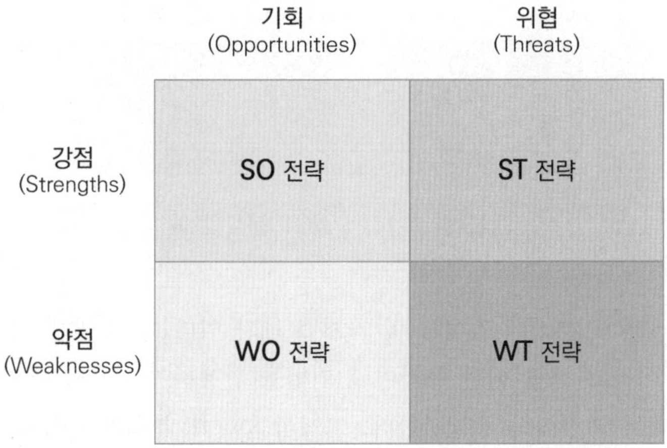

	기회 (Opportunities)	위협 (Threats)
강점 (Strengths)	SO 전략	ST 전략
약점 (Weaknesses)	WO 전략	WT 전략

[그림 8-14] SWOT에 따른 네 가지 전략

09   혁신의 지표와 특허 통계

1. 혁신의 지표[1]

　국가별 연구개발 투자 현황이나 혁신 현황 등 혁신의 지표들은 전장의 외부 환경 분석 시에 중요한 자료로 활용될 수 있다. 본 장에서는 분량 문제로 전장에 포함되지 못한 혁신의 지표에 대해 설명하도록 한다. 국가 수준의 혁신 지표로는 크게 연구개발 통계와 혁신조사 통계가 있다. 먼저 연구개발 통계에 대해 먼저 설명하고 그 다음으로 혁신조사 통계를 소개한다.

(1) 연구개발 통계

　경제개발협력기구(OECD)에서는 국가별 연구개발 투자 현황을 조사하여 발표하고 있다. 연구개발 투자 현황은 "프라스카티 매뉴얼(Frascati Manual)"의 표준에 따라 조사하는데, 이 매뉴얼은 1963년 이탈리아의 프라스카티에서 국가별 R&D 통계 전문가들이 모여 연구개발 통계조사를 위한 표준안으로 만든 것이다. 각 국가들은 이 매뉴얼에 따라 연구개발 투자 현황을 조사분석하여 발표하며, 동시에 OECD에서는 각 국가별 데이터를 종합하여 발표하고 있다. 우리나라에서는 한국과학기술기획평가원(KISTEP)에서 조사하고 있으며, 이 내용은 KISTEP이나 통계청 홈페이지에서 찾아볼 수 있다. 또한 OCED 회원국별 자료가 필요하면 OECD의 통계자료 홈페이지(http://stats.oecd/org)의 Science, Technology,

---

[1] 본 절은 Fagerberg et al.(2005)가 편집한 옥스퍼드 혁신 핸드북(The Oxford Handbook of Innovation)의 제6장 내용(Smith, 2006), OECD의 프라스카티 매뉴얼(OECD, 2018), 오슬로 매뉴얼(KISTEP, 2016) 및 STEPI 한국기업혁신조사(조가원 외, 2018)을 참고하여 저자가 새롭게 작성하였다.

and Patents 부분에서 찾으면 된다.

프라스카티 매뉴얼에 의한 연구개발 통계의 주요 지표는 <표 9-1>과 같다. GERD는 Gross Expenditure on R&D의 약자로서 총연구개발비지출로 번역될 수 있다. 이는 한 해 동안 한 국가 내에서 공공 및 민간에 의해 연구개발비로 지출된 총 금액을 의미한다. 다음 GBARD는 Government Budget Allocations for R&D의 약자로 정부연구개발예산으로 번역된다. 이는 정부가 마련한 전체 연구개발비 예산 총액을 말한다. 과거에는 GBAORD(Government Budget Appropriations or Outlays for R&D)라고 불리던 것인데 2015년부터 GBARD로 변경되었다. BERD는 Business Enterprise Expenditure on R&D로서 기업연구개발비지출을 의미한다. 이는 한 해 동안 기업이 사용한 연구개발비 총액이다. 반면 HERD는 Higher Education Expenditure of R&D로 고등교육기관연구개발비이다. 고등교육기관으로서 가장 대표적인 것은 대학이며, 한 해 동안 대학 등 고등교육기관이 연구개발비로 사용한 금액 총액이다. 마지막으로 GOVERD는 Government Expenture on R&D 즉 정부의 연구개발비지출총액이다. 이들 연구개발 투자 및 지출금액 관련 지표 이외에 OECD에서는 연구개발인력 및 연구자 수 등 다양한 통계 지표를 발표하고 있다.

〈표 9-1〉 연구개발 통계의 주요 지표

지표	내용
GERD	Gross Expenditure on R&D 총연구개발비지출
GBARD	Government Budget Allocations for R&D 정부연구개발예산
BERD	Business Enterprise Expenditure on R&D 기업연구개발비지출
HERD	Higher Education Expenditure on R&D 고등교육기관연구개발비지출
GOVERD	Government Expenditure on R&D 정부연구개발지출

상기의 주요 지표들은 서로 비슷비슷해 보이지만 [그림 9-1]을 참고하면 그 의미를 명확히 구분할 수 있다. 연구개발비는 그 자금의 원천이 어디인지에 따라 구분할 수 있는데 크게 정부 등 공공부문이 자금의 원천이 될 수도 있고 기타 민간부문이 자금의 원천이 될 수도 있다. 이 가운데 정부가 자금의 원천(funder)이 된 부분을 GBARD라고 한다. 그리고 GBARD와 기타 민간부문이 출연한 금액을 모두 합친 것이 바로 GERD이다. 이 GERD는 다시 사용처(performer)별로 기업, 고등교육기관, 정부로 구분할 수 있다. 기업이 사용한 부분이 BERD이고, 고등교육기관이 사용한 부분이 HERD이며, 정부가 사용한 부분이 GOVERD이다. 이렇게 구분하는 이유는, 연구개발비라는 것이 출연한 주체와 사용하는 주체가 언제나 같지 않기 때문이다. 예를 들어 정부가 연구개발비를 마련해서 그것을 기업이나 대학이 사용하는 경우가 매우 많다. 또한 정부는 연구개발비를 마련하는 주체일 뿐만 아니라 정부 소속의 연구소 등을 통해 연구개발비를 직접 사용하기도 한다. 그리고 기업이 연구개발비를 출연해 기업이 사용할 수도 있지만, 대학에 그 자금을 주어서 대학이 자금을 사용하는 경우도 많다. 이

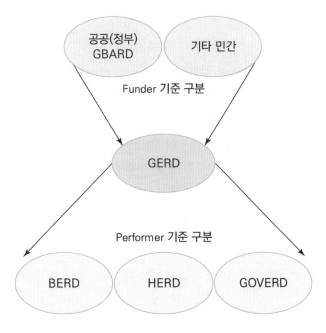

[그림 9-1] 연구개발 통계 주요 지표의 개념

러한 이유로 연구개발비는 자금의 원천(funder)과 사용처(performer)로 구분하여 통계를 내는 것이다.

[그림 9-2]는 네이쳐 학술지에 실린 논문의 일부이다. 이 그림에서는 한국의 연구개발비 현황을 간략히 보여주고 있다. 이에 의하면 GDP 대비 연구개발에 대한 투자 비율로 볼 때 한국은 2010년대 초반 4% 수준을 넘어서면서 이스라엘, 일본, 미국 등을 제치고 세계 최고 수준을 보이고 있다. 이 수치는 GERD를 한국의 GDP(국내총생산)로 나눈 값으로, OECD Stat 사이트를 방문하면 쉽게 확인할 수 있다([그림 9-3]). 마침 이 논문이 발표된 2016년 과학 분야 노벨상이 또다시 일본인 학자들에게 돌아갔고, 국내외에서는 왜 한국이 세계에서 가장 R&D 투자 비중이 높으면서도 노벨상 수상자가 나오지 않는지 논란이 분분했다. 국내의 언론사 JTBC에서는 이 논문의 수치를 인용하면서 국내 과학기술계의 문제를 비판하기도 했다. 이에 이 논문([그림 9-2])과 보도내용에 따르면, 한국의 연구개발비는 주로 기업에 의해 조달되고 대학보다는 기업에 의해 사용되는 비중이 높아 기초과학에 실질적인 투자가 되지 않고 있다고 한다. [그림 9-2]의 왼쪽 아래 도표는 자금의 원천 기준 연구개발비 구분이다. 여기서 정부의 비중이 GBARD라고 할 수 있는데, 이는 전체 GERD의 23%에 불과하다. 대부분(약 75%)의 연구개발비는 기업에 의해 조달되고 있다. 그리고 그 옆의 도표는 연구개발비의 사용처를 연구개발활동 구분별로 보여준다. 대부분의 자금이 Experimental development 즉 실험적 개발과 Applied science(응용과학)에 사용되고 있는 반면 기초과학의 비중은 대략 17.5% 정도이다. 따라서 대부분의 연구개발비는 기초과학보다는 산업발전을 위한 연구개발 활동에 사용되고 있다고 추측해 볼 수 있는 것이다. 당시 보도는 이것이 한국의 문제점이라고 하였으나, 과학과 기술 분야에서의 혁신을 다루는 본서에서는 이에 대한 가치 평가는 하지 않을 것이다. 본 절에서는 연구개발 통계 지표들이 실제로 과학기술 동향 파악에 사용될 수 있음을 보여주고자 할 뿐이다.

Science in South Korea

Industrial research and development (R&D) has long been a priority for South Korea as a driver of economic growth. In the past decade or so, more emphasis has been placed on basic research.

R&D investment

South Korea's spending on R&D has soared to more than 4% of its gross domestic product (GDP) – more than any other country in the world and double that of China and the European Union.

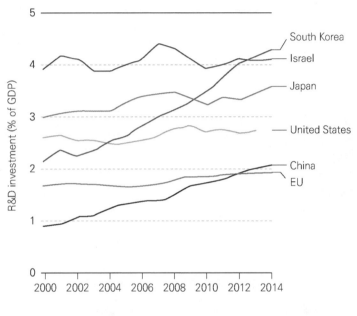

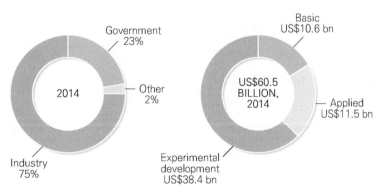

[그림 9-2] 한국의 연구개발 투자 현황

출처: Zastow(2016)

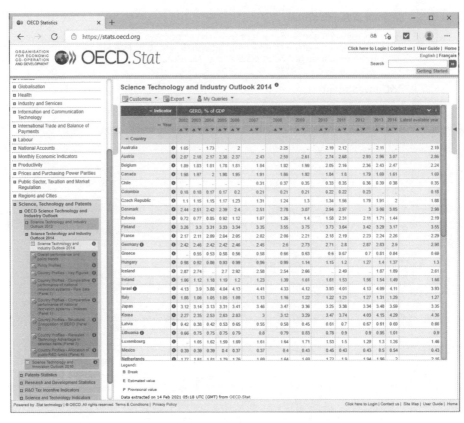

[그림 9-3] OECD 각국의 GDP 대비 GERD 비중 출력 화면

출처: OECD Stat 홈페이지

※ 상기 네이쳐 자료의 내용은 국내 언론사인 JTBC 보도에 인용되어 사용되었다. 아래 링크로 당시 보도를 다시 살펴보고, 보도의 주요 논지를 정리하라. 그리고 혹시 네이쳐 자료의 연구개발 통계를 인용함에 있어 혹시 실수가 있었는지 찾아보라.

http://news.naver.com/main/read.nhn?mode = LSD&mid = sec&sid1 = 104&oid = 437&aid = 0000133974

(2) 혁신조사 통계

앞의 연구개발 통계는 프라스카티 매뉴얼에 따른 연구개발 투자 관련 지표였다. 그런데 이는 단지 금액 기준의 연구개발 활동에 대한 것으로, 실질적인 혁신활동의 현황을 보여주는 데에는 한계가 있을 수밖에 없다. 개념적으로 연구개발이 언제나 혁신을 의미하는 것이 아닌 만큼, 연구개발에 대해 투자를 한다고 해서 그것이 혁신활동을 다 보여준다고 보기 어렵다. 따라서 연구개발비 투자와는 별개로 실질적인 혁신활동이 어떻게 일어나고 있는지에 대한 자료가 필요하다. 이런 자료가 필요할 때 사용되는 통계가 바로 '혁신조사(innovation survey)' 통계자료이다.

혁신조사는 프라스카티 매뉴얼을 따르는 연구개발 통계와는 달리 오슬로 매뉴얼(Oslo Manual)을 따른다. 이는 OECD가 1996년 노르웨이 오슬로에서 처음 정한 기업혁신 조사를 위한 표준 매뉴얼이다. 이 매뉴얼에서는 재무 사항보다는 기업의 내부 혁신활동에 주로 초점을 둔다. 국내에서는 한국과학기술정책연구원(STEPI)에서 조사를 실시하며, 국제적 차원에서는 OECD가 총괄적으로 발표한다. 또한 유럽연합에서는 이 매뉴얼에 근거하여 역내 국가들을 대상으로 커뮤니티 혁신조사(CIS; Community Innovation Survey)를 실시 중이다. OECD 단위에서의 보고서는 OECD 홈페이지에서 확인 가능하다.[2]

우리나라에서의 혁신조사 항목은 아래 그림과 같다. 조사는 총 10개 파트로 구성되어 있다. 파트 1에서는 설문 응답 회사의 일반사항을 파악한다. 파트 2부터 혁신에 대한 조사가 이루어지는데, 파트 2에서는 주로 최근 제품혁신(본서의 초반에서 학습한 product innovation) 유무, 제품혁신의 유형, 개발주체 등을 조사한다. 파트 3은 공정혁신(process innovation) 유무와 유형, 개발주체 등을 조사한다. 파트 4에서는 포기 또는 연기된 혁신이 있는지 혹은 현재 지속중인 혁신활동이 있는지를 조사한다. 그리고 파트 2~4 중 하나라도 혁신을 한 적이 있다고 응답한 경우는 파트 5로 넘어가고, 그렇지 않으면 파트 8로 넘어간다. 파트 5, 6, 7은 혁신활동 및 혁신비용, 정보의 원천과 협력 목적, 혁신활동 저해 요인 등을 조사한다. 그리고 파트 8~10에서는 다시 모든 기업을 대상으로 조직이나 마케팅 차원에서의 혁신이 있었는지, 지재권 보호 방법은 어떠한지, 정부 지원제도와 정책에 대한 의견을 조사한다.

---

2) http://www.oecd.org/innovation/inno-stats.htm

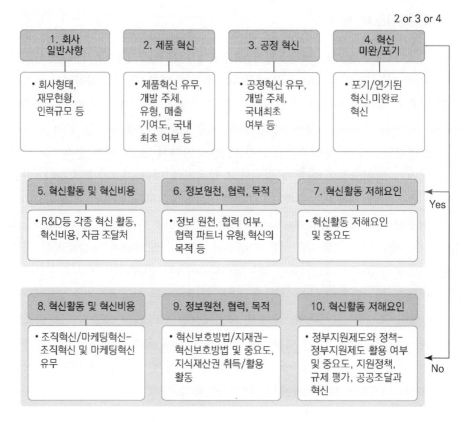

[그림 9-4] 오슬로 매뉴얼에 따른 혁신조사 설문 진행

출처: 조가원 외(2018)

[그림 9-5]부터는 오슬로 매뉴얼에 따른 혁신조사 통계 결과의 일부 예시이다. [그림 9-5]는 2013~2015년까지 한국 제조업과 서비스업의 혁신활동 현황이다. 이 그림에 의하면 국내의 제조업 및 서비스업 기업들의 약 45%는 제품혁신, 조직혁신, 마케팅혁신, 공정혁신 등 4대 혁신 중 최소 1개 이상의 혁신활동을 수행한 적이 있다.

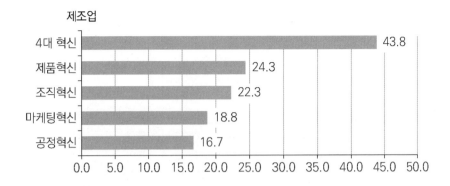

제조업

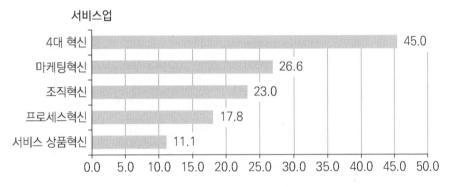

서비스업

[그림 9-5] 한국 제조업, 서비스업 혁신 현황, 2013~2015

출처: STEPI 2016 한국의 기술혁신조사: 제조업 부문, STEPI 2016 한국의 기술혁신조사: 서비스업 부문

> ※ [그림 9−6]과 [그림 9−7]은 혁신조사 결과의 국가별 비교 결과이다. 이를 바탕으로 한국의 현황이 어떠한지 논의해 보기 바란다. ([그림 9−7]은 혁신조사 항목 중 new to the market여부, 즉 시장 최초에 해당하는 혁신을 한 적이 있는지에 대한 응답 결과이다. 혁신은 시장 최초일 수도 있고 최초가 아니라 기존 것을 약간 개선하거나 타인의 것을 모방하여 구현한 정도일 수도 있는데, 이 중 시장 최초의 혁신인지 아닌지 여부를 물어본 것이다).

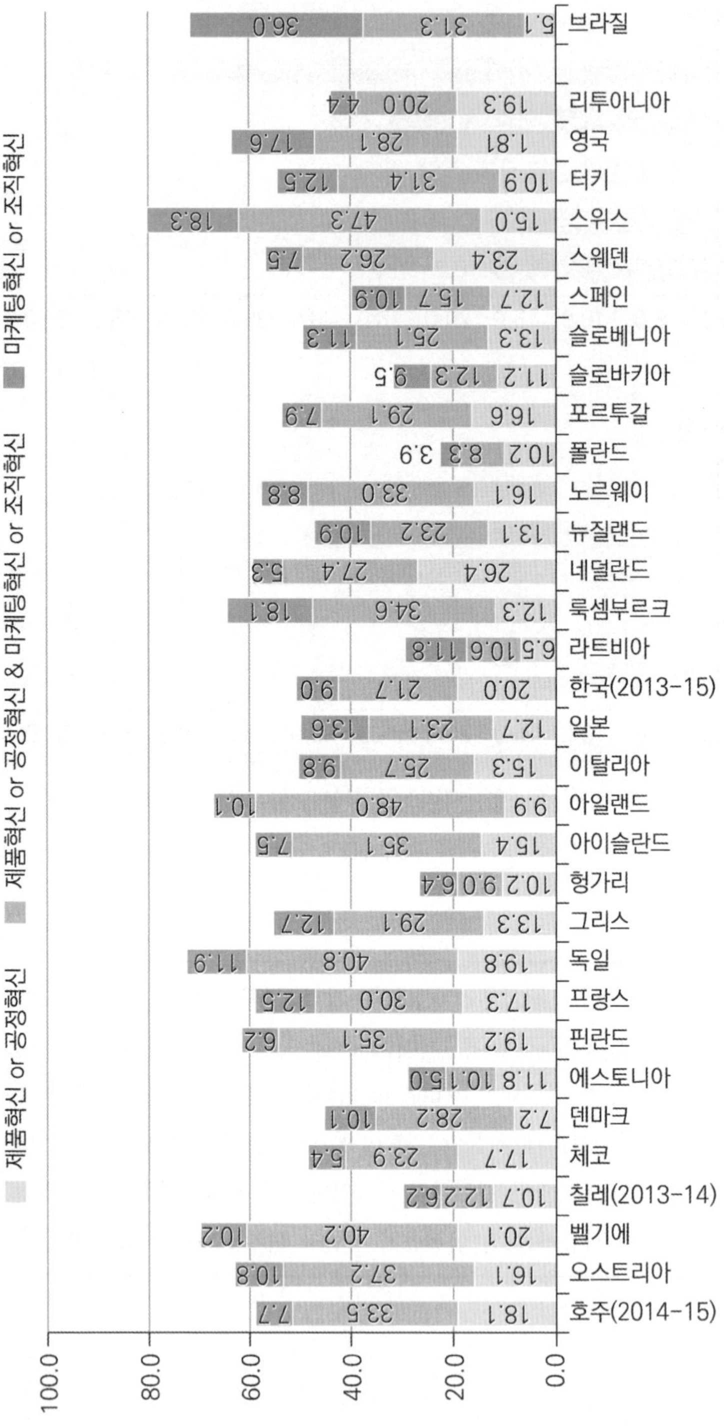

[그림 9-6] 국가별 제조업 혁신유형과 혁신활동율

범례:
- 제품혁신 or 공정혁신
- 제품혁신 or 공정혁신 & 마케팅혁신 or 조직혁신
- 마케팅혁신 or 조직혁신

국가	제품혁신 or 공정혁신	제품혁신 or 공정혁신 & 마케팅혁신 or 조직혁신	마케팅혁신 or 조직혁신
브라질	5.1	31.3	36.0
리투아니아	19.3	20.0	4.4
영국	1.81	28.1	17.6
터키	10.9	31.4	12.5
스위스	15.0	47.3	18.3
스웨덴	23.4	26.2	7.5
스페인	12.7	15.7	10.9
슬로베니아	13.3	25.1	11.3
슬로바키아	11.2	12.3	9.5
포르투갈	16.6	29.1	7.9
폴란드	10.2	8.3	3.9
노르웨이	16.1	33.0	8.8
뉴질랜드	13.1	23.2	10.9
네덜란드	26.4	27.4	5.3
룩셈부르크	12.3	34.6	18.1
라트비아	6.5	10.6	11.8
한국(2013-15)	20.0	21.7	9.0
일본	12.7	23.1	13.6
이탈리아	15.3	25.7	9.8
아일랜드	9.9	48.0	10.1
아이슬란드	15.4	35.1	7.5
헝가리	10.2	9.0	6.4
그리스	13.3	29.1	12.7
독일	19.8	40.8	11.9
프랑스	17.3	30.0	12.5
핀란드	19.2	35.1	6.2
에스토니아	11.8	10.1	5.0
덴마크	7.2	28.2	10.1
체코	17.7	23.9	5.4
칠레(2013-14)	10.7	12.6	2.2
벨기에	20.1	40.2	10.2
오스트리아	16.1	37.2	10.8
호주(2014-15)	18.1	33.5	7.7

출처: OECD Science, Technology and Industry Scoreboard 2017

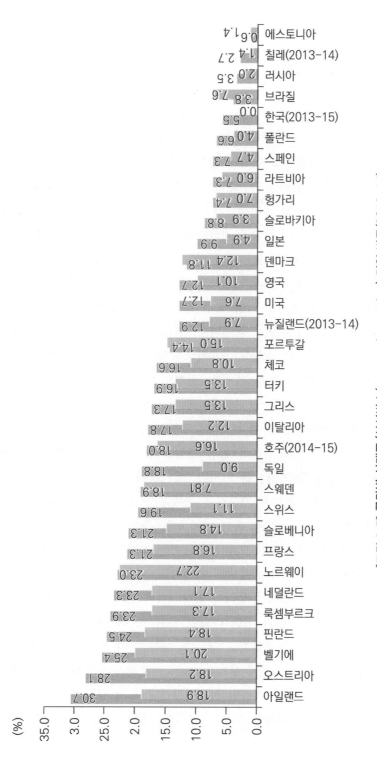

[그림 9-7] 국가별 신제품/신서비스(new to the market) 기업 비중(2012~14)

출처: OECD Science, Technology and Industry Scoreboard 2017

2. 특허 통계

(1) 혁신 지표로서의 특허

본 절에서는 특허 정보를 통계적으로 활용하는 방법에 대해 설명한다. 특허는 본서의 "제15장 지식재산 관리"에서 상세히 다룰 예정이며, 여기서는 지식재산 가운데 특허를 통계적으로 어떻게 다룰 것인지에 대해 다룬다.

특허는 발명에 대한 권리를 보호함으로써 발명의 유인을 제공하고자 만들어진 제도이다. 따라서 특허는 크게 두 가지 목적을 가진다고 볼 수 있다. 하나는 보호로서, 발명을 만들어 낸 사람의 권리를 보호함으로써 누구나 발명할 동기를 제공하고자 함이다. 또 하나의 목적은 공개이다. 특허 제도가 없다면, 새로운 발명이 공개될 경우 발명자의 권리가 침해될 것이며, 그에 따라 발명자들은 발명을 비밀에 부치고자 할 것이다. 그럴 경우 유용한 지적 활동의 결과물인 기술이 오래 남지 못하고 사라질 위험도 존재한다. 따라서 발명에 대한 권리를 인정해 주는 대신 발명의 구체적인 내용을 공개하도록 하는 것이 바로 특허이다. 특허의 영어 단어는 patent인데, 이는 실제로 "공개된"이라는 의미를 가진다. 특허청에 의하면, 14세기 영국에서는 특허를 letters patent라고 불렀는데, 이는 "공개된 문서"를 뜻한다. 따라서 "공개"는 특허 제도를 구성하는 중요한 개념이다.

그렇다면 특허는 혁신의 지표로 활용 가능할까? 기본적으로 특허는 발명에 대한 제도이지 혁신에 대한 제도는 아니다. 제11장에서 살펴볼 것과 같이 특허는 신규성, 진보성, 산업상 이용 가능성을 충족하는 발명에 대해 주어지는 것이다. 제3장에서 학습한 바와 같이 혁신은 새로움, 유용성은 물론 경제적 가치라는 의미까지 포함하는 개념이다. 그렇다면 특허는 경제적 가치까지 의미하지 않으며 경제적 성공까지 보장하는 제도도 아니므로, 단순히 특허가 산출되었다고 "혁신"이 만들어졌다고 보기에는 무리가 있다. (특허=발명≠혁신) 더욱이 특허는 기업들이 지적재산을 보호하기 위한 다양한 수단 중 하나일 뿐이어서, 특허가 기업들의 발명을 모두 다 포괄하지도 않는다. 예를 들어 코카콜라는 콜라 제조법을 특허화하지 않고 기업비밀에 부치고 있다. 새로움과 유용성을 넘어 엄청난 경제적 가치까지 만들어 내는 기술임에도 불구하고 특허 정보에는 나타나지 않는다는 얘기이다. 이러한 이유로 특허는 혁신의 지표로 적절치 않다는 주장이 존재한다.

그럼에도 많은 혁신 관련 분석 활동은 특허를 중요한 혁신 지표의 일부로 사용한다. 그 이유는 몇 가지 약점에도 불구하고, 사실상 특허를 대체할 만한 다른 자료가 없기 때문이다. 물론 중요한 기술은 공개하지 않는 경우가 많지만, 사실 상당수(혹은 대부분)의 발명은 특허로 출원되는 현실이다. 또한 특허가 경제적 가치를 보장하는 것은 아니어서 그 자체로서 혁신을 의미하지는 않지만, 신규기술의 상당 부분이 특허화되는 가운데 그들 중 일부는 실제 경제적 가치를 창출하는 혁신이 되기도 하는 것이 현실이다. 그리고 한국 특허만 해도 매년 10만 건 이상이 출원되고 있는데,[3] 매년 이정도의 신기술 관련 정보가 올라오는 자료원은 특허 이외에는 사실상 전무하다. 따라서 특허가 곧바로 혁신을 의미하는 것은 아니지만, 특허 통계는 혁신의 지표로 사용되는 경우가 많다.

[그림 9-8] 2019년 한국특허의 수(키프리스 화면 캡쳐)

출처: www.kipris.or.kr

---

3) 2021년 2월에 검색한 2019년 한국특허 총 출원건수는 11만 4천 건에 달한다.

(2) 특허 통계 분석

특허 분석은 기술적 관점, 법적 관점, 통계적 관점 등에서 접근할 수 있다. 기술적 관점은 개별(혹은 일단의) 특허의 기술적 내용에 집중하는 것이고, 법적 관점은 권리성이나 이를 둘러싼 다툼의 문제를 다룬다. 통계적 관점은 특허의 정량화 가능한 데이터를 바탕으로 전반적인 동향이나 패턴을 확인하는 데 관심을 가진다. 본서에서는 주로 기업이나 연구조직의 관리자 입장에서 주로 기술의 동향을 파악하고 기술전략에 활용하는 것이 목적인 만큼, 마지막 통계적 관점 (특허 통계 분석)에 초점을 둔다.

한국지식재산연구원(2012)의 연구에 따르면 통계적 관점에서 특허분석을 할 수 있는 지표는 거의 100여 가지에 달한다. 상세하고 전문적인 특허 분석을 위해서는 이 모든 지표를 다 숙지할 필요가 있겠지만, 일반적인 상황이라면 이 모든 지표를 다 알고 있기는 어렵다. 대신 특허활동력, 특허의 시장확보력, 특허영향력 등 3가지를 측정하는 것이 일반적이다(서규원, 2011; 윤석훈·지일용, 2019).

특허활동력은 출원된 특허의 수를 의미하는 것으로, 특허의 수가 많을수록 많은 특허활동이 이루어지고 있음을 의미한다. 특허 데이터베이스에서 키워드 검색 등을 활용해 특허 데이터를 추출한 뒤, 특허의 주체(출원인, 발명인, 출원인이나 발명인의 국적 등)로 분류하여 숫자를 센다. 그러면 그 숫자의 크기는 해당 주체가 얼마나 적극적으로 특허활동을 하고 있는지를 보여주는 지표가 된다. 다만, 특허 데이터베이스의 성격이나 혁신주체의 규모 등으로 인해 특허의 수가 특허활동력의 적절한 지표로서의 힘을 잃는 경우도 있다. 예를 들어 미국 특허청 데이터에서 특허를 추출하여 미국과 대만의 특허활동력을 비교한다면, 미국 특허의 수는 과도하게 많을 것이며 대만 특허는 실제보다 적을 것이다. 따라서 단순한 특허의 개수 기준으로 하는 특허활동력 지표는 종종 다른 지표로 보완되어야 할 필요도 있다. 이때 특허활동력을 보완할 수 있는 지표로는 현시기술우위지수(RTA; Revealed Technology Advantage)라는 것이 있다. 이는 아래의 식을 활용하여 구하는 것으로, 특허활동력을 절대적으로 평가하는 것이 아니라, 총 특허 수 대비 특정 국가 및 특정 분야의 특허 수를 상대적으로 평가한다. (국가가 아닌 다른 혁신주체의 현시기술우위지수도 가능하다). 아래 식으로 도출한 RTA가 1 이상이면 어떤 국가는 A라고 하는 특정 분야에 상대적으로 특허활동을 많이 한다는 의미이고, 1 이하이면 이 국가는 A라고 하는 특정 분야의 특허활동이 상대적으로 적다는 의미이다. <표 9-2>는 실제 RTA 분석 사례로서, 주요 국가별 고분자 소재 분야 융합 및 비융합 특허의 RTA를 보여준다.

$$RTA = \frac{(\frac{\text{해당 국가의 } A \text{분야 특허수}}{\text{해당 국가 총 특허수}})}{(\frac{A \text{분야 세계 총 특허수}}{\text{세계 총 특허수}})}$$

〈표 9-2〉 RTA 예시: 고분자 소재 융합기술의 RTA

구분	US	Europe	Japan	Korea	Other
비융합 특허	1.25	1.06	0.74	1.10	0.89
융합 특허	0.76	0.95	1.25	0.91	1.11

출처: 노지숙, 지일용(2019)

특허의 시장확보력은 하나의 기술을 얼마나 많은 국가에 특허로 출원하였는지를 보여준다. 만일 같은 기술을 많은 국가에 출원하여 등록까지 받았다면 그만큼 많은 시장을 보유하였음을 의미한다. 같은 기술을 여러 국가에 출원한 것을 패밀리 특허라고 하는데, 패밀리 특허가 출원된 국가의 수를 측정하면 특허의 시장확보력을 구할 수 있다. 특허정보 서비스들 중 일부는 고급정보로서 "패밀리 특허 출원 국가 수" 정보를 제공하니, 이 정보를 활용하여 아래의 식으로 평균특허패밀리수(PFS; Patent Family Size)를 구한다. PFS가 1보다 크면 전체 특허들에 비해 특정 출원인의 특허가 시장을 더 많이 확보하고 있음을 의미하며, 1보다 작으면 전체 특허들에 비해 시장확보력이 낮음을 의미한다.

$$PFS = \frac{\text{특정 출원인(국가, 기업)의 평균 } Patent\,Family \text{ 출원 국가 수}}{\text{전체 출원인들의 평균 } Patent\,Family \text{ 출원 국가 수}}$$

특허영향력은 어떤 특허가 다른 특허(기술)에 영향을 많이 주는 중요한 특허인지 여부를 의미한다. 특허정보 서비스들 중 일부는 고급정보로서 피인용문헌수 정보를 제공하는데 이것을 활용하여 아래 식으로 특허영향력지수(PII; Patent

Impact Index)를 구한다. PII도 1을 기준으로, 이보다 높으면 전체 특허 대비 영향력이 큼을 의미하고, 낮으면 전체 대비 영향력이 작음을 의미한다.

$$PII = \frac{\text{특정 출원인}(\text{국가}, \text{기업})\text{의 평균 피인용수}}{\text{전체 특허의 평균 피인용수}}$$

아래의 <표 9-3>은 실제 특허활동력, 특허의 시장확보력, 특허영향력을 분석한 결과이다. 이 표에서의 분석 대상은 반도체 세정장비 분야 특허로서, 미국, 일본, 대만, 중국, 한국 간 특허 통계를 통해 국가별 경쟁력을 분석하였다. 한국은 그간 반도체 장비 분야가 취약한 가운데, 세정장비 분야만큼은 어느 정도의 경쟁력을 보유한 것으로 알려져 왔다. 그러나 <표 9-3>의 분석결과에 따르면, 반도체 세정장비 분야에서 미국 일본에 뒤처짐은 물론 심지어 일부 지표는 중국에 비해서도 뒤처지기도 한다.

〈표 9-3〉 특허 통계 분석 예시: 반도체 세정장비 분야의 특허활동력, 특허시장력, 특허영향력

	US	JP	TW	CN	KR
특허활동력(특허수)	207	207	140	50	47
특허시장력(PFS)	1.03	1.27	0.59	0.91	0.84
특허영향력(PII)	1.61	0.71	0.78	0.38	0.81

출처: 윤석훈·지일용(2019)의 내용을 일부 수정.

10 개방형 혁신과 협력 전략

1. 개방형 혁신

기업, 개인, 대학, 공공기관 등 혁신주체들은 혁신을 통해 시장 기회를 창출함은 물론 다른 주체들과 치열하게 경쟁한다. 기존의 경제학이나 경영학 역시 혁신주체들 간 경쟁에 초점을 두고, 어떻게 독자적인 자원과 역량을 구축하고 시장을 확보할지에 대해 많이 논의하였다. 그런데 현실적으로 혁신주체들이 외부와 완전히 단절된 채 혁신하는 것은 아니다. 오히려 많은 혁신주체들은, 심지어 기업도 마찬가지로 외부와 지속적으로 상호작용하며, 다른 혁신주체들과 교류하고 협력하는 가운데 더 많은 혁신을 창출해 낸다.

어떤 경우에는 서로 공급자와 수요자 관계를 맺는 "수직적(vertical)" 차원에서 협력하기도 하고, 심지어 "수평적(horizontal)" 관점에서 경쟁자들끼리 협력하기도 한다. [그림 10-1]은 삼성전자 스마트폰 사업의 주요 공급업체들로서 이들은 삼성전자와 밀접한 수직적 협력관계를 유지하고 있다. 또한 삼성전자는 과거 일본의 소니와 LCD 생산에 있어서 협력관계를 가진 적이 있다. 당시 삼성전자와 소니는 서로 공급자-구매자 관계라기보다는 전자 부품에서부터 최종 제품까지 다양한 측면에서 서로 경쟁하던 관계였는데도 불구하고 수평적 차원에서 협력했던 것이다. 이를 두고 언론에서는 '적과의 동침'이라고까지 부를 정도였다.

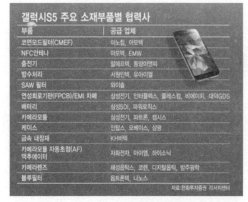

[그림 10-1] 수직적(좌) 및 수평적(우) 협력

출처: 전자신문(http://www.etnews.com/20140406000073) 및
　　　이데일리(https://www.edaily.co.kr/news/read?newsid=02325526596482456)

　　어쨌든 기업을 포함한 혁신주체들은 다양한 협력관계를 갖고 있으며, 많은
학자들과 전문가들은 혁신주체 간 협력에 대한 다양한 연구를 진행해 왔다. 그
러던 중 UC 버클리 대학의 체스버러(Chesborough) 교수가 다양한 혁신주체 간
협력을 "개방형 혁신(open innovation)"이라는 말로 통합하였다. 그 이후 개방형
혁신은 혁신주체 간 협력에 의한 혁신을 의미하는 포괄적 용어(umbrella term)로
통용되어 오고 있다.

　　체스버러 교수는 혁신주체들 중 특히 기업에 초점을 두고, 다음과 같은 환경
변화에 따라 개방형 혁신이 중요해졌다고 설명한다. 기존에는 기업이 자신이 보
유한 과학기술 기반을 바탕으로 조직 내부에서 연구개발을 수행하고 신제품을
개발하여 시장에 출시하는 폐쇄형 혁신이 주를 이뤘다. 폐쇄형 혁신은 [그림
10-2]의 안쪽 점선 사이클과 같이 원천적인 기술혁신(fundamental technology
breakthrough)을 하여 이를 바탕으로 신제품이나 기능을 개발하면, 이를 바탕으
로 매출과 이익을 창출하고, 그로부터 연구개발에 재투자하여 다시 혁신을 만들
어 내는 선순환적인 과정을 기업에게 제공하였다.

　　그런데 20세기 말부터 이러한 선순환구조에 변화가 발생한다. 변화의 첫 번
째 원인은 대학의 혁신 능력이 향상되면서 대기업의 지식 독점 상황이 종언을
고했다는 것이다. 본서의 제14장에서도 다시 한번 소개될 "베이-돌 법(Bayh-

Dole act)"이 1980년에 등장하였는데, 이 법은 대학, 공공기관, 비영리법인 등도 특허를 소유하고 그를 통해 수익을 얻을 수 있게 허용하였다. 이에 따라 특히 대학이 적극적으로 혁신활동에 나서게 된 것이다. 두 번째는, 과거에는 우수 인력들이 기존의 대기업에 입사하여 오랫동안 일했는데, 이제 우수 인력들이 언제든 이동할 수 있는 분위기가 조성되었고, 특히 벤처캐피털이 증가하면서 대기업뿐만 아니라 벤처기업으로의 이직도 증가하게 된 것이다. 세 번째는 기술개발 비용이 갈수록 증가하고, 제품의 수명주기가 점점 짧아지면서, 기존 대기업의 과점적 우위가 쇠퇴하는 현상이 늘어났다는 것이다. 네 번째는 특히 미국 경제에 대한 것으로, 세계 경제에서 미국의 패권이 점차 약화되었다는 것이다.

이러한 환경 변화에 따라 기존 폐쇄형 혁신에서의 선순환구조는 같은 그림([그림 10-2])의 바깥 실선과 같이 변화되었다. 원천 기술혁신이 발생하면 과거에는 이를 바탕으로 기업 내에서 새로운 제품이나 기능을 개발했지만, 이제 핵심 엔지니어들이 기업 외부로 나가거나 신생 기업으로 이직하는 일이 많아졌다. 벤처캐피털들은 이들이 신시장을 개척하고 새로운 비즈니스 모델을 구축하도록 도와주는데, 여기서 실패하는 경우(RIP)[1]도 있지만, 성공하면 주식시장에 상장하거나 다른 회사에 인수합병 등의 과정을 거친다. 이에 따라 혁신으로부터의

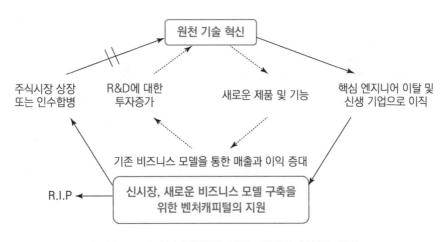

[그림 10-2] 선순환구조의 변화, 개방형 혁신의 등장

출처: Chesborough(2003) 수정

---

1) Rest in peace

성과는 기존 기업으로 되돌아오지 못하게 된다. 즉 혁신 성과가 외부에서 발생하고, 기업 내부로 되돌아오지 못한다는 뜻이다.

이상과 같은 상황에서 기업들은 더 이상 기존의 폐쇄형 혁신에 의존하지 않게 되었고, 기업 내부는 물론 외부로부터도 혁신의 원천을 찾고 사업 기회를 찾기 시작한 것이다. 체스버러 교수는 바로 이러한 변화를 두고 개방형 혁신이라고 칭한 것이다.

체스버러 교수는 개방형 혁신을 "기업이 혁신을 가속화시키기 위해 지식의 유입(inflow)과 유출(outflow)을 적절히 활용하며, 혁신을 외부에서 활용하여 시장을 확대하는 것"이라고 정의하였다(Chesborough, 2003). 과거에는 혁신의 원천을 기업 내부에서 찾았음은 물론, 기업 내부에서 연구개발하여 기업이 기존에 가지고 있던 시장으로부터 매출과 수익을 얻었다. 그러나 이제는 이 모든 활동들이 기업의 경계를 넘나들게 되었다. 혁신의 원천은 더 이상 기업 내부에만 있는 것이 아니어서, 외부로부터 혁신의 원천을 확보하기도 하고, 연구개발 과정은 물론 사업화 과정 역시 기업 내부에서만 이루어지는 것이 아니라 기업 외부에서도 이루어진다. 예를 들면 기술 자체를 판매하거나, 보유 기술의 사용권을 외부 기업에 라이센스를 하거나, 외부에 벤처기업을 설립하는 등 다양한 외부 활동이 가능하며, 기업들은 이러한 외부활동들로부터도 수익을 얻을 수 있다.

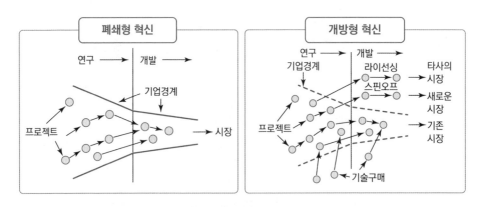

[그림 10-3] 폐쇄형 혁신과 개방형 혁신의 비교

출처: Chesborough(2006)의 자료를 김석관(2008)로부터 재인용

아래의 [그림 10-4]는 폐쇄형 혁신과 개방형 혁신에 따른 기업의 매출을 도
식화 한 것이다. 현재의 폐쇄형 혁신은 제품 수명주기가 축소되고 혁신에 대한
비용이 증가함에 따라 기존의 폐쇄형 혁신에 비해 매출은 줄어들고 비용은 증가
한 상태이다. 이러한 상황에서 개방형 혁신을 도입함에 따라 기술자산 매각, 외
부로의 라이센스, 외부 벤처기업 설립(spin-off) 등으로부터 신규 매출을 얻을
수 있으며, 외부의 혁신 자원을 활용함으로써 비용은 줄일 수 있게 된 것이다.

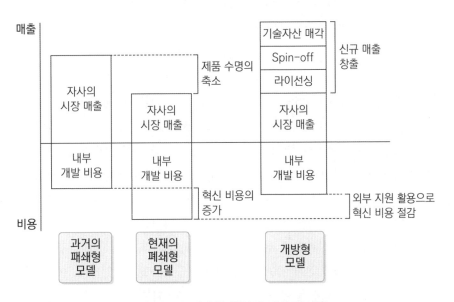

[그림 10-4] 개방형 혁신의 매출과 비용

출처: Chesborough(2006)의 자료를 김석관(2008)으로부터 재인용

2. 협력 전략

기업들이 이제는 내부에서의 혁신에만 의존하지 않고 개방형 혁신도 추구하
게 됨에 따라, 기업 내부에서의 독자 개발은 물론 다양한 외부 협력까지 고려할
수 있게 되었다. 그렇다면 기업들은 어떤 경우에 독자 개발을 선택하고 어떤 경
우에 외부와의 협력을 고려하게 되는가? 아래는 실링(Schilling, 2013)이 제시한
독자 개발의 이유 네 가지를 수정 보완한 것이다. (해당 자료의 표현은 일부 착오를
일으킬 수 있어, 의미를 명확히 하기 위해 수정 보완하여 인용하였다).

- 첫 번째는 기업 내부와 외부 간 <u>역량의 밸런스</u>이다.[2] 어떤 혁신을 하기 위해서는 역량이 필요한데, 만일 역량이 외부에 비해 내부에 잘 갖추어져 있다면 외부와의 협력을 굳이 추구할 필요가 없다. 반대로 내부 역량보다 외부 역량이 더 잘 갖추어져 있다면 외부와의 협력에 의존하는 것을 고려해 볼 수 있을 것이다.

- 두 번째는 <u>기술의 보호</u>이다. 외부와의 협력은 자신이 보유하고 있는 역량을 노출하는 통로가 될 수 있다. 따라서 보호하여야 할 역량이 있다면 기업은 독자 개발을 선택할 가능성이 높다.

- 세 번째는 기술에 대한 <u>통제권</u>을 확보할 수 있다는 점이다. 어떤 기업이 자신이 보유한 기술로 직접 사업화를 한다면, 향후 어떤 제품을 얼마나 만들어 판매하여 어느 정도의 수익을 올릴 것이며, 앞으로 기술을 어떤 방향으로 더 키워나갈지 독자적으로 결정할 수 있다. 그러나 외부와 협력할 경우, 이러한 결정은 협력 파트너와 공유할 수밖에 없다.

- 네 번째는 <u>경험과 역량의 축적</u>이다. 혁신을 위한 역량이 외부에 잘 갖추어져 있다면 외부와 협력하는 것이 효율적이다. 그런데 장기적인 관점에서는 그것이 항상 효율적이라고 보기 어려울 수 있다. 직접 연구개발이나 기타 혁신과정에 참여함으로써 기업은 기술지식을 직접 확보함은 물론 "흡수능력(본서 제6장 내용 참조)"을 구축할 수 있으며, 이를 바탕으로 장기적인 혁신을 추구할 수 있다. 만일 외부와 협력하게 되면 이러한 경험과 역량을 파트너와 공유하여야 하므로, 장기적인 관점에서의 역량 구축은 제한적일 수밖에 없다. 따라서 기업은 역량의 개발과 갱신을 위해 독자 개발을 선택하기도 한다. 이와 관련하여 로젠버그(Rosenberg, 1990)는 기업이 역량을 개발하고 어떤 분야에서의 네트워크를 구축하기 위해 심지어는 기초연구까지도 수행한다고 하였다.

---

2) 원문에서는 Availability of capabilities이며 국내 번역서들에는 역량의 존재 유무로 번역되어 있다. 그런데 실제로는 역량이 기업 내부 혹은 외부에 있는지, 어디에 있을 경우 어떤 방식이 유리한지를 따지는 것으로, 내부와 외부 간 역량의 밸런스(balance)로 수정하는 것이 더 적절하다고 판단된다.

반면 협력은 몇 가지 장점이 있어서, 기업들은 협력을 추구하기도 한다. 아래는 실링(Schilling, 2013)이 제시한 협력의 장점을 수정 보완한 것이다.

- 첫째, 협력을 통해 **역량과 자원을 빠르게 활용**할 수 있다.[3] 혁신에 필요한 역량과 자원을 처음부터 다 갖추는 데에는 많은 시간과 노력이 필요하다. 만일 필요한 역량과 자원을 외부의 누군가가 보유하고 있다면, 독자적으로 이를 갖추는 것보다는 그러한 역량과 자원을 활용하여 과제나 사업을 수행하는 것이 훨씬 빠르다(2013년 발사에 성공한 한국 최초의 우주 발사체 "나로호"가 그 예시이다. 나로호 발사 프로젝트는 러시아와 공동으로 진행한 것으로, 기술적 난이도가 높은 1단 로켓은 러시아가 담당했다. 당시 기술력이 부족했던 한국은 러시아와의 협력을 통해 나로호 프로젝트에 필요한 시간을 줄이고자 했다). 과거 우리나라 전자 및 자동차 회사들이 단기간에 세계적인 수준으로 발전하는 데에도 외부와의 협력이 효과적으로 작용했다. 국내 기업들은 산업화 초기에 아무 역량이나 자원도 없는 상황에서, 외국 기업들과 다양한 형태로 협력함으로써 단기간에 제품을 출시하여 매출을 창출할 수 있었으며, 이를 바탕으로 점차 독자적인 역량을 구축해 왔다. 예를 들어 전자산업 분야의 경우, 산업화 초기 금성사(현 LG전자)는 독일 지멘스(Siemens) 및 일본 히타치, 삼성전자는 일본 산요전기, 아남전자는 일본 마츠시타 등과 협력하였다. 자동차 산업에서는 현대자동차가 1960~70년대 미국의 포드(Ford), 독일의 메르세데스-벤츠, 일본 미쓰비시와 협력 관계를 가졌다. 1990년대 삼성자동차(현재 르노삼성)는 일본 닛산과의 기술제휴로 사업을 시작하였다.
- 둘째, 기업은 **협력을 통해 학습**할 수 있다. 외부와의 협력은 자신의 역량을 노출하는 통로가 될 수도 있지만, 상대방의 역량을 보고 학습하는 기회를 가질 수 있다. 한국의 초음속 항공기 개발 역량은 과거 협력관계로

---

3) 실링(2013)은 "빠른 확보"라고 하였다. 그러나 외부 자원에 접근(access)하여 활용하는 것과 역량으로 흡수(assimilate)하여 전유(appropriate)할 수 있는 것은 다른 문제이다. 외부 자원에 접근하여 활용까지 하였으나, 자신의 것으로 흡수해 내지 못한 경우에 대한 논문은 무수히 많다. 확보라는 단어가 단순 접근하는 것을 의미하는 경우도 있지만, 우리말의 '확보'는 본인의 것으로 흡수하여 전유할 수 있음을 의미할 수도 있다. 따라서 여기서는 "활용"이라고 하고 수정하였다.

부터 비롯되었다고 볼 수 있다. 1990년대까지만 해도 우리나라는 독자적으로 항공기를 개발한 적도 없고 개발 역량도 거의 전무하였다. 이전의 경험은 1980년대 초 F-5E 제공호 전투기를 국내에서 조립생산해 본 것이 전부였다(대한항공). 이후 우리나라는 KF-16 전투기를 면허생산(삼성항공)하면서 미국(록히드마틴)과 협력(기술이전)을 추진하였으며, 그 협력을 통해 T-50이라는 초음속 훈련기를 공동개발해 낸다(한국항공우주산업)[4]. 당시 T-50 공동개발이라는 협력을 통해 항공기 개발 역량을 학습하였고, 이것을 바탕으로 역량을 강화해 왔다(이후 독자 개발한 KF-21도 이러한 학습의 연장선상에 있는 것으로 볼 수 있을 것이다).

[그림 10-5] 한미 협력으로 탄생한 T-50 항공기

출처: https://commons.wikimedia.org/wiki/File:KAI_T-50_Golden_Eable_by_Rya btsev.jpg

• 셋째, 협력을 통해 위험(risk)을 분산하고 유연성을 확보할 수 있다. 독자적으로 연구개발과 사업을 수행하면, 기업 혼자서 모든 자원 또는 자산을 다 구비하여야 한다. 연구개발과 사업 모두 실패 위험을 동반하는데,

---

4) 한국항공우주산업(KAI)은 삼성항공, 현대우주항공, 대우중공업 등 3개 회사의 항공기 사업 부문이 통합되어 만들어진 회사다.

어떤 기업이 독자 개발 및 사업을 추진하면 이러한 위험을 혼자서 모두 감당해야 한다. 반면 타 기업과 협력할 경우, 이러한 위험을 분산시킬 수 있다. 또한 다양한 자원 및 자산 가운데, 공장 설비, 기계 등은 고정자산에 해당하는데, 과도한 고정자산은 종종 기업의 유연성을 제한하기도 한다. 기업들은 환경 변화가 닥치거나 기술의 진부화가 일어나는 경우, 다각화나 사업기반 이전 등을 시도해야 할 수도 있는데, 기존 기술이나 제품에 특수적인(specific) 고정자산이 존재할 경우 그러한 시도를 어렵게 만들 수 있기 때문이다. 따라서 협력을 통해 특정 분야에 대한 집중도를 완화하고 고정자산을 공유함으로써 부담을 완화하여 유연성을 확보할 수 있는 것이다.

• 넷째, 협력관계는 표준 경쟁에 활용될 수 있다. 어떤 신기술(혹은 신제품)이 표준(지배적 설계)이 되는 데에는 많은 영향요인이 작용하는데(본서 제6장 참조), 이 중 사용자 기반과 보완재의 가용성은 기업 간 협력의 주요 동인이 되기도 한다. 많은 기업들이 공동으로 특정 기술을 지지하고 나서게 될 경우, 해당 기술이 사용자 기반과 보완재 가용성을 충분히 확보하는 데 도움이 된다. 이에 표준 경쟁에서 유리한 위치를 차지할 수 있게 되는 것이다.

● 참고 ─────────────────────────

삼성과 소니의 협력: 위험을 분산하고 유연성을 확보

글로벌 전자산업 경쟁자인 삼성과 소니는 2004년부터 2011년까지 공식적인 협력관계를 구축한 적이 있다. 소니는 2004년 당시 고품질의 LCD를 안정적으로 공급받기 위해 삼성전자에 LCD 협력관계 구축을 요청하였다.[5] 이에 따라 삼성과 소니는 50:50으로 지분을 투자하여 S-LCD라는 회사(아산 탕정 공장)를 공동으로 설립하였다.

그런데 2000년대 후반부터 중국 업체들의 저가 공세가 시작되면서 S-LCD의 패널 단가가 상대적으로 높아졌고, 마침 소니는 그 이전부터 TV부문에서 지속적인 적자를 기록하며 경영상 압박을 받게 되었다. 이에 S-LCD를 통한 LCD 생산 및 조달을 더 이상 유지하기 어려운 상황이었다.[6] 이에 2011년 소니는 삼성에 S-LCD 정리를 요

─────────────────────────

5) http://www.cctoday.co.kr/news/articleView.html?idxno=78264

6) https://www.donga.com/news/Opinion/article/all/20201104/103784878/1

청하였고, 이에 모든 지분을 삼성에 넘기고 사업을 종료하였다.

만일 소니가 독자적으로 LCD를 개발하여 생산하고 있었다면, 이러한 외부환경과 업황 변화에 따른 전략적 결정을 내리기 어려웠을 것이다.

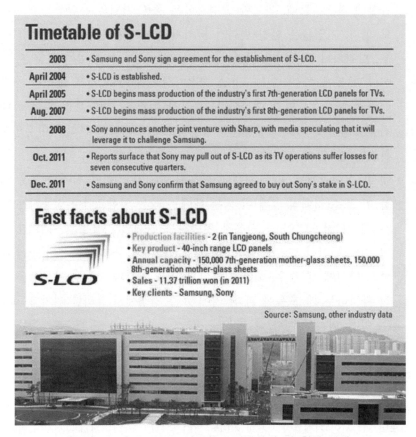

[그림 10-6] S-LCD, 삼성과 소니의 7년 간 협력 사례

출처: 코리아중앙데일리(https://koreajoongangdaily.joins.com/2011/12/26/industry/Samsung-buys-Sony-stake-of-SLCD/2946191.html)

표준 경쟁에서 이기기 위한 전략적 제휴

DVD(Digital Versatile Disc)는 CD에서 더 발전한 저장매체로서, 크기는 CD와 동일하면서도 더 많은 데이터를 저장할 수 있어서 영화 등 영상매체 저장과 유통에 많이 활용되었다. 그런데 2000년대에 들어, 이를 초과하는 고용량의 디스크가 개발되기 시작하였다. 소니는 블루레이디스크(Bluray Disc)를, 도시바는 HD-DVD를 개발하여 차세대 DVD의 표준을 확보하기 위해 치열하게 경쟁하였다.

이들 두 업체는 사용자 기반은 물론 보완재 가용성을 확보하기 위해 많은 기업들을 자신들의 편으로 끌어들였으며, 나중에는 지지하는 기업 진영 간 경쟁으로 확산되었다. 소니와 도시바는 넓은 사용자 기반 확보를 위해 PC 업체는 물론 가전업계의 경쟁 업체들까지 각각 자기 편으로 끌어들였으며, DVD의 보완재인 영화 타이틀을 확보하기 위해 영화사들과도 협력관계를 맺었다. 양 진영의 주요 업체는 아래 표에 정리되어 있다. 당시 HD-DVD보다는 블루레이디스크가 더 고급기술이라는 평가를 받고 있었다. 그런데 새롭게 부상하고 있던 개발도상국(특히 중국) 업체들이 기술적으로 좀 더 접근성이 있는 HD-DVD를 지지할 가능성이 있어, 실제 어느 쪽이 승리할지는 예측하기는 어려운 상황이었다.

그러던 중 기존에 HD-DVD와 블루레이디스크를 모두 지지하고 있던 영화 배급사인 워너(Warner)사가 2008년 1월 블루레이디스크를 지지하고 나섰다. 워너는 자사의 영화를 HD-DVD가 아닌 블루레이디스크로만 출시하겠다고 발표한 것이다.[7] 발표 직후 도시바는 HD-DVD 판매에 영향은 없을 것이라는 의견을 내비쳤으나, 바로 같은해 2월 결국 도시바는 HD-DVD 사업에서 철수한다는 결정을 내렸다. 시장에서는 영화 타이틀(보완재) 공급업자인 워너의 블루레이디스크 선택이 도시바의 HD-DVD 사업 철수에 결정적인 영향을 미쳤다는 평가가 있었다.

---

[7] https://www.edaily.co.kr/news/read?newsId=01935206586282640&mediaCodeNo=257

〈표 10-1〉 HD-DVD와 블루레이디스크 경쟁 참여 업체

	HD-DVD	Bluray Disc
가전 업체	Toshiba, LG, Thomson/RCA	Sony, Hitachi, Mitsubish, LG, Sharp, Panasonic, Samsung, Philips, Thomson/RCA
PC 업체	Microsoft, Intel, HP, NEC, Toshiba	Apple, Dell, Benq, HP, LG, Panasonic, Philips, Pioneer, Samsung, Sony, TDK
영화 업체	Paramount, Warner, Studio Canal, Universal, The Weinstein Company	Sony Pictures, MGM/Columbia Tristar, Disney, Fox, Paramount Warner, Lions Gate

자료: 관련 뉴스 자료 종합

3. 협력의 형태

기업 간 협력은 그 목적에 따라 수없이 많은 형태를 띨 수 있다. 그 가운데 기술적 협력에 많이 사용되는 것으로는 전략적 제휴, 라이센싱, 아웃소싱, 조인트벤처 등이 있다.

(1) 전략적 제휴

전략적 제휴(strategic alliance)라는 용어는 기업 간 협력관계를 통칭하는 말로 뒤에 소개될 조인트벤처, 라이센싱, 아웃소싱 등을 포함한 다양한 다양한 협력 형태를 통칭하여 쓰이는 경우가 많다.[8] 그런데 좀 더 협의로 정의하여 다른 형태와 구분하자면, 두 개 이상의 기업(또는 기타 조직)이 특정 목적을 가지고 공식적 또는 비공식적 협정(agreement)을 통해 협력하는 것으로 이해할 수 있다. 전략적 제휴는 독립적인 두 기업 간의 협력관계이므로 영속적이지 않은 한시적인 경우가 많고, 다른 형태에 비해 덜 경직적(less rigid)이다.

전략적 제휴는 **역량 보완형**, **역량 전이형**으로 구분할 수 있다(Doz & Hamel,

---

8) 실제로 제휴 관련 신문기사들을 찾아보면, 내용상 조인트벤처, 라이센싱, 아웃소싱 등인 경우가 많다. 따라서 전략적 제휴는 다양한 협력관계를 통칭하는 것이라고 볼 수도 있다.

1997). 그리고 근래에는 역량 보완형이나 역량 전이형으로 뚜렷하게 구분하기 어려운 동종업계 경쟁자 간 협력도 발생하고 있는데(이창규, 2007), 이는 **역량 공유형**이라고 부를 수 있다.

첫 번째로, 역량 보완형은 각 파트너 기업들이 보유하고 있는 서로 다른 역량을 보완적으로 활용하는 것을 의미한다. 예를 들어 자동차 업체인 BMW는 지난 2017년 인텔, 모빌아이 등과 연합해 자율주행 플랫폼을 공동으로 개발하기로 합의하였다.[9] 자율주행 자동차는 자동차 기술은 물론 높은 수준의 IT 기술도 필수적이기 때문에 이 분야에서 경쟁력을 확보하기 위해 상호 보완을 위한 목적으로 협력하고자 하는 것이다. 좀 더 최근에는 2021년 현대-기아자동차와 SK이노베이션이 하이브리드차 전용 배터리를 공동개발하기로 한 사례가 있다.[10] 현대-기아차는 전기차 및 하이브리드자동차 제조업체이지만 그간 쌓아 온 배터리 기술을 바탕으로 직접 개발에 나섰다. 이를 위해 소재 및 사양을 직접 검증하고 선택할 계획이며 SK이노베이션은 배터리 제조 기술을 보완할 예정이다. 이는 향후 배터리 납품 등으로 이어질 수 있겠지만, 현 단계에서는 각 사의 역량을 보완적으로 활용해 배터리를 공동개발하려는 것으로서, 역량 보완을 위한 제휴라고 볼 수 있을 것이다.

두 번째로, 역량 전이형 전략적 제휴가 있다. 역량의 전이는 상대 파트너의 역량을 전달받아 자신의 역량으로 내재화하는 것을 의미한다. 협력의 장점 부분에서 소개한 한국항공우주산업과 미국 록히드마틴 간의 협력이 예시이다. 록히드마틴이 한국 공군의 전투기 도입 사업을 수주하면서, 이에 대한 절충교역 차원에서 T-50 항공기를 공동개발하기로 약속하였다. 공동개발에는 한국항공우주산업과 록히드마틴이 참여하였는데, 한국항공우주산업은 이 사업을 통해 항공기 설계 역량을 학습하였다.

세 번째는 역량 공유형이다. 역량의 보완이나 전이는 파트너 간 눈에 띄는 역량 차이가 존재한다. 그런데 동종 업계에서 역량의 차별화가 크지 않은 업체들 간에도 전략적 제휴를 하는 경우가 있다. 기술을 중심으로 한 제휴는 아니지만, 항공업체들의 동맹은 가장 대표적인 역량의 공유를 위한 제휴이다. 대한항공이 참여하고 있는 '스카이팀', 아시아나항공이 참여하고 있는 '스타얼라이언스'

---

9) https://www.mk.co.kr/news/business/view/2017/08/574386/

10) https://www.energy-news.co.kr/news/articleView.html?idxno=76159

는 각각 18개, 25개의 항공사가 참여하는 네트워크를 구축하고 있다. 이들은 각 동맹 내에서 노선을 분담하고 업무를 상호 지원함으로써 비용을 줄이고 공생하는 관계로 발전하였다.[11]

또한 일본의 소니와 파나소닉은 2012년 OLED TV 기술을 공동개발하기로 합의하였다. 이 두 회사는 원래 치열한 경쟁관계에 있는 회사였다. 그런데 2000 년대 이후 반도체, LCD는 물론 가전 분야에서마저 한국 기업들에게 밀리게 되자, 한국 기업들에 대항하기 위해 동종 업체들끼리 협력하기로 한 것이다.[12] 이를 위해 양측은 연구개발을 공동으로 진행하며, 이를 통해 비용을 절감하고 시너지 효과를 내기를 기대하였다. (그러나 2013년 두 회사는 목표를 달성하지 못한 채 공동개발을 포기하였다). 이외에 자동차 산업에서 메르세데스-벤츠의 모기업인 다임러(Daimler AG)사와 BMW는 2019년 차세대 자율주행차 개발을 위해 전략적 제휴 관계를 맺었는데,[13] 이 역시도 역량의 공유를 위한 제휴라고 볼 수 있다.

〈표 10-2〉 전략적 제휴의 형태별 예시

구분	예시
역량 보완형	• 자율주행 플랫폼 개발을 위한 BMW, 인텔, 모빌아이 등의 제휴 • 하이브리드 전용 배터리 개발을 위한 현대자동차-SK이노베이션 제휴
역량 전이형	• 한국항공우주산업과 록히드마틴의 T-50 공동개발
역량 공유형	• 2012 소니-파나소닉 OLED 공동개발 추진 (2013년 중단) • 차세대 자율주행차 개발을 위한 다임러-BMW 간 제휴

자료: 관련 뉴스 자료 종합

(2) 라이센싱

라이센싱(licensing)은 두 개 이상의 기업 간 계약으로 형성되는 관계로, 한 측이 보유하고 있는 기술 또는 기타 지적재산의 사용 권리를 다른 측이 획득하는 것을 말한다. 사용 권리를 획득하는 측은 소유자에게 '로열티(royalty)'라고 하

---

11) https://www.hankookilbo.com/News/Read/201209251741665608

12) https://www.yna.co.kr/view/AKR20120515010951073

13) https://www.yna.co.kr/view/AKR20190228200052082

는 대가를 지급한다. 기술 또는 기타 지적재산을 보유하고 있으며 타사에 로열티를 받고 제공하는 것을 라이센싱-아웃(licensing out)이라고 하고, 반대로 기술이나 지적재산을 들여와 로열티를 지불하고 사용하는 것을 라이엔싱-인(licensing-in)이라고 한다. 라이센싱의 대상은 특허, 실용신안, 상표, 저작권 등으로 다양하다.

많은 국내 기업들은 해외 기업으로부터의 라이센싱에 의존해서 성장해 왔는데, 최근에는 기술적으로 독립하는 경우가 많아졌다. 현대자동차의 경우 일본 미쓰비시와 오랜 기간 협력 관계를 유지해 왔다. 특히 현대는 자동차 사업 초기, 미쓰비시 엔진 관련 핵심기술이 전혀 없어서, 미쓰비시에 로열티를 내고 기술을 사용했다. 이후 현대자동차는 1990년대부터 엔진 기술을 독자적으로 개발함으로써 기술적으로 독립하기 시작하였다. 현대자동차 사업 초기, 벌어들인 돈의 일부를 미쓰비시에 로열티로 지급해야 했다는 부정적인 측면도 있었으나, 기술이 전혀 없던 당시 라이센싱을 활용함으로써 빠르게 기술을 활용하여 사업을 할 수 있었다는 긍정적 측면도 있다.

우리나라가 세계 최초로 상용화한 CDMA 통신기술 역시 일부 라이센싱을 받아 상용화에 성공한 것이다. 1990년대 당시 CDMA의 원천기술은 미국의 퀄컴이 가지고 있었는데, 우리나라는 퀄컴의 원천기술에 우리나라의 교환기 등 통신시스템을 결합하여 세계 최초로 CDMA 기반의 이동통신 시대를 열었다. 이로 인해 우리나라 기업들은 통신 분야에서 세계적인 경쟁력을 확보할 수 있게 되었지만, 휴대폰 제조사들은 퀄컴에 막대한 로열티를 지불해야 했다. 퀄컴은 이후에도 WCDMA 특허의 27%, LTE 특허의 16%를 차지하며 영향력을 유지해 왔으며,[14] 휴대폰 제조사들로부터 막대한 금액의 로열티 수익을 올리고 있다. 우리나라 기업들도 아직 스마트폰 매출의 일정액을 퀄컴에 로열티로 지불하고 있다.

(3) 아웃소싱

아웃소싱(outsourcing)은 기업이 수행하는 가치사슬(value chain)[15]상 활동의

---

14) https://www.yna.co.kr/view/GYH20161228000500044

15) 기업 활동에서 부가가치가 생성되는 과정을 의미한다. 자세한 내용은 제7장의 제3절 내적역량 분석 부분을 참고하기 바란다.

일부를 타사에 위탁하는 것이다. 기업들이 기업 활동에 필요한 모든 능력과 시설을 다 보유하기는 어렵다. 따라서 자사의 핵심역량에 해당하지 않는 부수적인 업무는 전문적 역량을 보유한 외부의 업체에 위탁하는 것이 더욱 효율적일 수 있다. 아웃소싱 가운데 가장 대표적인 형태는 위탁생산이다. 연구개발이나 마케팅은 직접 하더라도 생산은 외부에 맡기는 것이다. 예를 들어 통신칩의 절대강자인 퀄컴은 통신칩 설계는 직접 하지만, 실제 생산은 반도체 생산 전문 업체에 맡긴다. 반도체 산업에는 퀄컴과 같이 실제 생산은 하지 않는 반도체 업체들이 많은데, 이들은 대만의 TSMC 등 팹리스(fabless)라고 불리는 생산 전문 기업에게 위탁생산을 맡긴다.[16] 휴대폰 산업에서도 비슷한 사례를 찾아볼 수 있다. 애플은 아이폰을 기획하고 설계하고 마케팅하지만, 실제 생산은 대만과 중국 기업들이 담당한다.

2021년 COVID-19 백신을 국내 기업들이 생산하여 국내에 납품하기도 하였다. 영국회사인 아스트라제네카(Astra Zeneca)의 백신은 SK바이오사이언스에서 생산하여 국내에 공급하였으며, 미국 모더나(Moderna)의 백신은 삼성바이오로직스에서 병입하는 것으로 합의되기도 하였다. 중앙일보 보도에 의하면 이들 백신의 국내 생산은 아스트라제네카 및 모더나로부터 기술을 들여와 로열티를 지급하며 직접 생산하는 것이 아니고 위탁생산하는 것이라고 한다.

〈표 10-3〉 2021년 5월 현재 COVID-19 백신 국내 위탁생산 계약 현황

백신 (국가)	위탁생산 업체
아스트라제네카 (영국)	SK바이오사이언스
노바백스 (미국)	SK바이오사이언스
스푸트니크V (러시아)	한국코러스, 휴온스 컨소시엄
모더나 (미국)	삼성바이오로직스

자료: 중앙일보 보도 내용(https://news.joins.com/article/24064613) 종합.

---

16) https://www.samsungsemiconstory.com/2225

(4) 조인트벤처

앞에서 소개된 전략적 제휴, 라이센싱, 아웃소싱과는 달리 공동으로 새로운 기업을 설립하는 협력 형태가 있다. 두 개 이상의 기업이 공동으로 지분을 투자하여 새로운 회사를 설립하는 경우를 조인트벤처(joint venture)라고 한다. 조인트벤처는 두 개의 회사가 50:50 내외로 지분을 투자하는 경우가 많다.

앞에서 소개된 S-LCD는 삼성과 소니가 공동으로 투자한 조인트벤처이다. (당시 삼성은 전체 지분의 50%+1주, 소니는 50%-1주를 투자하였다). S-LCD 외에 LG디스플레이도 초기에 조인트벤처로 탄생한 회사이다. 1999년 한국의 LG전자와 네덜란드의 필립스(Philips)는 50:50으로 투자하여 LG필립스LCD라는 합작법인을 설립하였으며 이 협력관계는 약 10년 동안 지속되었다. 이후 2008년 필립스가 사업구조조정의 일환으로 LG필립스LCD에 대한 지분을 매각하면서 협력관계는 종료되었다. 이후 LG필립스LCD는 LG디스플레이로 사명을 바꾸고 현재에 이르고 있다.

(5) 협력 유형 간 비교

앞에서 소개된 전략적 제휴, 라이센싱, 아웃소싱, 조인트벤처는 독자 개발과 비교할 때 속도, 비용, 통제권 측면에서 차별화되는 특성이 있다. 독자 개발은 모든 자원을 직접 동원하고 처음부터 모든 것을 직접 개발해야 하기 때문에 개발 속도가 느리고 많은 비용이 요구된다. 그러나 기술을 홀로 보유하고 있기 때문에 기술 활용 방향이나, 수익창출 방법, 향후 발전 방향 등에 대한 통제권 수준이 높다.

전략적 제휴는 기업 간 제휴의 방식이 다양하기 때문에 개발 속도나 비용 측면 역시 다양하다. 기술에 대한 통제에 있어서는, 두 개 이상의 기업 간 합의가 필요하기 때문에 통제 수준은 제한적이다.

라이센싱은 이미 개발되어 있는 기술을 바탕으로 진행되는 것이기 때문에 개발 및 활용 속도는 빠르다. 기술을 도입하여 활용하는 입장(라이센싱-인)에서는 이미 개발된 기술의 사용권을 얻어 오는 것이어서 직접 개발할 필요가 없으므로 비용이 낮다. 기술을 제공하는 입장(라이센싱-아웃)에서도 사업화를 위한 각종 준비 과정이 필요 없으므로 비용을 아낄 수 있다. 그러나 기술에 대한 통제권 측면에서는, 라이센싱-인의 경우 기술 제공자와의 계약으로 인해 기술 활용 및 향후 개발에 대한 제약이 있어 통제권이 낮다. 라이센싱-아웃인 경우에도, 비록 기술 제공자가 어느 정도의 우위에 있기는 하나, 기술 사용자의 존재로 인해 통제권이 제한적일 수밖에 없다.

아웃소싱은 파트너가 이미 구축하고 있는 전문적 역량을 활용하는 것이기 때문에, 개발 또는 활용의 속도는 중간 내지는 높은 수준이다. 예를 들어 위탁생산을 하는 경우, 기술은 이미 개발되어 있는 상황이고 위탁생산을 수행할 기업은 이미 전문 설비, 장비, 노하우를 보유하고 있기 때문에 비교적 빠르게 생산에 착수할 수 있다. 또한 같은 이유로 비용 역시 독자 개발보다는 낮은 수준이다. 통제권 측면에서는, 아웃소싱된 업무를 파트너 업체가 전담하는 것이기 때문에 통제권이 약간 제한되는 측면이 있다.

마지막으로 조인트벤처의 경우, 두 회사가 협상을 하고 회사를 설립하여 연구개발 및 생산까지 하기에는 긴 시간이 걸린다. 실제로 LG전자와 필립스가 LG필립스LCD를 설립할 때에는 협상 기간만 2년 가까이 걸릴 정도였다. 즉 속도는 낮다. 그런데 일부 파트너들 간 보완적 자원을 효율적으로 활용할 경우 속도가 빨라질 수도 있다. 이외에 비용과 통제권은 양측이 공유(share)하는 특징이 있다.

11 지식재산 관리와 전략

1. 지식재산권의 종류

인간의 지적 활동을 통해 만들어진 무형의 자산을 지적재산이라고 하며, 이 것에 대한 권리를 지식재산권이라고 한다. 본서의 제2장에서는 기술의 의미에 대해 설명하였다. 기술의 영단어 technology는 무엇인가를 창출한다는 *téchnē* 와 인간의 지적 활동을 의미하는 logos가 합쳐져서 만들어진 단어이다. 기술은 인간의 삶에 필요한 무엇인가를 만들어 내는 방법이나 수단 중 특히 지적 활동 의 결과물을 의미한다. 따라서 기술도 지적재산의 일부이며, 기술혁신을 추구하 는 기업이나 혁신주체들은 지식재산권에 대해 충분히 이해하고 전략적으로 활 용할 수 있어야 한다.

지식재산권은 크게 산업재산권, 저작권, 신지식재산권으로 구분된다(특허청, 2012).[1)]

〈표 11-1〉 지식재산권의 구분

산업재산권	특허권, 실용신안권, 디자인권, 상표권
저작권	저작재산권, 저작인격권, 저작인접권
신지식재산권	첨단산업재산권, 산업저작권, 정보재산권, 기타

자료: 특허청(2012)

---

1) 이하 특허청의 『지식재산권의 손쉬운 이용』을 참고하여 작성하였다.

우선 **산업재산권**은 산업상 이용가치를 갖는 발명 등 지적재산에 대한 권리이다. 산업재산권에는 특허권, 실용신안권, 디자인권, 상표권이 포함된다. 이 중 특허는 "자연법칙을 이용한 기술적 사상의 창작으로서 고도의 것"이다. 실용신안권은 "자연법칙을 이용한 기술적 사상의 창작으로서, 물품의 형상, 구조, 조합에 관한 실용 있는 고안"으로 정의된다. 특허와 실용신안은 자연법칙을 이용한 기술적 사상의 창작이라는 점에서는 동일하나 얼마나 고도의 것인지 여부에 따라 달라진다. 산업재산권 중 디자인권은 "물품의 형상, 모양, 색채 또는 이들을 결합한 것으로 미감을 느끼게 하는 것"에 대한 권리이다. 이는 과거 의장권이라고 불리기도 하였는데, 일본식 한자어라는 지적이 있어 2005년 디자인권으로 바뀌게 된 것이다. 이외에 상표권도 산업재산권의 하나인데, 이는 "타인의 상품과 식별하기 위해 사용되는 기호, 문자, 도형, 입체적 형상, 색채, 홀로그램, 동작 또는 이들을 결합한 것"을 의미한다.

두 번째, **저작권**은 인간의 사상 또는 감정 등을 독창적으로 표현한 저작물에 대해 창작자가 가지는 독점적, 배타적 권리이다. 상기의 산업재산권은 특허청에 출원하여 등록되어야 보호를 받을 수 있는 반면, 저작권은 창작과 동시에 보호받는 것으로, 별도의 등록 절차나 방식을 필수적으로 요구하지 않는다. 저작권은 저작재산권, 저작인격권, 저작인접권을 포함한다. 저작재산권은 저작자가 저작물을 스스로 또는 제3자가 이용하는 것을 허락하고 경제적 이익을 올릴 수 있는 재산권을 의미한다. 책을 써서 책 판매에 대한 대가로 인세를 받는 것은 저작재산권에 의한 것이라고 볼 수 있다. 저작인격권은 저작자가 저작물에 대하여 가지는 인격적·정신적 이익을 보호하는 권리로서 공표권, 성명표시권 및 동일성 유지권 등으로 구성된다. 어떠한 저작물을 공표할지 말지, 어떤 성명으로 공표할지 등은 오로지 저작자에 의해 결정될 수 있는 것이다. 또한 저작자가 아닌 사람이 원작을 마음대로 수정하여 저작자의 명예나 명성을 해치는 경우 저작인격권 중 동일성 유지를 해치는 행위이다. 저작인격권은 저작재산권과 약간 다른 특징을 보인다. 저작재산권은 양도할 수도 있는 반면, 저작인격권은 양도할 수 없다. 예를 들어 학술논문의 경우 출판 게재 시 저작재산권을 출판사에 양도하는 관행이 있다. 그러나 공표에 대한 권리, 성명의 표시 및 동일성 유지에 대한 권리는 출판사에 양도할 수 있는 성질의 것이 아니다. 마지막으로 저작인접권은 실연자(배우, 가수, 연주자), 음반제작자, 방송사업자의 권리이다. 예를 들어 A라는 사람이 작사 작곡한 곡으로 B라는 회사가 음반제작을 하고 C라는 사람이 연주하면, A는 저작권료를 받고, B와 C는 저작인접권에 의한 음원료, 실연료를 각각 받는다.

세 번째, 신지식재산권은 기존에 산업재산권과 저작권으로 보호되지 않던 것을 보호하기 위해 만들어진 권리이다. 예를 들어 반도체 회로 설계, 컴퓨터 프로그램(소프트웨어), 영업 방법 등은 특허로 보호받지 못했다. 반도체 회로 설계는 실제 회로 소자를 배치한 것으로서 자연 법칙을 이용한 기술적 사상의 창작이기는 하나, "설계가 경험에 의한 시행착오의 반복에 따른 부분이 많으며, …… 신규성과 진보성이 있다고 보기 어려우므로(김동진, 2000)" 특허로 인정받지 못했다. 또 컴퓨터 프로그램의 알고리즘은 자연 법칙을 이용한 것이라고 보기 어렵다는 이유로 보호받지 못했으며(김기복, 1992), 영업방법 역시 같은 이유로 특허의 대상이 아니었다. 그런데 IT의 발전에 따라 점차 이들에 대한 보호의 필요성이 대두되자, 적절한 요건을 갖춘 경우에 보호하도록 제도를 갖추게 되었는데, 바로 이러한 부분을 신지식재산권이라고 한다. 아래의 [그림 11-1]은 신지식재산권의 범위를 보여준다.

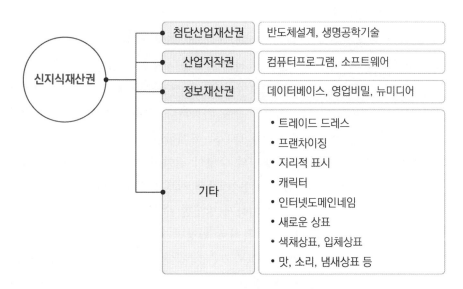

[그림 11-1] 신지식재산권의 범위

출처: 특허청(2012) 자료를 일부 수정

본 장에서는 이상 소개된 다양한 지식재산권 가운데 특허권, 상표권, 트레이드 드레스, 기업비밀에 대해 조금 더 구체적으로 살펴보고, 지적재산 보호와 공개 전략에 대해 논의해 본다.

2. 특허

특허는 "자연법칙을 이용한 기술적 사상의 창작"으로서 고도의 것으로 정의되어 있다. 따라서 특허에서 인정하는 발명은 기본적으로 자연법칙을 이용한 것이며, 그중 (1) 신규성, (2) 진보성, (3) 산업상 이용 가능성 등 세 가지 요건을 충족한 것만 특허로 등록될 수 있다. 신규성은 이미 출원된 것이거나 대중 매체에 소개된 적이 없어야 한다는 조건으로 새롭게 만들어진 것에 대해서만 특허권을 부여함을 의미한다. 진보성은 기존의 것보다 얼마나 진보되었는가에 관한 것으로, 기존의 발명으로부터 용이하게 만들어질 수 있는 것이라면 특허의 요건에 부합하지 않는다. 세 번째로 산업상 이용 가능성은 비록 신규성과 진보성을 갖추고 있더라도 산업적으로 유용하게 이용할 수 있는 것이 아니라면 특허권을 부여할 수 없음을 의미한다.

예를 들어 백열전구를 LED로 교체한 가정용 조명 장치라면 특허의 요건을 충족한 것으로 볼 수 있을까? 만일 이전에 LED를 사용한 조명 장치가 없었다면 신규성이라는 측면은 충족할 수 있으며, 제품을 생산해 판매할 수 있는 것이므로 산업상 이용 가능성이라는 조건도 충족 가능하다. 그런데 진보성이라는 측면에서는 문제가 발생한다. 백열전구를 LED로 교체하면 더 밝은 빛을 이용할 수 있고, 전기를 절약할 수 있으며, 광원의 수명이 길어져 더 오래 사용할 수 있다는 장점이 있다. 그런데 이러한 장점은 기존의 발명인 LED라면 당연한 효과이기 때문에 기존의 발명으로부터 용이하게 발생할 수 있는 것이다. 따라서 단순히 백열전구를 LED로 교체한 것은 특허로 인정받기 어렵다.

그런데 이런 경우는 어떨까? LED는 기존 광원에 비해 전력을 덜 소모하고, 더 밝고, 수명이 길며, 저렴하다는 장점이 있는 반면, 직류에서만 작동한다는 단점이 있다. 만일 가정에서 사용하는 60Hz 교류에 LED를 그대로 연결하면 LED는 1초에 60번 켜지고 꺼짐을 반복하기 때문에 시력에 악영향을 미치는 등의 단점이 있다. 이에 어떤 회사에서는 [그림 11-2]와 같은 AC 구동 LED 패키지를 개발했다. 이 패키지는 LED를 두 방향으로 병렬로 배치하거나, 교류를 직류로 변환하는 회로를 적용함으로써, 교류에서도 직류와 동일한 빛을 낼 수 있게 만들어졌다. 이 패키지는 기존 LED를 활용하기는 하지만, LED를 그대로 활용한 것이 아니기 때문에 누구나 평균적인 노력만으로 달성할 수 있는 수준을 넘어선다고 볼 수 있으며, 기존 LED 조명의 단점을 극복해 내기도 하였다. 따라서 이 발명은 기존의 발명이 이루지 못했던 진보성까지 달성한 것이므로 특허로 인정받을 수 있는 것이다. 실제로 이 발명은 국내 업체(서울반도체)가 개발하여 특허로 등록된 적이 있다. (등록번호 1012021750000 및 1012021770000로 등록되었으나, 현재는 등록료 불납으로 소멸 상태이다).

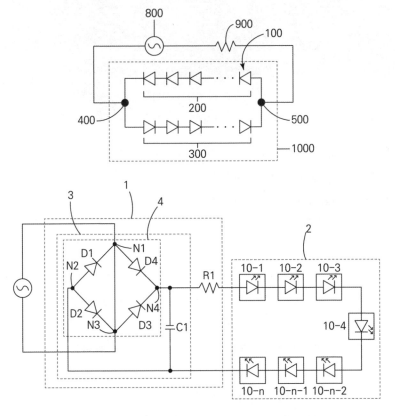

[그림 11-2] 특허의 진보성 예시: LED 조명 특허

출처: 대한민국 특허 등록번호 1012021750000 및 1012021770000

특허는 속지주의 원칙에 따라 권리가 부여된다. 따라서 어느 한 국가에서 특허로 등록되었다고 다른 곳에서도 권리를 보장받을 수 있는 것이 아니다. 한 국가에 등록된 특허는 해당 국가 내에서만 권리를 인정받을 수 있으며, 다른 나라에서도 권리를 인정받고자 할 때에는 그 나라에 별도로 특허를 출원하고 권리를 취득하여야 한다.

그런데 속지주의 원칙으로 인해 특허의 원소유자가 다른 나라에서는 권리를 인정받지 못하는 일이 발생할 수도 있다. 예를 들어 [그림 11-3]에서는 한국인 K씨가 A기술을 한국 특허청에 2020년 1월 1일에 출원하여 이후 등록까지 받게 된다. 그런데 2020년 6월 1일, 다른 사람(L씨)이 이 기술을 모방하여 K씨 몰래 X국가에 출원한다. 만일 이런 일이 실제로 일어나면, A기술은 한국에서는 K씨 소유가 맞지만, X국가에서는 K씨가 아닌 A씨의 소유가 된다. A씨는 자신이 발명을 해 놓고서도 X국가에서 그 권리를 보호받지 못하는 일이 생기는 것이다.

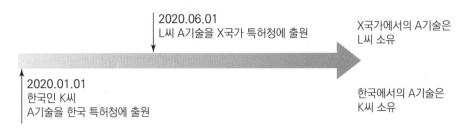

[그림 11-3] 속지주의로 인한 문제점

이러한 문제점을 극복하기 위해 몇 가지 보완책이 마련되어 있다. 우선 1883년에 프랑스 파리에서 개최된 "산업자산 보호를 위한 파리 회의"에서 해외에서도 특허를 출원할 수 있도록 제도를 만들었다. 이 제도를 통해 해외 특허를 취득하는 것을 '파리 루트(Paris route)'라고 부르기도 한다. 파리 루트를 따를 경우, 국내에서 특허를 출원한 뒤 12개월 이내에만 다른 나라에 특허를 출원하여 등록까지 하게 되면 해당 국가에서도 우선권을 보장받을 수 있다. 아래 [그림 11-4]의 예를 살펴보자. 한국인 K씨가 A기술을 2020년 1월 1일에 한국 특허청에 출원하고, L씨가 이 기술을 K씨 몰래 X국가 특허청에 출원한다. 그런데 원발명자인 K씨는 이보다 늦은 2020년 7월 1일에 파리 루트를 통해 X국가 특허청에 특허 출원을 한다. 그러면 (이후 X국가 특허청에 특허가 등록되면) A기술은 한국 특허청에 먼저 출원하고 그로부터 12개월 이내에 X국에도 출원 신청을 한 한국인 K씨의 우선권을 인정하여 A씨 소유가 된다.

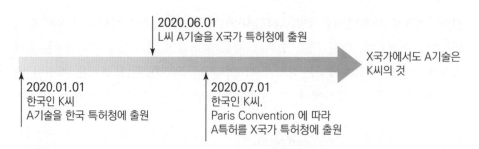

[그림 11-4] Paris 루트 출원의 예시

파리 루트는 다른 국가에서도 특허권을 인정받을 수 있는 제도적 기반으로써 유용하게 활용될 수 있다. 그런데 12개월이라는 시간이 상당히 짧아 그 안에 특허권 침해가 예상되는 모든 국가에 개별적으로 특허 출원을 한다는 것은 매우 어려운 일이다. 또한 모든 국가별로 별도의 심사과정을 거쳐야 한다는 절차상 번거로움도 있다.

이러한 문제점으로 인해 PCT 루트가 만들어졌다. PCT는 특허협력조약(Patent Cooperation Treaty)의 약자인데, 이 PCT에 의한 루트로 출원 중인 특허를 흔히 국제특허 또는 PCT특허라고 부른다. PCT 루트는 한 국가에서 특허 출원을 한 후 12개월 이내에 PCT 출원을 해 놓으면, 최초 출원일로부터 30개월 동안 PCT 회원국들에서도 동일한 특허를 출원할 수 있는 권리를 부여한다. (최초 국내 특허 출원을 하면서 PCT 출원을 동시에 하는 경우가 많다). 이 경우 최초 출원일이 모든 회원국에서 동일하게 적용될 수 있다. PCT를 통할 경우 30개월이라는 시간을 확보할 수 있다는 장점이 있다. 또한 PCT 차원에서 조약이 정하는 특허의 기준을 만족하는지 사전에 심사를 진행하는데, 각 개별 국가의 심사 과정에서 PCT의 심사 결과를 무조건 수용할 의무는 없지만, PCT의 인정은 각 국가별 특허청에 이 특허가 요건을 충족하였다는 확신을 심어줄 수 있어, 절차상 유리한 측면도 있다.

아래 [그림 11-5]은 예시로, 한국인 K씨가 2020년 1월 1일에 한국 특허청에 A기술의 특허를 출원하면서 PCT 출원도 동시에 신청한 경우이다. 이후 2021년 1월 1일 L씨가 K씨 동의 없이 A기술을 X국가 특허청에 출원한다. 한국인 K씨는 이보다 늦은 2022년 6월 1일 PCT를 통해 X국가에 특허 출원을 한다. 이후 특허가 등록되면, A기술은 X국가에서도 K씨의 것으로 인정받을 수 있다.

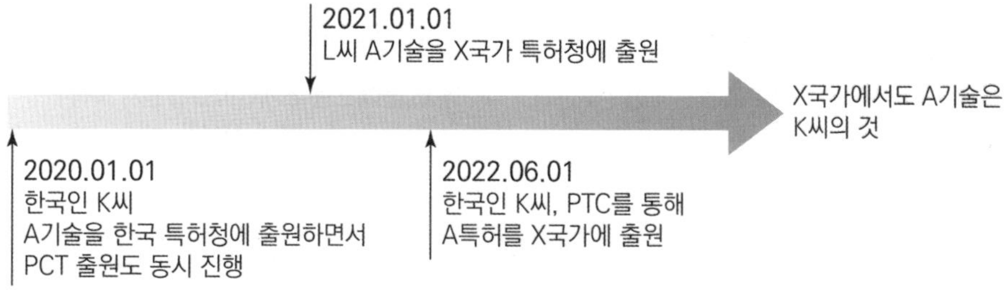

2021.01.01
L씨 A기술을 X국가 특허청에 출원

X국가에서도 A기술은
K씨의 것

2020.01.01
한국인 K씨
A기술을 한국 특허청에 출원하면서
PCT 출원도 동시 진행

2022.06.01
한국인 K씨, PTC를 통해
A특허를 X국가에 출원

[그림 11-5] PCT 루트 출원의 예시

3. 상표와 트레이드 드레스

상표는 기호, 문자, 도형, 입체적 형상, 색채, 홀로그램, 동작 등을 통해 각 제품의 제조자를 구분해 주는 수단이다. "Coca Cola", "Pepsi", "Apple" 등의 표식은 상표의 대표적인 예라고 할 수 있다. 그런데 상표권은 제품의 상표에만 국한되지 않는다. 제품에 사용되는 상표 이외에, 서비스업에서 타인과 구분하기 위한 서비스표(예: 농협중앙회 상표), 비영리단체가 사용하는 업무표장, 여러 주체가 공동으로 설립한 법인(조합법인 등)이 사용하는 단체표장도 상표로 인정된다.

상표는 마드리드 시스템이라는 체제를 통해 국제 수준에서 보호된다. 상표에 대한 제도는 '표장의 국제등록에 관한 마드리드 협정' 및 '마드리드 협약'이 있는데 둘 중 어느 쪽에 가입되더라도 전체 회원국에서 상표를 보호받을 수 있다. 마드리드 시스템을 통할 경우, 본국 특허청에 상표 출원을 한 지 2개월 이내에 국제사무국에 국제등록을 위한 출원이 접수되면, 본국 관청에 접수한 날이 국제등록일이 된다. 국제사무국은 출원자가 상표 출원을 하고자 지정하는 국가에 지정 통지를 하며, 지정국은 일정 기간(1년 내지 18개월) 내에 심사를 완료한다.

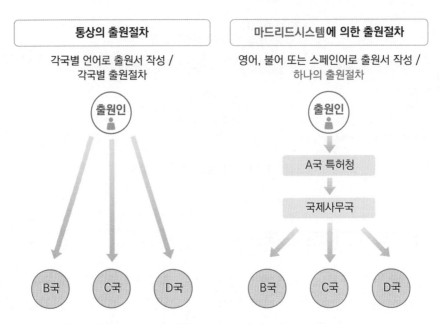

통상의 출원절차	마드리드시스템에 의한 출원절차
각국별 언어로 출원서 작성 / 각국별 출원절차	영어, 불어 또는 스페인어로 출원서 작성 / 하나의 출원절차

[그림 11-6] 마드리드 시스템을 통한 국제 상표 출원

출처: 특허청(2012)

　　최근 상표와 유사하게 인정받는 것으로 트레이드 드레스(trade dress)라는 것이 있다. 트레이드 드레스는 제품의 고유한 이미지를 형성하는 색채, 크기, 모양 및 총체적인 이미지를 의미하는데, 전통적인 상표는 아니지만 상표처럼 제품이

[그림 11-7] 트레이드 드레스의 예시

나 업체를 식별할 수 있게 해 준다. 예를 들어 [그림 11−7]에 등장하는 두 제품은 상표를 가렸음에도 불구하고, 누구나 제품의 모양만으로도 어떤 회사의 어떤 제품인지 알아차릴 수 있다. 이렇게 상표가 아닌데도 업체나 제품을 식별할 수 있게 해 주는 이미지적인 것을 트레이드 드레스라고 한다. 트레이드 드레스는 디자인권과도 혼동되는데, 디자인권이 주로 미적 외관에 관한 것인 반면, 트레이드 드레스는 외관의 식별력에 관한 것이다.

트레이드 드레스는 기존에 보호받기 어려웠던 것이라는 측면에서는 신지식 재산권에 해당하며, 국가별로 다른 법령에 의해 보호받고 있다. 미국에서는 1988년 개정된 연방상표법에서 '상품과 서비스 또는 상품의 용기에 단어, 문자, 심벌, 장치 또는 이들의 결합을 상업적으로 사용하여 출처의 허위표시, 상품 출처의 오인 혼동을 야기하거나 또는 상업적 광고행위에서 타인의 영업과의 관계 또는 연관관계 또는 후원관계가 있다는 혼동을 야기하거나 기만할 우려가 있는 행위를 한 자에 대해서는 그러한 행위로 인하여 침해를 받았거나, 또는 받을 우려가 있는 자는 민사소송을 제기할 수 있다'고 규정하여 상표를 폭넓게 보호할 수 있도록 하였다. 그리고 이후 벌어진 Taco Cabana 사건의 판결에서 '트레이드 드레스도 상표법상의 다른 표장과 마찬가지로 보호를 받기 위해서는 자타상품 식별력을 보유하여야 하며...'라고 판시함으로써, 식별력이 있으면 트레이드 드레스도 보호될 수 있음을 시사하였다.

미국에서는 판례를 통해 트레이드 드레스의 성립요건이 만들어졌다. 첫째, 트레이드 드레스는 기능적이지 않아야 한다. 기능과 관련된 특허는 최장 20년간 보호받는 데 반해, 트레이드 드레스는 특별한 존속기간이 없다. 이에 특허에 해당하는 것을 트레이드 드레스로 주장하여 특허의 존속기간 한계를 극복하려는 행위를 방지하기 위해서이다. 둘째, 트레이드 드레스는 식별력을 제공하여야 한다. 이는 트레이드 드레스의 의미를 고려하면 당연한 조건이다. 셋째는 혼동 가능성이다. 이는 혼동가능성이 트레이드 드레스 침해의 기준에 포함되어야 함을 의미한다. 즉 트레이드 드레스를 둘러싼 다툼이 있을 때, 피고측의 트레이드 드레스가 소비자들로 하여금 원고측의 것과 혼동을 일으킬 수 있는 경우에만 트레이드 드레스 침해로 볼 수 있다는 뜻이다.

우리나라의 경우는 그간 명문화된 규정이 없어 상표법이나 부정경쟁방지법을 통해 일부 보호받을 수 있다. 상표법에서는 입체적 형상이나, 색채, 소리 등과 같은 비시각적 요소들도 상표로 인정하기 때문에 일부 트레이드 드레스도 넓은 의미의 상표로 인정받을 수 있다. 또한 부정경쟁방지법에서는 상품 형태의 보호를 인정하고 있는데, 타인이 제작한 상품의 형태(형상, 모양, 색채, 광택 또는 이들을 결합한 것)를 모방한 상품의 양도, 대여, 전시, 수입, 수출하는 행위를 금지하고 있다. 여기서 언급된 상품의 형태는 트레이드 드레스로 볼 수 있는 경우도 있으므로, 일부 보호가 가능할 것이다.[2]

과거 삼성전자와 애플 사이에 스마트폰을 둘러싼 지식재산권 분쟁이 있었다. 이때 애플이 제기했던 것은 세 건의 디자인 특허와 트레이드 드레스였다. 당시 애플은 스마트폰의 전반적인 외관과 아이콘 배열이 비슷하다는 점을 들어 삼성전자가 자사의 트레이드 드레스를 모방했다고 주장하였다. 이에 대해 미국 법원은 2심에서 트레이드 드레스는 불인정하였다.

[그림 11-8] 삼성의 애플 트레이드 드레스 모방 관련 애플의 주장

출처: 한겨레신문 영어판(http://english.hani.co.kr/arti/english_edition/e_business/764956.html)

---

2) 다음 링크를 통해 좀 더 상세한 내용 및 사례를 확인할 수 있다. https://hotelrestaurant.co.kr/mobile/article.html?no=8763

4. 기업비밀

발명은 특허로 등록되면 법적으로 그에 대한 권리를 인정받을 수 있으나, 특허 문서를 통해 기술적 정보가 공개된다. 따라서 외부인들은 직접 그 특허를 사용하지는 못하더라도, 특허 문서를 통해 기술에 대해 학습할 수 있으며 때로는 해당 특허의 기술을 더 개선하여 다른 발명을 만들어 내기도 한다. 이러한 문제로 인해 기업들은 발명을 특허화하지 않고 기업비밀 형태로 보유하는 경우도 많다.

가장 대표적인 사례가 바로 코카콜라 제조법이다. 코카콜라 제조법은 특허로 출원된 적이 없으며, 기업비밀로서 해당 업체의 극히 일부 핵심인력들만 알고 있는 것으로 알려져 있다. 만일 코카콜라 제조법이 특허로 공개된 적이 있다면 특허 문서를 통해 널리 알려졌을 것이며, 특허로 보호될 수 있는 최장 기간이 20년에 불과하므로 장기간 동안 보호받지 못했을 것이다.

이처럼 기업비밀은 법적 테두리 바깥에서 기업들이 자체적으로 기술 역량을 보호하는 장치로 사용되어 왔는데, 기업비밀을 유출하거나 모방하는 경우가 증가함에 따라 이제는 법적으로도 보호하고 있다. 기업비밀에 대한 권리를 법적으로 보장받기 위해서는 다음의 세 가지 조건을 만족시켜야 한다.

- 비공지성: 해당 정보가 간행물 등에 실리는 등 불특정 다수에게 공개되어 있지 않아, 보유자를 통하지 않고서는 입수할 수 없는 상태일 것을 의미한다.
- 경제적 유용성: 해당 정보가 경제적 가치가 있어야 함을 의미한다. 아무런 경제적 가치를 만들어 내지 못하는 정보는 비밀로 인정할 가치가 없다.
- 비밀관리성: 기업비밀 소유자는 정보를 비밀로 유지할 적절한 수단을 적용하여야 한다. 정보가 비밀이라고 인식될 수 있는 표시를 하거나, 정보에 접근하는 대상자나 접근방법을 제한하고, 비밀준수의무를 부과하는 등 정보가 비밀로 유지 관리되는 상태에 있어야 한다.

예를 들어, 전 직장에서 퇴사하면서 해당 회사의 주력 제품에 대한 중요 정보가 담긴 CD를 들고 나온 뒤 경쟁 업체에 취업한 사람이 있었는데, 부정경쟁방지법상 기업비밀침해죄로 기소되어 1, 2심에서는 유죄 판결을 받았으나 대법원에서 무죄 취지로 파기환송 판결을 받은 적이 있다.[3] 당시 대법원은 피해회사가 해당 정보에 대해 보관책임자 지정, 보안장치 및 보안관리규정 등을 하지 않았고, 비밀이라는 표시도 하지 않았으며, 사원 누구나 그 정보에 접근할 수 있었고, 내부 네트워크에서 쉽게 접근할 수 있었던 점을 들어 기업비밀에 해당하지 않는다고 판단했다.

5. 지식재산 보호와 공개

우리는 흔히 혁신으로부터 이익을 얻기 위해서는 연구개발의 결과물을 보호하여야 한다고 믿는다. 따라서 연구개발로부터 얻은 성과들은 대부분 특허 등 지식재산권으로 출원하고, 일부는 기업비밀로 남겨 외부의 모방으로부터 보호한다. 특히 제약 산업 같은 경우는 특허 등 지식재산권 제도가 혁신 성과의 전유(appropriation)에 매우 효과적으로 사용된다.

그런데 종종 지적재산을 보호하기보다는 공개하는 것이 더 큰 이익을 가져다주는 경우도 있다. 본서 제6장에서 사용자 기반과 보완재의 가용성으로 인해 네트워크 외부성이 발생할 수 있으며, 네트워크 외부성으로 인해 특정 기술이 시장을 지배하는 표준이 될 수 있음을 언급하였다. 이를 고려하면 사용자 기반과 보완재 확보가 이익 창출의 원동력인 경우가 있으며, 이를 위해서는 지적재산을 공개하여 사용자 기반과 보완재를 확충하는 것이 효과적일 수도 있다.

1970년대부터 1990년대 초반까지 바이닐(Vinyl, 흔히 LP라고 하는 것)과 더불어 음원 미디어를 지배했던 카세트 테이프(cassette tape) 및 플레이어는 바로 지적재산 공개를 통해 성공한 사례다.

음원 미디어로 테이프가 사용된 것은 1935년부터이며 이 당시에는 두 개의 얼레(reel)를 각각 장착하는 릴(reel-to-reel) 방식이 사용되었다. 이후 1950~60년대에는 RCA가 개발한 테이프 카트리지가 인기를 끌기도 했다. 그러던 중

---

3) http://thel.mt.co.kr/newsView.html?no=2016122923088227893

1960년대에는 몇 개의 업체가 기존의 릴 방식이나 RCA 카트리지보다 작은 소형 테이프 및 플레이어를 개발하여 경쟁에 돌입하였다. 당시 독일의 그룬딕(Grundig)은 DC-International format이라는 소형 테이프 및 플레이어를 개발하여 시장에 진입했고, 텔레풍켄(Telefunken), 데카(Decca), RCA빅터, BASF, Agfa 등이 테이프 및 테이프에 녹음된 앨범을 공급하기도 하였다. 이외에 필립스는 그룬딕의 것보다 약간 작은 컴팩트 카세트(Compact Cassette)라는 포맷을 개발했는데, 그룬딕의 DC-International format과 치열한 경쟁을 벌였다. 이때 필립스는 시장 경쟁에서 승리하기 위해 지적재산을 공개하는 전략적 결정을 내린다.

[그림 11-9] 필립스의 컴팩트 카세트 포맷과 그룬딕의 DC-International 포맷

출처: Ulrich Miemietz(https://de.wikipedia.org/wiki/Datei:Vergleich_Compact_Cassette_DC-International_Kassette.jpg)

필립스가 보유한 카세트 및 카세트 플레이어의 기술 및 스펙을 모두 공개하여 이 기술을 사용하는 업체 수를 늘리고자 했던 것이다. 이에 많은 업체들이 필립스의 기술을 무상으로 라이센스 받아 카세트 테이프와 플레이어를 생산했으며, 특히 소니 등 일본 업체들이 이 기술을 많이 사용했다. 일본 업체들이 카세트 테이프와 플레이어를 생산해 대량으로 시장에 공급하자, 시장에 사용자 기반이 커지게 되었고, 많은 음반들이 카세트 테이프로 발매되기 시작하였다. 이러한 과정을 거쳐 필립스의 카세트 테이프는 이 분야에서 지배적 설계 지위를 차지하게 된 것이다.

필립스의 카세트 테이프 사례에서 볼 수 있듯, 지적재산을 공개하는 것도 전략적으로 유용하게 사용될 수 있다. 따라서 기업들은 지적재산의 폐쇄부터 개방에 이르는 다양한 전략을 구사할 수 있다. 애플의 아이폰이나 퀄컴의 통신기술 등은 지적재산을 엄격하게 보호하는 폐쇄형 전략을 사용하는 것으로 볼 수 있다. 반면 리눅스(Linux), 라즈베리 파이(Raspberry Pi) 등은 누구나 자유롭게 사용할 수 있도록 개방형으로 제공되고 있다. 리눅스나 라즈베리 파이는 직접적인 수익 창출과는 거리가 있지만, 완전 개방형 정책을 사용하면서도 경제적 이익을 창출한 사례는 얼마든지 있다. 위에서 소개한 카세트 테이프가 좋은 사례이며, 최근의 사례로는 구글이 오픈소스로 제공하고 있는 안드로이드(Android) 운영체제가 있다. 안드로이드는 오픈소스로서 무료 소프트웨어이지만, 구글 플레이 앱 판매, 검색 광고, 안드로이드 단말기 제조 업체들에 대한 기술지원 등으로 수익을 올리는 것으로 알려져 있다.

기업들은 폐쇄형과 개방형 이외에, 양측의 중간적 성격의 전략도 활용할 수 있다. 마이크로소프트의 윈도우즈 운영체제는 기본적으로 유료 소프트웨어로 폐쇄형에 해당하지만, 보완재를 만드는 개발자들에게는 일부 코드를 개방하고 있다.[4] 또한 많은 소프트웨어 업체들은 겉으로는 폐쇄형을 표방하여 소프트웨어를 유료로 판매하고 있는데, 학생 및 교원에게는 무료로 사용권을 배포하고 있다.[5] 이는 학생 및 교원들을 사용자 기반으로 확보한 뒤, 이들이 학교를 떠난 뒤에는 유료로 사용하게 함으로써 수익을 올리는 전략이라고 볼 수 있다. (주로 기업들이 유료로 구매한다).

---

4) Schilling(2013) 참조.
5) Netminer, Tableau 등.

12 신제품 기획과 개발 과정 관리

1. 신제품 개발 프로세스의 목표

우리가 잘 알고 있는 기업인 3M은 신제품 개발의 중요성을 보여주는 매우 좋은 사례이다. 3M은 1902년 Minnesota Mining and Manufacturing Company라는 이름으로 미국 미네소타주에서 창립되었다. 이 회사는 우리에게 익숙한 스카치 테이프, 포스트잇 등을 비롯한 약 65,000종의 사무용품, 의료용품, 차량관리 제품, 보안제품 등을 생산한다. 우리가 흔히 '튼튼한 회사'라고 생각하는 기업들은 반도체, 자동차 등 비교적 값비싼 물건을 만드는 경우가 많다. 그런데 3M은 심지어 몇백 원에서 몇만 원 내외의 사소한 제품까지 생산하면서 약 120년간 시장에서 경쟁해 왔다.

3M이 장기간 경쟁력을 유지해 온 원동력은 바로 신제품 개발 능력에 있다고 보아도 과언이 아니다. 3M은 그간 최근 5년 내에 개발된 신제품이 전체 매출의 30%를 차지할 수 있도록 하는 것을 혁신의 목표로 삼아 왔다. 그리고 근래에 들어서는 이를 더욱 강화하여, 최근 3년 내 개발된 신제품이 매출의 50% 이상을 차지하는 것을 목표로 하고 있다. 이러한 목표에 따라 3M은 지속적인 신제품 개발을 해 내고 있으며, 이를 통해 장기간에 걸친 사업을 지속하는 것으로 볼 수 있다. 따라서 일각에서는 "애플만큼 화끈하지는 않지만 조용한 혁신을 통해 100년 넘게 인간의 삶을 서서히 진화시키고 있는 기업"이라고 일컫기도 한다.[1]

3M의 사례에서도 알 수 있듯, 신제품 개발은 기업이 성공적으로 시장에 진입하고 장기간에 걸친 경쟁력을 유지하는 데 결정적인 요소이다. 그렇다면 신제

---

[1] https://www.mk.co.kr/news/business/view/2015/10/941954/

품 개발을 어떻게 할 것이며, 어떻게 관리되어야 할까?

첫째, 신제품 개발 프로세스는 다음과 같은 목표하에 진행될 필요가 있다. 우선 신제품은 소비자 요구에 적합하게 개발될 필요가 있다. 우리는 흔히 우수한 기술이 시장에서 성공할 것이라고 믿는다. 그런데 본서의 앞부분 몇 개의 장에서 설명한 것처럼 기술적으로 우수한 제품이 항상 시장에서 성공하는 것은 아니다. 와해성 기술 부분에서, 존속적 기술이 기술적으로는 훨씬 더 뛰어남에도 불구하고 하위시장 소비자들의 요구와 맞지 않아 기술적으로 열위에 있는 와해성 기술에 시장을 빼앗기고 마는 현상을 설명하였다. 그리고 기술 간 경쟁, 즉 지배적 설계의 등장과 관련한 부분에서도 사용자 기반이나 보완재 등 기술 외적인 영향으로 인해 기술 간 경쟁의 승패가 결정될 수 있음을 확인하였다. 신제품은 기술적 우수성만 강조할 것이 아니라 시장에서 소비자가 무엇을 요구하는지, 소비자가 어떤 제품을 선택하는 데 영향을 미치는 요인이 무엇인지 정확히 파악하여 그에 적합하게 개발될 필요가 있다.

둘째, 개발 기간과 비용을 최소화하여야 한다. 아무리 고객의 요구에 잘 부합하는 제품이라도 적절한 시기에 적절한 가격으로 출시되지 않는다면 시장에서 실패할 수 있다. 제품을 시장에 언제 출시할 것인지는 기업의 전략적 선택에 달려 있는 것이지만,[2] 폭넓은 전략적 선택을 용이하게 하고 궁극적으로 시장에서 성공할 수 있으려면 신제품 개발 단계에서의 기간과 비용의 절감은 필수적이다. 인도의 전차 개발 사례는 신제품 개발 기간과 비용 차원에서의 대표적인 실패 사례이다.[3] 인도는 파키스탄과 1965년과 1971년에 걸쳐 두 차례의 전쟁을 겪었다. 이 전쟁을 겪으면서 이 국가들은 자국 지형에 맞는 전차의 필요성을 느끼게 되었고, 각각 자체적으로 전차 개발에 착수했다. 인도는 1974년에 아준(Arjun) 전차 개발에 착수했는데, 개발은 2008년에야 완료되어 무려 34년이나 시간이 소요되었다. 이는 전차 개발이 진행되는 가운데, 성능을 끌어올리기 위해 잦은 설계 변경을 시도하였고, 그에 따른 문제점이 계속 드러났기 때문이다. 물론 34년에 걸친 설계변경과 연구개발비 투입에 따라 비용도 천문학적으로 증가해 버렸다. 개발기간 34년에 예산은 최초의 5배 이상 투입된 개발 프로젝트를 성공적 프로젝트라고 하기는 어려울 것이다.

---

2) 본서의 기술 마케팅 부분에서 시장 진입 시기에 대한 내용을 설명할 예정이다.

3) https://bemil.chosun.com/site/data/html_dir/2019/11/14/2019111401024.html

소비자 요구에 적합한 개발, 개발 기간과 비용 최소화라는 목표 달성을 위해 다양한 신제품 개발 방법론의 적용을 시도해 볼 필요가 있다. 소비자 요구에 적합한 개발을 위해서는 개발 과정 중 소비자를 참여시키는 등 소비자의 요구를 철저히 반영할 필요가 있다. 또한 소비자 요구사항을 분석하기 위해서는 본 장에서 소개할 Kano모델, 컨조인트 분석, 품질기능 전개 등 다양한 분석 방법을 적용할 수 있다. 이외에 개발 기간과 개발 비용 최소화를 위해서는 병렬적 개발 프로세스, 스테이지 – 게이트(stage – gate) 모델 등을 활용할 수 있을 것이다.

● 참고 ──────────────────────────────

사용자 혁신과 프로슈머

혁신은 공급자가 하는 것이라고 생각하는 경우가 많다. 새로운 기술을 개발하거나 신제품을 개발할 때에는 그것을 위한 전문 지식, 자본, 설비 등이 필요하기 때문에 혁신에 있어서 공급자의 역할이 크다. 그러나 사용자들 역시 혁신에 중요한 역할을 담당하고 있으며, 그 비중이 예전에 비해 커진 것도 사실이다. 예를 들어 산악자전거(MTB; Mountain Terrain Bike)는 사용자들이 직접 혁신을 이끌어 낸 사례이다(von Hipel, 2005). 자전거는 18세기 말에서 19세기 초반경에 처음 만들어진 것으로, 1970년대 중반까지만 하더라도 자전거 업계에는 MTB라고 하는 개념이 없었다. 당시까지 자전거는 포장도로나 일반 생활환경에서 사용하는 수송기계였다. 그러던 중 일부 젊은이들을 중심으로 일반 도로가 아닌 험한 오프로드에서 자전거를 즐기는 문화가 번지기 시작했다. 이들은 튼튼한 프레임, 타이어, 변속장치 등을 사용하여 일반 자전거를 험로에서 탈 수 있을 정도로 직접 개조하였는데, 이것이 MTB 자전거의 시초가 되었다고 한다. 사용자들이 자신들의 요구를 충족시키기 위해 직접 만들어 탄 것을 1970년대 후반기부터 일부 자전거 회사들이 생산하기 시작했으며, 1981년에는 스페셜라이즈드(Specialized)라는 회사가 대량으로 생산하기 시작한 것이다. MIT의 폰 하이펠(von Hipel) 교수는 이렇게 사용자들이 자신들이 사용하기 위해 직접 만들어 낸 혁신을 사용자 혁신(user innovation)이라고 이름 붙였다.

[그림 12-1] MTB 자전거

출처: https://commons.wikimedia.org/wiki/File:Mountain-bike-racing.jpg

이외에 생산자(producer)와 소비자(consumer)를 합친 프로슈머(prosumer)라는 말이 있다. 이는 앨빈 토플러가 처음 언급한 말로, 소비만 하는 것이 아니라 제품 개발 및 공급 과정에 참여하는 생산적 소비자를 의미한다. 기업들은 신제품을 개발할 때 소비자들을 적극적으로 참여시켜 고객 만족도를 최대한 끌어올릴 수 있도록 프로슈머 마케팅을 활용하는 경우가 많다. 기업들은 고객 대상 공모전, 대학생 콘테스트, 주부 소비자단 활용, 유아 부모 의견 반영 등 다양한 방법을 통해 프로슈머를 자사의 신제품 개발에 활용 중이다.

2. 아이디어 개발

(1) 브레인스토밍

본 절에서는 본격적인 아이디어 개발 과정에서 활용 가능한 방법론들 중 몇 가지를 소개한다. 아이디어 개발 방법 중 가장 대표적인 것 중 하나로 브레인스토밍(brainstorming)이라는 것이 있다. 브레인스토밍은 용어가 의미하는 바와 같이 두뇌에 폭풍이 몰아치듯 아이디어를 내놓음을 뜻한다. 이는 마케팅 부서, 광고회사, 연구소 등 창의적인 아이디어를 만들어 내야 하는 곳에서 신규 아이디어 도출 과정으로 흔히 사용되고 있는 기법이다.

일반적으로 브레인스토밍은 다음과 같은 방식으로 진행된다. 우선 팀원(브레인스토밍 참가자)들이 테이블이 있는 장소에 모인 뒤, 팀 리더는 모든 참여자가 이해할 수 있도록 문제를 분명히 설명한다. 그러면 팀원들은 주어진 시간 동안 그 문제에 대해 가능한 많은 대안을 자유롭게 말할 수 있도록 한다. 이 과정에서 팀원들이 가능하면 특이한 생각을 많이 도출해 내도록 하는 것이 중요하다. 마지막으로 팀 리더는 내용이 중복되거나 실현가능성이 없는 아이디어는 제거하고, 남은 아이디어 중 주제에 부합하며 실현가능성이 있는 것을 취합한다.

브레인스토밍의 진행 방식은 상기와 같이 단순하다. 특별한 계량적 분석이 있는 것도 아니고, 특별한 도구가 필요한 것도 아니다. 누구나 쉽게 사용할 수 있다는 것이 브레인스토밍의 장점이다.

그런데 브레인스토밍은 단순히 여러 사람이 모여 말하도록 내버려 둔다고 되는 것은 아니다. 팀 내에는 평상시 말을 더 많이 하는 사람도 있고 그렇지 않은 사람도 있다. 또한 자기 생각을 말하는 데 꺼림이 없는 사람도 있는 반면, 자기 생각을 쉽게 꺼내 놓지 못하는 사람도 있게 마련이다. 더욱이 위계적 문화가 있는 곳에서는 심지어 브레인스토밍 시에도 주로 높은 위치에 있는 사람이 주로 말을 하고 낮은 지위에 있는 사람은 아이디어가 있어도 말을 하지 않는 경우가 많다. 이런 상황을 개선하지 않고는 제대로 된 브레인스토밍을 할 수 없다.

브레인스토밍을 원활히 진행하기 위해서는 다음과 같은 네 가지 기본 규칙이 지켜져야 한다. 네 가지 기본 규칙은 (1) 비판 금지, (2) 자유분방할 것, (3) 질보다는 양, (4) 결합과 개선이다. 일부 사람이 회의를 독점하는 상황을 피하기 위해서는 우선 상대방에 대한 비판을 금지해야 한다. 또한 기존에 없던 새로운 아이디어는 처음에는 유치하거나 종종 황당무계하기까지 한데, 이런 아이디어들까지 뽑아내기 위해서는 누구나 자신의 생각을 부끄러움 없이 꺼내놓을 수 있어야 한다. 이를 위해 회의 도중에는 어떠한 비판이나 평가도 가하지 말아야 하는 것이다. 또한 마음 편히 아이디어를 말하기 위해서는 자유분방한 분위기를 조성하는 것도 중요하다. 브레인스토밍 회의 진행자는 회의 시작 초기에 'ice breaking'을 위해 노력해야 하며, 본격적인 브레인스토밍 이전에 워밍업 시간을 통해 편안하고 자유분방한 분위기가 조성될 수 있도록 노력할 필요가 있다. (물론 브레인스토밍이 필요한 어느날 하루만 자유분방한 분위기를 만든다고 다 되는 일은 아니다. 창의적인 아이디어가 필요하여 브레인스토밍이 종종 필요한 조직이라면 평소에 자유롭고 편안한 분위기를 유지하는 것이 더 중요하다). 그리고 브레인스토밍 단계에서는 아이디어의 질보다는 양이 중요하므로, 가능한 많은 아이디어가 나오도록 유도하는 것이 중요하다. 비판 금지와 자유분방한 분위기가 필요한 것도 바로 질보다는 양을 강조하기 위해 필요한 것이다. 마지막으로 이미 제안된 아이디어를 결합하여 새로운 아이디어를 만들어 내도록 하면 더 많은 아이디어를 개발해 내는 데 도움이 될 수 있다.

브레인스토밍을 조금 변형시킨 방법으로 명목집단법(nominal group technique)과 브레인라이팅(brainwriting) 기법이 있다. 우선 명목집단법은 회의 진행 중 대인 간 커뮤니케이션을 제한하고, 개인이 독립적으로 아이디어 개발과 의사결정에 참여하도록 유도하는 방법이다. 명목집단법에서 문제가 제기되면 참가자들은 일정 시간 동안 침묵을 유지하면서 문제에 대한 개인의 아이디어를 각자 종이 위에 적는다. 그리고 한 사람씩 돌아가며 아이디어를 하나씩 제시하며, 모든 사람이 아이디어를 제시할 때까지 어떠한 토론도 하지 않는다. 이후 아이디어들에 대해 토론을 진행한 뒤, 다시 침묵의 시간을 갖는다. 이 마지막 침묵의 시간 동안 참가자들은 독자적으로 개별 아이디어들에 대한 점수를 매긴다. 회의 진행자는 최종적으로 참가자들의 점수를 취합해 정리한다.

브레인라이팅은 개인별 아이디어를 독자적으로 종이 위에 적는 방식은 명목집단법과 유사하다. 그런데 브레인라이팅법은 토론을 진행하는 대신 아이디어를 적은 종이를 교환하여 상호 검토해 보고 더 새로운 아이디어를 도출하도록 유도하는 방식이다. 브레인라이팅은 다음과 같은 방식으로 진행된다. 회의가 시작되면 진행자는 회의 주제를 설명하고 참가자들에게 종이를 한 장씩 배부한다. 진행자는 참가자들에게 약 5분 정도의 시간을 주고 종이에 자신의 아이디어를 몇 개 적어 보도록 한다. 시간이 지나면 참가자들은 자신의 아이디어를 적은 종이를 옆 사람에게 전달하며, 약 5분 정도의 시간 동안 전달받은 종이에 적인 기존의 아이디어를 참고하여 그 아래에 다른 아이디어를 적도록 한다. 개인별 아이디어 기록지가 모두에게 한 번씩 돌아갈 수 있도록 이 과정을 인원수만큼 반복한다.

(2) 스캠퍼(SCAMPER)[4)]

스캠퍼(SCAMPER)는 Substitute, Combine, Adapt, Modify, Put to other uses, Eliminate, Reverse의 앞 글자를 딴 것으로 대체, 결합, 적용, 변형, 다른 활용, 제거, 뒤집기 등을 통해 새로운 아이디어를 만들어 보는 기법이다.

〈표 12-1〉 SCAMPER의 내용

구분	의미	설명
S	Substitute (대체)	다른 요소, 재료, 프로세스 등을 활용함
C	Combine (결합)	혼합, 조립, 결합을 통해 새로운 아이템 개발
A	Adapt (적용)	기존의 것을 다른 용도나 상황에 적용
M	Modify (변형)	크기, 색상, 모양, 동작 등을 변형
P	Put to other uses (전용 轉用)	원래의 용도를 바꾸기
E	Eliminate (제거)	일부분을 제거하거나 취소함
R	Reverse (뒤집기)	방향이나 순서를 뒤바꿈

출처: 김진수 외(2019)의 내용을 수정보완

스캠퍼의 S는 Substitute 즉 대체를 의미한다. 기존에 존재하는 제품의 일부를 다른 것으로 대체함으로써 새로운 종류의 아이템을 만들어 낼 수 있다. 예를 들어 롤러스케이트는 기존의 스케이트에서 날카로운 날을 롤러로 대체한 것이다. 또한 최근 독서의 새로운 플랫폼으로 확산되고 있는 E-Book도 대체하기로 볼 수 있다. 책은 크게 콘텐츠와 미디어(종이)로 구성된다고 볼 수 있다. 콘텐츠는 그대로 둔 채 미디어를 종이에서 반도체와 전자식 디스플레이로 바꾼 것이 E-Book이다. 전자기타는 어쿠스틱 기타의 울림통을 전자식 픽업(pick-up)과 앰프로 대체한 것이다.

---

4) 김진수 외(2019)의 내용을 바탕으로 작성하였다.

[그림 12-2] 대체하기의 예

출처: Wikimedia 공개 이미지(상), Ethan Prater(via https://commons.wikimedia.org/wiki/Fil
e:Rob_Allen_Electric_Guitar_with_Fender_amp_(8309117964).jpg)

다음으로 C는 combine 즉 결합하기이다. 두 가지 이상의 아이템을 결합함으
로써 새로운 것을 만들어 낼 수 있다. 대표적인 것이 지우개 달린 연필이다. 또
한 학교나 사무실에서 흔히 볼 수 있는 것으로는 디지털 복합기가 있다. 예전에
는 복사기, 스캐너, 팩스, 컴퓨터용 프린터가 모두 따로 나와 있었다. 그러다가
프린터와 스캐너가 결합되어 나오더니 조만간 복사기 기능을 하게 되었고, 조금
더 옵션을 붙이면 팩스 기능까지 사용할 수 있게 되었다. 스캐너의 경우, 요즘에
는 따로 구하기가 어렵고, 오히려 과거 스캐너 가격에 복합기를 구매할 수 있어
서 그냥 복합기가 대세가 된 것이다. 또한 요즘에는 스마트폰으로 음악을 듣거

나 사진을 찍는 것이 당연시되고 있는데, 스마트폰 이전 일반 휴대폰 시절을 떠올려 보면 휴대폰으로 음악을 듣거나 사진을 찍는 것의 역사가 그리 길지 않음을 알 수 있다. 1990년대까지만 하더라도 휴대폰과 MP3플레이어, 카메라는 모두 별개였다. 2000년대에 들어 이들 개별 기기들이 점차 하나로 결합되기 시작한 것이다.

A는 adapt의 약자로 기존의 것을 다른 상황에 적용하는 것을 의미한다. 산우엉 가시가 섬유에 들러붙는 것을 적용한 것이 벨크로(찍찍이)이고, 장미덩쿨을 적용한 것이 철조망이다. 좀 더 산업적인 것으로는 냉난방기가 있다. 냉장고와 에어컨은 동일한 원리인 카르노사이클(Carnot cycle)에 따라 구동한다. 냉장고의 작동 메커니즘을 에어컨에 적용하거나 에어컨의 작동 메커니즘을 냉장고에 적용한 것 모두 적용의 예가 될 수 있다. 또한 냉장고와 에어컨의 외부팬과 냉각팬의 방향을 바꾸면 냉각 작용을 하는 것이 아니라 난방 작용을 하게 되는데, 이 원리가 적용된 것이 냉난방기로서 이 역시 이미 존재하는 메커니즘을 다른 상황에 적용한 것이라고 할 수 있다. (냉장고, 에어컨, 냉난방기는 단순한 예시로서, 실제 선후관계는 별도로 조사해 보아야 한다).

M은 변형을 의미하는 modify의 약자이다. 크기, 색상, 모양, 동작, 심지어는 의미를 변형함으로써 새로운 아이템을 도출해 낼 수 있다. 대표적인 것이 소니(Sony)의 워크맨(Walkman)이다. 소니는 1950년대부터 이미 소형 FM 라디오를 만드는 등 전자제품의 소형화에 특기를 보여 왔는데, 이후에는 카세트 테이프 플레이어를 소형화하는 데 성공했다. 소니는 이전까지만 하더라도 가로 길이 40cm에 달하는 대형 가전제품이었던 것을 손바닥 크기의 휴대용 제품으로 만들었는데, 이는 기존의 오디오 시장과는 별도인 독자적인 휴대용 음악 플레이어 시장을 만들어 냈다. 또 한 가지 쉽게 찾을 수 있는 사례는 미니 냉장고, 미니 가습기 등 1인 가구 또는 개인용 시장 제품들이다. 기존의 제품 크기를 최대한 줄여 작게 만들어서 기존 제품과는 별개의 개인용 시장을 구축하는 제품들이다. 반대로 작은 것을 크게 확대한 경우도 있다. [그림 12-4]는 횡단보도나 버스정류장에 활용되고 있는 공공 그늘막인데, 이는 우산(양산)을 변형한 것이다.

[그림 12-3] 오디오를 축소한 워크맨(상), 기타 미니 가전(하)

출처: Wikimedia(좌상), Sailko(via https://en.wikipedia.org/wiki/File:Sony,_walkman,_1979.j
pg)(우상), 기타 인터넷 이미지

[그림 12-4] 우산(양산)을 확대한 공공 그늘막

P는 put to other uses, 즉 원래의 용도를 바꾸는 전용을 의미한다. 가장 대표적인 것은 아스피린이다. 아스피린은 원래 해열, 진통제로 개발되었던 약품이었다. 아스피린은 버드나무 껍질에 함유된 살리실산이라는 물질을 이용한 것으로, 이 물질의 해열 진통 효능은 이미 18세기부터 알려져 있었다. 1897년 독일 바이엘사는 이 물질을 분리하는 데 성공하여 아스피린을 만들어냈고 이후 해열 진통제의 대명사로 자리잡기도 하였다. 그런데 현대에 들어서는 아스피린이 혈전 생성을 억제하는 부작용이 있는데, 이 부작용이 혈관이 막히는 것을 방지한다는 사실이 밝혀지게 되었다. 이에 1970년대 후반부터는 저용량 아스피린이 개발되어 심혈관 질환에 사용되는 의약품으로 사용되기 시작하였다.

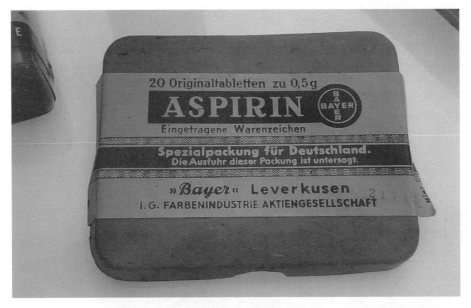

[그림 12-5] 과거 해열진통제였으나 현재는 심혈관용 약품인 아스피린

출처: Nikolay Komarov(https://commons.wikimedia.org/wiki/File:Old_Package_of_Aspirin.jpg)

E는 eliminate로 제거를 의미한다. 다이슨의 청소기와 선풍기는 기존 제품의 어떤 요소를 제거한 것이다. 청소기의 경우 긴 전원선을 제거함으로써 쉽게 이동 가능한 핸디형 청소기로 출시되었다. 선풍기는 원래 모터 끝에 팬을 달아 돌

림으로써 바람을 일으키던 것인데, 다이슨은 이 팬을 제거함으로써 다른 회사의 제품과는 차별화되는 독특한 선풍기를 개발했다.

R은 reverse로 뒤집거나 방향을 뒤바꾸는 것을 의미한다. 한국의 많은 가정에서 필수품으로 사용되는 김치냉장고가 한 가지 사례가 될 수 있다. 보통 냉장고는 앞에서 문을 여는 방식이 일반적이었는데, 1984년 금성사(현 LG)와 1994년 만도는 위에서 뚜껑을 여는 방식(상부개폐식)의 냉장고를 만들어서 이를 김치냉장고로 판매했다. 냉장고가 상부개폐식이면 김장독을 여는 것과 같은 느낌을 줄 수도 있고, 기술적으로는 전면 개폐에 비해 냉기 유실이 적어 김치를 일정한 온도하에서 보관할 수 있다는 장점이 있다.[5] 이러한 reverse 발상을 통해 김치냉장고는 한국 시장에서 큰 성공을 거둘 수 있었다. 김치냉장고 외에도 중국 로욜의 폴더블폰(folderble phone)은 reverse 방식이 적용된 사례라고 할 수 있다. 2018~19년 당시 세계 주요 스마트폰 업체들은 화면이 접히는 폴더블폰 출시 경쟁을 벌이고 있었다. 그 가운데 중국의 로욜이라는 회사는 세계적 강자인 삼성을 제치고 세계 최초의 폴더블 폰을 국제소비자가선전시회(CES)에 출품했다. 로욜의 폴더블폰은 세계 최초이기도 하였고, 독특한 모양으로 인해 눈길을 끌었다. 당시 많은 사람들은 화면을 안쪽으로 접는 폴더블폰을 예상하였는데, 로욜은 이와 반대로 화면을 바깥쪽으로 하여 접는 폴더블폰을 개발한 것이다.

[그림 12-6] R(뒤집기) 사례인 김치냉장고와 로욜 폴더블폰

출처: 좌-국립국어원(https://commons.wikimedia.org/wiki/File:Kimchi_refrigerator.jpg)
　　　우-매일경제(https://www.mk.co.kr/news/business/view/2018/11/684855/)

---

5) https://m.etnews.com/200212120114

스캠퍼는 매우 본격적인 제품 기획 기법이라기보다는, 아이디어 도출 초기에 다양한 시도를 모색해 볼 수 있는 체크리스트로 활용해 볼 수 있다. 단순하지만 다양한 아이디어를 생각해 볼 수 있는 스캠퍼를 활용하여 일상생활에서 쉽게 활용 가능한 신제품 아이디어를 도출해 보기 바란다.

3. Kano 모델

(1) 기초

신제품 개발 시에는 어떤 제품의 기술적 특성만이 아니라 고객의 요구사항도 꼼꼼히 고려하여 충족시킬 필요가 있다. Kano 모델은 어떠한 제품·서비스의 품질을 구성하는 '품질속성'이 충족되느냐 미충족되느냐에 따라 달라지는 고객의 만족 패턴을 분석하는 방법이다. 이 방법은 어떠한 제품이나 서비스에 대한 단순한 만족 수준 여부만이 아니라 만족하는 패턴까지 확인해 볼 수 있어서 고객 만족에 대한 더욱 풍부한 이해를 제공해 줄 수 있다는 장점이 있다. 따라서 Kano 모델은 다양한 소비재, 내구성 소비재, 서비스 등의 소비자 분석에 이용되어 왔으며, 근래에는 그 적용범위가 연구개발 서비스, 자본재, 산업정책 등 다양한 분야로 확대되고 있다.

Kano 모델에서는 소비자의 만족 패턴을 [그림 12-7]과 같이 구분하고 있다. 우선 가장 일반적인 패턴은 O로 표시된 일원적(One-dimensional) 품질이다. 이는 우리의 일반적인 상식에 부합하는 것으로서 고객은 어떠한 욕구가 충족되면 만족하지만 미충족되면 불만족하게 됨을 나타낸다.

그런데 우리가 흔히 생각하는 것과는 달리 만족의 반대가 항상 불만족이지는 않을 수 있으며 불만족의 반대가 항상 만족이지 않을 수 있다. 따라서 예를 들어 자동차의 헤드업 디스플레이(HUD; Head-up Display)의 경우 이것이 있으면 고객들이 만족하는 경우가 많을 것이나, 이것이 없다고 해서 불만족할 고객이 얼마나 될 것인가? 따라서 만족과 불만족을 일차원적으로 이해할 것이 아니라 따로 떼어 놓고 볼 필요도 있으며 그림상 A나 M과 같은 형태의 만족 패턴도 나타날 수 있는 것이다.

그림에서 A는 매력적(attractive) 품질로서 고객 욕구가 충족되면 만족감이 늘어나나 미충족되더라도 불만족하지는 않은 것이다. 위에서 예로 든 자동차의 HUD 같은 것이 매력적 품질로 이해될 수 있다. 반면 M은 당연적(Must–be) 품질로서 미충족되면 불만족스럽지만 충족되더라도 만족감이 상승하는 것까지는 아니다. 당연적 품질에 해당하는 것들은 위생, 안전 등과 관련된 경우가 많다. 예를 들어 고속도로의 공용 화장실이 청소가 되지 않은 채 지저분하다면 불만족하겠지만, 고속도로 공용화장실을 왕궁처럼 꾸며 놓는다고 해서 만족감이 무한정 늘어나지는 않을 것이다. 자동차의 경우에도 브레이크 성능은 매우 중요해서, 어느 기준에 미달되는 브레이크라면 분명 대부분의 고객들로부터 항의를 받게 될 것이다. 그러나 브레이크 성능이 무한정 뛰어나다고 해서, 대부분의 일반 용도 자동차를 구매하는 고객들의 경우 만족감이 무한정 증가한다고 보기는 어렵다. 이외에 R로 표시된 역(Reverse) 품질은 고객 요구사항이 만족되면 오히려 불만족하게 되는 것이며, I로 표시된 무관심(Indifference) 품질은 충족 및 미충족

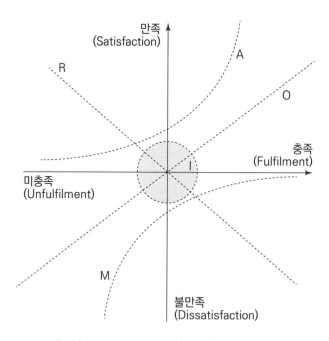

[그림 12-7] Kano 모델의 고객 만족 패턴

출처: Kano et al.의 것을 이승환 외(2020)에서 재인용

여부가 만족 및 불만족 여부와 관련이 없는 경우이다.

그렇다면 O(일원적 품질), A(매력적 품질), M(당연적 품질), R(역품질), I(무관심품질) 중 신제품 기획 시 중요하게 고려해야 할 것은 무엇인가? 누구나 쉽게 예상할 수 있듯, O, A, M에 대해서는 세심한 고려가 필요하겠지만, R과 I는 그렇지 않을 수 있다. 또한 O, A, M 중에서도 제품 마케팅 전략 차원에서 경우에 따라 특정 품질요소가 더 중요한 경우도 있으므로, 전략적으로 선택할 필요가 있다.

Kano 품질속성은 <표 12-2>의 질문에 대한 응답을 <표 12-3>에 대입하면 확인해 볼 수 있다. Kano 설문은 <표 12-2>처럼 동일한 속성(혹은 아이템)에 대해 두 가지의 질문을 한다. 하나는 해당 속성이 제공되면(충족되면) 어떻게 느낄 것 같은가라는 긍정적 질문이며, 나머지 하나는 제공되지 않으면(미충족되면) 어떻게 느낄 것 같은가라는 부정적 질문이다. 만일 만족패턴을 알고자 하는 속성이 1개라면 총 질문은 2개가 되는 것이고, 속성이 9개라면 총 18개의 질문을 하게 되는 것이다. 긍정적 질문에 대한 응답과 부정적 질문에 대한 응답의 번호에 따라 <표 12-3>에서 위치를 찾으면 어떠한 품질요소에 해당하는지 확인해 볼 수 있다.

〈표 12-2〉 Kano 설문의 기본 형식

질문	응답
긍정적 질문 (이 속성이 제공되면 어떻게 느끼실 것 같습니까?)	① 마음에 든다 (I like it that way) ② 당연하다 (It must be that way) ③ 아무 느낌 없다 (I am neutral) ④ 아쉽지만 어쩔 수 없다 (I can live with it that way) ⑤ 마음에 안 든다 (I dislike it)
부정적 질문 (이 속성이 제공되지 않는다면 어떻게 느끼실 것 같습니까?)	① 마음에 든다 (I like it that way) ② 당연하다 (It must be that way) ③ 아무 느낌 없다 (I am neutral) ④ 아쉽지만 어쩔 수 없다 (I can live with it that way) ⑤ 마음에 안 든다 (I dislike it)

출처: 이승환 외(2020) 및 지일용 외(2021)로부터 수정인용

<표 12-3> Kano 품질속성 평가

		부정적 질문에 대한 응답				
		①	②	③	④	⑤
긍정적 질문에 대한 응답	①	Q	A	A	A	O
	②	R	I	I	I	M
	③	R	I	I	I	M
	④	R	I	I	I	M
	⑤	R	R	R	R	Q

출처: Kano et al.의 내용을 이승환 외(2020)로부터 재인용

(2) 고급

그런데 다수의 고객을 대상으로 고객욕구 충족 여부에 따른 만족 및 불만족 여부를 조사하게 되면, 응답자별로 다른 의견이 나올 수 있다. 예를 들어 동일한 HUD에 대해, 오랫동안 HUD 없는 일반 자동차를 익숙하게 운전해 온 고객들은 있으면 좋지만 없어도 상관없는 A라고 응답할 가능성이 많지만, HUD를 오랫동안 사용해 와서 HUD에 대한 의존성이 높은 고객들은 반드시 있어야 하는 M이라고 생각할 수도 있다. 그렇다면 다수 고객들의 응답은 어떻게 측정되어야 하는가?

다수 고객의 응답을 종합할 때에는 Timko 계수를 활용한다(Timko, 1993). Timko 계수는 고객 만족계수(S)와 고객 불만족계수(D)로 구분된다. 이 계수들은 아래의 식으로 계산되는 것으로, S는 A와 O의 합을 R을 제외한 나머지 4개 요소의 합으로 나누어 계산하며, D는 M과 O의 합을 R을 제외한 나머지 4개 요소의 합으로 나눈 뒤 이를 음의 값으로 표시한다. 그 다음 S 값과 D 값을 [그림 12−8]에 대입하면 품질속성을 확인할 수 있다.

$$S = \frac{(O+A)}{(A+O+M+I)}$$

$$D = \frac{(O+M)}{(A+O+M+I)}(-1)$$

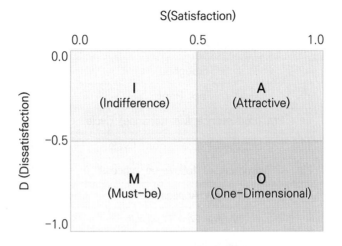

[그림 12-8] Timko 계수를 활용한 품질속성 평가

이상의 Kano 모델과 Timko 계수를 통해서는 어떤 속성이 어떤 고객만족 패턴을 보이는지 확인할 수 있었다. 그런데 여러 개의 속성들의 만족 패턴을 조사한 다음, 혁신주체 입장에서는 어떠한 속성이 가장 시급한지 확인할 필요가 있다. 이를 위해서는 고객만족 개선지수(PCSI)라는 것을 사용할 수 있는데, 입문서인 본서에서는 생략한다. PCSI에 대해서는 임성욱·박영택(2010)을 참고하고, 예시로서는 김호성·지일용(2019)을 살펴보기 바란다.

실제 Kano 모델이 적용된 사례는 이승환 외(2020)의 연구가 있다. 이들은 반도체 증착장비를 구성하는 속성별로 고객만족 특성을 분석하였는데, 한 가지 재미있는 것은 반도체 증착장비의 고객사에 대한 분석과 생산업체 담당자들에 대한 분석을 따로 실시한 뒤 비교하였다는 것이다. 연구 결과 반도체 증착장비 고객사와 생산자가 각 세부 속성별로 인식하고 있는 만족 패턴이 다르게 나타났다. 이는 반도체 증착장비 생산업의 입장에서 제품 개발 전략을 다시 짜야 함을 시사한다.

〈표 12-4〉 반도체 증착장비 Kano 분석 예시

Attributes		고객사	생산업체
Capacity	Throughput	U*	A
	Foot Print	I	A
	PM (Persistence Maintenance) Cycle	AI	A
	Supplies Replacement Cycle	I	A
	Reduction of follow-up process	A	A
Reliability	New Application	A	A
	Wafer Film Density	A	A
	Wafer Film Uniformity	AI	A
	Wafer Film Stress	M	A
	Wafer Film Particle	AO	A
	Gap Fill and Step Coverage	A	A
	Reliable Temperature	M	A
Convenience	Problems Analysis	I	A
	Graphic User Interface	I	A
	User Training	A	A
	Safety	I	A
	Speed for Fault Detection and Classification	I	A
Price and Cost	Price	A	A
	Precursor Consumption	I	A
	Electricity Consumption	I	A
	Warranty	I	A
	Long-term Lease	I	A

* U: Unidentifiable

출처: 이승환 외(2020)

4. 품질기능전개

앞에서 설명된 Kano모델과 컨조인트 분석은 고객의 요구사항을 분석하는 데 주로 사용된다. 고객의 요구사항을 파악한 다음에는 이를 실현할 수 있는 기술적 요소들과 연계하여 설계 방향을 결정하여야 한다. 이때 활용될 수 있는 방법 중 하나로 품질기능전개(QFD; Quality Function Deployment)라는 것이 있다. QFD는 기술 담당자들과 마케팅 담당자들 간의 소통과 협력을 향상시키기 위한 포괄적 틀로 개발되었다(Cristo et al., 2001).

QFD 방법에서는 [그림 12-9]와 같은 품질의 집(HoQ; House of Quality)을 활용하여 고객의 요구사항과 기술적 요소를 연결시킨다. 아래 그림은 HoQ 사용법을 설명하기 위한 가상의 적용 예로, 전자기타 신제품 기획의 사례이다. HoQ를 활용하기 위해 가장 먼저 할 일은 우선 (1) 고객의 요구사항과 기술 속성을 결정하는 일이다. 여기서는 고객 요구는 "음의 선명도가 높을 것"을 포함한 총 6개가 나열되었고, 기술 속성은 "목재의 품질"을 포함한 총 7개가 나열되었다. 이들 각각을 표에 적는다. 그리고 (2) 고객 요구의 경우 그 중요도를 합이 100이 될 수 있도록 수치화해서 적는다. 예를 들어 "음의 선명도"와 "계절 변화에 따른 넥 비틀림이 적을 것"은 각각 25로 가장 중요성이 높다. 그 다음 (3) 각 고객 요구 항목과 기술 속성 항목이 만나는 셀에 해당 고객 요구를 충족시키는 데 해당 기술 속성이 얼마나 관련되어 있는지 정도를 수치화해서 적는다. 본 예시에서는 관련성이 매우 높으면 5, 중간 정도면 3, 미약하면 1을 표시하고, 전혀 없으면 빈 칸으로 남겨 두었다. 예를 들어 "목재의 품질"이라는 기술 속성은 "음의 선명도가 높을 것"이라는 고객 요구와 매우 긴밀히 관련되어 있는 것이어서 5점을 표시하였다. 또한 "목재의 품질"이 "음이 지속될 것"이라는 고객 요구에 있어서는 보통 수준의 관계가 있을 것으로 파악되어 3점을 표시하였다. 이런 식으로 모든 셀에 점수를 적는다. 그 다음에는 (4) 각 기술 속성별로 "고객 요구별 중요성(가중치)"와 "기술 속성과 고객 요구 간 관련 점수"를 곱한 값을 세로 방향으로 합산하여 "각 기술 속성의 상대적 중요도"란에 적는다. 예를 들어 목재의 품질은 $25 \times 5 + 20 \times 3 + 15 \times 0 + 10 \times 5 + 25 \times 5 + 5 \times 5 = 385$점이다. 이런 식으로 모든 기술 속성에 대한 점수를 적는다. 이 점수는 결국 고객 요구의 중요성을 반영한 각 기술 속성들의 상대적 중요도를 나타내는 것이다. 결과치는 목재의 품질이 385점으로 가장 높고, 고전도율 전자소재 230점, 높은 부품 접합률이 225점, 높은 출력을 내는 픽업 220점 등의 순이었다. 그 다음에는 (5) 경쟁자들의 고객 요구에 대한 수준을 평가하여 각 경쟁자 항목에 표시하고, (6) 목표로 하는 디자인을 서술한다. 마지막으로 (7) 자사가 목표로 하는 디자인이 경쟁사 대비 어떠한지 평가하여 적어 준다.

이 방법의 장점은 다양한 업무를 담당하는 신제품 개발 팀원들이 상호작용하는 플랫폼이 된다는 점이다. 특히 고객 요구를 담당하는 마케터들과 기술 속성을 담당하는 엔지니어들이 협업할 수 있도록 함으로써, 신제품 개발 시 기술 속성과 고객 요구가 융합될 수 있도록 한다. 여러분들의 실제 프로젝트 현장에서도 마케터와 엔지니어들 간 협업을 할 수 있도록 QFD 방법을 활용해 보자.

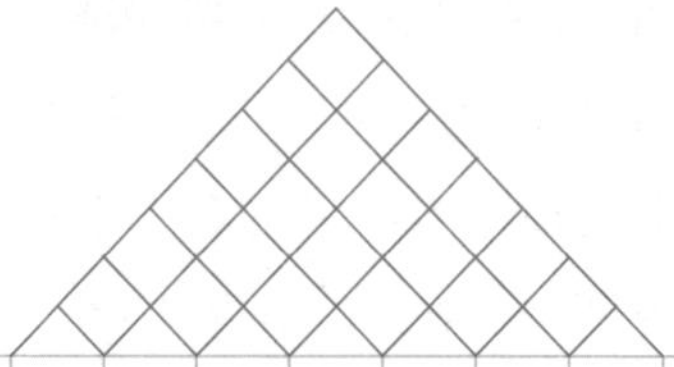

기술 속성		중요성	목재의 품질	목재 재단의 정확도	금속 재단의 정확도	높은 부품 접합률	고전도율 전자소재	높은 출력을 내는 픽업	도장	A사	B사	새로운 디자인의 평가
고객요구	음의 선명도가 높을 것	25	5				5	5				
	음이 지속될 것	20	3			5	3	1				
	이펙터 활용성이 높을 것	15					3	5				
	튼튼할 것	10	5	5	1	5			3			
	계절변화에 따른 넥 비틀림이 적을 것	25	5	4	2	3						
	가벼울 것	5	5						3			
각 기술 속성의 상대적 중요도		100	385	150	60	225	230	220	45			
목표 디자인												

[그림 12-9] QFD: 전자기타 신제품 기획을 위한 품질의 집

출처: 사용법 예시를 위해 인터넷 자료를 수정하여 제시함.

5. 신제품 개발 프로세스 관리

(1) 병렬적 개발 프로세스

일반적으로 신제품 개발 프로세스는 기획, 제품설계, 공정설계, 양산 등 일련의 단계로 구성되며, 한 단계가 마무리된 후 다음 단계로 넘어가는 순차적 개발 프로세스를 거친다고 알려져 있다. 많은 기업들은 1990년대까지만 하더라도 이러한 방식에 따라 신제품을 개발하였다고 한다. 그런데 신제품 개발 시 시간을 절감할 필요성이 증대되자 병렬적 개발 프로세스(parallel development process)가 도입되기 시작했다. 병렬적 개발 프로세스는 기존에 순차적으로 진행되던 것을 병렬적으로 배치하여, 앞 단계가 완전히 다 마무리되지 않았더라도 다음 단계가 시작되는 것을 의미한다. 예를 들어 기획 작업이 어느 정도 진전이 되면 기획이 완전히 다 마무리되지 않더라도 다음 단계인 제품설계에 착수할 수 있으며, 제품 설계가 어느 정도 진전이 되면 제품 설계가 완전히 다 마무리되지 않더라도 공정 설계를 시작할 수 있는 것이다. 이렇게 할 경우 신제품 개발 시 순차적 개발 프로세스에 비해 많은 시간을 절감할 수 있다.

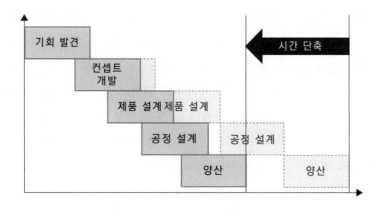

[그림 12-10] **병렬적 개발 프로세스(점선은 순차적 개발 프로세스)**

병렬적 개발 프로세스는 앞단계가 마무리되기 전에 다음 단계가 진행되기 때문에 신제품 개발 시 시간 낭비를 줄일 수 있다는 장점이 있다. 그런데 만일 앞

단계에서 중대한 변화가 발생할 경우 오히려 시간과 비용을 더 증가시킬 수 있다는 단점도 있다. 더욱이 추후에 잘못이 발견되었을 때, 이미 시작한 다음 단계를 중단할 수 없어 잘못된 것을 알면서도 이를 변경하지 못하는 일이 발생할 수도 있다. 따라서 병렬적 개발 프로세스는 다음의 스테이지－게이트 모델 등으로 보완할 필요가 있다.

(2) 스테이지-게이트 프로세스

신제품 개발 프로세스가 시작되어 진행되다 보면, 관리자와 참여자들이 해당 프로젝트에 대해 몰입하게 됨에 따라 프로젝트의 변경이나 중단이 어려워지는 경우가 있다. 심지어 앞 단계에서 잘못된 점이 나중에 발견되었다거나, 실제 프로젝트를 수행해 보니 수익이 투자보다 크지 않음이 드러나게 됨에도 불구하고 프로젝트를 중단하지 못하고 계속 수행하게 되는 일이 발생할 수도 있다. 이러한 문제점을 해결하기 위해 쿠퍼(Cooper, 1990)는 스테이지－게이트(stage－gate)[6] 프로세스를 제안하였다.

스테이지－게이트 프로세스는 크게 신제품 개발을 위한 몇 개의 단계(stages)들과 단계들 사이에 위치한 게이트(gate)로 구성된다([그림 12－11]). 이 중 중요한 것은 게이트인데, 각 게이트에서는 프로젝트를 계속 진행할지 아니면 중단할지를 결정한다. 이를 go/kill 결정이라고 한다. 이러한 게이트를 각 스테이지들 사이에 위치시킴으로써 문제가 발견되면 프로젝트를 언제든 중단시키라는 것이다. 프로젝트 진행 시 비용은 시간이 지날수록 급격히 증가하는데, 예를 들어 기획 단계에서는 거의 비용이 들지 않지만 설계 단계로 넘어가면 설계에 필요한 인력과 자재 등의 비용이 추가되고, 시험평가 단계에서는 시설과 장비까지 필요하게 됨으로써 비용이 기하급수적으로 늘어난다. 물론 생산 단계에는 더욱 큰 비용이 소요된다. 따라서 다음 스테이지로 넘어가기 전에 게이트에서 go/kill 결정을 내린다면 조금이라도 비용을 아낄 수 있는 것이다.

---

6) Stage－gate는 Product Development Institute의 등록상표이다. (Cooper, 2008)

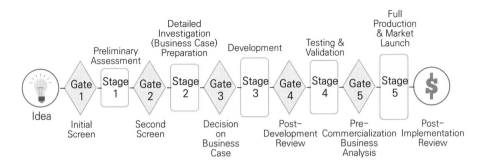

[그림 12-11] 스테이지-게이트 프로세스

출처: Cooper(1990)

(3) 프로젝트 후원자

규모가 큰 기업에서는 동시에 여러 개의 프로젝트가 수행된다. 이들 프로젝트는 회사의 제한된 자원을 사용하여 진행되기 때문에, 같은 회사 내에서 경쟁 관계가 형성되기도 한다. 또한 굳이 경쟁관계가 아니라고 하더라도, 어떤 프로젝트의 수행에 대해 다양한 찬반 의견이 존재할 수 있다. 이러한 이유로 프로젝트 진행에는 많은 장애물들이 존재하며, 수행을 위한 자원 획득이 쉽지 않은 경우도 많다. 따라서 쇤(Schön, 1963), 로스웰 외(Rothwell et al., 1974) 등을 비롯한 여러 연구에서는 어떤 프로젝트가 원활히 진행될 수 있도록 프로젝트 후원자 (project champion)를 활용할 것을 권고하고 있다.

프로젝트 후원자는 어떤 조직 내부의 일원으로서, 어떤 프로젝트가 원활하게 수행될 수 있도록 지지하고 돕는 사람이다. 이들은 보통 기업체의 임원급인 경우가 많은데, 프로젝트를 위한 인적 자원과 자본 배분을 용이하게 하는 일을 한다. 또한 회사 내에서 프로젝트 팀과 다른 부서들 간 의사소통을 가능케 하거나, 프로젝트의 장애물을 제거하는 데에도 큰 힘이 된다.

반면 프로젝트 후원자를 활용하면, 후원자의 역할이 지나칠 경우 프로젝트에 문제점이 있음에도 불구하고 개선되지 못하게 하거나, 중단해야 할 시점에 중단하지 못하게 하는 등 문제점이 발생할 수도 있다. 따라서 기업들은 이러한 문제점도 있다는 점을 고려하여 프로젝트 후원자를 활용할 필요가 있다.

컨조인트 분석

소비자 선호를 분석하여 제품 개발에 적용할 수 있는 기법으로 컨조인트 분석이라는 것이 있다. 필요한 경우 아래의 내용을 참고하기 바란다.

만일 어떤 회사에서 새로운 노트북 제품을 기획하고 있다고 생각해 보자. 그리고, 노트북에는 여러 부품이 들어가지만, 여기서는 간단히 CPU가 컴퓨터 성능을 전적으로 좌우한다고 가정해 보도록 한다. 이 회사는 새로운 노트북 제품을 기획하고 있는데 과연 고성능의 CPU를 적용할지 아니면 중저성능의 CPU를 적용해도 될지 고민하고 있다. 이러한 고민을 해결하기 위한 간단한 방법은 기존 시장자료로 통계 분석을 해 보는 것이다. 노트북 CPU 성능(X1)과 소비자 선호도(Y) 자료를 모두 조사한 다음 [그림 12-12]와 같은 그래프를 그려 보면 성능과 선호도 간 관계를 파악해 볼 수 있다. 이 그림에서는 CPU 성능이 좋을수록 선호도가 높아진다는 사실을 확인해 볼 수 있다. 그런데 실제 노트북은 다양한 요소(속성)들로 구성되어 있어서 이것보다는 훨씬 복잡한 분석을 필요로 한다. 이러한 분석을 실제 제품의 고객 선호 분석에 적용한 것으로 컨조인트 분석이라는 것이 있다.

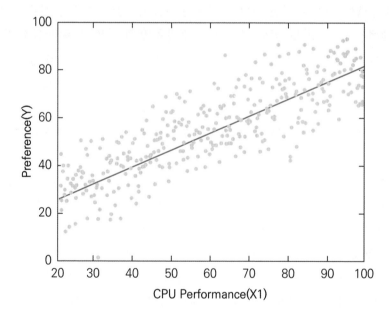

[그림 12-12] 성능과 선호도 간 관계 분석의 예시

컨조인트(Conjoint) 분석은 인간의 선택 선호를 분석하는 기법 중 하나로 제품기획이나 관련 분야에서 폭넓게 활용될 수 있다. 이 분석은 어떤 제품(혹은 서비스)은 몇 가지 주요 속성(attributes)의 조합이며, 각 속성은 다시 몇 개의 수준이나 값들을 가질 수 있다는 것을 전제로 한다(Hair et al., 2010). 이 분석 방법을 통해 어떠한 제품의 세부 속성들 중 고객의 제품 선호에 가장 큰 영향을 미치는 것은 무엇인지, 각 속성들의 세부 수준 중 가장 선호하는 것은 무엇인지를 확인해 볼 수 있다.

예를 들어 노트북은 CPU, RAM, HDD/SSD, 그래픽 카드, 스크린, 브랜드, 색상 등 다양한 요소로 구성되어 있다. 이들 각각을 속성이라고 한다. 또한 CPU라는 속성 하나를 보면 i3, i5, i7, i9 등 다양한 세부 구분이 존재한다. 이를 수준이라고 한다. 만일 노트북이라는 제품이 일반적으로 CPU, RAM, HDD/SSD, 그래픽 카드, 브랜드, 가격(가격은 손해보지 않는 선에서 전략적으로 정한다고 가정한다) 등의 속성으로 구성된다면, [그림 12-13]과 같이 다양한 제품 기획안을 설계해 볼 수 있을 것이다. 그렇다면 어떻게 제품을 구성하였을 때 소비자들이 가장 선호하게 되겠는가? 바로 이러한 질문에 대한 대답을 구하고자 할 때 컨조인트 분석법이 활용될 수 있다.

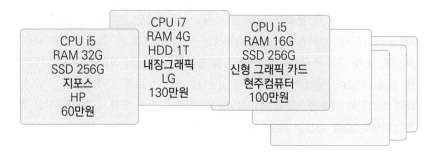

[그림 12-13] 다양한 노트북 기획안 예시

컨조인트 분석은 다음과 같은 절차를 따라 진행된다. 우선 (1) 기획하고자 하는 제품이나 서비스의 속성과 속성 수준을 결정한다. 그리고 (2) 속성과 속성 수준을 조합하여 제품의 프로파일(가상의 제품 스펙)을 구성하는데, 다만 분석을 간단히 하기 위해 모든 프로파일 중 중요한 것 몇 개만 선택한다. 그리고 (3) 이를 바탕으로 설문조사를 실시하고, (4) 설문 데이터로 통계분석을 실시한다.

예를 들어 노트북 제품을 기획한다면 〈표 12-5〉와 같이 속성과 속성 수준을 결정할 수 있다. 실제 노트북은 매우 다양한 속성과 속성 수준을 가지고 만들어지지만, 교재 수준에서 모든 경우를 다 다룰 수는 없고 실제 현장에서도 모든 속성을 다 고려하는 것은 불가능하다. 이 표의 속성과 속성 수준은 간단한 예시를 위해 핵심적인 것만 추린 것이다.

〈표 12-5〉 컨조인트 분석을 위한 노트북의 속성과 속성 수준 예시

속성	속성 수준
CPU	i3, i5, i7
RAM	8G, 16G
Graphic Card	지포스, 내장그래픽
Size	13인치, 15인치
가격	70만 원, 130만 원

여기서 CPU 속성은 3개의 속성 수준을, RAM은 2개의 속성 수준을, 그래픽 카드는 2개, 사이즈는 2개, 가격은 2개의 속성 수준을 가진다. 이들을 조합하여 만들어낼 수 있는 전체 프로파일(가상의 제품 스펙)은 총 48개(=3×2×2×2×2)에 달한다. 다음 단계에서는 이들 프로파일을 잠재적 고객들에게 제시하고 선호도를 물어보아야 하는데, 48개의 프로파일을 모두 다 보여줄 수는 없다. 따라서 컨조인트 분석에서는 이 중 통계 분석을 하는 데 문제가 없을 만한 최소한의 개수만 선택한다. (실제 현장에서도 최소한의 개수만 선택한다). 이를 위해서는 부분배치설계 등 고급 기법을 사용하여야 하는데, 통계 분석 소프트웨어인 SPSS를 활용하면 간단히 해결할 수 있다. (본서에서는 실제 SPSS 사용법까지는 다루지 않는다). 이번 노트북 사례에서도 SPSS를 활용하여 최소한의 개수인 8개의 프로파일을 도출하였다. 이 표에서 각 프로파일 즉 가로 행 1개씩이 결국 가상의 제품 기획안이 되는 것이다.

〈표 12-6〉 SPSS로 도출한 프로파일 예시

프로파일	CPU	RAM	Graphic Card	SIZE	PRICE
1	i3	8G	지포스	11인치	70만 원
2	i3	16G	내장그래픽	15인치	130만 원
3	i3	16G	내장그래픽	11인치	70만 원
4	i7	8G	내장그래픽	15인치	70만 원
5	i5	8G	내장그래픽	11인치	130만 원
6	i5	16G	지포스	15인치	70만 원

프로파일	CPU	RAM	Graphic Card	SIZE	PRICE
7	i3	8G	지포스	15인치	130만 원
8	i7	16G	지포스	11인치	130만 원

다음 단계는 설문조사로서, 이들 프로파일을 여러 명의 잠재 고객들에게 보여주고, 프로파일 8개를 본인이 좋다고 생각하는(사고 싶다고 생각하는) 순서대로 순위를 부여하도록 한다(1위부터 8위까지의 순위를 부여한다). 그러면 이 결과를 SPSS 소프트웨어의 컨조인트 패키지에 투입하게 되며, 결과치를 확인해 볼 수 있다. 아래의 〈표 12-7〉은 가상의 분석 결과이다. 이 표에 의하면 잠재 고객들은 노트북 제품 구매 시 가격과 사이즈를 가장 중요하게 고려하는 것으로 보인다(각 30%씩). 그 다음으로는 CPU(17%)와 RAM(15%)이며, 그래픽카드는 8%로 중요도가 가장 낮다. 이러한 결과에 따라 신제품 개발 시에는 사이즈와 가격을 가장 많이 신경써야 할 것이다. 그리고 "효용"은 각 속성의 수준별로 어떠한 옵션이 가장 선호되는지를 보여주는 것으로 양수이며 값이 클수록 좋다. 가격의 경우 70만 원짜리가 130만 원짜리보다 선호되며, 사이즈는 15인치짜리가 13인치짜리보다 좋다. CPU의 경우 i5가 i7보다 근소하게 선호되는 것을 의미한다. 이는 가상의 분석결과이기는 하지만, 실제 이런 결과가 나왔다면, 소비자들은 노트북의 절대적인 성능보다는 적절한 성능에 큰 화면과 저렴한 가격을 선호한다고 추측해 볼 수 있다.

〈표 12-7〉 가상의 분석 결과 예시

속성	속성 수준	효용	중요도(%)
CPU	i3	-2.340	17%
	i5	1.340	
	i7	1.000	
RAM	8G	-0.223	15%
	16G	0.223	
Graphic	지포스	0.123	8%
	내장 그래픽	-0.123	

속성	속성 수준	효용	중요도(%)
사이즈	13인치	−1.00	30%
	15인치	1.00	
가격	70만 원	2.47	30%
	130만 원	−2.47	

이외에 실제 분석 사례로는 TV 제품에 대한 컨조인트 분석을 실시한 이민우 외(2019)의 연구 같은 것들이 있다. 관심 있는 경우 참고 바란다.

13 혁신 프로젝트의 선택

1. 자본 할당

연구개발에 대한 투자는 아무리 많이 해도 지나치지 않다고 생각하는 경우가 많다. 뉴스나 신문기사 등 각종 미디어에서 성공한 기업의 사례를 찾다 보면, 각종 금융·회계 기법이나 영업·마케팅에 의존한 기업들보다는 연구개발로 성공한 기업의 스토리를 더 많이 찾아볼 수 있다. 더욱이 전자의 방법으로 성공한 기업들에게는 얼마간 부정적인 이미지가 덧씌워져 있는 반면, 후자의 방법으로 성공한 기업에게는 은연중에 부정한 의도 없이 정공법으로 난관을 헤쳐 온 정직한 기업이라는 이미지가 부여된 경우가 종종 있기도 하다. (물론 본 장에서는 어떤 접근방법이 도덕적으로 '옳다' 혹은 '그르다'를 논하지는 않을 것이다). 그러다 보니 연구개발은 많이 하면 할수록 좋다는 연구개발 투자에 대한 환상을 가진 경우도 없지 않아 있는 것 같다.

연구개발에 대한 투자는 많이 할수록 좋을 것이라는 이미지와는 달리 현실은 연구개발에 대한 (잘못된) 투자가 종종 기업을 위기로 몰아가는 경우도 있다. 연구개발은 본질적으로 불확실성을 동반한다. 신제품 개발에는 많은 비용이 소요되지만, 모든 신제품이 시장에서 성공한다는 보장은 없다. 신제품 개발을 위해서는 종종 원천기술에 대한 연구개발이 필요하기도 한데, 원천기술 연구개발에 자금을 투자한다고 해서 원하는 결과를 얻어낼 수 있다는 보장은 없다. 일부 연구에 의하면 하나의 성공적인 아이디어가 산출되는 데에는 약 3,000개의 기초 아이디어가 필요할 정도라고 한다(Stevens and Burley, 1997). 또 일부 연구는 R&D의 성공 확률은 5% 미만이라는 주장을 하기도 한다. 이러다 보니 연구개발에 투자를 늘릴 때 기업의 주가가 떨어지는 일도 발생하기도 하고, 과도한 투자로 인해 기업의 수익성이 악화되는 경우도 있다. 연구개발은 이렇게 불확실성으로 인한 리스크를 동반하기 때문에 기업 입장에서는 연구개발에 무한정 투자를 할 수는 없는 일이다.

기업들은 한정된 예산하에서 움직인다. 기업은 물론 개인, 공공기관, 국가 등 어떠한 혁신주체라도 이러한 제약으로부터 자유롭지 않다. 제한된 예산하에서 모든 연구개발 프로젝트를 다 수행하기는 어렵다. 따라서 혁신주체들은 "**자본 할당(capital rationing)**"이라는 과정을 거쳐 일부 선택된 혁신 프로젝트에만 자본을 투자한다. 경제용어사전에 따르면 자본 할당은 (다음 절에서 설명될) 순현재가치(NPV)가 0보다 큰 투자안에 투자함으로써 기업 가치를 극대화하는 것이다. 그런데 본서에서는 '한정된 자원을 주요 사용처에 배분하는 것'으로 정의하고 다음 절들을 서술하기로 한다.

자본 할당을 하기 위한 분석 방법은 매우 다양하다. 크게는 정량적 방법과 정성적 방법이 있고, 각 분류별 많은 세부 방법론들이 존재한다. 그런데 여기서는 현금흐름할인법(DCF)과 분석적위계기법(AHP)에 주로 초점을 두도록 한다.

2. 현금흐름할인법

(1) 현금흐름할인법의 사용

어떤 혁신 프로젝트를 수행한다는 것은 그 혁신 프로젝트의 결과물로부터 최소한 어느 정도의 수익을 기대함을 의미한다. 만일 그 수익이 프로젝트에 투자된 금액보다 크다면 당연히 투자할 가치가 있는 것이지만, 수익이 투입 비용보다 크지 않다면 투자할 만한 가치가 없을 것이다. 그런데 만일 프로젝트 A에 €24,000[1]를 투자하여 €23,000의 수익을 얻을 것으로 예상되고, 만일 프로젝트 B에 같은 금액을 투자하여 €25,000의 수익을 얻을 수 있다면 당신은 어떤 프로젝트를 선택할 것인가? 아마 깊이 생각할 필요도 없이 누구나 B를 선택할 것이다.

프로젝트 B는 €1,000의 수익이 기대되는 프로젝트이므로 투자할 가치가 있

---

1) 현대 유럽연합의 화폐단위인 유로이다. 본 절에서 유로 단위를 사용한 데에는 다른 특별한 이유는 없다. 단지 유로로 표시할 경우 충분히 큰 금액이 되기 때문에 사용하였다.

는 것 같다. 그런데 €24,000을 투입하고 거의 곧바로 €25,000를 얻을 수 있다면 당연히 이 프로젝트는 수익성이 있을 것이지만, 만일 투자 이후 5년째가 되어서야 €25,000를 벌 수 있다고 해도 이 프로젝트는 수익성이 있을 것인가? 다른 말로 5년 후의 수익인 €25,000는 지금 현재의 €24,000보다 큰 금액일까?

단순 수치상으로만 보자면 €25,000는 당연히 €24,000보다 크다. 그런데 그 사이에 5년이라는 시차가 존재한다면 5년 후의 €25,000가 현재의 €24,000보다 큰지 계산을 해 보기 전에는 확실히 알기 어렵다. 그 이유는 자본주의 사회에서 화폐의 가치는 떨어지는 일이 많고, 그래서 같은 재화에 대해 지불해야 하는 화폐가 더 많아지는 일이 흔하기 때문이다. 예를 들어 [그림 13-1]에서 볼 수 있는 것과 같이 동일한 재화의 가격이 1986년에는 100~200원 정도였으나 2016년에는 780~1300원 수준으로 올랐다. 이렇게 가격이 오른 데에는 여러 가지 이유가 있을 것이지만, 그 이유들 중 하나는 화폐의 가치가 과거보다 하락하였다는 것이다. 화폐가치가 하락하는 원인은 경제학 분야에서 다루어야 할 내용이므로 본서에서는 다루지 않는다. 다만 일반적으로 금리라는 것이 존재하며 시간 흐름에 따라 화폐가치가 떨어지는 현상이 있음을 많은 사람이 인정하고 있는 만큼, 돈과 관련된 사안에 있어서는 이러한 화폐가치 하락을 고려하지 않을 수 없다.

화폐(현금)의 가치가 변함에 따라, 현금의 미래 가치를 현재 가치로 환산해 줄 필요가 있다. 현금의 미래 가치에 대한 현재 가치의 교환 비율을 할인율(rate of discount)이라고 한다. (더 쉽게는 현금의 가치가 떨어지는 비율이라고 이해할 수 있다).[2] 할인율을 활용하여 현금의 미래 가치를 현재 가치로 환산하여 평가하는 기법을 현금흐름할인법(DCF; Discounted Cash Flow)이라고 한다. 투자에 대한 의사결정 시 많이 사용하는 DCF법에는 순현재가치법(NPV; Net Present Value)과 내부수익률법(IRR; Internal Rate of Return)이 있다.

---

2) 할인율을 구하는 방법은 개념적으로는 그리 어렵지 않으나 실제 절차가 꽤 복잡한 편이다. 이는 기술경영 분야의 고급 과목인 <기술가치평가>에서 상세히 학습할 수 있다. 또한 정부(산업통상자원부 등)가 발행하는 『기술평가 실무가이드』에도 상세히 설명되어 있으니 실무에서 필요한 경우 참고 바란다.

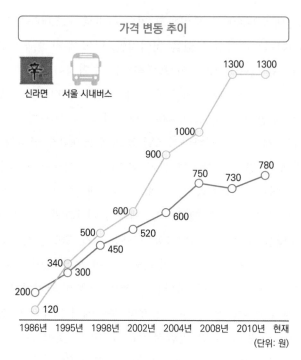

신라면   서울 시내버스

1300   1300

1000

900

750   730   780

600

600

500   520

450

340

300

200

120

1986년 1995년 1998년 2002년 2004년 2008년 2010년 현재
(단위: 원)

[그림 13-1] 라면과 시내버스 가격 변화

출처: 이정근(2016)

(2) 순현재가치(NPV) 계산

순현재가치법은 현금 유입과 유출의 현재가치를 할인율을 적용하여 구하고, 현금 흐름이 양(+)인지 음(−)인지를 확인해 보는 기법이다. 순현재가치(NPV)는 아래의 식과 같이 현금 유입의 현재가치에서 현금 유출의 현재가치를 뺀 금액이다.

NPV = 현금 유입의 현재가치 − 현금 유출의 현재가치

그렇다면 현재가치는 어떻게 구할 수 있을까?

현재가치를 구하기 전에 우선 이런 상황의 예를 들어 보자. 현재 가격이 €10,000인 어떤 물건이 있다. 이 물건이 필요하기는 하지만 일단 올해는 구매하지 않고 내년에 구매하기로 한다. 만일 **할인율이 2%라면** 내년에 같은 제품을 구

매하려면 얼마를 지불해야 할까? 아마도 화폐 가치가 떨어질 것이므로 (물가가 오를 것이므로), €10,200를 지불해야 할 것이다. 즉 현재의 €10,000는 1년 후의 €10,200의 가치와 같다고 이해할 수 있다. 이는 아래와 같이 수식으로 표현할 수 있을 것이다. (r=할인율)

$$1년 후의 금액 = 원금 + 원금 \times 할인율$$
$$C_1 = C_0 + C_0 \times r$$
$$= 10,000 + 10,000 \times 0.02 = 10,200$$

그런데 만일 이 상태에서 만일 이 상태에서 다시 1년이 지나면 얼마를 지불해야 할까? 아래와 같이 계산해 보면 €10,404이 됨을 확인할 수 있다. 이는 현재의 €10,000와 2년 후의 €10,404의 가치가 같음을 의미한다.

$$C_2 = C_1 + C_1 \times r$$
$$= 10,200 + 10,200 \times 0.02 = 10,404$$

그런데 만일 최초의 가격 €10,000로부터 2년 후의 가격을 한 번에 구하려면 아래와 같은 수식을 활용할 수 있을 것이다.

$$C_2 = C_1 + C_1 \times r = C_1 \times (1+r)$$
$$= (C_0 \times (1+r)) \times (1+r)$$
$$= C_0 \times (1+r)^2$$

따라서, 이러한 과정을 일반화하여 C_0의 n년 후 금액 C_n은 다음과 같은 수식으로 표현할 수 있다.

$$C_n = C_0 \times (1+r)^n$$

그런데 반대로 2년 후의 €10,404가 지금 현재 가치로는 얼마인지 어떻게 계산해 볼 수 있겠는가? 이때에는 위의 식과는 반대로 $(1+r)$로 계속 나누어 주면 된다. 따라서 미래의 금액 C_n의 현재가치 C_0는 아래와 같이 쓸 수 있다. 이를 활용하면 2년 후 €10,404의 현재가치는 €10,000임을 확인해 볼 수 있다.

$$C_0 = \frac{C_n}{(1+r)^n}$$

그렇다면 본 절을 시작할 때 제시했던 프로젝트 B의 NPV는 어떻게 구할 수 있을까? 프로젝트 B는 €24,000을 투입하여 5년 후 €25,000의 수익을 기대한다. 현금 유출은 €24,000이며, 이것의 현재가치는 (이것 자체로 미래 금액이 아닌 현재의 금액이므로) 그대로 €24,000이다. 5년 후 €25,000가 수익으로 기대된다는 것은 미래의 현금 유입이다. 이 현금 유입의 현재가치를 바로 위 식으로 구해 보면 €22,643.3이 된다. 따라서 순현재가치를 구해 보면 아래와 같이 -1,356.7유로가 된다. 이는 즉 현재가치로 환산 시 손해가 되는 프로젝트라는 의미이다.

$$\begin{aligned} NPV &= 현금\ 유입의\ 현재가치\ -\ 현금\ 유출의\ 현재가치 \\ &= 22,643.3\ -\ 24,000\ =\ -1,356.7 \end{aligned}$$

만일 몇 개의 프로젝트 중 일부만을 선택하여 투자해야 하는 상황이라면 각 프로젝트별 NPV를 구해 NPV가 가장 높게 나오는 순서대로 선택하면 될 것이다.

그리고 만일 매년 다른 금액을 투자하고, 매년 다른 금액의 수익이 들어온다면, 매 연도별 유출 및 유입의 현재가치를 구한 다음 합해 주는 방법을 생각해 볼 수 있다. 만일 <표 13-1>과 같은 프로젝트가 있다면 NPV(2020년을 현재로 가정하고 할인율은 2% 가정)는 얼마일까? 투자(현금유출)의 현재가치는 연도가 그대로이므로 변함 없이 €24,000이다. 2024년(즉 4년 후)에 들어올 것으로 기대되는 €15,000의 현재가치는 상기 식을 활용하면 €13,857.7이며, 2025년(5년 후)에 들어올 것으로 기대되는 €10,000의 현재가치는 9,057.3이다. 따라서 현금 유출의 현재가치는 €24,000이고 현금 유입의 현재가치는 €22,915.0이며, NPV는 -1,085.0유로(=22,915.0-24,000)가 된다.

<표 13-1> 프로젝트 예시

구분	2020	2021	2022	2023	2024	2025
투자(현금유출)	24,000					
기대수익(현금유입)					15,000	10,000

> ※ 다음과 같이 가상의 혁신 프로젝트 A, B, C가 있다. 2020년을 현재라
> 고 가정하고 할인율을 2%로 가정하여 각각의 NPV를 구하고 우선순
> 위를 생각해 보라.

<표 13-2> 프로젝트 예시 2

구분		2020	2021	2022	2023	2024	2025
A	투자(현금유출)	10,000					
	기대수익(현금유입)						11,000
B	투자(현금유출)	2,000	2,000	2,000	2,000	2,000	
	기대수익(현금유입)						11,000
C	투자(현금유출)	2,000	2,000	2,000	2,000	2,000	
	기대수익(현금유입)				2,000	4,000	5,000

마지막으로 할인손익분기 기간(DPP; discounted payback period)이 있다. 이는 현금흐름할인법을 적용하였을 때 수익(현금유입) 규모가 투자(현금유출) 규모를 넘어서는 데 소요되는 기간을 의미한다. 바로 위의 A, B, C 예시에서 각각 DPP 가 언제인지 살펴보기 바란다.

(3) 내부수익률(IRR) 계산

어떤 프로젝트의 내부수익률(IRR; Internal Rate of Return)은 투자의 현재가치 를 0으로 만들어 주는 할인율을 의미한다. 앞의 순현재가치법에서는 어떤 할인 율을 가정하고 그것을 바탕으로 NPV를 계산하였는데, 여기서는 그와 정반대이

다. IRR에서는 할인율을 가정하는 것이 아니라 반대로 특정 할인율을 찾는다. 예를 들어 <표 13-3>과 같이 2020년에 €5,000, 2021년에 €6,000를 투자하고, 수익은 2023년 €1,000, 2024년 €2,000, 2025년 €12,000가 기대되는 프로젝트가 있다. <표 13-4>는 할인율이 0.0%일 때의 NPV부터 시작해 매 0.1% 간격의 할인율별로 NPV를 구해 본 것이다. 이는 엑셀을 조금만 다룰 줄 알면 얼마든지 쉽게 계산해 볼 수 있다. 할인율이 0.0%일 때 NPV는 €4,000, 0.1%일 때 €3,935, 0.2%일 때 €3,871이다. 할인율이 높아질수록 NPV가 점점 줄어들어 7.6%일 때에는 NPV가 €38이며 7.7%에서는 NPV가 음의 값으로 바뀌게 된다. 정확한 위치는 아니지만 대략 7.6 내지 7.7% 사이에서 NPV가 0이 됨을 알 수 있다. NPV가 0이 되게 하는 할인율이 바로 IRR이며, 이 예에서는 대략적으로 7.65% 정도라고 할 수 있다.

〈표 13-3〉 프로젝트 예시 3

구분	2020	2021	2022	2023	2024	2025
투자(현금유출)	5,000	6,000				
기대수익(현금유입)				1,000	2,000	12,000

그렇다면 IRR이 의미하는 것은 무엇일까? <표 13-4>에서 볼 수 있듯, 할인율이 높아질수록 NPV는 낮아진다. IRR이 높다는 것은 할인율을 높여 NPV가 떨어지더라도 NPV가 음의 값이 아닌 양의 값을 갖는 범위가 넓다는 것을 의미한다. 반면 IRR이 낮으면 할인율이 조금만 높아져도 NPV가 음의 값을 가질 수 있다. 할인율은 보통 금리와 유사한 것으로 이해되는데(물론 개념상 같은 것은 아님), 현실적으로 할인율이 10% 이상으로 마구 올라가는 일은 흔치 않다. 우리나라의 경우 한자리 수인 경우가 더 흔하다. 따라서 만일 어떤 프로젝트의 IRR이 2%라면, 할인율이 2% 수준인 경우는 흔히 발생하는 일이고, 따라서 이 프로젝트는 NPV가 0이거나 음의 값이 될 가능성이 높다고 볼 수 있다. 반면 다른 프로젝트의 IRR이 15%라면, 할인율이 15%까지 치솟는 경우는 그리 흔치 않아 웬만하면 손해를 보지 않을 것으로 예상할 수 있다. 따라서 IRR이 높은 프로젝트에 우선순위를 두는 것이 좋다.

〈표 13-4〉 프로젝트 예시 3의 할인율 0.1% 구간별 NPV

할인율	NPV	할인율	NPV	할인율	NPV
0.0%	4,000	3.0%	2,218	6.0%	731
0.1%	3,935	3.1%	2,164	6.1%	685
0.2%	3,871	3.2%	2,111	6.2%	640
0.3%	3,807	3.3%	2,057	6.3%	596
0.4%	3,743	3.4%	2,004	6.4%	551
0.5%	3,680	3.5%	1,951	6.5%	507
0.6%	3,617	3.6%	1,899	6.6%	463
0.7%	3,555	3.7%	1,847	6.7%	420
0.8%	3,493	3.8%	1,795	6.8%	376
0.9%	3,431	3.9%	1,744	6.9%	333
1.0%	3,370	4.0%	1,692	7.0%	290
1.1%	3,309	4.1%	1,642	7.1%	248
1.2%	3,248	4.2%	1,591	7.2%	205
1.3%	3,188	4.3%	1,541	7.3%	163
1.4%	3,128	4.4%	1,491	7.4%	121
1.5%	3,068	4.5%	1,441	7.5%	80
1.6%	3,009	4.6%	1,392	7.6%	38
1.7%	2,951	4.7%	1,343	7.7%	−3
1.8%	2,892	4.8%	1,294	7.8%	−44
1.9%	2,834	4.9%	1,245	7.9%	−84
2.0%	2,776	5.0%	1,197	8.0%	−125
2.1%	2,719	5.1%	1,149	8.1%	−165
2.2%	2,662	5.2%	1,102	8.2%	−205
2.3%	2,605	5.3%	1,054	8.3%	−245

할인율	NPV	할인율	NPV	할인율	NPV
2.4%	2,549	5.4%	1,007	8.4%	−284
2.5%	2,493	5.5%	960	8.5%	−323
2.6%	2,437	5.6%	914	8.6%	−362
2.7%	2,382	5.7%	868	8.7%	−401
2.8%	2,327	5.8%	822	8.8%	−440
2.9%	2,273	5.9%	776	8.9%	−478

3. 분석적계층화기법(AHP)

분석적계층화기법은 프로젝트 선택 시 가장 광범위하게 사용되는 방법 중 하나이다. 그런데 만일 기술경영 입문자라면 본 절을 거르고 넘어가도 좋다. 혹은 본 절의 (1)부터 (4)까지만 학습하는 것도 한 가지 방법이다.

성능과 기능이 똑같은 스마트폰 두 종류 A, B가 있다. 마침 이 두 종류의 스마트폰 가격도 거의 비슷하다. 디자인도 둘 다 검은 색에 특별히 다른 점을 찾기도 쉽지 않다. 다른 점이 단 한 가지 있다면, 이들 중 A는 비교적 잘 알려진 브랜드로서 많은 사람들이 이 브랜드에 대해 꽤 괜찮은 이미지를 가지고 있는 반면에, B는 거의 알려져 있지 않은 회사 제품인데다가 일부 이 회사를 아는 사람들은 이 회사에 대해 좋지 않은 이미지를 가진 경우도 있다. 여러분들은 A와 B 중 어느 것을 선택하겠는가? 비록 브랜드 이미지가 스마트폰의 기술적인 주요 속성은 아니기는 하지만, 다른 조건이 거의 동일하다면 이왕이면 괜찮게 알려진 브랜드 제품인 A를 선택하지 않을까? 물론 아닌 경우도 있을 것이다. 가격이 비싸지도 않은 제품이니 시험 삼아 처음 보는 브랜드 제품인 B를 선택하는 사람도 있을 것이다. A를 선택하건 B를 선택하건, 이 경우 의사결정은 매우 단순하다. 다른 조건들이 다른 것이 없기 때문에, 의사결정 기준은 브랜드 하나밖에 없다.

그런데 현실에는 의사결정을 위해 판단하여야 할 기준들이 하나둘이 아니어서, 상기 사례처럼 쉽게 선택하기 어려운 경우가 대다수이다. 한 예로, 자동차를 구매해 본 적이 있는 사람들은 여러 모델들 가운데 하나를 선택하는 것이 얼마나 어려운 일인지를 잘 알고 있을 것이다. 만일 자동차에 대한 본인의 취향이 확실하고, 자동차 관련 정보를 꾸준히 모아 왔으며, 특정 자동차 모델을 구입하기 위해 오랜 기간 동안 충분한 자금을 모아 온 사람들이라면 의사결정이 그리 어렵지 않을 수도 있다. 그러나 보통의 사람들에게 자동차는 집 다음으로 비싼 물건이어서 신중한 선택이 필요한 가운데, 자동차를 선택하기 위한 기준은 수없이 많아 선택이 여간 어려운 것이 아니다. 디자인을 생각하자니 엔진 힘이 아쉽고, 엔진 힘을 좋은 것으로 고르자니 가격이 비싼데다가 서비스가 아쉬운 경우가 있다. 게다가 최근 환경을 생각하자면 연비나 탄소배출량도 신경 써야 한다.

이러한 복잡한 상황에서 사용할 수 있는 분석 방법 중 분석적계층화기법(AHP; Analytic Hierarchy Process)이라는 것이 있다. AHP는 평가 기준이 다양한 상황에서 여러 가지 대안들의 상대적 매력도를 체계적으로 분석해 의사결정에 참고할 수 있는 방법이다. 이 방법은 개인적인 의사결정은 물론, 기업이나 정부의 의사결정에도 다양하게 활용되고 있다. 실제로 국내외 기업들에서 의사결정을 보조하는 수단으로 활용되는 경우가 많고, 국내외 정부 차원에서 정책 우선순위 결정, 대규모 사업 투자 결정, 대규모 연구개발 및 구매 결정 등에 광범위하게 사용되고 있다.

본 절에서는 가상의 사례를 통해 AHP 분석기법을 학습해 보기로 한다. AHP는 크게 (1) 분석의 계층구조 생성, (2) 평가기준 간 비교, (3) 대안 간 비교, (4) 분석 종합, (5) 일관성 검증 등의 단계를 거치게 된다. 다음의 가상 사례도 이들 단계를 거치도록 한다.

(1) 분석의 계층구조 생성

AHP를 실행하기 위해서는 분석하고자 하는 문제의 계층 구조를 생성할 필요가 있다. 많은 경우 AHP의 계층구조는 [그림 13-2]와 같이 3개 레벨로 구성된다. 우선 첫 번째 레벨은 최종적으로 달성하고자 하는 목표이며, 두 번째 레벨은 평가의 기준(criteria), 세 번째 레벨은 선택의 대상이 되는 대안(alternatives)으로 구성된다. 그림에서 목표는 '자동차 선택'이며, 평가의 기준은 '디자인, 엔진출력, 가격, 연비, 서비스'로 총 5개이다. 마지막으로 대안은 K5, 쏘나타, SM6 등 3개이다. 여기서 자동차 실제 모델명을 사용하였는데 이는 현실감 있는 예시를 들고자 한 것일 뿐, 이들 대안들에 대한 평가는 완전히 랜덤으로 실제와는 전혀 다를 수 있음을 밝혀 둔다.

각 분석 레벨에는 기준 및 대안을 본인이 원하는 만큼 추가할 수 있다. 그러나 몇몇 교재에서는 각 레벨별 요소가 7개를 넘지 않도록 조언하고 있다. 이는 인지심리학에서 말하는 매직넘버 7±2와 관계된 것으로, 인간의 단기 기억능력에는 한계가 있어서 한 번에 7개 이상은 기억하기 어려우며 대안이 7개가 넘어가면 변별력을 유지하기 어려운 경우가 많기 때문이다.

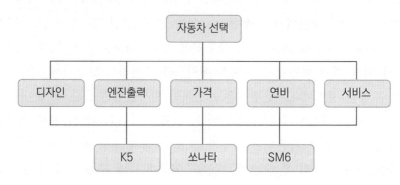

[그림 13-2] 분석의 계층구조 생성 예시

(2) 평가기준 간 비교

계층구조를 생성한 다음에는 평가기준 간 비교 및 대안 간 비교를 실시하게 된다. 이 두 단계에서는 공히 쌍대비교라는 분석 절차를 따르는데, 여기서는 일단 평가기준 간 비교 절차를 소개한다.

본 사례에서 평가기준은 총 5개인데, 이들 5개를 한꺼번에 평가하여 중요도를 부여하는 것이 아니라, 2개씩을 비교하여 어느 쪽이 중요한지를 수치화한다. 예를 들어 디자인과 엔진출력을 비교하고, 디자인과 가격을 비교하고, 디자인과 연비를 비교하는 등의 과정을 거쳐 모든 대안이 각각에 대해서 한 번씩 비교되도록 하는 것이다. 이렇게 하는 이유는 판단의 정확도를 높이기 위해서다. 5개의 기준을 한꺼번에 비교하기보다는 2개씩만 비교할 때 정확한 판단을 내리기 쉬워진다. 이 사례에서의 모든 쌍대비교는 아래 <표 13-5>에서와 같이 총

10개이다. 이 표의 양쪽에는 쌍대비교 대상 평가기준이 하나씩 배치되어 있고, 그 사이에는 9부터 1까지, 다시 9까지의 숫자가 적혀 있다. 이는 비교 대상의 평가기준의 상대적 중요도를 9점으로 평가하기 위한 척도이다. 가운데의 1점은 양쪽이 동일하게 중요함을 의미한다. 예들 들어 디자인과 엔진출력이 동일하게 중요하여 우위를 판단하기 어렵다면, 1점에 동그라미 표시를 하면 된다. 만일 어느 한쪽이 조금 더 중요하다면, 더 중요한 쪽의 3점에 표시하면 된다. 예를 들어 디자인과 엔진출력 중 디자인이 조금 더 중요하다고 생각되면 두 개의 3점 가운데 왼쪽의 3점을 선택하면 된다. 만일 어느 한쪽이 강하게 중요하면 5점, 매우 강하게 중요하면 7점, 극단적으로 중요하다면 9점을 선택하면 된다.

〈표 13-5〉 평가기준 간 상대적 중요도 평가지(예시)

평가기준	상대적 중요도																	평가기준
디자인	9	8	7	6	5	4	3	2	1	2	3	4	5	6	7	8	9	엔진출력
디자인	9	8	7	6	5	4	3	2	1	2	3	4	5	6	7	8	9	가격
디자인	9	8	7	6	5	4	3	2	1	2	3	4	5	6	7	8	9	연비
디자인	9	8	7	6	5	4	3	2	1	2	3	4	5	6	7	8	9	서비스
엔진출력	9	8	7	6	5	4	3	2	1	2	3	4	5	6	7	8	9	가격
엔진출력	9	8	7	6	5	4	3	2	1	2	3	4	5	6	7	8	9	연비
엔진출력	9	8	7	6	5	4	3	2	1	2	3	4	5	6	7	8	9	서비스
가격	9	8	7	6	5	4	3	2	1	2	3	4	5	6	7	8	9	연비
가격	9	8	7	6	5	4	3	2	1	2	3	4	5	6	7	8	9	서비스
연비	9	8	7	6	5	4	3	2	1	2	3	4	5	6	7	8	9	서비스

[그림 13-3]은 평가기준 간 비교의 예시이다. (실제가 아닌 가상의 예시이다). 여기서 디자인과 엔진출력 간 비교에서는 엔진 출력이 6점만큼 더 중요하며, 디자인과 가격 중에서는 가격이 4점만큼 더 중요하고, 디자인과 연비 비교 시에는 연비가 5점만큼 더 중요하다. 나머지 비교는 각자 참고해 보기 바란다.

평가기준							상대적 중요도												평가기준
디자인	9	8	7	6	5	4	3	2	1	2	3	4	5	(6)	7	8	9	엔진출력
디자인	9	8	7	6	5	4	3	2	1	2	3	(4)	5	6	7	8	9	가격
디자인	9	8	7	6	5	4	3	2	1	2	3	4	(5)	6	7	8	9	연비
디자인	9	8	7	6	5	4	3	2	1	2	3	4	5	(6)	7	8	9	서비스
엔진출력	9	8	7	6	5	4	(3)	2	1	2	3	4	5	6	7	8	9	가격
엔진출력	9	8	7	6	5	4	3	2	(1)	2	3	4	5	6	7	8	9	연비
엔진출력	9	8	7	6	(5)	4	3	2	1	2	3	4	5	6	7	8	9	서비스
가격	9	8	7	6	5	4	3	2	1	2	3	(4)	5	6	7	8	9	연비
가격	9	8	7	6	5	4	3	2	1	2	3	(4)	5	6	7	8	9	서비스
연비	9	8	7	6	5	(4)	3	2	1	2	3	4	5	6	7	8	9	서비스

[그림 13-3] 평가기준 간 비교 예시

상기와 같이 쌍대비교 결과가 나오면 이를 취합하여 아래 표와 같은 행렬로 정리한다. 정리하는 방법은 다음과 같다. 우선 표에서 회색 처리가 되어 있는 디자인 행을 보자(이해를 돕고자 눈에 띄도록 하기 위해 회색 표시를 한 것이다). 이 행에는 디자인이 다른 평가기준들과 비교된 결과를 수치로 적는다. 디자인과 디자인은 같은 것끼리의 비교이니 당연히 1점이다. 다음으로 디자인과 엔진출력 비교는 엔진출력이 6점만큼 더 중요하였다. 디자인 입장에서는 디자인이 엔진출력에 비해 덜 중요하게 평가된 것이다. 따라서 여기에는 1/6을 적는다. 디자인과 가격의 비교 시 가격이 4점만큼 더 중요하였다. 디자인 입장에서는 가격과 비교해 덜 중요한 결과였으므로 1/4를 적는다. 마찬가지로 디자인과 연비 비교는 연비가 5점만큼 더 중요하였으므로 1/5를 적고, 서비스와의 비교 시 서비스가 6점만큼 더 중요하였으니 1/6을 적는다. 그 다음 행(굵은 글씨로 표시된 행)에는 엔진출력 대비 다른 평가기준들의 중요도를 적는다. 엔진출력과 디자인 비교 시 엔진출력이 6점만큼 더 중요하였다. 이 경우는 엔진출력이 디자인보다 더 중요하게 평가된 것이므로 1/6이 아닌 6점을 적는다(즉 대각선을 중심으로 역수가 적히게 되는 것이다). 다음으로 엔진출력과 엔진출력은 같은 것이므로 1점이다. 엔진출력과 가격의 비교 시 엔진출력이 3점만큼 더 중요하였다. 엔진출력이 가격보다 더 중요하게 평가되었으므로 1/3이 아닌 3점을 표시한다. 같은 방법으로 나머지 셀들을 모두 채워 넣으면 된다.

<표 13-6>의 맨 아래 행에는 열의 합이라는 것이 있다. 이는 세로 방향 숫자를 모두 더한 것으로, 쌍대비교 결과를 정규화하기 위해 필요하다. 예를 들

어 굵은 테두리로 표시된 디자인 열의 경우 열의 합이 1+6+4+5+6=22이다. 정규화를 위해서는 이 열 안에 있는 개별 값들을 다시 이 22로 나누어준다. 즉 1을 22로 나누고, 6을 22로 나누고, 4를 22로, 5를 22로, 6을 22로 각각 나누어 준다. 다른 열에 대해서도 동일하게 계산한다. 그러면 <표 13-7>과 같은 결과를 얻게 된다. 여기서는 열의 합이 1이 된다.

〈표 13-6〉 쌍대비교 평가결과 정리 예시와 열의 합 도출

	디자인	엔진출력	가격	연비	서비스
디자인	1	1/6	1/4	1/5	1/6
엔진출력	6	1	3	1	5
가격	4	1/3	1	1/4	1/4
연비	5	1	4	1	4
서비스	6	1/5	4	1/4	1
열의 합	22	2.7	12.25	2.7	10.4167

〈표 13-7〉 열의 합을 이용한 정규화

	디자인	엔진출력	가격	연비	서비스
디자인	0.045454545	0.061728395	0.020408163	0.074074074	0.016
엔진출력	0.272727273	0.37037037	0.244897959	0.37037037	0.48
가격	0.181818182	0.12345679	0.081632653	0.092592593	0.024
연비	0.227272727	0.37037037	0.326530612	0.37037037	0.384
서비스	0.272727273	0.074074074	0.326530612	0.092592593	0.096
열의 합	1	1	1	1	1

다음으로 행 방향의 값을 평균내면 <표 13-8>과 같은 결과가 나온다. <표 13-8>의 맨 오른쪽 행평균에 나온 값들은 각 평가기준의 중요도를 나타내는 것으로 보면 된다. 예를 들어 디자인의 행평균은 0.0435로 평가기준들 중

가장 낮은 수치이며 이는 4.35%로 이해할 수 있다. 엔진출력은 0.3477로 가장 높고, 연비가 0.3357로 그 다음으로 중요한 것으로 평가되었다. 이외에 서비스는 0.1724, 가격은 0.1007 수준이다.

〈표 13-8〉 상대적 중요도 도출

	디자인	엔진출력	가격	연비	서비스	행평균
디자인	0.045454545	0.061728395	0.020408163	0.074074074	0.016	0.043533036
엔진출력	0.272727273	0.37037037	0.244897959	0.37037037	0.48	0.347673195
가격	0.181818182	0.12345679	0.081632653	0.092592593	0.024	0.100700044
연비	0.227272727	0.37037037	0.326530612	0.37037037	0.384	0.335708816
서비스	0.272727273	0.074074074	0.326530612	0.092592593	0.096	0.17238491
열의 합	1	1	1	1	1	1

(3) 대안 간 비교

앞에서는 평가기준들 간 상대적 중요도를 비교하였고, 다음으로는 대안들끼리의 선호도 비교를 실시한다. 아래 〈표 13-9〉처럼 대안 2개씩을 비교하여 어느 대안을 더 선호하는지를 표시하면 된다. 그런데 여기서 대안들 간 비교는 각 평가기준별로 실시하기 때문에, 평가기준의 수만큼 대안 간 비교를 실시한다. 즉 현재 사례에서는 평가 기준이 5개이므로, 〈표 13-9〉의 대안 간 비교를 디자인 측면, 엔진출력 측면, 가격 측면, 연비 측면, 서비스 측면에서 각각 1회씩 진행하여 총 5회를 실시하게 된다.

〈표 13-9〉 대안 간 선호도 평가지(예시)

대안	상대적 중요도																	대안
K5	9	8	7	6	5	4	3	2	1	2	3	4	5	6	7	8	9	쏘나타
K5	9	8	7	6	5	4	3	2	1	2	3	4	5	6	7	8	9	SM6
쏘나타	9	8	7	6	5	4	3	2	1	2	3	4	5	6	7	8	9	SM6

[그림 13-4]는 각 평가기준별로 대안 간 선호 정도를 평가하고 이를 바탕으로 정규화 및 상대적 중요도를 계산한 결과를 종합한 것이다. 계산 과정은 (2) 평가기준 간 비교에서의 과정과 동일하다. 다만 (2)에서는 행평균 결과가 평가기준의 상대적 중요도였던 반면, 여기서는 AHP 쌍대비교 자체가 선호도이므로, 행평균은 상대적 선호도라고 보면 된다. 그림에서 왼쪽은 AHP 평가지 응답 결과를 정리한 것이고, 오른쪽은 정규화를 실시하고 행평균을 구한 것이다. 디자인의 경우 K5가 0.619352로 선호도가 가장 높고, 그 다음은 쏘나타 0.284228, 마지막으로 SM6 0.096419이다.

디자인	K5	쏘나타	SM6			K5	쏘나타	SM6	행평균
K5	1	3	5		K5	0.652174	0.705882	0.5	0.619352
쏘나타	0.333333	1	4		쏘나타	0.217391	0.235294	0.4	0.284228
SM6	0.2	0.25	1		SM6	0.130435	0.058824	0.1	0.096419
열합계	1.533333	4.25	10		열합계	1	1	1	1

엔진출력	K5	쏘나타	SM6			K5	쏘나타	SM6	행평균
K5	1	5	5		K5	0.714286	0.714286	0.714286	0.714286
쏘나타	0.2	1	1		쏘나타	0.142857	0.142857	0.142857	0.142857
SM6	0.2	1	1		SM6	0.142857	0.142857	0.142857	0.142857
열합계	1.4	7	7		열합계	1	1	1	1

가격	K5	쏘나타	SM6			K5	쏘나타	SM6	행평균
K5	1	0.2	0.125		K5	0.071429	0.047619	0.085714	0.068254
쏘나타	5	1	0.333333		쏘나타	0.357143	0.238095	0.228571	0.274603
SM6	8	3	1		SM6	0.571429	0.714286	0.685714	0.657143
열합계	14	4.2	1.458333		열합계	1	1	1	1

연비	K5	쏘나타	SM6			K5	쏘나타	SM6	행평균
K5	1	0.2	0.5		K5	0.125	0.137931	0.090909	0.117947
쏘나타	5	1	4		쏘나타	0.625	0.689655	0.727273	0.680643
SM6	2	0.25	1		SM6	0.25	0.172414	0.181818	0.201411
열합계	8	1.45	5.5		열합계	1	1	1	1

서비스	K5	쏘나타	SM6			K5	쏘나타	SM6	행평균
K5	1	0.166667	0.5		K5	0.111111	0.027027	0.076923	0.071687
쏘나타	6	1	5		쏘나타	0.666667	0.162162	0.769231	0.532687
SM6	2	5	1		SM6	0.222222	0.810811	0.153846	0.395626
열합계	9	6.166667	6.5		열합계	1	1	1	1

[그림 13-4] 평가기준별 대안 간 비교 종합

(4) 분석 종합

여기서는 (2)의 평가기준 간 비교와 (3)의 대안 간 비교를 종합하여 최종 결과를 도출해 낸다. 이를 위해서는 아래의 <표 13-10>, <표 13-11>과 같이 전 단계에서의 결과치를 요약한다. <표 13-11>은 각 평가기준의 중요도 즉 가중치인데, 이를 각 대안들이 얻은 비교결과치에 적용하여 <표 13-12>와 같은 최종 결과를 도출한다. 예를 들어 K5의 디자인은 0.619352(표 13-10)인데 여기에 디자인의 가중치인 0.043433(표 13-11)을 곱하여 0.026962를 얻는다. K5의 엔진출력은 0.714285714인데 여기에 가중치 0.347673을 곱해 0.248338을 얻는다. K5의 가격은 0.068254인데 여기에 0.1007을 곱해 0.006873을 얻는다. 이런 식으로 <표 13-12>의 모든 값을 얻은 다음 행합계를 계산한다. 여기서 행합계는 최종 도출된 결과이다. 이 결과에 따르면 쏘나타가 0.410018로 가장 점수가 높으며, 쏘나타를 최종 대안으로 선정할 수 있다.

〈표 13-10〉 대안 간 비교결과 요약 ((3)단계의 결과)

	디자인	엔진출력	가격	연비	서비스
K5	0.619352	0.714285714	0.068254	0.117947	0.071687
쏘나타	0.284228	0.142857143	0.274603	0.680643	0.532687
SM5	0.096419	0.142857143	0.657143	0.201411	0.395626

〈표 13-11〉 평가 기준 간 비교결과 요약 ((2)단계의 결과)

디자인	0.043533
엔진출력	0.347673
가격	0.1007
연비	0.335709
서비스	0.172385

	디자인	엔진출력	가격	연비	서비스	행합계
K5	0.026962	0.248338	0.006873	0.039596	0.012358	0.334127
쏘나타	0.012373	0.049668	0.027653	0.228498	0.091827	0.410018
SM5	0.004197	0.049668	0.066174	0.067615	0.068200	0.255855

(5) 일관성 검증

마지막으로 일관성 검증이 필요하다. 일관성은 응답자가 얼마나 일관성 있는 응답을 하였느냐를 의미한다. 예를 들어 A, B, C에 대한 중요도 평가에서, A는 B보다 2배 중요하고, B는 C보다 3배 중요하다고 하였는데, A와 C의 비교에서는 A보다 C가 2배 중요하다고 응답하면 일관성 있는 응답이 아니다. 만약 A가 C보다 6배 중요하다고 응답한다면 이는 완벽히 일관적인 응답이다. 여기서는 이러한 일관성의 정도를 측정한다(가능하면 일관성 검증은 (2)단계와 (3)단계 말미에 각각 수행하는 것이 좋으나, 여기서는 설명의 흐름을 고려하여 맨 뒤에 배치하였다).

일관성 검증을 위해서는 λ max를 구하고, 이를 이용하여 일치성지수(CI; Consistency Index)를 구하며, 이를 바탕으로 CR(Consistency Ratio)을 구한다.

λ max는 다음과 같이 구한다. 대안 간 쌍대비교 결과를 요약한 행렬과 상대적 중요도(혹은 선호도) 벡터를 곱해 준다. (2)단계의 평가기준 간 비교의 경우 <표 13-6>에서 맨 아래 열의 합을 제외한 행렬과, <표 13-8>의 맨 오른쪽 행평균 값을 곱하는 것이다. 이는 [그림 13-5]에 재정리되어 있으며, 그림 내의 표(a) 행렬과 표(b)벡터를 곱한 결과는 표(c)이다. 그리고 표(c)의 각 요소를 표(b)의 각 요소로 다시 나눈다. 예를 들어 0.222526을 0.043433으로 나누고, 2.108605를 0.347673으로 나누는 식이다. 이 결과가 표(d)이다. 표(d)의 각 수치를 평균 내면 5.59959인데 이 수치가 λ max이다.

표 (a)

	디자인	엔진출력	가격	연비	서비스
디자인	1	0.166667	0.25	0.2	0.166667
엔진출력	6	1	3	1	5
가격	4	0.333333	1	0.25	0.25
연비	5	1	4	1	4
서비스	6	0.2	4	0.25	1

표(b) 상대적 중요도	표(c)	표(d)
0.043533	0.222526	5.111662
0.347673	2.108605	6.064905
0.1007	0.517747	5.141474
0.335709	1.993387	5.937845
0.172385	0.989845	5.742064

[그림 13-5] λmax 계산

다음으로는 λ max로부터 CI 값을 구해야 한다. CI 값은 다음 식으로 구한다. 여기서 n은 평가기준(디자인, 엔진출력, 가격, 연비, 서비스)의 수인 5이다(만일 대안 간 비교에 대한 일관성 검증을 한다면 대안은 K5, 쏘나타, SM6 등 3개이므로 n=3이 된다). 이 식으로 CI를 구하면 0.149898이다.

$$CI = (\lambda\ max - n) / (n-1)$$

그리고 이 값을 바탕으로 CR 값을 구해야 한다. CR은 아래의 식과 같이 CI를 RI 값으로 나누어 구한다. RI는 무작위지수라고 불리며, 쌍대비교 행렬에 무작위 수를 넣었을 때 도출되는 CI로, "매우 비일관적인" 경우의 CI이다. 즉 CR은 AHP 분석의 CI를 RI와 비교한다는 의미이다. 이 값이 크면 "매우 비일관적인" RI에 가깝다는 의미이고, 작으면 RI와 멀어서 일관성이 높다는 의미이다. 보통 이 값이 0.1 이하이면 일관성이 갖추어져 있다고 본다. RI 값은 <표 13-13>의 값을 이용한다. 본 예시에서는 평가기준이 5이므로 n=5에 해당하는 RI인 1.12를 이용한다. 그러면 결과는 CR=0.149898/1.12=0.133837로, 일관성이 약간 떨어지는 응답이었음을 확인할 수 있다.

$$CR = CI / RI$$

〈표 13-13〉 무작위지수

n	RI
2	0
3	0.58
4	0.9
5	1.12
6	1.24
7	1.32
8	1.41
9	1.45
10	1.49
11	1.51

※ 상기 예시에서는 평가기준 간 비교 결과에 대해서만 일관성 검증을 하였다. 각 평가기준별 대안 간 비교 결과에 대해서도 각각 일관성 검증을 시도해 보기 바란다.

4. 기타 (정성적 분석)

앞에서는 현금흐름할인법과 같은 정량적 방법이나 AHP와 같은 정량화된 정성자료 분석법을 소개하였다. 그런데 정량적 방법만으로는 각 프로젝트의 가치를 충실히 평가했다고 보기 어렵다. 수치화하기 어려운 가치들이 얼마든지 있기 때문이다. 따라서 프로젝트 선택 시에는 상당한 수준의 정량적 분석이 동반되어야 한다. 실링(Shilling, 2017)은 정성적 분석을 위한 선별 질문 목록을 제시하였다. 아래의 선별 질문에 응답하면서 정성적 차원의 가치가 무엇인지를 충실히 고려해 볼 필요가 있다.

〈표 13-14〉 정성적 선별질문 (Schilling, 2013)

(1) 소비자의 역할
  • 신제품의 소비자가 될 가능성이 높은 사람은 누구인가?
  • 시장의 규모는 어떠한가? 제품의 또 다른 시장은 존재하는가?
  • 소비자 인지도를 높이기 위해 어떤 종류의 마케팅이 필요한가?

(2) 사용
  • 소비자가 어떻게 제품을 사용할 것인가?
  • 제품이 소비자에게 어던 새로운 효익을 제공할 것인가?
  • 제품에 대해서 소비자들이 대체재로 생각할 수 있는 제품은 무엇인가?

(3) 호환성과 편리성
  • 제품이 소비자가 보유하고 있는 보완재와 호환이 가능한가?
  • 제품 사용방법에 대해 상당한 소비자 학습이 필요한가?
  • 제품의 편리성에 대해 소비자는 어떻게 생각할 것인가?
  • 소비자가 제품을 사용하기 위하여 다른 추가적인 비용을 들여야 하는가?

(4) 유통과 가격
  • 소비자가 어디에서 제품을 구입하는가?
  • 제품 설치나 조립이 필요한가?
  • 소비자가 제품구매 시 기꺼이 지불할 용의가 있는 금액은 얼마인가?

(5) 보유하고 있는 능력
  • 새로운 프로젝트가 기업의 핵심역량이나 지속가능한 경쟁우위의 원천을 활용할 수 있는가?
  • 프로젝트가 기업의 현존하는 역량을 시대에 뒤떨어지게 하거나 기존 제품의 매출을 신제품으로 대체하게 하는가? 그렇다면 기업은 현금흐름상의 변화를 통제하기 위한 전환전략을 확보하고 있는가?
  • 기업은 필수적인 제조능력을 보유하고 있는가? 그렇지 않다면 그 능력을 내부에서 개발해야 하는가 아니면 외부로부터 조달해야 하는가?
  • 기업은 새로운 기술을 보유한 새로운 직원을 고용해야 하는가?

(6) 경쟁자의 능력
  • 하나 이상의 경쟁자가 이 프로젝트에 필요한 더 나은 능력을 보유하고 있는가?
  • 기업이 이 기술을 개발하지 않는다면 경쟁자들이 개발할 가능성은 얼마인가?
  • 기업이 특허, 저작권, 상표권, 기업비밀 등의 지식재산권을 보호할 수 있는가?
  • 기업이 잠재적 경쟁자와의 협력 체계를 고려해야 하는가?

(7) 미래의 능력
- 이 프로젝트가 기업이 전략적 의도를 실현하기 위한 새로운 능력을 구축하는 데 도움이 되는가?
- 새로운 능력을 통해 기업이 개발할 수 있는 다른 제품과 시장은 어떤 것인가?
- 이 프로젝트가 신제품군을 창출해 낼 플랫폼인가?

(8) 프로젝트 시기와 비용
- 프로젝트 완료까지 걸리는 시간은 얼마인가?
- 기업이 시장 선도자가 될 가능성이 높은가? 기술 개척자가 되는 것이 바람직한 전략인가?
- 시장이 제품을 수용할 준비가 되어 있는가? (예를 들어 보조 기술과 보완 기술이 적절하게 발전해 있는가? 소비자가 기술의 가치를 인식할 것인가?)
- 기업이 제품 출시 목표기한을 초과한다면 이것이 프로젝트 가치에 어떠한 영향을 미칠 것인가?
- 적당한 공급자와 유통 경로가 확보되었는가?

(9) 비용 요인
- 프로젝트에 어느 정도의 비용이 소요될 것인가? 이러한 비용에 관한 잠재적 편차는 어느 정도인가?
- 제조비용은 얼마로 예상되는가? 경험곡선을 통해 어느 정도의 비용 절감이 예상되는가?
- 소비자의 제품 수용과 관련하여 기업이 감수해야 할 다른 비용이 있는가? (예를 들어 보완재, 설치 및 기술지원 등)

14   기술 마케팅

1. 마케팅과 기술 마케팅

(1) 마케팅

경영학에서 마케팅은 제품이나 서비스가 생산자에서 소비자로 이전하는 것과 관련된 활동을 의미한다. 좀 더 구체적인 정의는 기관이나 학자들마다 다른데, 마케팅 분야의 석학인 필립 코틀러(Philip Kotler)는 마케팅을 "교환과정을 통하여 필요와 욕구를 충족시키려는 인간 활동"이라고 정의하고 있다. 미국마케팅학회에서는 "개인과 조직의 목적을 충족시켜 주는 교환을 가져오기 위해 아이디어, 제품, 서비스에 대한 발상, 가격결정, 촉진, 그리고 유통을 계획하고 실행하는 과정"이라고 정의한다. 이외에도 러셀 와이너(Russel Winer)는 "선택에 영향을 주는 모든 활동"이라고 광범위하게 정의하기도 한다. 다양한 정의들을 종합할 때 마케팅은 고객에게 가치 있는 제품이나 서비스를 창출하여 효과적으로 제공하고 이윤을 창출하고자 하는 기업활동이라고 이해할 수 있다. 이러한 정리는 코틀러와 켈러(Kotler & Keller, 2009)가 마케팅을 가장 짧게 정의하면 'meeting needs profitably'이라고 한 것과 일맥상통한다.

일반적인 마케팅의 가장 기초적인 핵심 사항은 STP와 4P 전략이라고 할 수 있다. 어떤 기업이 외부환경을 분석하고 사업 기회를 포착하여 목표를 설정하고 나면, 세부적으로 어떠한 시장을 집중적으로 공략할지를 결정하고, 목표 달성을 위한 구체적인 마케팅 계획이 필요하다. STP는 이 중 주로 전자에 해당하고, 4P는 후자에 해당한다.

STP는 시장세분화(segmentation), 목표시장(target market) 선정, 제품 포지셔

닝(positioning)의 영어 첫 글자를 딴 것이다. STP를 사용하는 목적은 기업이 한정된 자원을 시장 전체에 다 투입하기는 어려우므로, 특정 분야에 초점을 두어 마케팅의 효율성을 높이기 위함이다.

STP 가운데 첫째, 시장세분화는 전체 시장을 일정한 기준에 따라 세부 시장으로 나누는 작업이다. 예를 들어 자동차의 경우 소비자의 연령별, 성별, 소득별로 소비자의 요구사항이 모두 다르다. 이러한 시장에 모든 연령, 성, 소득수준에 동일한 제품을 출시하여 좋은 성과를 기대하기는 어렵다. 따라서 특정 시장에 초점을 둔 제품 출시와 마케팅 활동이 필요한데, 이를 위해 우선 전체 시장을 작게 나누어 보는 시도가 필요한 것이다. 시장을 세분화하는 기준은 다양하지만 가장 대표적인 것은 아래와 같다.

① 지리적 변수: 지역(서울, 부산, 제주 등), 지역의 특징(도시와 농촌), 인구밀도, 기후 등
② 인구통계학적 변수: 연령, 성별, 직업, 결혼 여부(미혼, 기혼, 비혼 및 기타), 가족 형태(대가족, 소가족, 1인 가정 등), 나이, 교육수준, 인종, 종교 등
③ 심리적 변수: 사회계층(상류층, 중산층, 서민층 등), 라이프스타일, 신념 및 가치, 관심사 등
④ 행동적 변수: 구매 빈도, 사용 정도, 제품에 대한 충성도, 사용 목적 등

둘째, 시장을 세분화한 후 세분시장 가운데 목표시장을 선정한다. 목표시장을 선정할 때는 각 세분시장의 크기와 성장성, 경쟁 구도, 기업의 역량 등을 고려한다. 세분시장의 크기와 성장성은 매출의 크기 및 향후 성장성과 밀접히 관련되어 있다. 현재 규모가 크고 향후 성장성도 높을 것으로 예상되는 시장은 매우 매력적이다. 그런데 규모가 크고 성장성이 높다고 하더라도 현재 지나치게 높은 경쟁이 벌어지고 있다면 이 시장에 곧바로 진입하는 것은 재고해 볼 필요가 있다. 경쟁이 치열한 경우 가격 경쟁이 벌어질 가능성이 크고, 그 결과 이윤 창출이 어려울 수도 있기 때문이다. 또한 예상되는 매출과 수익이 매력적이라고 해도, 해당 세분시장에서 요구되는 역량이 기업의 현재 역량 수준을 지나치게 뛰어넘는다면 시장 진입이 어려울 수 있다.

셋째, 목표시장이 선정되었으면 제품을 포지셔닝한다. 이는 마케팅 대상 제

품이 어떤 제품인지 고객이 인식할 수 있도록 하는 활동이다. 성공적으로 포지셔닝된 제품은 다른 제품과 차별화가 가능하며 시장에서 성공할 가능성이 크다. 예를 들어 아래 그림은 국내 시장에서 현대자동차 제네시스의 포지셔닝을 보여준다. 자동차의 고급감과 스타일(클래식 vs 현대적)로 보면 자동차 제품들은 다양하게 구분될 수 있는데, 제네시스는 고급감에서 국산 대형차 및 수입차 수준이며, 스타일은 현대적인 쪽이다. 특히 국산 대형차들이 대부분 클래식한 이미지에 몰려 있는 반면, 제네시스는 수입차와 같은 현대적인 이미지로 포지셔닝되어 있다.

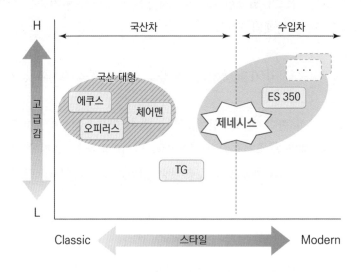

[그림 14-1] 국내 시장에서 제네시스의 포지셔닝

출처: 현대자동차의 자료를 전선규 외(2011)로부터 인용

STP로 목표시장 선정과 포지셔닝을 하고 나면, 4P를 통해 구체적인 마케팅 계획을 수립한다. 4P는 제품(Product), 가격(Pricing), 장소(Place), 촉진(Promotion)의 영문 머리글자를 딴 것이며, 이들 네 가지에 대한 세부 전략을 의미한다. 그리고 이들 4P를 적절히 배합한 것을 마케팅 믹스(marketing mix)라고 한다.

제품 전략은 제품의 품목, 상표, 포장 등을 결정하는 것을 의미하며, 가격 전략은 이 제품을 어느 정도의 가격에 출시할지에 대한 것이다. 가격은 원가를 기준으로 결정(원가기준형)할 수도 있고, 고객의 수요(수요기준형)나 경쟁사 가격(경쟁기준형)을 기준으로 결정할 수도 있다. 원가기준형은 원가에 이윤을 더해 가격을 결정하는 것이고, 수요기준형은 제품에 대한 수요의 크기나 고객들이 제품에 부여하는 가치를 고려하는 것이며, 경쟁기준형은 경쟁사의 가격을 고려하여 제품의 가격을 결정하는 것이다.

장소 전략은 유통 경로 전략으로서, 직접 유통할지 혹은 중간상을 통해 간접 유통할지, 직접 유통한다면 어떻게 할 것이고 중간상을 통한다면 어떤 형태의 중간상을 활용할지 등에 관한 것이다. 촉진은 소비자들과의 소통을 통해 제품을 홍보하고 구매를 자극하는 활동을 의미한다. 광고, 홍보, 인적판매, 판매촉진 등 네 가지가 대표적인 촉진 수단이다. 광고는 광고료를 지불하는 경우이고, 홍보는 흔히 PR이라고 불리는 것으로 광고가 아닌 다른 형식으로 매체에 노출되는 것을 의미한다(예: 기사 형식). 인적판매는 판매원이 소비자와 직접 접촉하여 상품을 소개하고 구매하도록 설득하는 것이며, 판매촉진은 단기간 내에 강력한 홍보 및 판매 증대 효과를 시도하기 위한 것으로 광고, 홍보, 인적판매를 제외한 모든 것을 포함한다.

(2) 기술 마케팅

기술 마케팅(technology marketing)은 일반적인 마케팅 중 특수한 형태로, 최근 들어 기술이 기업이나 국가의 경쟁력에 미치는 영향이 증대됨에 따라 관심을 받고 있는 개념이다. 그런데 기술 마케팅의 정의나 범위에 대한 학계나 업계의 통일된 의견은 아직 찾기 어려우며, 크게 두 부류의 마케팅이 기술 마케팅으로 인식되고 있는 현실이다. 이 중 하나는 기술 자체에 대한 마케팅이며, 나머지 하나는 신기술이 적용된 신제품에 대한 마케팅으로 흔히 하이테크 마케팅이라고 불리고 있다.

첫째, 기술 자체에 대한 마케팅은 흔히 **기술이전**(technology transfer) 또는 기술거래라고 불리는데, 최근 일부 학술논문이나 관계기관 실무에서 기술이전이라는 용어보다 좀 더 적극적인 의미를 부여하기 위해 기술 마케팅이라고 부른다. 이 분야는 거래의 대상이 제품이나 서비스가 아닌 기술일 뿐, 분명히 공급자와 수요자가 존재하기 때문에 이들 간 효과적이고 효율적인 거래의 촉진을 위해 마케팅 관점의 전략과 실행이 동반된다면 기술 마케팅이라고 부르는 데 무리가 없다. 기술거래 마케팅에 대해서는 본 장의 제2절에서 좀 더 논의를 진행한다.

둘째는 흔히 **하이테크 마케팅**(high-tech marketing)이라고 알려진 것으로, 최근 경영학 분야에서 많은 관심을 받고 있다. 하이테크 마케팅은 신기술 또는 첨단기술이 적용된 신제품으로서 기존에 없었거나 기존의 것과 매우 다른 제품의 마케팅을 의미한다. 이는 제품이나 서비스를 대상으로 한 마케팅이라는 점에서 기존의 일반적인 마케팅과 유사하지만, 그 제품이나 서비스가 기존에 없거나 기존의 것과 매우 다르다는 측면에서는 차별화된다. 특히 본서의 제3장에서 소개한 "불연속적 혁신(discontinuous innovation)"에 해당하는 신제품이나 서비스가 바로 하이테크 마케팅의 대상이다.

하이테크 마케팅은 기술 불확실성과 시장 불확실성 차원에서 다른 분야의 마케팅과 다르게 접근할 필요가 있다(Moriarty & Kosnic, 1989). 아래의 [그림 14-2]은 기술과 시장의 불확실성에 따라 네 부류의 마케팅을 구분하고 있다. 우선 기술 불확실성과 시장 불확실성이 모두 낮은 경우는 "Low-tech marketing"인데, 이는 기술도 성숙되어 있고 시장도 잘 발달되어 있는 경우로 전통적인 소비재 중심의 마케팅 분야이다. 두 번째로 기술 불확실성은 여전히 낮으나 소비자들의 기호 변화와 다양성이 증가하여 시장 불확실성이 증대된 경우가 있는데, 이는 "High-fashion Marketing"이라고 한다. 패션, 문화, 레져 상

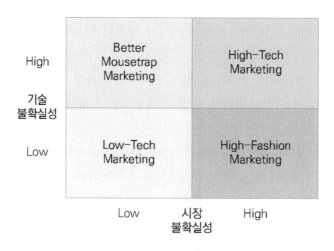

[그림 14-2] 마케팅의 구분

출처: Moriarty & Kosnic(1989)

품들이 이에 해당하는 경우가 많다. 세 번째는 "Better mousetrap marketing"으로, 이는 시장 불확실성은 낮으나 기술 불확실성이 높은 경우이다. 특정 소비자 니즈가 명확하여 시장은 분명히 존재할 것으로 볼 수 있지만 이를 충족시켜 주기 위한 기술이 아직 불확실한 경우로, 각종 중병질환의 치료제 같은 것이 대표적인 예시이다. 마지막으로 기술 불확실성과 시장 불확실성이 모두 높은 경우가 하이테크 마케팅이다. 이는 신기술이나 첨단기술이 적용된 과거에 없던 새로운 제품으로, 기술적으로도 안정적이지 않은데다가 과연 시장이 형성될지도 불분명한 경우이다.

상기와 같이 기술 불확실성과 시장 불확실성이 모두 높으므로 하이테크 마케팅은 기술혁신 과정과 연계되어 관리되어야 하고, 하이테크 제품에 대한 소비자 특성을 이해할 필요가 있으며, 시장 진입 시기에 대한 고려가 필수적이다. 이 가운데 본 장의 3절에서는 하이테크 제품 소비자 특성에 대해 알아보고, 4절에서는 시장 진입 시기에 대해 알아본다.

2. 기술 자체에 대한 마케팅

기술 자체에 대한 마케팅은 말 그대로 기술 자체를 이전하거나 거래하기 위한 마케팅을 의미한다. 이러한 마케팅에 대해 학자들마다 서로 다른 관점을 취하고 있는데, 예를 들어 일부 연구에서는 기술(거래) 마케팅을 "기업이 전략적인 관점에서 어떠한 기술이 필요하며, 이를 어떻게 구할 것이며, 어떻게 활용할 것인가에 대한 의사결정 및 수행과정"(성태경, 2012)이라고 정의하기도 한다. 그런데 이렇게 정의할 경우 마케팅 활동의 범위가 크게 확장되어 일반적인 마케팅 개념과는 상당히 다른 의미까지 포함하게 된다. 일반적인 마케팅에서는 기업이 제품이나 서비스의 공급자로서 수요자인 고객에게 어떻게 다가가고 설득할 것인지에 관심을 보이는 반면, 위의 정의에 따르면 기업은 공급자임과 동시에 수요자이기도 하다. 따라서 본서에서는 기술 자체에 대한 마케팅의 관점을 기술 공급자 관점으로 한정하여 기술의 수요자에게 접근하고 설득할 것인지에 초점을 둔다.

기술 자체에 대한 마케팅을 기술 공급자가 기술 수요자에게 접근하여 기술을 사용하도록 설득하는 것으로 보자면, 이는 기존의 "기술이전(technology transfer)"과 같은 개념이라고 볼 수 있다. 기술이전이란 "어떤 기술이 보유자(공급자)로부터 수요자로 이전되게 하는 것"을 의미한다. 그런데 기술이 공급자로부터 수요자로 이전되는 과정은 양 주체 간 의도적이고 명시적인 합의로 이루어지는 경우도 있고, 별도의 합의 없이 자연스럽게 전파되거나 모방을 통해 이전되는 경우도 있다. 이 가운데 후자를 특히 기술확산(technology diffusion)이라고 부른다. 일부 학자들은 기술확산을 기술이전의 범위에 포함하기도 하지만, 많은 학술연구나 실무에서는 포함하지 않는 경우가 많다. 따라서 의도적으로 명시적인 합의에 따라 기술이 이전된 경우를 기술이전이라고 보고, 기술이전을 "당사자 간 계약이나 협상에 따라 기술 및 지식 요소를 공급자로부터 수요자로 이전하는 행위"라고 정의한다.[1]

기술이전의 주체는 기업은 물론 대학, 공공기관, 정부는 물론 개인까지 등 기술을 보유하고 사용하는 모든 기관 및 개인을 포함한다. 이 가운데 기업은 주로 기술을 사업에 활용하는 주체로서, 직접 연구개발을 수행하여 기술 지식을 생산함으로써 수요자임과 동시에 공급자인 경우도 많다. 그런데 직접 기술을 보유하고 있는 경우가 아니라면 기술 수요자인 경우가 많다고 보아야 할 것이다. 반면 대학, 공공기관 등은 기술을 제품이나 서비스에 적용하여 사업을 펼치는 경우는 드물고, 주로 기술을 개발하여 보유하고 있거나 기술을 공급하는 입장인 경우가 많다. 따라서 공급자로서의 기술이전은 대학이나 공공기관의 주요 관심 영역이다.

대학이나 공공기관의 기술이전은 20세기 초반으로 거슬러 올라간다. 네이쳐(Nature)지에 실린 논문(Wapner, 2016)에 의하면, 미국의 위스콘신(Wisconsin) 대학교의 생화학자인 해리 스틴벅(Harry Steenbock) 교수는 비타민D를 증가시켜 뼈연화증을 치료하는 음식 처리법을 발견하였는데, 그는 현재 금액 기준으로 4천 달러에 달하는 비용을 자비를 들여 이 기술에 대한 특허를 취득하였다. 그리고 그는 이 기술이 사회 복지 증진에 사용될 수 있도록 하기 위해 위스콘신대학교에 연구성과 관리를 위한 비영리 사무소 운영을 요구하였고, 그 결과 WARF(Wisconsin Alumni Research Foundation)이 설립되었다. WARF는 1928년 Quaker

---

1) 김경환 외(2007)의 정의를 참고하여 재정리하였다.

Oats Company와 스틴벅 교수의 특허 라이센스 계약을 체결하였다.

그런데 대학이나 공공기관의 기술이전에는 제도적인 여건으로 인한 제약이 있었다. 1970년대까지만 하더라도 미국에서는 정부 재원이 투자되어 만들어진 발명은 국가에 귀속되었다. 공공기관(정부 산하의 연구소)들은 물론이고, 많은 대학에서의 연구가 정부 재원으로 수행되었던 만큼, 대부분의 연구개발 성과물들은 개인이나 대학 소유가 아닌 국가 소유였다. 이러한 경우 누구도 적극적으로 기술이전에 나설 이유가 없으며, 기술이전 실적 역시 저조할 수밖에 없었다. 이에 1980년 미국 상원의 베이(Bayh) 의원과 돌(Dole) 의원이 특허 및 상표법 개정안을 제안하여 의회를 통과하였다. **베이-돌 법**(Bayh-Dole Act)이라고 불리는 이 개정안에서는 정부의 지원을 받은 공공기관, 대학, 비영리기관들도 특허를 소유하고 그를 통해 수익을 얻을 수 있도록 했다. 이때 이후로 미국 공공기관과 대학들의 기술이전을 위한 부서나 조직 설립과 기술이전 실적이 서서히 증가하기 시작하였다.

우리나라에서는 2000년대에 들어서면서부터 대학과 공공기관의 기술이전을 위한 제도적 기반이 만들어졌다. 2000년에는 「기술이전촉진법」이 제정되어 공공기관의 기술이전을 위한 법적 기반이 만들어졌다. 이 법 제정 이후로 공공기관들은 기술이전 전담조직 즉 **TLO**(Technology Licensing Office)를 설치하였으며, 한국기술거래소 등 기술거래기관이 설립되기도 하였다. 「기술이전촉진법」은 2007년 「기술의 이전 및 사업화 촉진에 관한 법률」로 명칭이 개정되었으며, 현재까지도 지속적으로 수정보완되고 있다. 또한 대학의 경우에는 2003년 「산업교육진흥 및 산학연협력촉진에 관한 법률(약칭 산학협력법)」이 개정되면서 산학협력에 관한 업무를 관장하는 조직(산학협력단)을 설치하기 시작하였고, 대학 내에 (주로 산학협력단 내에) TLO를 두어 기술이전 관련 업무를 담당케 하기 시작했다.[2]

미국은 물론 우리나라에서도 기술이전을 위한 제도가 정비됨에 따라, 공공기관과 대학의 특허출원 및 기술이전 성과가 개선되었다. <표 14-1>은 기술이전이 본격화된 2000년대 초반 자료는 아니지만, 2007년부터 2018년까지 12년

---

2) 이후 2008년 산학협력법이 개정되면서 대학 내에 산학협력기술지주회사가 설립되기 시작하였다. 그런데 산학협력기술지주회사는 기술기반 기업을 설립하고 그에 대한 지배에 더 중점을 두는 경우가 많아 기술 마케팅의 범위를 넘어선다. 이에 대해서는 기술사업화에 중점을 둔 전문 교재를 참고하기 바란다.

간의 R&D 투입 및 성과를 보여준다. 이 표에 따르면 기술이전의 성과지표라고 할 수 있는 기술료 계약 건수는 7,182건에서 9,029건으로, 기술료 수입은 약 1천억 원 수준에서 1천 8백억 원원 수준으로 증가하였다. 이는 기술이전을 위한 각종 제도를 개선하면서 얻은 긍정적 결과이다.

그런데 정부가 R&D에 투입한 금액 및 특허 건수의 증가율과 비교해 보면 기대에 못 미치는 성과라고도 볼 수 있다. 같은 기간 정부의 R&D 연구비는 107% 증가하였고, 국내특허는 138%, 해외특허는 148% 증가하였다. 반면 기술료 계약 건수는 26%, 기술료 수입은 81% 증가하는 데 그쳤다. 절대적인 기술이전 건수와 수입 금액으로 볼 때에는 긍정적 성과이기는 하나, 투입 대비 생산성이라는 관점에서 볼 때 여전히 미흡한 수준으로 볼 수도 있는 부분이다. 따라서 향후 연구 생산성 관점에서의 기술이전 성과를 더욱 개선할 필요가 있다.

⟨표 14-1⟩ R&D 투입 및 성과 (2007~2018)

	정부 R&D 연구비(억 원)	국내특허 등록건수	해외특허 등록건수	기술료 계약 건수	기술료 수입 (백만 원)
2007	95,745	8,052	866	7,182	104,413
2018	197,759	19,200	2151	9,029	188,474
증가율	107%	138%	148%	26%	81%

자료: 손수정 외(2021)의 자료를 바탕으로 재분석

기술이전을 더욱 촉진하기 위해서는 기술이전에 마케팅이라는 관점을 투입한 더욱 효과적인 전략이 필요하다. 기술이전을 위한 전략은 크게 법적 모델(legal model), 행정적 모델(administrative model), 마케팅 모델(marketing model) 등 세 가지이다(Carr, 1992).

법적 모델은 과거에 주로 법무 인력에 의한 신기술의 특허출원에 치중하면서 조직이 생산한 연구개발 결과물들을 보호하는 데 주로 관심을 두었던 모델이다. 특히 법적 모델에서는 공공기관이나 대학의 특허를 이전할 때, 전용실시권을 통해 이전하기보다는 통상실시권으로 이전하는 경우가 많았다. 실시권은 쉽게 말해 특허를 사용할 수 있는 권리를 말하는데, 전용실시권은 그 권리를 부여받은 자만이 기술을 배타적으로 사용할 수 있게 하는 것이고, 통상실시권은 배타성이 없어 중복 실시가 가능한 것을 말한다. 이러한 이유로, 경쟁 환경에 노출되어 있는 기업들로서는 통상실시권으로 이전되는 기술에는 큰 관심이 없는 경우가 많았다.

행정적 모델은 1980년대 베이-돌 법이 통과된 이후 많이 사용하기 시작하였다. 기술이전 업무는 주로 조직 내의 행정 부서에서 담당하였으며, 기술의 상업적 가능성에 관심을 두기 시작하였다. 따라서 특허출원 이전에 기술의 상업적 가능성을 평가하기 시작하였고, 발명의 전용실시권에 무게를 많이 두었다. 따라서 행정적 모델은 과거 법적 모델에 비해 기술을 상품으로 보고 시장에 접근하려는 관점이 강화된 것으로 볼 수 있다. 그러나 행정적 모델은 마케팅 방법이 기술의 광고 수준에 머물러 있었다.

마케팅 모델은 행정적 모델보다도 더 진보된 것으로, 스탠포드(Stanford) 대학교의 기술이전실(Office of Technology Licensing)로부터 비롯되었다고 알려져 있다. 마케팅 모델에서 기술이전 전담 조직은 많은 기술(inventory of technologies)을 확보하고 산업계에 대해 적극적인 마케팅 활동을 펼친다. 이를 위해 기술이전 전담 조직은 마케팅 분야 경력과 기업가적 성향이 많은 전담인력으로 구성된다. 전담 조직의 예산은 법적, 행정적 모델의 조직이 모두 소속 기관(공공기관이나 대학)의 예산에 의존하였으나, 마케팅 모델에서의 전담조직은 일부 기술이전 수익금으로 충당하기도 한다. 이러한 환경하에서 기술이전 전담 조직은 기술이전을 사업으로 보고 더욱 적극적으로 수요기업을 찾아 나선다. 행정적 모델에서와 같이 광고 등의 방법을 활용함은 물론, 잠재적으로 수요가 있는 "세분시장(segment)"을 찾아 기술이전 후보 기업군을 접촉하는 등 적극적인 마케팅 활동을 펼친다.

예를 들어 석명섭 외(2015)의 연구는 전형적인 마케팅 모델의 예시이다. 이 연구의 사례인 K 연구기관은 자동차 산업 분야에서 기술 수요가 있을 것으로 예상하고 특정 기술을 개발해 두었다. 특히 자동차 산업 분야의 모 업체는 그러한 기술이 개발된다면 기술을 사용할 의도가 있음을 내비치기까지 했다. 그런데 해당 기술이 실제로 개발된 이후에도 3년간 이 기술의 이전 계약이 성사되지 않았다. 이에 연구기관의 기술 마케팅팀은 자동차 산업의 해당 업체 이외에 다른 잠재 수요자가 있을지 탐색을 시작하였다. (방법론적으로는 특허 인용 네트워크 분석을 실시하였다). 그 결과 해당 기술의 잠재적 수요는 자동차 산업보다는 오히려 반도체 산업 쪽에 있을 것으로 나타났다. 이에 기술 마케팅팀은 해당 세분시장 (segment)를 목표시장(target)으로 설정하고, 수요 후보 기업들에게 직접 접근하여 기술이전을 시도하였다. 실제로 그 기술은 ○○억 원에 반도체 분야 기업으로 이전되었다고 한다.

상기의 세 가지 모델 가운데, 맨 마지막의 마케팅 모델은 기술이전에 STP와 4P 등 마케팅 원리들이 적용된, 매우 적극적인 기술이전 모델이다. 따라서 마케팅 모델에 의한 기술이전의 경우 "기술 자체에 대한 마케팅"이라고 할 수 있다.

〈표 14-2〉 기술이전의 모델

구분	법적 모델	행정적 모델	마케팅 모델
목적	연구개발 결과물 보호	기술이전, 상용화	기술이전, 상용화
기술이전 형태	통상실시권 중심	전용실시권	전용실시권
인력(부서)	법무	행정	마케팅 경험이 있는 기업가적 성향의 인력, 기술이전 전담조직
예산	기관 예산에 의존	기관 예산에 의존	기관 예산 및 기술이전으로부터의 수익금
활동상 주요 특징	지적재산 관리	마케팅 원리 일부 활용 (광고)	적극적인 마케팅 원리 적용 (STP 등)

자료: Carr(1992) 내용을 보완하고 정리함.

마지막으로 기술이전(기술 마케팅)은 그 방향성에 따라 공급추동형(supply-push) 과 수요견인형(demand-pull)으로 구분할 수 있다(Lane, 1999). 공급추동형은 어떤 기술을 보유하고 있는 측, 즉 공급자가 자신의 기술을 외부로 이전시키기 위해 기술이전 과정을 시작하는 것이고, 수요견인형은 기술을 실시하고자 하는 사용자가 필요한 기술을 찾아 나서는 과정에서 기술이전 과정을 시작하는 것을 의미한다. 예를 들어 어떤 공공기관(정부연구소)이 자신들이 보유하고 있는 기술을 홈페이지에 게시하고, 기술이전 사업을 공고하여 수요자를 찾아 나서는 경우 공급추동형이라고 볼 수 있다. 법적, 행정적 모델에서는 공급추동형 방식에 따라,

기술이전 광고를 내거나 보유기술 리스트를 게시하는 수준의 활동을 펼치는 경우가 많았다. 그러나 최근 국내의 몇몇 공공기관에서 마케팅 관점을 강화하고, 수요견인형 방식을 추구하는 경우가 등장하였다. 예를 들어 상기 석명섭 외 (2015)의 연구에 등장한 공공기관은 수요기업의 요구로부터 기술개발과 기술이전을 시작하는 등 수요견인형 활동을 시작하였다. 또한 국내 산업기술 진흥을 위한 공공기관 한 곳에서는, 기술 수요를 먼저 접수받고 컨설턴트들이 적합한 기술을 매칭해 주거나 개발을 의뢰하는 등 수요기반의 기업 지원 사업을 시작하기도 하였다.

3. 하이테크 (신기술 제품) 마케팅

하이테크 마케팅은 신기술 또는 첨단기술이 적용된 신제품이나 서비스로서 불연속적 혁신에 해당하는 것에 대한 마케팅을 의미한다. 연속적 혁신인 경우 기존 시장이 이미 형성되어 있는 상황에서 STP 및 4P 전략을 통해 시장점유율을 확보하면 되겠지만, 불연속적 혁신인 경우라면 시장을 창출해 내야 한다. 그런데 시장을 창출해 내는 과정에서, 일부 소비자들은 불연속적 혁신에 의한 신제품을 쉽게 받아들이는 반면, 다른 일부 소비자들은 그렇지 못한 경우가 많다. 따라서 새로운 시장을 창출해 내는 과정이 매우 길고 어려우며, 이 점이 바로 하이테크 마케팅의 특징이다.

(1) 하이테크 제품의 소비자 수용 패턴

로저스(Rogers, 2003)는 혁신의 확산 모델을 통해 소비자들을 몇 개의 그룹으로 구분하고, 이들이 신제품을 수용하는 시기나 행태가 다름을 보여주었다. 일부 소비자들은 단순 호기심이나 재미로 신기술이 등장하자마자 사용하기도 하지만, 어떤 소비자들은 다른 사람들이 사용해서 그 신기술이 괜찮다는 것이 확인된 다음 채택하기도 한다. 물론 어떤 소비자들은 그 기술을 거의 끝까지 받아들이기를 거부하다가 마지막 순간 채택하기도 한다. 이렇게 다양하게 존재하는 소비자들을 로저스는 아래와 같이 혁신자, 선도수용자, 조기다수수용자, 후기다수수용자, 느림보수용자 등 총 5개의 그룹으로 구분하였으며, [그림 14-3]과 같이 그림으로 나타냈다.

우선 혁신자(innovators)들은 신기술이 등장하면 매우 초기에 받아들이는 소비자들이다. 이들은 극단적으로 모험을 좋아하는 성향이 있고 어느 정도 금전적 여유도 있는 편이다. 따라서 제품이 복잡하고 불확실하며 가격도 상대적으로 높은 편이어도 기꺼이 신기술 및 신제품을 구매하여 사용해 본다. 이러한 부류에 해당하는 사람들은 전체의 약 2.5% 정도이다.

선도수용자(early adopters)들은 실용적 효용보다는 쾌락적 효용을 추구하는 성향이 있어, 모험적인 특성을 보이는 혁신자들과 유사하다. 이들은 혁신자들에 비해 비교적 사회 시스템에 잘 통합되어 있어, 다른 사람들에 대한 영향력을 발휘하고 다수의 의견을 주도할 수 있는 잠재적 힘을 가지고 있다. 이들은 오피니언 리더로서 동료들로부터 존중을 받으며, 존중받는 입장을 유지하기 위해서라도 혁신자들에 비해 좀 더 신중하고 합리적인 판단을 하는 경향이 있다. 로저스는 이러한 부류의 소비자들이 전체의 약 13.5%라고 하였다.

조기수용자들 이후에는 다수 소비자들이 신기술을 채택한다. 다수 소비자들 중 비교적 빠른 다수는 조기다수수용자(early majority)라고 하며 이보다 느린 다수는 후기다수수용자(late majority)라고 한다. 조기다수수용자는 전체의 약 34% 정도로, 기술에 집중하거나 혹은 쾌락적인 목적으로 제품을 사용하기보다는 실용적인 측면에 집중한다. 따라서 이들은 어떠한 성능이나 효용이 확인된 다음에야 신기술을 채택한다. 이들은 시장에서 여론을 주도하는 계층은 아니지만, 평균적인 다수수용자들보다는 조금 더 빨리 신기술을 받아들이는 성향이 있으며, 자신들의 동료나 친구들과 빈번하게 상호작용을 한다. 후기다수수용자들은 조기다수수용자들이 신기술을 채택한 이후에야 수용하는 집단이다. 이들은 신기술에 대해 회의적이거나 비판적이며, 수용에 대한 압박을 느끼기 전까지는 수용을 꺼리는 경우가 많다. 후기다수수용자들 역시 전체의 약 34% 정도이다.

느림보수용자(laggards)들은 소비자들 중 마지막 16% 정도에 해당한다. 이들은 혁신에 대해 회의적이거나 비판적이며, 어떠한 혁신에 대한 확신이 서지 않으면 좀처럼 수용하지 않는다.

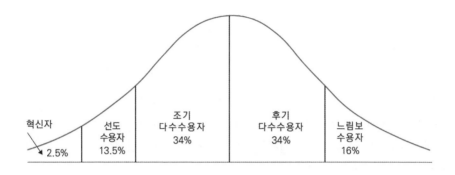

[그림 14-3] 하이테크 제품 수용자의 분포

출처: Rogers(2003)

각 그룹별 2.5%, 13.5%, 34%, 34%, 16%씩인 사용자 비중을 시간에 따라 누적하면 아래 [그림 14-4]과 같은 S자 곡선이 나타나는데, 본서의 제4장에서 소개한 기술 S-곡선과 연계하여 기술 확산의 S-곡선이라고 부르기도 한다. 이는

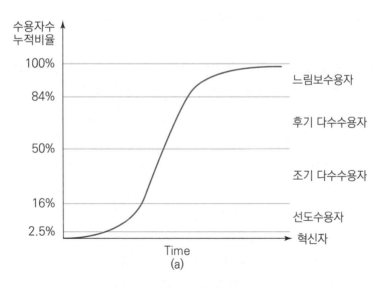

[그림 14-4] 기술 확산의 S-곡선

자료: Rogers(2003)를 참고.

소비자들이 동시에 신기술을 채택하는 것이 아니며, 일부는 초기에 일부는 나중에 신기술을 채택하기 때문에 그려지는 모양이다. 즉 초기에는 신기술(신제품)이 아직 불확실성이 높고 대중 소비자들의 선호에 맞지 않는 상태일 수 있기 때문에 혁신자들이나 선도수용자들(2.5%＋13.5%)만이 신기술을 채택하며, 중간 단계에서는 기술이 어느 정도 발전하기도 하고 이전의 혁신자들 및 선도수용자들이 오피니언 리더로 영향을 발휘하게 됨에 따라 다수수용자(34%＋34%)들이 신기술을 채택하고, 맨 마지막 단계에서는 수용을 거부하던 느림보수용자들(16%)이 신기술을 받아들임을 보여준다.

(2) 캐즘의 존재

연속적 혁신의 제품은 어떤 제품 카테고리가 이미 존재하고 커다란 대중적 시장 역시 이미 형성되어 있는 상황에서 시장점유율을 확보하기 위해 노력한다. 그런데 불연속적 혁신의 제품, 특히 하이테크 제품은 기존에 없었던 제품으로서 대중적 시장이 형성되어 있지 않기 때문에 처음부터 새로운 시장을 개척해 내야 한다. 신제품 출시 직후 즉시 곧바로 소비자들이 이를 수용하면 좋겠지만, 현실적으로는 혁신자, 선도수용자는 물론 조기 및 후기 다수수용자 그룹의 신제품 수용까지 순차적으로 접근해야 하는 과정이다. 이 과정에는 많은 시간과 노력이 소요된다.

신제품이 시장에 자리 잡는 과정은 시간과 노력이 필요한 힘든 과정임은 물론 불확실성 역시 높다. 하이테크 제품들은 최초에 2.5%의 혁신자들에게까지는 일정 수준 접근이 가능할 것이다. 혁신자들은 제품이 복잡하고 불확실하며 가격도 상대적으로 높더라도 기술적으로 흥미롭다면 하이테크 제품을 수용하는 성향이 있기 때문이다. 어떤 하이테크 제품들은 혁신자들 이외에, 혁신자들과 유사한 성향이 있는 선도수용자(13.5%) 그룹에게까지 접근하기도 한다.

그런데 새로운 하이테크 제품이 조기다수수용자와 후기다수수용자를 포함하는 대중 주류시장에까지 접근하는 경우는 그리 많지 않다. 조기 및 후기 다수수용자들은 단순 흥미나 모험으로 신기술을 받아들이는 것이 아니라, 실용적 목적하에 효용이 검증된 신제품을 선택하여 사용한다. 따라서 혁신자와 선도수용자로 구성된 초기의 기술 지향적 시장에서는 어느 정도 성공을 거두고도 전기 및 후기 다수수용자로 구성된 대중 주류시장에 진입하지 못하고 실패하는 경우가 많은 것이다.

제프리 무어(Geofrrey Moore)는 이에 대해, 초기 시장(혁신자 및 선도수용자)과 대중 주류시장(전기 및 후기 다수수용자) 간에는 커다란 간극이 있으며 이를 캐즘(Chasm)이라고 하였다. 캐즘의 존재는 초기의 성공이 항상 주류시장에서의 성공으로 연결되지 않음을 보여주고 있으며, 이를 건너기 위한 특별한 노력이 있어야 함을 암시한다. 이러한 노력으로 제시할 수 있는 것은 특정 틈새시장에 집중하여 완전완비제품(whole product)을 제공하고 이를 발판으로 시장을 확장해 나가는 볼링 앨리(Bowling alley) 전략이다. 여기서 완전완비제품이란 특정 시장 고객의 니즈를 완벽하게 해결해 주는 제품을 의미한다. 예를 들어 스마트폰이 처음 출시될 때를 생각해 보자. 당시까지만 해도 모바일폰은 기본적으로 "전화 통화"를 위해 만들어진 것이었는데, 이것만으로는 모바일폰 사용 고객의 요구를 다 충족시킨다고 보기 어렵다. 사진이나 음악, 영상을 통한 소통에 대한 니즈도 존재하는데, 이를 위한 카메라, 앱, 기타 부가 기능까지 모두 제공되는 스마트폰이 된다면 완전완비제품에 가깝다고 볼 수 있다. 처음부터 큰 시장을 목표로하기보다는 작은 틈새시장에서 완전완비제품으로 틈새시장 소비자를 만족시키고,

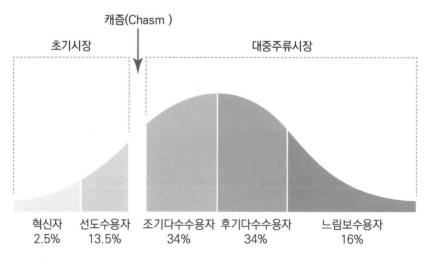

[그림 14-5] 캐즘(Chasm)의 존재

출처: Moore(1995) 및 김상훈 외(2018)

이들을 발판으로 다른 틈새시장으로 확장해 나가라는 것이 바로 볼링 앨리 전략이다.

4. 시장 진입 시기

하이테크 마케팅에서 또 한 가지 신경써야 할 것은 바로 시장 진입 시기이다. 본서의 제4장과 6장에서 지배적 설계, 학습효과, 규모의 경제, 네트워크 외부성 등의 개념을 소개했는데, 이들 개념에 따르면 신기술 및 신제품은 초기에 출시하여 시장을 선점하는 것이 중요하다고 추측해 볼 수 있다. 그런데 제4장의 와해성 기술 개념은 시장에 먼저 진입하여 선점한다고 항상 유리한 것만은 아닐 수 있음을 시사한다. 그렇다면 시장에 일찍 진입하는 것과 늦게 진입하는 것 중 어떤 것이 더 좋을까? 이 질문에 대해 최초 진입자의 이점과 불이익 논의는 중요한 시사점을 제공한다.

최초 진입자(first mover)는 새로운 제품이나 서비스를 처음으로 시장에 출시하는 기업을 의미한다. 반면 최초 진입자와 달리 제품이나 서비스가 시장에서 대중적으로 수용될 즈음에 시장에 신규로 진입하는 기업들은 후기 진입자(late entrants)라고 한다. 그리고 최초 진입자와 후기 진입자의 사이에 조기 추종자(early follower)라고 불리는 기업들도 있는데, 이들은 시장에 처음으로 진입한 것은 아니지만 비교적 시장이 형성되기 시작한 초기에 진입한 기업들이다. 이들을 순서대로 나열하면 최초 진입자, 조기 추종자, 후기 진입자 순이다.

리버만과 몽고메리(Lieberman & Montfomery, 1988)는 어떤 기업이 시장에 최초로 진입함으로써 누릴 수 있는 이점을 "최초 진입자의 이점(first−mover advantage)", 불이익을 "최초 진입자의 불이익(first−mover disadvantage)"이라고 하였으며, 이들에 대해 다음과 같이 요약 정리하였다.

리버만과 몽고메리에 의하면 최초 진입자는 기술 리더십, 희소자원의 선점, 구매자 전환비용의 활용 등의 이점을 얻을 수 있다. 그리고 실링(Schilling, 2013)은 여기에 브랜드 로열티와 수익체증의 이점을 추가하였다. 이들의 논의를 다시 정리하면 최초 진입자의 이점은 (1) 기술 리더십, (2) 브랜드 로열티, (3) 희소자산의 선점, (4) 구매자 전환비용의 활용, (5) 네트워크 외부성의 이점 등으로 정리할 수 있다.

우선 기술 리더십은 시장에 최초로 진입한 기업은 해당 기술 분야에서 가장 앞서나가는 기술을 보유하였을 것이며, 다른 기업보다 일찍 시장에 진입함으로써 기술적 우위를 지속해 나갈 가능성이 높다는 것이다. 여기서 최초 진입자가 처음의 기술적 우위를 지속해 나갈 수 있는 메커니즘은 대표적으로 기술 선점, 학습효과 및 규모의 경제 등이 있다. 최초 진입기업은 보통 신기술을 특허나 기업비밀 등으로 보호함으로써, 후발주자들이 이 기술에 접근하는 것을 막아 당분간 기술을 독점할 수 있게 된다. 또한 (1절에서 설명한 것과 같이) 시장에 먼저 진입해 제품을 판매하여 그 수익을 연구개발에 재투자함으로써 기술을 지속적으로 개선해 나갈 수 있으며(학습효과), 후발 기업들보다 먼저 규모의 경제를 달성함으로써 비용 측면에서 우위를 가질 수도 있다(규모의 경제).

두 번째로, 신기술로 시장에 최초 진입한 기업은 해당 분야에서의 리더 이미지나 명성을 얻음으로써 고객의 브랜드 로열티(brand loyalty, 브랜드 충성도)를 확보할 수 있다. 브랜드 로열티는 소비자가 특정 브랜드에 대해 지니고 있는 호감 또는 애착의 정도로서, 그 정도가 높으면 소비자는 해당 브랜드의 제품이나 서비스를 반복적으로 구매할 가능성이 높아진다. 최초 진입자로서 해당 분야에서의 리더 이미지나 명성을 얻은 사례는 주변에서 얼마든지 찾아볼 수 있다. 3M의 포스트-잇(Post-it)이나 스카치테이프(Scotch tape)는 3M이 최초로 출시한 제품이 너무 유명해져서 제품의 고유명사가 일반명사처럼 쓰일 정도가 된 대표적인 사례이다. 영미권에서는 복사기를 최초 진입자 이름을 따 제록스(Xerox)라고 부르며, 진공청소기는 기업명을 따라 '후버(Hoover)'라고 불리기도 한다.[3] 또한 한국에서는 화장지를 크리넥스, 전면에서 문을 여는 드럼 세탁기를 트롬이라고 부르는 일도 있다. 이들 중 상당수는 이러한 유명세를 바탕으로 소비자들의 브랜드 로열티를 확보하여 지속적인 제품 판매 성과를 올리기도 한다. 애플의 매킨토시 PC, 아이팟, 아이패드, 아이폰 등은 고객들에게 각 분야별 최초라고 인식되기도

---

[3] 엄밀하게 후버는 진공청소기 최초 출시기업은 아니지만, 이 분야에서 의미 있는 수준의 시장 진입을 한 '사실상 최초 진입자'라고는 할 수 있을 것이다. 1908년 진공청소기를 최초로 발명한 것은 Spangler인데, 그는 당시 일주일에 2~3개 정도밖에 생산하지 못했다. 그러다가 Spangler는 제품 하나를 사촌인 Susan T. Hoover에게 주었고, 이 제품에 감명 받은 그녀는 이를 남편 Henry Hoover와 아들 Herbert William Hoover에게 소개하였다. 이들은 Spangler가 진공청소기를 발명한 것과 같은 해인 1908년, Spangler로부터 특허를 사들여 후버 제품을 생산해 판매하기 시작하였으며, 이후 대대적인 성공을 거두었다.

하였으며, 애플 특유의 이미지를 보유하기도 하여, 애플마니아라고 하는 팬덤을 확보하고 있을 정도이다. (단 이들 제품이 실제로 최초라는 것은 아니다).[4]

[그림 14-6] 각 분야별 최초 진입자가 명성을 얻은 사례

세 번째는 희소 자산의 선점이다. 조기에 시장 진입을 하는 기업들은 주요 투입요소나 입지 등을 선점함으로써, 후발자들에 대해 진입장벽을 형성하는 경우가 있다. 세계적인 다이아몬드 제품 회사인 드 비어스(De Beers)는 희소 자산을 선점함으로써 이익을 얻은 주요 사례 중 하나이다. 드 비어스는 19세기 후반 남아프리카공화국의 한 다이아몬드 광산을 선점하였는데, 이 광산은 그 이후 약 1세기간에 걸쳐 세계에서 가장 큰 광산의 지위를 가지게 되었다. 이 회사는 1902년 무렵에는 세계 다이아몬드 원석 생산 및 유통의 90%를 차지했으며, 현재도 다이아몬드 원석 판매의 30% 정도를 유지하는 거대 기업이다. 이 회사가 100년 넘게 세계 다이아몬드 업계의 강자로 활약하고 있는 것은 바로 다이아몬드라는 희소자원(정확하게는 광산)을 선점하였기 때문이라고 할 수 있다.

우리나라의 희소자산 선점 사례는 이동통신 서비스 산업에서 찾아볼 수 있다. 국내의 대표적인 이동통신 서비스 업체는 SK텔레콤, KT, LG유플러스 등을 들 수 있으며, 이외에도 다수의 알뜰폰 업체들이 있다. 이 가운데 SK텔레콤의

---

4) 애플의 경우 사실 시장 최초 진입자는 아니다. 그러나 소비자들에게 시장 최초 진입자라고 인식되어 있는 경우가 많다. 아이팟, 아이폰 모두 사실상 최초는 아니긴 하다.

지위는 독보적이다. 2018년 SK텔레콤의 국내 이동통신 서비스 시장 점유율은 47.3%로, 29.8%의 KT나 22.9%의 LG유플러스보다 높다.[5] 더욱이 SK텔레콤은 2002년 이후 10년 이상 시장점유율 50%를 넘기기까지 하였다. 일부 전문가들은 SK텔레콤의 우위는 '황금주파수' 대역을 선점했기 때문이라고 지적한다.[6] 이동통신 서비스 사업자들에게 주파수는 서비스를 제공할 수 있는 채널인데, 이는 중복될 경우 원활한 서비스가 어렵기 때문에 서로 다른 기업들이 서로 다른 주파수 대역을 나누어 쓰고 있다. 만일 어느 한 회사가 특정 대역을 차지해 사용하면, 그 대역은 다른 회사가 쓸 수 없으므로 주파수는 경합성을 가진 재화처럼 인식될 수 있으며, 결국 희소한 자원으로 볼 수 있게 된다. 그런데 이 가운데 800MHz 대역은 통화의 음질이 좋으면서도 전파가 잘 끊기지 않는 '황금 대역'으로 불린다. 이 대역은 1980년대 초 우리나라 최초이며 유일한 이동통신 회사였던 KMT가 독점하였으며, KMT는 이후 선경그룹이 인수하여 SK텔레콤이 되었다. 1990년대 중반에는 2세대 통신서비스가 등장하면서 KT, LG 등 경쟁자들이 등장하기도 하였으나 이들은 1.8GHz 대역을 배정받았고, 800MHz를 배정받은 유일한 경쟁사였던 신세기이동통신이 SK텔레콤에 인수합병됨에 따라 800MHz 대역은 SK텔레콤의 독점 영역이 되었다. 이러한 독점 상황은 2010년까지 약 29년에 걸쳐 지속되었다. SK텔레콤은 이전 KMT의 사업을 넘겨받으면서 국내 최초의 통신사 타이틀과 고객을 보유함과 동시에, 가장 통화가 '잘 터지는' 황금주파수 대역도 독점함으로써 고객들을 지속적으로 확보·유지하였다. 이것이 바로 SK텔레콤의 장기간에 걸친 경쟁우위의 원천이라는 주장이다.

---

5) http://biz.newdaily.co.kr/site/data/html/2020/05/26/2020052600162.html

6) https://m.anewsa.com/article_sub3.php?number=644031&type=&mobile=#_enliple

중앙일보

인쇄하기 취소

[CoverStory] SKT '황금 주파수' 사수 작전

[중앙일보] 입력 2008.02.18 05:28 수정 2008.02.18 06:21

800MHz

[그림 14-7] 희소 자산으로서의 황금 주파수-중앙일보 보도

네 번째는 구매자 전환비용(switching cost)의 활용이다. 어떤 구매자가 한 제품을 사용하다 보면 해당 제품을 사용하는 데 익숙해지기도 하고, 그 제품과 관련된 보완재를 구매해 사용하기도 하며, 그 제품을 사용하는 데 따른 부수적인 이익을 얻기도 한다. 이러한 상황에 있으면 구매자들은 쉽사리 다른 제품으로 이동하지 못하는데, 이는 '구매자의 전환비용'이 있기 때문이라고 한다. 구매자의 전환비용은 구매자들이 한 제품을 구입하여 사용하다가 다른 제품으로 전환하고자 할 때 발생하는 비용으로 정의될 수 있다. 우선 다른 제품으로 전환하고자 할 때 이전에 지출한 최초 구매비용, 새 제품의 구매비용이 전환비용이 되며, 이전 제품을 버림으로써 포기해야 하는 것들이나 새 제품을 사용하기 위해 필요한 학습 시간도 전환비용이 될 수 있다. 예를 들어 A 항공사를 주로 이용하면서 마일리지를 쌓은 사람은, 다음에 항공권을 구매할 때에도 가급적 A 항공사를 고려하게 될 것이다. 마일리지가 일정 수준 쌓이면 해당 항공사의 항공권을 무료로 구매하는 등 이익이 있을 수 있는데, 굳이 다른 항공사를 선택하면서 A 항공사로부터의 이익을 버릴 필요가 없기 때문이다. 만일 A를 버리고 다른 항공사를 선택하다가 마일리지가 만료된다든지 하면 결국 그만큼의 돈을 잃는 셈이다. 또 다른 예로, 만일 안드로이드 기반의 스마트폰을 사용하던 구매자가 어느날 아이폰을 구매하여 사용하려고 하면 직접적인 비용이 들기도 하고 안드로이드에 익숙해져 있던 이 사람이 아이폰 사용 방법을 배워야 한다는 학습 과정이 필요하

기도 하다. 이 과정에 투입되는 시간과 노력도 모두 구매자의 비용으로 생각할 수 있다. 이러한 비용을 모두 구매자의 전환비용이라고 한다.

구매자 전환비용이 적용되어 지속적 우위를 차지하는 실제 사례로는 QWERTY 키보드가 대표적이다. QWERTY 키보드는 현재 우리가 컴퓨터 자판으로 사용하고 있는 키 배열을 의미하는데, 자판의 좌측 상단 알파벳이 Q W E R T Y로 시작하여 그렇게 불리게 되었다. 이 키보드는 처음에 컴퓨터용으로 개발된 것이 아니라, 과거(19세기 후반) 기계식 타자기에 적용하기 위해 개발된 것이다. 당시 기계식 타자기는 자판을 누르면 해당 자판에 해당하는 긴 활대가 움직여 활대 끝의 활자가 종이 위해 부딪히면서 글자가 찍히는 방식이었다. 그런데 타자 속도가 너무 빨라지면 활대가 뒤엉켜 타자가 안 되거나 타자기가 고장나는 경우가 발생하기도 했다. QWERTY 키보드는 이를 해결하기 위해 고안된 키 배열 방식이다. 영어에서 비교적 적게 사용되는 알파벳의 키를 키보드의 중앙으로 배치하고, 자주 사용되는 알파벳은 주변에 배치해 새끼 손가락을 쓰도록 함으로써 의도적으로 속도를 늦추는 방식이었다. 그런데 이후 타자 속도를 늘려야 한다는 필요성에 따라 QWERTY와는 달리 타자 속도를 빠르게 할 수 있는 DVORAK 등 다양한 키보드가 개발되었는데 이들은 시장에서 성공하지 못했다. 더욱이 기계식 타자기가 아닌 전자식 컴퓨터를 사용하는 최근에 와서는 QWERTY보다 효율적인 키보드가 더 필요한 상황이 되었음에도 QWERTY는 여전히 살아남아 사용되고 있다. 그 이유는 사람들이 QWERTY에 익숙해져 다른 키보드로 전환하지 못한다는 것이었다. 처음 타자를 배우는 데에는 많은 노력이 필요하다. 힘든 과정을 거쳐 QWERTY에 익숙해져 있는데, 어느날 다른 키보드를 써야 하고 그 키보드를 쓰기 위해 또 다른 고된 연습이 필요하다면 다른 키보드를 사용할 수 있겠는가? QWERTY 키보드가 비효율적인 것은 맞지만, 새로운 것을 학습하는 데 시간과 노력이 필요하기 때문에 (전환비용이 들기 때문에) 여전히 사용되고 있는 것이다.

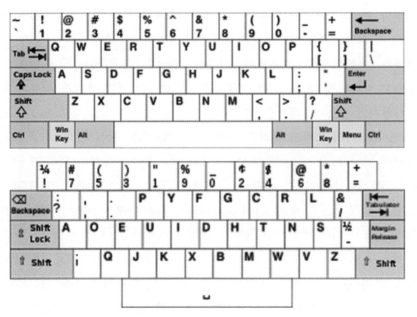

[그림 14-8] QWERTY 키보드(상)와 DVORAK 키보드(하)

출처: Denelson83(https://commons.wikimedia.org/wiki/File:KB_United_States.svg), Optikos
at English Wikipedia(https://commons.wikimedia.org/wiki/File:KB_DSKtypewriter.svg)

마지막으로 네트워크 외부성으로 인한 이점이 있는데, 이는 이미 본서의 제6
장에서 지배적 설계의 등장과 관련하여 이미 설명하였으니 해당 장을 참고하기
바란다.

이상과는 반대로 최초 진입자의 불이익도 존재한다. 불이익은 크게 (1) 연구
개발 비용, (2) 시장의 불확실성, (3) 공급·유통채널 및 보완재의 미비 등으로
정리할 수 있다.

우선 연구개발과 관련하여, 혁신자들은 최초 기술개발과 제품 출시에 따른
이익을 얻기도 하지만, 그러한 혁신을 이루어 내기까지 많은 시간과 비용을 투
입하는 것이 일반적이다. 최초 기술개발 시에는 개발자들마저도 기술에 대한 충
분한 이해를 하지 못하는 경우도 있고, 시장 출시에 적합한 기술이나 제품 형태
를 찾기 위해 수많은 시행착오를 겪기도 한다. 이로 인해 최초 기술(제품) 개발
시에는 많은 비용이 들어간다. 그러나 이러한 기술(제품)을 베끼는, 소위 "짝퉁"
제조업자들 입장은 어떠할까? 일부 연구에 의하면, 최초 혁신을 만들어 내는 데 투입되는 비용이 100이라고 하면, 이를 모방하는 데에는 65 정도의 비용밖에 들어가지 않는다.[7] 특히 특허화된 기술의 경우 (특허가 공개되어 있으므로) 60 정도면 모방이 가능하다고 한다. 따라서 후발주자(후기 진입자 및 조기 추종자)들은 신기술(제품) 개발에 필요한 비용을 다 지불하지 않고 개발에 성공하기도 한다. 이를 무임승차 효과(free-rider effect)라고 한다.

두 번째는 시장의 불확실성이다. 어떤 신기술(제품)의 도입 초기에는 이것이 소비자들에게 수용될 수 있을지에 대한 불확실성이 존재한다. 이에 따라 수없이 많은 기술적 시도가 이루어지게 되며, 제4장에서 소개한 어터백과 아버나시(Utterback & Abernathy)의 모델에서처럼 수많은 초기 도전자들 중 일부만 살아남게 된다. 바로 이 살아남은 것이 지배적 설계인데, 지배적 설계가 등장하면 그러한 불확실성은 사라지게 되는 것이다. 따라서 시장 최초 진입자는 이러한 시장 불확실성의 리스크를 감당해 내야 한다는 불이익이 있다. 과거 아날로그 TV에서 현재와 같은 HDTV로 전환할 때 선진국들은 이러한 불이익이 있는 상황에 처해 있었다. 당시 가장 앞서 있었던 일본은 아날로그 기반의 자체 HDTV를, 유럽은 디지털 기반의 DVB를, 선진국 중 가장 늦었던 미국은 디지털 기반의 ATSC를 개발하고 있었다. 각 국가별로 자체적인 공적 표준을 정하면 자국 시장은 확보할 수 있겠으나, 세계 시장에서는 어쨌든 이들 기술 간 경쟁이 벌어지게 되어 있었다. 이 가운데 어떤 기술이 세계 시장의 소비자들(세계 각국)로부터 더 많이 선택될지는 누구도 알 수 없었던 상황에서 선진국들은 리스크를 안고 개발에 착수했다. 한편 아직 기술력이 부족하던 한국 기업들은 독자적으로 기술을 개발하는 모험을 감행하지는 않았다. 한국 기업들은 일단 모든 기술개발 커뮤니티에 참여하며, 향후 기회를 엿보는 전략으로 나섰다. 이후 한국 정부는 고정형 방송으로는 미국의 ATSC, 이동형 TV는 유럽 DVB 기반의 DMB를 국내의 공적 표준으로 선택했다. 또한 세계시장에서도 이들 두 기술이 대세를 이루게 되었으며, 한국 기업들은 성공적으로 HDTV 시장에 진입하여 현재 세계적인 점유율을 확보하고 있다.

세 번째는 공급·유통채널 및 보완재의 미비이다. 신기술이 도입되는 초기에는 그 기술 자체의 공급·유통채널이 잘 갖추어지지 않은 경우도 있고, 보완재가 개발되지 않았거나 보완재 공급·유통 채널이 미비한 경우도 있다. 만일 어떤 회사가

---

7) Mansfield et al.(1981), "Imitation Costs and Patents: An Empirical Study", The Economic journal, 91(365), pp.907-918.

최초로 레이져 프린터를 개발하여 출시하였는데 토너 공급이 향후 1~2년간은 어렵다고 한다면, 여러분들은 그 프린터를 지금 구매할 의사가 있는가? 만일 어떤 회사가 현재의 안드로이드폰, 아이폰, 윈도우 기반 스마트 기기의 성능을 뛰어넘는 첨단 스마트폰을 개발하였는데, 여기에서 사용할 앱이 거의 공급되지 않고 있다면 이 스마트폰을 구매할 생각이 있는가? 이와 유사한 일은 실제로 1990년대와 2000년대 휴대용 기기 분야에서 벌어지기도 했다. 노키아는 이미 1996년부터 스마트폰을 출시해 왔고 2006년에는 3900만대를 판매하기도 했다.[8] 그런데 당시에는 작은 스크린에서 볼 수 있는 모바일용 웹도 없었고, SNS 서비스도 없었으며, 기타 킬러 애플리케이션도 공급되지 않았다. 이러한 상황이 계속되던 중 모든 것을 갖춘 아이폰이 등장하면서 노키아는 스마트폰 시장에서 뒤처지기 시작했다.

지금 현재 국내에서 가장 쉽게 접할 수 있는 사례는 바로 수소연료전지자동차(이하 수소차)이다. 수소차는 환경을 오염시키는 배기가스가 없고, 공기 중 거의 무한대로 존재하는 수로를 이용하는 전기차여서 미래형 친환경차로 주목받아 왔다. 최근에는 현대자동차가 수소차를 출시하여, 많은 정부 보조금을 투입하여 보급하기도 하였다. 그런데 수소차를 이용하기 위해서는 수소연료전지 충전시설이 필요한데, 2021년 1월 기준 정부의 저공해차 통합누리집에 소개되어 있는 수소 충전소는 전국에 50여 개밖에 없는 상황이다. 정부는 수소차 충전시설을 확충하려고 하고는 있으나, 인프라 구축에는 거대한 비용이 필요한데다가, 수소는 위험하다는 주변 주민들의 인식으로 인해 이를 불식하고 충전시설을 구축하는 데에는 많은 시간이 걸릴 것으로 예상되고 있다. 이로 인해 수소차 이용자들은 여전히 불편을 겪고 있으며, 수소차 보급에도 계속 어려움이 뒤따를 것이라는 전망이 있다.

※ 생각해 볼 과제: MP3 플레이어 최초 시장 진입자는 누구인가? 시장 최초 진입자에게는 어떠한 이점과 불이익이 있었나? 유튜브에서 2001년 스티브 잡스의 아이팟 출시 프레젠테이션 동영상을 먼저 시청하고 (https://www.youtube.com/watch?v=kN0SVBCJqLs), 이와 관련된 추가 자료를 찾아 최초 진입자의 이점과 불이익을 생각해 보라.

---

8) http://weeklybiz.chosun.com/site/data/html_dir/2012/05/18/2012051801323.html

최초 진입자의 이점과 불이익을 종합할 때, 시장 최초 진입에는 최초 진입에 따라 선점 또는 독점할 수 있는 것들이 많아 다양한 이점이 있을 수 있으나, 후 발자의 무임승차나 시장 여건의 불확실성으로 인한 불이익도 있는 것으로 간략히 정리할 수 있다. 최초 진입자가 일방적으로 유리하다거나, 반대로 후발주자가 일방적으로 유리하거나 불리하다고 보기는 어렵다. 따라서 시장 진입 시기는 시장의 불확실성, 기술성, 보완재의 가치와 공급 가능 여부, 경쟁 기업의 진입 위협, 초기 손실을 견딜 수 있는 범위, 네트워크 외부성에 의한 효과 발생 가능성, 기술 보급을 위한 방안 등을 충분히 검토하고 조율해야 할 것이다.

[그림 14-9] 최초의 MP3 플레이어는?

기술과 조직

혁신은 어떤 목적을 향한 부단한 노력의 산물일 수도 있고, 우연의 결과일 수도 있고, 창의성이 발현된 것이라고도 볼 수 있다. 어떤 분야에서는 달성해야 할 목표와 그것을 위한 방법론이 이미 존재하고 있어서, 결과를 도출하기 위해서는 개인의 노력, 지속적인 실행을 통한 학습(learning-by-doing), 시행착오(trial-and-error)를 통한 학습 등이 혁신을 위한 중요한 요소일 것이다. 또 어떤 분야에서는 의도치 않게 우연한 기회에 새로운 것을 만들어 내는 경우도 있다. 현대 의학에서 유용하게 사용되는 X선은 19세기 말 뢴트겐이 우연히 발견한 것이다. 또한 집집마다 한 대씩 있는 전자레인지는, 군용 레이더 관련 실험 도중 우연한 발견에 의해 만들어진 것이다. 이외에 많은 혁신들은 개인의 창의성이 기반이 되어 만들어진 경우가 많다.

그런데 상기와 같은 혁신의 원천들이 거의 개인으로부터 출발한 것인 가운데, 현대 사회에서의 혁신은 조직이라는 단위에서 만들어지는 경우가 많다. 물론 그 씨앗이 개인의 노력이나 창의성이기는 하지만, 실제로 그것을 혁신으로 꽃피우는 것은 결국 기업, 공공기관, 대학 등 조직인 것이다. <표 15-1>은 2020년 국내에 출원된 특허의 혁신주체별 비중을 보여준다. 대기업, 중견기업, 중소기업을 합치면 전체의 46.1%에 달하여, 20.1%인 개인의 두 배를 넘는다. 또한 특허 자체는 발명이어서 그것 자체로 혁신이 아니며, 개인이나 기타 조직의 특허도 신제품으로 만들어지기 위해서는 조직을 통하는 경우가 많음을 고려하면, 사실상 기업이 혁신의 상당 부분을 담당한다고 볼 수 있을 것이다.

〈표 15-1〉 혁신주체별 특허 비중 (2020)

구분	비중
대기업	17.3%
중견기업	4.0%
중소기업	24.8%
대학 및 공공기관	11.3%
개인	20.1%
외국인/기관	22.0%
기타	0.5%
합계	100.0%

자료: 특허청 자료를 https://news.mt.co.kr/mtview.php?no=2020101910072119361 에서 인용.

혁신은 조직을 통해 발현되는 경우가 많다. 그런데, 조직 내에서 혁신이 효과적이고 효율적으로 만들어지기 위해서는 혁신에 적합한 조직구조와 문화가 갖추어져야 할 것이다. 본 장에서는 기술혁신을 만들어내는 조직의 구조적 측면에 대해 알아보도록 한다. 우선 다음 절에서는 조직구조의 일반론을 먼저 살펴보고, 그 다음 절부터는 기술혁신과 조직구조 간 관계에 대해 알아본다.

1. 조직구조의 일반론

(1) 조직구조의 변수

조직의 작동에 영향을 미치는 것으로서, 경영자들이 조직구조 설계를 위해 고려하는 몇 가지 변수들이 있다. **분업화, 공식화, 집권화, 통제범위, 부서화, 명령체계** 등이 바로 그것이다.[1]

먼저 분업화(division of labour)는 조직 내에서 업무가 얼마나 분리되어 있고 분야별로 전문화가 되어 있는지를 의미한다. 분업화는 20세기 초반 테일러

---

[1] Robbins & Judge(2014)를 참고하였다.

(Taylor)의 과학적 관리법[2]이나 포드(Ford)사의 자동차 생산 사례로 널리 알려져 있다. 어떤 생산 과정이 반복적 업무로 구성되어 있다면 이를 단계별로 나누고, 단계별 전담 인력을 배치함으로써 생산의 효율성을 높일 수 있다. 그러나 분업화와 전문화가 어느 정도까지는 생산성 향상에 도움을 주지만, 지나칠 경우 오히려 악영향을 미칠 수 있음은 이미 잘 알려져 있다. 또한 경우에 따라 분업화할 수 있는 과업도 있고, 그렇지 않은 과업도 존재한다.

두 번째는 공식화(formalization)이다. 공식화는 조직 내의 업무를 표준화하기 위해 규칙, 절차, 문서를 사용하는 정도를 말한다. 공식화 수준이 높으면 업무를 항상 똑같이 처리할 수 있으므로, 관리감독 업무의 상당부분을 대체할 수 있으며, 어떤 과업으로부터 일정하고 안정적인 결과를 기대할 수 있다. 또한 공식화된 규정이 존재하기 때문에 업무상 의사결정의 기준이 명백하며 이로 인해 빠른 업무 처리가 가능하다. 그러나 공식화도 마찬가지로 높은 수준의 공식화가 필요한 경우와 그렇지 않은 경우가 존재한다.

세 번째는 집권화(centralization) 정도이다. 이는 한 조직 내에서 의사결정 권한이 중앙에 집중되어 있는 정도를 의미한다. 반대로 한 조직 내 의사결정 권한이 한 군데에 집중되어 있지 않고 분산되어 있는 경우를 분권화(decentralization)라고 한다. 집권화된 조직에서는 주로 최고경영층이 중요 의사결정을 내리며 이하 관리자들은 그 결정을 실행하는 역할을 담당한다. 반대로 분권화된 조직에서는 업무를 담당하는 실무 부서나 담당자 수준에서 의사결정을 내리기도 한다. 집권화된 조직에서는 최상위층의 의사결정에 따라 조직 전체가 일관적으로 움직일 수 있는 반면, 분권화된 조직에서는 현장에 가까운 부서나 담당자가 의사결정을 내리기 때문에 더욱 유연하고 신속한 의사결정이 가능하다.

네 번째는 통제범위(span of control)로, 한 명의 관리자가 지휘하는 부하직원의 수를 의미한다. 좁은 통제범위는 한 명의 관리가 적은 수의 부하직원을 지휘하는 경우이고, 넓은 통제범위는 한 명의 관리자가 많은 수의 부하직원을 지휘하는 경우이다. 통제범위가 좁으면 관리자는 부하직원을 면밀히 관찰하고 밀접하게 통제할 수 있는 반면, 관리자와 관리 계층의 수가 늘어나기 때문에 비용이 많이 든다. 통제범위가 넓으면 비용을 줄일 수는 있으나, 관리 감독이 허술해

---

2) 테일러의 과학적 관리법에는 찰스 배비지(Charles Babbage)의 이론이 반영되어 있다.

질 수도 있고 그에 따라 직원당 성과가 떨어질 가능성도 있다.

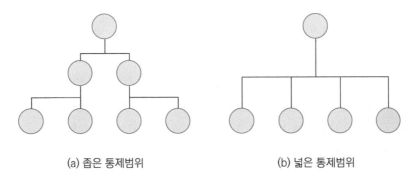

(a) 좁은 통제범위   (b) 넓은 통제범위

[그림 15-1] 통제범위 비교

다섯 번째는 부서화(departmentalization)이다. 조직 내에서 업무를 세분화한 뒤, 세부 업무들을 공통성에 따라 묶은 단위를 부서라고 하며, 이를 위한 기본 원칙을 부서화라고 한다. 가장 일반적으로 사용되는 부서화 원칙은 기능 (function)을 이용하는 것이다. 일반 제조업체에서는 기획, 설계, 회계, 생산(공장), 인사, 마케팅을 중심으로 팀이나 부서를 조직할 수 있을 것이다. 이외에 지역(geography), 제품(product), 공정(process), 고객(customer)별로 부서화를 조직할 수도 있다.

마지막으로 명령체계(chain of command)는 흔히 군조직에서 쉽게 발견할 수 있는데, 조직의 최상부부터 최하부까지 연결된 지휘 체계이다. 명령체계 내에서 관리자들은 권한(authority)을 부여받고, 부하직원들은 그 명령에 복종하는 것을 기대한다. 또한 한 명의 직원은 한 명의 직속상관으로부터만 지휘를 받도록 함으로써 명령의 통일성(unity of command)을 유지한다. 그런데 명령체계가 엄격하게 잘 갖추어진 경우 장점도 있지만, 위계서열의 강조로 인해 하위 계층의 구성원들이 의사결정에 참여하기 어렵고 기업문화가 경직적인 등의 단점도 있다. 이를 해결하기 위해 합의에 의한 의사결정, 상향식 의사결정 등이 시도되기도 한다.

(2) 기계적 구조와 유기적 구조

조직이 목표를 달성하기 위해서는 외부환경의 특징을 고려하여 조직 구조가 설계되어야 한다. 번스와 스토커(Burns & Stalker, 1961)는 영국 내 20개 기업을 분석하여, 조직 구조는 외부환경에 따라 크게 기계적 구조와 유기적 구조로 구분될 수 있음을 보였다.

우선 외부환경의 변화가 많지 않은 안정적 환경에서 조직은 기계적 구조를 가진다. 이 경우 외부환경 변화에 따라 기업 활동도 특별히 변화할 것이 없으므로, 기업은 정해진 체계를 구축해 놓고 기계적으로 움직인다. 기계적 조직은 분업화 수준이 높고, 공식화 수준 역시 높다. 기계적 구조의 기업에서 권한의 위치는 조직의 최고층에 집중되어 있는 경우가 많아 집권화 수준이 높다. (그러나 높은 공식화 수준을 통해 분권적으로 움직이는 경우도 많다).[3] 조직 내 의사소통은 주로 명령과 지시에 의한 것이며, 정보는 주로 하향식으로 이동한다.

반면 외부환경이 급변하는 동태적인 상황이라면 조직은 유기적 조직의 구조를 갖는다. 외부 상황이 수시로 변하기 때문에, 기업의 업무 처리도 미리 정해놓은 방식에만 의존할 수 없다. 따라서 조직의 공식화 수준은 낮으며, 분업화 수준도 낮다. 유기적 조직에서는 토론 등 상호작용에 의해 의사결정이 이루어지며, 따라서 의사결정 권한도 조직의 최상위층에 집중되어 있는 것이 아니라, 적절한 능력을 가진 곳에 분산되어 있다. 이러한 조직에서 의사소통은 토론, 자문 등이 주를 이루며, 정보의 흐름은 상하로 자유롭다.

2. 기술 특성과 조직구조

조직구조는 외부환경은 물론 기술 특성과도 관계가 있다.

영국 런던대학교 임페리얼 컬리지의 존 우드워드(Joan Woodward) 교수는 약 100여 개의 영국 제조업체들을 대상으로 기술과 조직구조에 관한 연구를 수행하였다. 우드워드 교수는 생산기술의 복잡성[4]에 따라 10가지 기술 유형을 구분하였고, 이를 다시 **단위생산기술**, **대량생산기술**, **연속생산기술** 등 3가지의 대분류로

---

3) Schilling(2013)
4) 여기서의 복잡성은 기계화 정도와 관련된 것으로, 이에 대해서는 이견이 있을 수 있다.

나누었다.

첫 번째는 단위생산(unit production)기술로, 주로 개별 주문에 의해 단위생산이나 소량생산을 하는 분야의 기술이다. 이 분야는 같은 제품을 대량으로 제작하지 않으며, 심지어 제작하는 제품이 매번 달라지기도 한다. 따라서 기계화 및 자동화 정도가 높을 수 없으며, 사람의 수작업에 의존하는 경우가 많다. 수제화, 맞춤 정장, 맞춤 가구 같은 경우가 이에 해당한다. 주문자가 요구하는 치수와 기능에 따라 제품은 매번 달라지기 때문에 기계에 의한 자동화보다는 수작업에 의존하는 경우가 많다. 이러한 분야는 물론 첨단기술 분야에도 단위생산기술이 사용되는 경우가 많다. 인공위성이나 항공기가 그러하다. 인공위성은 같은 똑같은 모델을 여러 단위 제작하는 경우가 거의 없고, 항공기의 경우도 일부 베스트셀러 모델이 수백 대 규모이고 대부분은 몇 대에서 수십 대 수준을 생산할 뿐이다. 특수목적용 장비나 설비도 생산량이 그리 많지 않아서, 수작업에 의존하는 비중이 높다.

두 번째는 대량생산(mass production)기술이다. 대량생산기술은 다양한 생산기술 중 대중적으로 가장 잘 알려져 있는 분야이다. 이 분야는 어떤 제품의 표준적 디자인을 만들고, 이에 따라 동일한 제품을 대량으로 생산해 낸다. 20세기 초반 포드(Ford)의 자동차 생산이 대표적인 예이다. 포드는 분업화와 컨베이어 벨트 생산방식을 도입해 자동차 대량생산 시대를 열었다. 첫 대량생산 모델인 모델T는 1908년부터 약 20년 동안 1,500만 대나 생산했다. 2019년 현대-기아자동차의 글로벌 생산능력은 연간 900만 대이고, 판매량은 700만 대 수준이다. 자동차 이외에 메모리반도체도 대량생산기술이 적용된 대표적 사례이다. 이외에도 우리 주변에서 흔히 볼 수 있는 공산품의 상당수는 대량생산 제품이다. 이 제품들은 하나의 설계로 수많은 동일 제품을 생산하기 때문에 기계화와 자동화의 접목이 가능하며, 이에 따라 수작업 비중이 낮다.

세 번째는 연속생산(continuous process production)기술이다. 연속생산 분야는 사실상 거의 전 과정이 기계화되어 있다. 석유정제, 대량 화학공정, 합성섬유 산업 등이 그 예이다.

이 세 생산기술 분야별 기업들의 조직구조상 특징은 다음과 같다. 직접 생산인력과 간접 생산인력의 비율은 단위생산기술이 가장 높고, 대량생산기술 및 연속생산기술로 갈수록 떨어진다. 단위생산기술 분야는 노동력이 많이 투입되는

데 반해, 대량생산기술과 연속생산기술은 생산과정에 직접 투입되는 노동력은 적고 비직접적인 업무에 관여하는 인력이 많다는 것이다. 작업자의 기능수준, 구두에 의한 의사소통 수준은 단위생산기술과 연속생산기술이 높은 반면, 공식화 수준, 집권화 수준, 문서에 의한 의사소통은 대량생산기술이 높다. 전반적으로 단위생산기술과 연속생상기술 분야 기업들의 조직은 유기적이며, 대량생산기술 분야 기업들은 기계적이라고 볼 수 있다.

단위생산기술과 대량생산기술을 비교할 때, 단위생산기술은 주문에 대한 유연한 대처가 중요하며 개별 작업자들의 숙련된 역량이나 노하우가 크게 작용하는 분야이기 때문에 유기적인 조직의 특성을 보이는 반면, 대량생산기술은 표준화된 제품을 대량으로 생산하며 일정한 품질과 성능을 유지하기 위해 개인의 역량보다는 기계 설비에 의존하고 정해진 기준과 절차를 따르기 때문에 기계적 조직의 특징을 보인다고 생각해 볼 수 있다.

연속생산기술은 기계에 의존한다는 점은 대량생산기술에 가깝지만 조직적 특성은 단위생산기술에 가깝다. 이에 대해서는 직접/간접 생산인력 비율이 1.1로 매우 낮은 점과 본서 제5장의 파빗분류를 참고하여, 독자들이 각자 이유를 추측해 보기 바란다.

〈표 15-2〉 우드워드의 기술유형과 조직구조

구조적 특징	단위생산기술	대량생산기술	연속생산기술
관리계층의 수	3	4	6
직접/간접 생산인력 비율	9:1	4:1	1:1
감독자의 통제범위	23	48	15
작업자의 기능 수준	높음	낮음	높음
공식화	낮음	높음	낮음
집권화	낮음	높음	낮음
구두에 의한 의사소통	높음	낮음	높음
문서에 의한 의사소통	낮음	높음	낮음
전반적 구조	유기적	기계적	유기적

자료: Woodward(1965)

우드워드의 연구 외에, 페로우(Perrow, 1967)는 과업의 다양성과 문제의 분석 가능성으로 기술을 분류하였다. 과업의 다양성은 업무가 얼마나 동질적인지, 예외가 얼마나 자주 일어나는지에 대한 것이다. 대량생산되는 자동차의 경우, 거의 동일한 업무가 반복되며 예외가 많지 않아 과업 다양성 수준이 낮다. 그런데 선박은 주문자에 따라 다른 설계가 필요하고 다른 작업방식이 필요하며 예외가 많다. 따라서 이런 경우는 과업 다양성 수준이 높다. 문제의 분석가능성은 문제 해결과정에 논리적이거나 과학적인 분석, 잘 알려진 분석 방법 등이 얼마나 적용될 수 있는지에 대한 것이다. 반도체 생산의 경우 반도체의 성능, 품질 등에 대해 과학적 방법이나 이미 알려져 있는 방법론을 동원하여 분석이 가능하다. 그러나 수제 도자기 같은 경우 제품 생산과 관련된 지식은 작업자의 노하우에 해당하는 경우가 많아 분석이 쉽지 않다.

과업의 다양성과 문제의 분석가능성에 따라 기술을 분류하면 [그림 15 - 2]와 같이 일상적 기술, 공학적 기술, 장인기술, 비일상적 기술 등 네 가지로 구분할 수 있다. 우선 과업의 다양성이 낮으나 문제의 분석가능성이 높으면 일상적 (routine) 기술이라고 한다. 반도체 생산은 동일한 제품을 대량으로 생산하는 것이기 때문에 거의 동일한 업무가 반복되므로 과업 다양성은 낮다. 반면 문제의 분석가능성은 높기 때문에 일상적 기술에 해당한다. 두 번째, 문제의 분석 가능성이 높고 다양성도 높은 경우는 공학적(engineering) 기술이라고 하는데, 주문에 의해 설계되고 생산되는 자동화 설비나 장비, 선박 등이 이에 해당한다. 세 번째, 장인(craft)기술은 과업의 다양성이 낮고 문제의 분석가능성이 낮은 경우이다. 수제 도자기, 수제화 등 공예가 대표적인 사례이다. 네 번째, 비일상적 (nonroutine) 기술은 문제의 분석가능성은 낮고 과업의 다양성은 높은 경우이다. 예를 들어 잘 알려지지 않은 분야의 대형 기초연구나 대형 연구개발 프로젝트의 경우, 다루어야 할 업무의 다양성은 높은 반면, 새로운 분야이다 보니 잘 알려진 분석 방법을 사용하기도 어렵다.

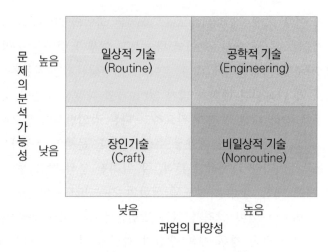

[그림 15-2] 페로우의 기술 분류

자료: Perrow(1967)

각 기술 형태별 조직(또는 부서)의 조직 차원의 특성은 아래 <표 15-3>과 같이 달라진다. 네 가지 기술 형태 가운데 가장 크게 구분되는 것은 일상적 기술이다. 일상적 기술은 나머지 형태와는 달리 기계적인 특징을 보인다. 공식화, 집권화 수준이 모두 높고, 통제 범위는 넓다. 공학적 기술, 장인기술은 다소 유기적이며, 비일상적 기술은 유기적이다. 일상적 기술은 동일한 제품을 대량으로 생산해 내고자 한다. 반면 다른 기술은 고객 요구에 일일이 대응해야 하거나 작업자의 의도에 따라 생산과정이 달라지기도 하기 때문에 유기적인 특징이 많이 발견된다.

<표 15-3> 페로우의 기술유형과 조직구조

구분	일상적 기술	공학적 기술	장인기술	비일상적 기술
중점 목표	양, 효율	안정성	질	질
공식화	높음	보통	보통	낮음
집권화	높음	보통	보통	낮음
통제범위	넓음	보통	보통~넓음	좁음~보통
의사소통	수직적, 문서	문서, 구두(verbal)	수평적, 구두(verbal)	수평적

구분	일상적 기술	공학적 기술	장인기술	비일상적 기술
조직 특성	기계적	다소 유기적	다소 유기적	유기적

자료: Perrow(1967) 및 김인수(2010) 종합

3. 혁신의 동적 패턴과 조직구조

본서의 제4장에서는 혁신의 동적 패턴을 소개하였다. 이 가운데 어터백과 아버나시의 제품수명주기 모형은 어떤 기술이나 제품의 수명을 유동기(fluid phase), 전환기(transition phase), 구체기(specific phase) 등 세 가지 시기로 나누고, 시기별 혁신의 특징을 보여주고 있다. 유동기에는 성능극대화가 전략적 목표로서 제품혁신이 더 많이 일어나고, 전환기에는 판매극대화가 목표로서 공정혁신이 더 많이 발생한다. 특히 전환기 중에는 지배적 설계가 등장하여 시장을 지배하는 패턴도 있다. 마지막으로 구체기에는 비용 극소화가 목표로서 제품혁신과 공정혁신 공히 그 빈도가 떨어지지만, 공정혁신이 제품혁신보다 조금 더 높은 수준이다.

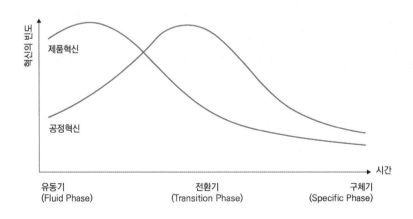

[그림 15-3] 어터백과 아버나시의 PLC 모형

자료: Utterback & Abernathy(1975)

그런데 어터백과 아버나시의 제품수명주기 모형은 단지 혁신의 유형과만 관련이 있는 것이 아니다. 이 모형은 혁신의 유형은 물론, 각 시기별 산업구조, 조직 차원의 특징 등까지 보여주고 있어서 다방면에 큰 시사점을 제공하고 있다.

유동기에서 전환기를 거쳐 구체기로 진입함에 따라 기술이나 제품은 높은 다양성에서 소수의 지배적 설계로, 급진적 혁신에서 점진적 혁신으로 변화한다. 공정은 초기에 숙련공과 범용 설비에 의존하는 형태에서, 나중에는 미숙련공도 다룰 수 있을 정도의 전문화된 설비로 변화한다. 전환기 중에 지배적 설계가 등장하여 이후부터는 표준화된 제품을 대량생산하는 단계로 진입하게 되면서 분업화와 생산자동화가 가능하기 때문이다. 조직은 초기에는 창업가적이고 유기적인 형태인데, 이후 일정한 과업과 절차를 지닌 기계적 조직으로 구체화된다. 시장과 경쟁 형태는 초기에 창업가적 기업, 중소기업이 다수 시장에 진입하여 치열하게 경쟁하는 특성을 보이지만, 지배적 설계 등장 이후 지배적 설계가 지배하는(비차별적인) 시장을 소수의 기업들이 과점하는 형태로 진화하게 된다.

〈표 15-4〉 제품수명주기상 제품, 공정, 조직, 시장, 경쟁의 변화

구분	내용
제품	높은 다양성에서 지배제품으로, 급진적 혁신에서 점진적 혁신으로
공정	숙련공과 범용 설비에 의존하는 형태에서 미숙련공도 다룰 수 있는 전문화된 설비에 의존하는 형태로
조직	창업가적이고 유연한 유기적인 조직에서 정형화된 과업과 절차를 지닌 위계적이고 기계적인 조직으로
시장	다양한 제품과 피드백이 빠르고 세분화되고 불안정한 시장에서 일용품과 비차별적인제품 시장으로
경쟁	독특한 제품을 생산하는 많은 중소기업에서 유사한 제품을 가진 기업들의 과점 형태로

자료: Utterback(1997)의 자료를 김석관(2005)로부터 재인용

그런데 기술의 발전은 하나의 제품수명주기로 끝나지는 않는다. 어떤 기술이 성숙한 다음, 심지어는 완전히 성숙하기도 전에 다른 기술이 등장하여 새로운 제품수명주기를 이끄는 경우도 있다. 예를 들어 아래의 [그림 15-4]와 같이 하

나의 제품수명주기가 구체기 말미에 다다른 다음 새로운 제품수명주기로 대체되는 상황이 등장할 수도 있다. 첫 번째 수명주기에서, 처음에 창업가적이고 유기적인 특징을 보였던 기업은 (만일 살아남는다면) 구체기에 들어 과점 시장을 지배하는 기계적인 조직으로 성장한다. 그런데 두 번째 수명주기가 등장하면 시장은 다시 경쟁적인 형태를 띠기 시작하며, 이때에는 창업가적이고 유연한 유기적 조직이 장점을 발휘하는 상황이 된다. 이런 상황이 되면 경영자는 기계적 조직으로 성장한 기업의 조직을 유연한 조직으로 뒤바꿔야 할까? 구체기의 기계적 조직은 보통 시장을 과점하고 있는 대기업인 경우가 많은데, 대기업을 벤처기업으로 바꾸어야 할까?

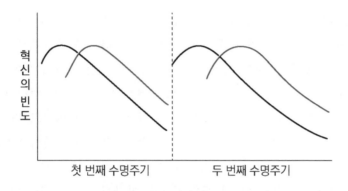

[그림 15-4] 제품수명주기의 대체

자료: Tushman & O'Reilly(1997)의 자료를 수정

이러한 상황에 대처하기 위한 방안으로, 터쉬먼과 오레일리(Tushman & O'Reilly, 1997)는 양손잡이 조직(ambidextrous organization)이라는 조직구조를 제시한다. (이러한 조직구조를 갖추는 전략이라는 의미로 양손잡이 전략이라고도 불린다). 양손잡이 조직은 사실상 하나의 기업이지만 거의 두 개의 다른 회사처럼 행동할 수 있는 조직구조를 말한다.

양손잡이 조직을 구축할 경우, 하나의 조직 내에 서로 다른 조직구조와 시스템을 갖춤으로써, 한쪽은 기계적 조직의 장점을 살리고 다른 쪽은 유기적 조직의 장점을 살림으로써, 환경 변화에 적절히 대처할 수 있다. 예를 들어, 오랜 기간 동안 안정적인 환경에서 시장을 지배해 온 기계적 조직의 대기업이 어느날 갑자기 새롭게 등장한 기술적 기회로 인해 다양한 기업들과의 경쟁에 노출된다면, 양손잡이 조직을 구축함으로써 현재 사업을 유지함과 동시에 새로운 기회에 도전할 수 있게 되는 것이다.

스웨덴의 통신장비 업체인 에릭슨(Ericsson AB) 사례는 양손잡이 조직이 적절히 활용된 예시이다(Nobelius, 2000). 에릭슨은 블루투스(Bluetooth) 기술을 개발할 때 사내에 전담 조직을 만들어 개발을 추진하면서 효과적인 양손잡이 전략을 활용하였다. 에릭슨은 휴대폰 등 모바일 기기 활용 시 선(cable)을 없애고자 누구나 쉽게 사용할 수 있는 무선 기술로서 블루투스를 구상했다. 이를 위해 에릭슨은 1994년 산하의 ECS(Ericsson Mobile Communications)[5]라는 사업부에서 개발을 추진하였다. 처음에는 ECS 내부의 한 개 부서에서 출발하였는데, 이후 에릭슨은 이 부서를 별도의 회사처럼 외부로 내보내게 된다. 이때부터 이 조직은 Skunk Works®로 작동하기 시작하였다. Skunk Works®란 모조직으로부터 분리되어 상당한 권한을 가지고 거의 자율적으로 운영되는 조직을 말하는데, 미국 록히드마틴에서 미군용 항공기 개발을 더욱 빠르게 추진하기 위해 처음 사용하였던 것이다. 에릭슨은 블루투스 개발을 위한 Skunk Works®로 PU 블루투스(Project Unit Bluetooth)를 설립했으며, 모조직인 ECS로부터 독립적으로 유지했다. PU 블루투스는 지리적으로도 ECS가 위치한 Lund로부터 약 15분 정도 떨어진 Ideon 지역에 설립되었고, 별도의 직원을 채용하였다. 실제로 PU 블루투스 직원의 75%는 에릭슨 외부로부터 채용된 인력들이었다. PU 블루투스는 모조직으로부터의 영향력을 받지 않는 상태에서 독자적으로 블루투스 기술을 개발하는 데 성공하였다. 이후 에릭슨은 PU 블루투스가 개발한 기술을 자사의 휴대폰에 통합시키는 작업을 수행함으로써, 양손잡이 전략을 완성하였다.[6]

---

5) ECS는 에릭슨의 소비자 제품 중 휴대전화 부분을 담당하는 사업부이다. 에릭슨은 이 사업부가 독자적으로 경쟁력을 강화하고 생존할 수 있도록 유도하기 위해 에릭슨 본사가 위치한 스톡홀름으로부터 약 700km 떨어진 Lund 지역으로 이 사업부를 이전했다.

6) 통합을 위해 에릭슨 내부에 시스템통합 그룹(Systems Integration Group)과 기능팀(Functionality Team)을 설치해 블루투스를 휴대폰 시스템에 통합하는 작업을 수행하였다. 그리고 PU 블루투스 측에서는 기술위원회(Technology Council)와 기술검토회의(Technology Review meetings)를 설치하여 모조직과 PU 블루투스 간 가교 역할을 하였다. (기술위원회는 PU 블루투스 측은 물론 모조직 측의 인사도 포함되어 있었다).

4. 신제품 개발 팀 운영

신제품 개발은 개별적으로 이루어지는 연구개발이나 마케팅 수준을 넘어, 회사 내의 다양한 기능이 통합적으로 움직이는 활동이다. 연구개발 부서에서 개발한 원천기술이 있다고 하더라도 소비자 니즈를 반영하기 위해서는 마케팅 부서의 지원이 필수적이며, 제품 원형이 만들어졌다고 하더라도 실제 현장에서 생산 가능하도록 설계하기 위해서는 생산 부서의 역할도 중요하다. 이외에 재무나 기획 등 기타 부서와의 협력도 빼놓을 수 없다. 따라서 신제품 개발은 연구개발은 물론 생산관리, 마케팅, 재무, 기획 등 여러 기능이 필요하기 때문에, 부서 간 경계를 넘는 협력이 필요하다.

다양한 기능 간 통합을 위해 기업에서는 다기능팀(cross-functional team)이라는 팀 조직을 구성하는데, 클락과 휠라이트(Clark & Wheelright, 1992)는 크게 네가지의 형태를 제시하였다.

첫 번째는 기능적 팀(functional team)이다. 기능적 팀은 기존에 존재하는 부서의 팀원들로 구성되는데, 별도의 프로젝트 관리자 없이 운영된다. 구성원들은 기존 소속 부서 업무를 주로 수행하는 가운데 업무 시간의 약 10% 정도만 팀활동에 배분하며, 구성원들에 대한 평가는 여전히 기존 부서 책임자가 담당한다. 기능적 팀은 팀은 일시적으로 운영되는 경우가 많다.

두 번째는 경량급 팀(lightweight team)이다. 경량급 팀도 기존에 존재하는 부서 소속의 팀원들로 구성되는 점은 기능적 팀과 동일한데, 별도의 프로젝트 관리자가 있다는 점이 다르다. 팀 구성원들은 여전히 기존 소속 부서에서 근무하나, 프로젝트 관리자의 조정과 통제하에 전체 시간의 약 25% 정도를 팀 업무에 사용한다. 경량급 팀에서도 구성원들에 대한 평가는 기존 부서 책임자가 담당하며, 이 팀도 일시적으로 운영되는 경우가 많다.

세 번째는 중량급 팀(heavyweight team)이다. 중량급 팀은 구성원들이 기존의 팀에서 차출되어 프로젝트 관리자와 함께 근무하는 형태이다. 중량급 팀의 관리자들은 조직 내 고위급인 경우가 많으며, 프로젝트를 위한 자원 확보, 팀원 평가, 보상에 대한 상당한 권한을 가진다. 구성원들은 업무시간을 모두 프로젝트에 사용한다. 그러나 중량급 팀은 팀 지속 기간이 상당히 길지만 여전히 일시적이기 때문에, 팀 구성원의 평가에 대해서는 프로젝트 관리자는 물론 기존 소속 부서 책임자의 영향력도 크게 작용한다.

　네 번째는 자율형 팀(autonomous team)으로, 종종 타이거 팀(tiger team)이라고도 불린다. 자율형 팀에서는 조직 내 상급 관리자가 프로젝트 관리를 담당하며, 구성원들은 기존의 부서가 아닌 프로젝트 팀에 영속적으로 배치되어 신제품 개발 관련 업무만을 담당한다. 프로젝트 관리자는 팀에 필요한 자원, 소속 구성원에 대한 전적인 통제 권한을 갖는다. 따라서 구성원들에게 기존 부서의 영향

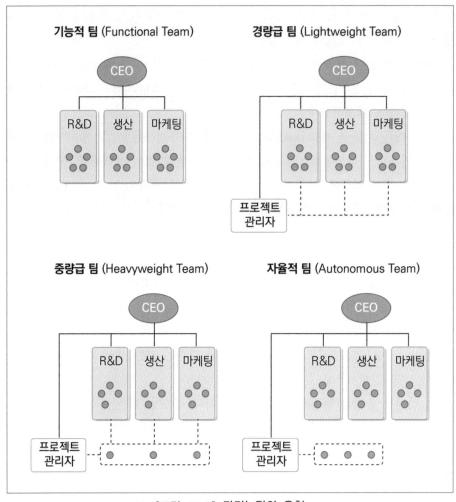

[그림 15-5] 다기능팀의 유형

자료: Clark & Wheelwright(1992), Schilling(2013)

력은 없다. 이 팀은 조직 내 부서처럼 영구적으로 유지된다.

　네 가지 팀 형태별로 특성이 다르므로, 기업들은 신제품 개발 프로젝트의 성격과 팀의 특성을 고려하여 적절한 것을 선택해 사용하면 된다. 신제품 개발 프로젝트의 규모가 크고 중요할수록 기능적 팀보다는 자율적 팀이 적합하다. 따라서 일시적인 파생 프로젝트는 기능적 팀이나 경량급 팀을, 중대한 혁신 프로젝트일수록 중량급 팀이나 자율적 팀을 사용하는 경우가 많다.

16 기술혁신과 글로벌화

1. 글로벌화

글로벌화란 이전에는 폐쇄적이거나 독자적이었던 국가나 지역이 점차 다른 국가나 지역과 상호의존적이거나 통합적인 형태로 변화하는 추세를 의미한다. 글로벌화는 정치, 사회, 문화 등 다양한 측면에서 살펴볼 수 있지만, 경영이나 경제 분야에서는 주로 시장의 글로벌화와 생산의 글로벌화에 대해 논의를 전개해 왔다. 국제경영 분야에서 힐 등(Hill et al., 2012)은 시장의 글로벌화와 생산의 글로벌화에 대해 다음과 같이 설명하였다.

시장의 글로벌화(globalization of market)란 기존에 국가별로 구분되어 독자적으로 존재하던 시장들이 하나의 글로벌 시장으로 통합되는 추세를 의미한다. 최근 많은 제품이나 서비스들은 국가별 소비자들의 소비 패턴에 커다란 차이가 없어 국가별 시장을 구분하는 것이 별 의미가 없다. 맥도날드 햄버거, 스타벅스 커피는 물론 유튜브, 페이스북, 인스타그램 등의 서비스나 삼성전자의 메모리 반도체 등도 특정 국가 시장에 의존하지 않고 있다.

생산의 글로벌화(globalization of production)란 전세계에 다양하게 분포하는 생산요소들을 효율적으로 활용하거나 세계 여러 국가에서 생산 활동을 전개하는 것을 의미한다. 이러한 활동들을 통해 기업들은 희소한 자원을 확보하거나, 원가 구조를 개선하거나, 시장을 확보함으로써 경쟁력을 향상하고자 노력해 왔다.

1920~30년대까지만 하더라도 세계 각국은 자국 산업을 보호하려는 목적으로 해외 무역과 투자에 대한 높은 장벽을 구축하고 있었다. 1910년대 미국의 관세는 44%였고, 프랑스, 독일, 스웨덴 등의 관세율도 20% 이상이었다. 그러나 이

후 "관세와 무역에 관한 일반협정(GATT)", "우루과이 라운드(Uruguay Round)", "국제무역기구(WTO)" 창설 등을 거치면서 해외시장에 대한 접근성이 확대되었다. 또한 20세기 후반 냉전의 종식, 중국의 부상 등 사건이 있었고, 교통과 통신이 발달함에 따라 글로벌화는 점차 가속화되었다.

21세기에 들어선 세계는 이전에 보기 힘들었던 수준의 글로벌화를 목격하고 있다. 자동차, 조선 등 덩치 큰 분야에서만 글로벌화가 진행되는 것이 아니라, 누구나 접할 수 있는 생필품 분야조차도 글로벌화를 떼어 놓고 생각할 수 없는 수준이 되었다. 이러한 배경에서 그간 기업 경영 분야에서 글로벌화가 중요한 화두로 등장했던 것이다.

그러나 글로벌화에 따른 선진국과 후진국 간 격차 등과 같은 문제점이 등장하기 시작했고, 최근에는 급기야 영국의 EU 탈퇴, 미중간 갈등, 미국의 자국중심주의, COVID-19 등이 발생하면서 글로벌화가 정체 또는 후퇴될지도 모른다는 일부의 의견이 있다. 그렇다면 기업 경영과 관련하여 더 이상 글로벌화에 대한 논의는 필요 없게 된 것일까? 기존에 글로벌화가 확대되던 시기, 이 주제에 관심을 가졌던 이유는 단지 글로벌화가 확대되었기 때문만은 아니다. 글로벌화의 확장이 기업 경영과 우리의 삶에 큰 영향을 미쳤기 때문이다. 그렇다면 만일 글로벌화가 후퇴된다고 하더라도 그것이 그간 글로벌화에 대응해 왔던 기업들에게 미치게 될 영향은 막대할 것이다. 따라서 앞으로 글로벌화가 더 진전되건 정체하건 후퇴하건, 글로벌화에 대한 이해는 필수적이라 할 것이다.

참고

기술세계주의와 기술국가주의

- 테크노-글로벌리즘(Techno-globalism)=기술세계주의
  - 발명과 혁신에 있어서 글로벌화가 가속화되는 현상을 의미함 (Archibugi and Michie, 1995).
  - 기술세계주의에 중점을 두는 국가는 기업이나 연구소가 국제기술협력을 추구하도록 장려함.
- 테크노-내셔널리즘(Techno-nationalism)=기술국가주의
  - 기술혁신을 가져오는 국가 특유의 제도(혹은 환경)을 국가 경쟁력 결정의 핵심요소로 보는 관점.

- 기술국가주의에 중점을 두는 국가는 자국의 기술혁신 능력 향상을 위해 국가가 적극적으로 지원함. 자국 우선주의 (일본에서 시작되어 동아시아 신흥공업국으로 확산) (김정홍, 2005, pp.239-240)

2. 기술혁신의 글로벌화

기존의 글로벌화는 주로 시장의 글로벌화와 생산의 글로벌화에 초점을 두어 왔다. 그런데 최근까지 기업 경영에서 기술의 중요성이 급격히 증대되어 온 상황이다. 그렇다면 기술혁신의 글로벌화에 대해서는 어떠한 논의가 전개되어 왔을까?

일반적인 경제학 관점에서는 기술은 자본이나 재화처럼 쉽게 이동 가능하므로 기술혁신도 쉽게 글로벌화될 수 있을 것으로 예상할 수 있다. 본서의 제1장에서 간략히 소개한 것과 같이, 일반 경제학(신고전파 경제학)에서는 기업은 암흑상자, 즉 black box로 이해된다. 기업은 black box로, 이 안에서는 투입요소가 산출물로 변환되는데, 이 과정은 바로 기술의 영역이라고 볼 수 있다. 그런데 이 부분이 black box로 처리되었다는 말은 이 안쪽에서 어떠한 일이 벌어지는지 큰 관심이 없음을 의미한다. 즉 기술은 기술을 주어진 것(given), 누구나 자유롭게 사용할 수 있도록 허용된 것(freely available), 혹은 신께서 내려 주신 양식(manna from heaven)으로서, 누구나 필요하면 쉽게 가져다 쓸 수 있는 것이라는 이야기이다. 이러한 이유로 기술혁신은 쉽게 글로벌화될 수 있다고 볼 수 있다.

반면 기술혁신학 분야의 관점에서는 기술은 자본이나 재화처럼 그리 쉽게 이동할 수 있는 것이 아니라고 생각한다. 기술은 "지식"으로서 공식화된 형태로 존재하기도 하지만 암묵적이기도 하다. 특히 중요한 것은 바로 암묵적인 지식인데, 암묵적인 지식은 글자나 그림으로 표현되기 어려워 주로 사람의 잠재의식속에 존재한다. 따라서 기술은 특정 인력이나 기업에게 내재되어 다른 곳으로 쉽게 전파되지 못하며, 한 곳에 머무르려고 하는 sticky한 특성을 갖고 있다 (Bathelt et al., 2004). 이로 인해 근접성을 바탕으로 한 상호작용이 중요하다고 한다. 따라서 기술혁신은 쉽게 글로벌화되기 어렵다고 볼 수 있다.

그렇다면 실제로 기술혁신의 글로벌화는 일어나고 있는가, 그렇지 않은가? 일부 기술혁신학자들의 연구(Patel & Pavitt, 1991)에 의하면, 국가별 주요 대기업의 연구개발 활동은 주로 자국에 집중되어 있다고 한다. 또한 20세기 후반 이후부터 미국의 실리콘 밸리 등 지리적 근접성에 기반한 클러스터의 성공에 힘입어 (Saxenian, 1994), 지역화가 유럽, 아시아 등으로 급격하게 확산되기도 하였다. 일부는 이를 두고 반글로벌화(non-globalization)의 사례라고 하기도 한다.

반면 대기업들이 해외에서 연구개발을 수행하는 경우가 늘어나는 것은 현실이며, 해외 특허도 분명히 증가하고 있다. 또한 특허를 시계열로 분석해 보면 연구개발 활동 및 특허출원 활동의 글로벌화가 분명히 증가 추세에 있음을 보여주는 연구도 있다(Archibugi & Michie, 1995). 일부는 이를 근거로 기술혁신 글로벌화의 증거라고 이야기한다.

그렇다면 기술혁신은 과연 글로벌화되어 왔는가 그렇지 않은가? 상기의 증거들은 서로 상반된 주장을 하는 것처럼 보이지만, 사실상 동일한 현상을 보여주는 근거라고 할 수 있다. 기술혁신에 있어서의 글로벌화는 모든 국가나 지역이 균일해지고 있다거나 하나의 똑같은 상태로 수렴함을 의미하지 않는다. 대신 다양한 기술혁신활동이 세계적으로 산재되어 지역별 전문화가 심화되는 가운데, 지역별로 서로 다른 혁신활동이 모두 증가 추세에 있는 것으로 보아야 할 것이다(Archibugi et al., 1999). 예를 들어 한국은 반도체와 LCD, 미국의 실리콘밸리나 영국 케임브리지는 IT 및 바이오, 이스라엘 텔아비브와 하이파는 네트워크 보안과 방위산업, 대만은 주문형 반도체와 컴퓨터 부품, 소피아앙티폴리스와 스톡홀름은 텔레콤, 뉴질랜드는 디지털 영상기술, 인도 뱅갈로르와 아일랜드는 소프트웨어에 각각 전문화되어 있으며, 모든 지역에서의 혁신활동은 증가하고 있다. (지역별 전문화 현황은 달라질 수 있다). 또한 연구개발 활동에 있어서 국경을 넘어선 기관 및 개인들 간 협력이 급격히 증가해 왔다. 지식은 한 지역 내에서 전파되는 경우가 많으나, 지식 가운데 비점진적(non-incremental)인 지식은 지역 내 전파보다는 지역 간 파이프라인을 통해 흐르는 경우가 자주(often) 발생한다(Bathelt et al., 2004). 종합적으로 글로벌화(globalization)와 지역화(localization)가 혼합된 글로컬라이제이션(glocalization)이 진행되고 있다고 볼 수도 있다.

지리적 근접성과 집적경제

비즈니스의 세계화가 확대되는 가운데, 지역화 역시 급격히 확대되었다. 미국 실리콘밸리의 성공에 자극받은 각국에서는 경쟁적으로 지역별 혁신 클러스터를 조성하였고, 국가 수준은 물론 지역 수준에서도 혁신체제를 구축하려는 노력이 진행되어 왔다. 이러한 노력의 근거는 바로 지리적 근접성에 기반한 집적경제 효과라는 것이다.

지식은 sticky한 특징이 있기 때문에 먼 곳까지 잘 전파되지 않고, 서로 인접한 기업 사이에서 혁신적 정보를 공유하는 장점이 발생한다. 이에 신규 기업들이 인근에 더 자리를 잡거나 외부로부터 이주해 들어오게 되며, 공급자와 유통업자 등 새로운 시장이 같은 지역 내에 형성된다. 이는 인근 지역에 관련 인력 수요를 증가시키며, 이에 따라 이 지역 고용과 세수가 증가하고, 지역의 편의시설이나 인프라가 개선되는 효과가 있다. 이에 더 많은 기업들이 이 지역에 자리 잡게 됨으로써, 혁신적인 지역으로 성장하게 된다. 이렇게 기업들이 지리적으로 가까이 위치함으로써 얻을 수 있는 긍정적 효과를 집적경제(agglomeration economy) 효과라고 한다.

국제 공동연구개발 증가 추세

정부출연연구기관, 연구개발 글로벌화 가속
최근 10년간 국제공동연구 통한 연구성과 및 영향력 증가

(기사 일부 발췌 및 정리)

• 교육과학기술부 기초기술연구회 산하 13개 정부출연연구기관의 연구자들이 1999년부터 2008년까지 최근 10년간 국제 학술지에 발표한 SCIE(과학논문인용색인 확장판) 논문은 총 1만 8천 672편으로 해마다 꾸준히 증가해 왔다. 이 중 국제공동연구 논문의 비중은 17.5%(237건, 1999년)에서 23.6%(566건, 2008년)으로 높아졌다. 우리나라 연구개발의 글로벌화가 가속되고 있음을 보여주고 있다.

• 국제공동연구의 점유율 면에서 물리학과 화학 분야의 다학제적 연구가 약 2배 증가했다. 이는 기초기술의 복합화 경향을 반영하는 것으로, 기초기술을 통한 신규 분야나 하이브리드 분야의 출현을 예상할 수 있다. 그리고 주제분야별 기준으로 국제공동연구가 가장 활발히 이뤄진 분야는 천문학·천체물리학이다. 응용물리학, 재료과학 등 상위 14개 분야가 전체(180개 분야) 국제공동연구의 약 50%를 차지하는 등 기

술별 특성이 강하게 나타났다.

- 국제공동연구의 상대가 속한 국가는 1999년 32개국에서 2008년 65개국으로 10년 동안 2배 증가했다. 연구협력 비중이 높은 국가는 미국, 일본, 중국이며 이들 3개국의 비중은 2분의 1 정도로, 협력 규모 면에서 꾸준한 강세를 보였다. 또한 상위 10개국과의 논문은 전체의 77%를 차지하며, 최근 들어 인도, 대만 및 유럽국가 간의 협력 비중이 증가를 보였다. 국제연구협력 국가의 다변화는 과학의 연계 또는 네트워킹이 증가했음을 보여준다.

- 국제공동연구를 통한 논문의 세계적 영향력이 국내 연구자간 협력이나 단독논문보다 높게 나타났다. 학술지의 영향력과 질적 수준을 나타내는 대표적인 과학지표인 피인용지수에서 국제협력논문은 2.16으로, 한국인 단독논문(1.61)보다 1.34배가 높았다. 해외 연구자들과의 폭 넓은 연구교류가 연구개발 능력을 선진화하고 연구경쟁력을 높이게 된다는 사실을 알 수 있다.

출처: 〈사이언스타임즈, 2016.5.30.〉
https://www.sciencetimes.co.kr/?news=%EC%A0%95%EB%B6%80%EC%B6%9C%
EC%97%B0%EC%97%B0%EA%B5%AC%EA%B8%B0%EA%B4%80-%EC%97%B0%
EA%B5%AC%EA%B0%9C%EB%B0%9C-%EA%B8%80%EB%A1%9C%EB%B2%8
C%ED%99%94-%EA%B0%80%EC%86%8D&s=3D

3. 기술혁신 글로벌화의 형태

아치부기와 미치(Archibugi and Michie, 1995, 1997, 1999)는 과학기술 글로벌화를 아래와 같은 세 가지 분류로 정리하였다.

〈표 16-1〉 기술혁신 글로벌화의 형태

분류	주요 주체	형태
혁신의 국제적 활용	민간기업, 개인	• 혁신적 제품의 해외 수출 • 라이센스 이양, 특허 사용권 제공 등 (국제 기술이전) • 혁신적 제품의 해외 생산
혁신의 국제적 창출	주로 다국적기업	• 국내 및 해외 연구개발 및 다양한 혁신활동 • (특히) 해외 연구소 인수 및 신설을 통한 해외 연구개발 투자
글로벌 과학기술 협력	대학 및 공공연구소	• 공동연구 프로젝트 • 연구원 방문 및 교환 • 학생들의 국제적 이동
	국적기업 및 다국적기업	• 특정 혁신을 위한 조인트벤처 • 기술정보 및 장비 교환을 위한 협정 • 연구개발 제휴

자료: Archibugi and Iammarino(2002)

첫 번째는 혁신의 국제적 활용(International exploitation of nationally produced innovations)이다. 이는 한 국가 내에서 만든 혁신을 여러 국가에 걸쳐 활용하는 것을 의미한다. 주요 형태는 혁신적인 제품의 해외 수출, 라이센스 이양이나 특허 사용권 제공 등 국제적 차원의 기술이전, 혁신적 제품의 해외 생산 등이다. 흔히 혁신, 생산, 비즈니스, 소비는 한 국가 내에서 발생한다고 생각할 수 있는데, 혁신의 위치와 생산, 비즈니스, 소비의 위치는 다를 수 있다. 어떤 국가에서 만들어진 혁신적 제품을 다른 나라에서 사용함으로써 혁신으로부터의 혜택을 얻을 수 있고, 한 국가의 기술이 다른 나라에서의 생산활동에 사용됨으로써 추가적인 혁신을 달성할 수도 있다. 이러한 활동은 주로 민간기업과 개인에 의해 이루어진다.

두 번째는 혁신의 국제적 창출(global generation of innovation)이다. 이는 혁신을 만들어 내는 활동이 여러 국가에 걸쳐 일어나는 것을 말한다. 국제적 창출의 주요 형태는 국내 및 해외 연구개발 활동, 해외 연구소 인수, 신설을 통한 해외 연구개발 투자 등으로, 이는 주로 다국적기업들의 활동이다. 다국적기업들은 국내 연구소에서는 물론 해외에서도 연구개발을 수행한다. 종종 해외의 연구소를 인수하기도 하고, 연구소를 신설함으로써 해외에서의 연구개발에 투자하기도 한다.[1] 예를 들어 현대자동차는 한국에 중앙연구소를 가지고 주요 연구개발을 진행하고 있지만, 미국, 유럽(독일), 일본, 인도, 중국에 기술연구소를 보유하고 있다. 이외에 많은 다국적기업들은 세계 각 지역별로 전문화된 분야를 고려하여 해외 연구소를 운영하고 있다. 이스라엘의 경우 텔아비브, 하이파 등 주요 도시에 다국적기업들의 연구소가 설립되어 운영되고 있다.

〈표 16-2〉 다국적기업의 해외 연구소 운영 예시 (이스라엘)

기업	인텔	IBM	마이크로소프트	구글
종업원 수	3,000명	1,000명	600명	250명
연구 분야	반도체 개발	스토리지, 의료, 물인프라 관리	기업용 SW, 안티바이러스	검색, 분석, 네트워크자동화
비고	인텔 최초의 해외 연구소	하이파 연구소는 IBM 전체 연구소 중 두 번째 규모	마이크로소프트의 3대 전략 연구소 중 하나	검색분야 연구소로는 세계 최대 규모

자료: KOTRA 해외시장 뉴스(2012)[2]

세 번째는 글로벌 과학기술 협력(global techno – scientific collaborations)이다. 앞의 혁신의 국제적 창출은 다국적기업이 자신의 지배구조 내에서 국제적으로 수행하는 혁신활동인 반면, 글로벌 과학기술 협력은 다른 기관 및 조직과의 협력에 대한 것이다. 이는 대학 및 연구소가 주축이 되기도 하고 국적 및 다국적기업이 주축이 되기도 한다. 대학 및 공공연구소는 해외와의 공동연구 프로젝트 수행, 연구원 방문 및 교환, 학생들의 국제적 이동 등을 통해 협력을 수행한다. 국적 및 다국적기업들은 혁신을 위한 조인트벤처, 기술정보 및 장비 교환을 위한 협정(일종의 전략적 제휴), 연구개발 제휴 등을 통해 과학기술 협력관계를 구축한다.

---

1) 참고로, 인수는 acquisition이라고 하고 신설투자는 greenfield investment라고 한다.

2) https://news.kotra.or.kr/user/globalBbs/kotranews/6/globalBbsDataView.do?setIdx=322& dataIdx=118072&pageViewType=&column=&search=&searchAreaCd=&searchNation Cd=&searchTradeCd=&searchStartDate=&searchEndDate=&searchCategoryIdxs=&sea rchIndustryCateIdx=&searchItemCode=&searchItemName=&page=1&row=0

4. 다국적기업의 조직화 전략

전절의 기술혁신 글로벌화의 형태 중 두 번째, 혁신의 국제적 창출은 다국적 기업이 자신의 지배구조하에서 국제적 혁신 창출을 하는 형태이다. 이는 특정 기업의 지배구조하에 있지만 지역적으로는 멀리 떨어진 혁신활동들을 조정하고 통제해야 하는 것이기 때문에 별도의 조직화 형태가 필요하다. 예를 들어 바틀 렛과 고샬(Bartlett & Goshal)이 제시한 다국적기업의 조직화 전략을 사용하는 것 이다(Archibugi & Pietrobelli, 2003). 다국적기업의 조직화 전략은 현재 세계를 위한 중앙(center-for-global), 지역별(local-for-local), 지역적 활용(locally leveraged), 국제적 연결(globally linked) 전략 등 총 네 가지로 정리되어 있다(Bartlett & Beamish, 2011).

세계를 위한 중앙 전략은 다국적기업의 혁신활동이 중앙에 집중되어 이루어 지는 것이다. 이렇게 할 경우 다국적기업 내 모든 연구개발 활동을 조정하고 통 제할 수 있으며, 부서들 간 중복을 피하고, 전사적 자원과 역량을 효율적으로 활 용하여 연구개발을 수행할 수 있다. 이러한 장점에도 불구하고 지역별 특유의 니즈를 반영하지 못할 수도 있고, 시장의 요구에 민첩하게 대응하지 못할 수도 있다.

지역별 전략은 상기의 세계를 위한 중앙 전략과는 달리 각 지역별 지사들이 지역 상황에 적합한 연구개발을 수행하는 것이다. 이 전략을 사용할 경우 지역별 시장의 요구에 민첩하게 대응할 수 있고, 지역별 니즈를 반영할 수 있다는 장점 이 있다. 그러나 같은 기업 내 불필요한 중복 활동이 발생할 수 있고, 동원할 수 있는 자원과 역량의 한계로 인해 효율적인 혁신을 수행하지 못할 수도 있다.

지역적 활용 전략은 상기 두 전략의 장점을 결합하고자 하는 시도이다. 이 전략을 사용하는 경우 각 지역에서 지역별로 혁신 가운데 가장 창의적이고 혁신 적인 것을 취하여 이를 다국적기업 전체에 활용한다. 예를 들어 미국의 대표적 인 전자제품 유통점인 베스트 바이(Best Buy)는 유럽의 카폰웨어하우스 (Carphone Warehouse)라는 휴대폰 유통업체를 인수하여 활용한 사례가 있다.[3] 카폰웨어하우스는 당시만 해도 유럽 내 약 2,000개의 매장을 가진 대규모 기업 이었다. 베스트 바이는 처음에 유럽시장 진출을 위해 이 회사를 인수했으나, 곧

---

3) Bartlett & Beamish(2011, p.393)

이 업체를 다른 방식으로 이용할 수 있을 것임을 이해하였다. 카폰웨어하우스의 유럽 시장 휴대폰 유통 노하우를 이용하여 베스트 바이 모바일(Best Buy Mobile)을 설립한 뒤 미국 전체 시장에 사용한 것이다. 이는 유럽 지역 "지사"의 역량을 "본사"로 끌고 들어온 다음 "전체 지사"에 활용한 예시이다(물론 후일 베스트 바이는 유럽 사업을 매각하기는 하였다).

국제적 연결 전략은 연구개발을 분권화시키고 각 지역 연구소(지사)별로 서로 다른 역할을 담당케 한 다음, 각 지역별 역량을 연계시켜 신제품을 개발하도록 한 뒤 전세계에 확산시키는 것이다. 연구개발은 분권화되어 있으나, 각 지사별 역량을 연계시키는 데에는 본사가 조정 역할을 맡기도 한다. P&G의 세제 개발 사례가 이 예시이다.[4] P&G는 일본, 유럽, 미국에 걸쳐 각 지역별 다양한 기술역량을 개발해 두고 있었다. 이는 각 지역별 세탁 문화가 달랐기 때문이다. 일본인들은 찬물에 세탁을 하였기 때문에 일본 지역을 위해서는 강력한 기름때 제거를 위한 계면활성제를 개발해 두었다. 반면 유럽인들은 전면 도어형(front-loading) 세탁기에 더운물을 사용해 세탁을 하기 때문에 그러한 환경에 적합하면서 효소, 연수제, 표백제가 들어간 제품을 개발하고 있었다. 미국에서는 이렇게 서로 다른 역량을 통합하여 재오염 방지가 가능한 새로운 글로벌 세제를 개발하게 된 것이다. 이 제품은 미국에서는 Liquid Tide, 유럽에서는 Liquid Ariel, 일본에서는 Liquid Cheers로 출시됐다.

---

4) Bartlett & Beamish(2011, p.394)

참고문헌

Aghion, P., Bloom, N., Blundell, R., Griffith, R., and Howit, P. (2005), "Competition and innovation: an inverted-U relationship", The Quarterly Journal of Economics, 120(2), pp.701-728.

Alfaro, L., Chanda, A., Kalemli-Ozcan, S., Sayek, S. (2004), "FDI and economic growth: the role of local financial markets", Journal of International Economics, 64, pp.89-112.

Archibugi, D. and Michie, J. (1995), "The globalisation of technology: a new taxonomy", Cambridge Journal of Economics, 19, pp.121-140.

Archibugi, D. and Pietrobelli, C. (2003), "The globalisation of technology and its implications for developing countries: Window of opportunity or further burden?", Technological Forecasting and Social Change, 70, pp.861-883.

Archibugi, D., Howells, J., and Michie, J. (1999), Innovation Policy in a Global Economy, Cambridge, UK: Cambridge University Press.

Arghibugi, D. and Iammarino, S. (2002), "The globalization of technological innovation: definition and evidence," Review of International Political Economy, 9(1), pp.98-122.

Auyang, S. (2004), Engineering an Endless Frontier, Cambridge, MA: Harvard University Press.

Bartlett, C. A., and Goshal, S. (2002), Managing Across Borders: The Transnational Solution, Boston, MA: Harvard Business School Press.

Bathelt, H., Malmberg, A., Maskell, P. (2004), "Clusters and knowledge: local buzz, global pipelines and the process of knowledge creation", Progress in Human Geography, 28(1), pp.31-56.

Bell, M. and Pavitt, K. (1993), "Technological accumulation and industrial growth: Contrasts between developed and developing countries", Industrial and Corporate Change, 2(2), pp.157-210

Borensztein, E., De Gregorio, J., and Lee, J. (1998), "How does foreign direct investment affect economic growth?", Journal of International Economics, 45, pp.115－135.

Breschi, S., Malerba, F., Orsenigo, L. (2000), "Technological regimes and Schumpeterian patterns of innovation", The Economic Journal, 110, pp.388－410.

Burns, T. and Stalker, G. M. (1961), The Management of Innovation, London: Travistock.

Bush, V. (1945), Science, the Endless Frontier: a Report to the President, Washington, United States Government Printing Office.

Byrne, B. M. & Golder, P. A. (2002), "The diffusion of anticipatory standards with particular reference to the ISO/IEC information resource dictionary system framework standard", Computer Standards & Interfaces, 24, pp.369－379.

Cargill, C. F. (1989), Information Technology Standardization, Digital Press, MA.

Carr, R. K. (1992), "Doing Technology Transfer in Federal laboratories (part 1)", Technology Transfer, Spring－Summer 1992, pp.8－23.

Chalmers, A. F. (1999), 『과학이란 무엇인가(신중섭·이상원 옮김)』, 서광사.

Chesborough, H. (2003), "Open innovation and intellectual property".

Chesborough, H. (2006), Open Business Models: How to Thrive in the New Innovation Landscape, Boston: Harvard Business School Press.

Christensen, C. M. & Rosenbloom, R. S. (1995), "Explaining the attacker's advantage: technological paradigms, organizational dynamics, and the value network", Research Policy, 24, pp.233－257.

Christensen, C. M. (1992), "Exploring the limits of the technology S－curve, Part I: Component technologies", Production and Operations Management, 1(4), pp.334－357.

Christensen, C. M. (1995), "The Rigid Disk Drive Industry", Business History Review, 67, pp.531－588.

Christensen, C. M. (1997), The Innovator's Dilemma: When New Technologies Cause Great Firms to Fail, Boston, MA: Harvard Business School Press.

Christensen, C. M. and Raynor, M. E. (2003), The Innovator's Solution: Creating and Sustaining Successful Growth, Boston, MA: Harvard Business School Press.

Counterpoint Research (2021), Global Smartphone Market Share: By Quarter, https://www.counterpointresearch.com/global－smartphone－share/ (2021. 2월 4일

접속).

Cristo, J. J., Liker, J. K., and White, C. C. (2001), "Key factors in the successful application of Quality Function Deployment (QFD)", IEEE Transactions on Engineering Management, 48(1), p.81.

Cuhls, K. & Blind Knut (2001), "Foresight in Germany: the example of the Delphi '98 or: how can the future be shaped?", International Journal of Technology Management, 21(7/8), pp.767−780.

Cuhls, K. (2003), "From forecasting to foresight process: New participative foresight activities in germany", Journal of Forecasting, 22, pp.93−111.

Dewar, R. D. and Dutton, J. E. (1986), "The adoption of radical and incremental innovations: an empirical analysis", Management Science, 32(11), pp.1371−1520.

Diana Hicks (2000), "Using Indicators to Assess Evolving Industry−Science Relationships", Presented at German−OECD Conference, Berlin, Germany.

Durham, J. B. (2004), "Absorptive capacity and the effects of foreign direct investment and equity foreign portfolio investment on economic growth", European Economic Review, 48(2), pp.285−306.

Dutrénit, G. (2004), "Building technological capabilities in latecomer firms: a Review Essay", Science Technology & Society, 9(2), pp.209−241.

Dutrenit, G. (2004), "Building technological capabilities in latecomer firms: a review essay", Science, Technology & Society, 9(2), pp.209−241.

Egyedi, T. M. (2007), "Standard−compliant, but incompatible!", Computer Standards & Interfaces, 29(6), pp.605−613.

Fagerberg, J. and Godinho, M. M. (2005), "Innovation and Catching−up", in Jan Fagerberg, D. C. Mowery, and R. R. Nelson, The Oxford Handbook of Innovation, Oxford, UK: Oxford University Press.

Fagerberg, J., Mowery, D. C., and Nelson, R. R. (2005), The Oxford Handbook of Innovation, Oxford: Oxford University Press.

Fagerberg, J., Srholec, M. and Verspagen, B. (2010), "Innovation and Economic Development" in B. H. Hall and N. Rosenberg, Handbook of the Economics of Innovation, Volume 2, Amsterdam: Elsevier, pp.833−872.

Forsyth, D. J. and Verdier, D. (2005), The origins of national financial systems: Alexander Gerschenkron Recondered, London and New York: Routledge.

Foster, R. (1986), Innovation: The Attacker's Advantage, Summit Books, New York.

Graves, A. (1987), "Comparative trends in automotive research and development", DRC Discussion Paper No. 54, SPRU, University of Sussex, Brighton, Sussex.

Henderson, R. M. & Clark, K. B. (1990), "Architectural innovation: the recoonfiguration of existing product technologies and the failure of established firms", Administrative Science Quarterly, 35(1), pp.9－30.

Hicks, D. (2000), "Using indicators to assess evolving industry－science relationships", Joint German－OECD Conference, 16－17 October 2000, Berlin, Germany, https://www.oecd.org/fr/sti/inno/oecdberlinconferenceexpertspresentations.htm

Hobday, M. (1994), "Export－led technology development in the Four Dragons: the case of Electronics", Development and Change, 25(2), pp.333－361.

Hobday, M. (1995), "Innovation in East Asia: diversity and development", Technovation, 15(2), pp.55－63.

Hobday, M. (2003), "Innovation in Asian Industrialization: A Gerschenkronian Perspective", Oxford Development Studies, 31(3), pp.293－314.

Kim, L. (1997), Imiation to Innovation: The dynamics of Korea's technological learning, Cambridge, MA: Harvard University Press.

Kinoshita, Y. (2000), "R&D and Technology Spillovers via FDI: Innvation and Absorptive Capacity", Available at SSRN: https://ssrn.com/abstract=258194 or http://dx.doi.org/10.2139/ssrn.258194

KISTEP (2016), 프라스카티매뉴얼 2015, OECD and 한국과학기술기획평가원.

Kline, S. J. & N. Rosenberg (1986). "An overview of innovation." In R. Landau & N. Rosenberg (eds.), The Positive Sum Strategy: Harnessing Technology for Economic Growth. Washington, D.C.: National Academy Press, pp.275-305.

Koko, A. (1994), "Technology, market characteristics, and spillovers", Journal of Development Economics, 43, pp.279－293.

Kotler, P. and Keller, K. L. (2009), Marketing Management, 13th Edition, London: Prentice Hall.

Lane, J. P. Understanding Technology Transfer. Assist. Technol. 1999, 11, 5-19.

Lee, J., Bae, Z－T., and Choi, D－K. (1988), "Technology development processes: a model for a developing country with a global perspective", R&D Management, 18(3), pp.235－250.

Lee, K., and Lim, C. (2001), "Technological regimes, catching−up and leapfrogging: findings from the Korean industries", Research Policy, 30, pp.459−483.

Leibowicz, B. (2016), "Technology−push, demand−pull and strategic R&D investment", 34th USAEE/IAEE North American Conference, Tulsa, OK.

Leifer, R., McDermott, C. M., O'Connor, G. C., Peters, L. S., Rice, M., and Veryzer, R. W. (2000), Radical Innovation: How Mature Companies Can Outsmart Upstarts, Harvard Business School Press, Cambridge, MA.

Levin, R. C., Cohen, W. M., Mowery, D. C. (1985), "R&D appropriability, opportunity, and market structure: new evidence on some Schumpeterian hypotheses", The American Economic Review, 75(2), pp.20−24.

Liemerman, M. B. & Montgomery, D. B. (1988), "First−mover advantages", Strategic Management journal, 9, pp.41−58.

M. Timko. (1993), An Experiment in Continuous analysis, The Center for Quality of Management, 2(4), 17−20.

Malerba, F. (2004), Sectoral Systems of Innovation: Concepts, Issues and Analyses of Six Major Sectors in Europe, Cambridge university Press.

Malerba, F., and Orsenigo, L. (1993), "Technological regimes and firm behavior", Industrial and Corporate Change, 2(1), pp.45−71.

Malerba, F., and Orsenigo, L. (1996), "Schumpeterian patterns of innovation are technology−specific", Research Policy, 25, pp.451−478.

Malerba, F., and Orsenigo, L. (1997), "Technological regimes and sectoral patterns of innovative activities", Industrial and Corporate Change, 6(1), pp.83−117.

Martin, B. R. (1995), "Foresight in science and technology", Technology Analysis & Strategic Management, 7(2), pp.139−168.

Martino, J. P. (1983), Technological Forecasting and Decision Making, 2nd Edition, New York and Amsterdam: North−Holland.

Masfield et al.(1981), "Imitation Costs and Patents: An Empirical Study", The Economic journal, 91(365), pp.907−918.

Moore, G. A. (1995), Inside the Tornado, Harper Business.

Moriarty, R. and Kosnik, T. J. (1989), "High−tech marketing: Concept, continuity and change," Slaon Management Review, Summer, pp.7−17.

N. Kano, N. Seraku, F. Takashi & S. Tsuji. (1984), Attractive Quality and Must−be

Quality, The Journal of the Japanese Society for Quality Control, 14(2), 39−48.

Nobelius, D. (2003), "An ambidextrous organisation in practice: strategic actions in Ericsson's management of Bluetooth," International Journal of Mobile Communications, 1(1/2), pp.57−90.

OECD (2018), Oslo Manual 2018, 4th Edition, OECD and Eurostat.

Park, T−Y., Lim, H., and Ji, I. (2018), "Identifying potential users of technology for technology transfer using patent citation analysis: a case analysis of a Korean research institute", Scientometrics, 116, pp.1541−1558.

Paul Nightingale (1998), Knowledge and Technical Change: Computer Simulations and the Changing Innovation Process, 박사학위 논문, University of Sussex, UK.

Pavitt, K. (1984), "Sectoral patterns of technical change: Towards a taxonomy and a theory", Research Policy, 13(6), pp.343−373.

Perrow, C. (1967), "A framework for the comparative analysis of organizatrions," American Sociological Review, 32, pp.194−208.

Porter, A. L., Roper, A. T., Mason, T. W., Rossini, F. A., Banks, J. & Wiederholt, B. J. (1991), Forecasting and management of technology, New York: Wiley.

Porter, M. E. (2008), Competitive Advantage: Creating and Sustaining Superior Performance (Republished with new introduction), The Free Press.

Porter, M. E. (2008), Competitive Advantage: Creating and Sustaining Superior Performance, The Free Press.

Prahalad, C. K. and Hamel, G. (1990), "The core competence of the corporation", Harvard Business Review, May−June 1990.

Robbins, S. P. and Judge, T. A. (2014), Organizational Behavior, 16th Edition, Pearson Education.

Rogers, E. (2003), Diffusion of Innovation, 5th Edition, New York, Free Press.

Rosenberg, N. (1982), Inside the Black Box, Cambridge, UK, Cambridge University Press.

Rosenberg, N. (1990), "Why do firms do basic research (with their own money)?", Research Policy, 19, pp.165−174.

Rothwell, R. (1994), "Towards the fifth−generation innovation process," International Marketing Review, 11(1), pp.7−31.

Rothwell, R. (1994), "Towards the fifth−generation innovation process," International

Marketing Review, 11(1), pp.7−31.

Rothwell, R., Freeman, C., Horley, A., Jervis V. I. P., Robertson, A. B., and Rownsend, J. (1974), "SAPPHO Updated − Project SAPPHO Phase II," Research Policy, 3, pp.258−291.

Saxenian, A. L. (1991), "The origins and dynamics of production networks in Silicon Valley", Research Policy, 20, pp.423−437.

Scherer, F. M. (1967), "Market structure and the employment of scientists and engineers", American Economic Review, LVII, pp.524−531.

Schilling, M. A. (2013), Strategic Management of Technological Innovation, Fourth Edition.

Schilling, M. A. (2020), 『기술경영과 혁신전략, 제6판(김길선 옮김)』, McGrow Hill.

Schmookler, J. (1962), "Economic Sources of Inventive Activity", Journal of Economic History, 22(1), pp.1−20.

Schmookler, J. (1966), Invention and Economic Growth, Cambridge: Harvard University Press.

Schön, D. A., "Champions for Radical New Inventions," Harvard Business Review, 41(2), pp.77−86.

Smith, K. (2005), "Measuring Innovation" in Fagerberg, J., Mowery, D. C., and Nelson, R. R., The Oxford Handbook of Innovation, Oxford: Oxford University Press, pp.148−177.

Stevens, G. A. & Burley, J. (1997), "3,000 raw ideas=1 commercial success!", Research−Technology Management, 40(3), pp.16−27.

Tidd, J. and Bessant, J. (2013), Managing Innovation: Integrating Technological, Market and Organizational Change, Wiley and Sons, Chichester, UK.

Tushman, M. L. and Oreilly, C. A. III (1996), "Ambidextrous organizations: managing evolutionary and revolutionary change," California Management Review, 38(4), pp.8−30.

Utterback, J. M. & Abernathy, W. J. (1975), "A dynamic model of process and product innovation", Omega, 3(6), pp.639−656.

Utterback, J. M. & Abernathy, W. J. (1978), "Patterns of industrial innovation", Technology Review, 80(7), pp.2−9.

Utterback, J. M. (1997), Mastering the Dynamics of Innovation(김인수, 김영배, 서의호

공역), 경문사.

Veblen, T. (1915), Imperial Germany and the Industrial Revolution, New York: Macmillan.

von Hipel, E. (2005), Democratizing Innovation, MIT Press.

Wapner, J. (2016), "Technology Transfer: The leap to industry," Nature, 533, S13－S14.

Woodward, J. (1965), Industrial Organization: Theory and Practice, London: Oxford University Press.

Zastow, M. (2016), "Why South Korea is the world;s biggest investor in research", Nature, 534(7605), pp.20－23.

Zhang, Y. (2015), "The principles of scientific management spread forever － to Commemorate the princicples of scientific management be published by the 100th anniversary", Proceedings of the AASRI International Conference on Industial Electronics and Applications, pp. 600－602.

김광두·공명재 (2012), 『산업조직론 － 사례를 중심으로』, 율곡출판사.

김기복 (1992), "컴퓨터 소프트웨어와 관련된 지식재산권 보호에 관한 고찰", 전자통신동향분석, 1992. 1., pp.45－63.

김동진 (2000), "반도체 집적회로 배치설계에 관한 소고", 전기 전자와 첨단 소재, 13(6), pp.14－18.

김민석 (2001), "2000년 이동전화 단말기 시장에서 Nokia의 위치", KISDI IT Focus, 2001년 3월호, pp.68－70.

김범환 (2006), 『IT산업론』, 청목출판사.

김상훈, 이유석, 이지수 (2018), 『하이테크 마케팅』, 박영사.

김석관 (2005), "산업별 기술혁신 패턴의 분석 틀 및 사례", 과학기술정책, 153, pp.84－102.

김석관 (2008), "Chesborough의 개방형 혁신 이론", 과학기술정책, SEP－OCT 2008, pp.2－23.

김영형, 김대영, 유민환, 이동규 (2013), "시나리오 분석을 통한 지역 미래예측 연구: 해운대구 동·서 지역 간의 격차 완화를 중심으로", 한국지방정부학회 2013 추계학술대회 발표논문집, pp.369－396.

김인수 (2010), 거시조직이론, 무역경영사.

김정홍 (2005), 기술혁신의 경제학, 시그마프레스.

김정흠, 김창용, 이승수, 이준환 (2017), "델파이 기법을 활용한 터널 붕괴 위험도 분석을 위한 영향인자 도출에 관한 연구", The Journal of Engineering Geology(지질공학), 27(2), pp.165-172.

김진수, 최종인, 임충재, 고혁진, 이유종 (2019), 『4차 산업혁명 시대의 기술창업론』, 홍릉 과학출판사.

김진우, 강성룡, 김동우, 김예진, 김현동, 박성재, 박승호, 백한나, 서지희, 유광용, 이기영, 이성호, 이원욱, 이혜선, 정찬식, 조인성, 천영준, 최진영, 하태훈 (2017), 『기술경영: 인간중심의 기술사업화』, 박영사.

김호성, 지일용 (2019), "Kano 모델과 잠재적 고객만족개선지수(PCSI)를 활용한 스마트 공 장 지원정책의 품질속성 분석", 한국융합학회논문지, 11(3), pp.9-18.

노지숙, 지일용 (2019), "한국과 선진국 간 고분자 소재 기술의 융합 형태와 기술수준 비교 분석: 특허 정보의 활용", 한국융합학회논문지, 10(3), pp.185-192.

박종국 (2012), 『산업조직론』, 법문사.

박태영 (2014), 『사례를 통한 기술경영의 이해』, 무역경영사.

서규원, (2011), 『특허 지표를 활용한 기술수준 평가 연구방법론의 개발 및 적용』, Issue Paer 2011-14, 한국과학기술기획평가원.

석명섭, 조병휘, 지일용 (2015), "특허 인용 네트워크 분석을 활용한 기술마케팅의 효과성 제고방안에 관한 연구: 다성분 나노구조 코팅재료 공정기술 사례", 한국산학기술학회 논문지, 16(5), pp.3210-3219.

성태경 (2012), "기술사업화 수단으로서의 기술마케팅", 지식재산연구, 7(3), pp.101-129.

손수정, 안형준, 강민지, 김명순, 이세준, 임채윤 (2021), 기술사업화 정책 20년의 성과와 과제, STEPI Insight 제271호, 세종: 과학기술정책연구원.

송위진(1999), 『이동통신 기술개발과정에 관한 연구: 기술정치화 기술학습의 상호작용』, 과학기술정책연구원.

신림항도 외 (1994), 『예술학 핸드북(김승희 역)』, 지성의샘.

신장섭, 장하준 (2004), 『주식회사 한국의 구조조정: 무엇이 문제인가 (장진호 역)』, 창비.

윤남식, 지일용 (2019), "기업별 핵심기술 탐색을 위한 특허의 동시분류 네트워크 분석: 폴 더블 디스플레이 분야에 대한 적용", 한국산학기술학회논문지, 20(4), pp.382-390.

윤석훈, 지일용 (2019), "특허의 정량적 지표와 동시분류 네트워크를 활용한 반도체 세정 장비 분야 국가별 기술경쟁력 분석", 한국융합학회논문지, 10(11), pp.85-93.

이공래 (2000), 『기술혁신이론 개관』, 과학기술정책연구원.

이근 (2014), 『기술경제학의 다양한 접근을 종합한 기술추격론의 재구성』, 과학기술정책연 구원.

이덕희 (2023),『복잡계 네트워크 경제학』, 율곡출판사.

이민우, 지일용 (2019), "TV용 차세대 디스플레이의 지배적 디자인 예측을 위한 소비자 선호속성 분석: 컨조인트 분석의 활용", 한국콘텐츠학회논문지, 19(6), pp. 663 – 675.

이수상 (2012),『네트워크 분석 방법론』, 논형.

이승환, 김병근, 지일용 (2020), "카노(Kano) 모델을 활용한 반도체 증착장비 분야 품질만족 특성 분석: 복합제품시스템(CoPS) 관점에서의 시사점", 한국산학기술학회논문지, 21(5), pp.28 – 38.

이정근 (2016), "세계 라면산업 동향과 우리나라의 라면산업", 세계농업, 제194호, pp.1 – 16.

전선규, 현영석, 정유정 (2011), "한국 및 북미시장에서 제네시스의 포지셔닝과 상표확장 전략", 한국마케팅저널, 13(1), pp.85 – 111.

전유덕 (2011),『산업혁신시스템에서의 고립 회피 : 한국과 일본의 모바일 통신 산업사례』, 박사학위논문, 한국과학기술원.

정선양 (2016),『전략적 기술경영』, 박영사.

정재용, 지일용, 고영욱, 타힐 하미드 (2010),『영상기술의 미래와 R&D 전략』, 영화진흥위원회.

조가원, 조용래, 강희종, 김민재 (2018), 2018년 한국기업혁신조사: 제조업 부문, 한국과학기술정책연구원 STEPI.

조남재 (2014),『기술기획과 로드매핑: 미래는 어떻게 만들어지는가』, 시그마프레스.

조희영 (2020), "한국영화 제작자·감독·배우 네트워크 분석: 2013~2019년 개봉작 중심으로", 한국엔터테인먼트산업학회논문지, 14(4), pp.169 – 186.

지일용, 강민정, 김병근 (2021), "Kano 모델과 잠재적 고객만족개선지수(PCSI)를 활용한 농업 창업 지원프로그램의 만족 패턴과 우선순위 분석", 한국산학기술학회논문지 게재예정.

최용희, 김상훈 (2004), "불연속적 혁신제품의 수용에 대한 실증연구", 경영논집, 38(1), pp.127 – 157.

특허청 (2012), "지식재산권의 손쉬운 이용", 특허청.

한국과학기술정보연구원 (2010),『과학 – 기술 – 산업 간 지식흐름 연계구조 분석체계 개발』

한국지식재산연구원 (2012), 지식재산 경쟁력 및 특성지표 개발: 지식재산 포트폴리오의 특성 분석지표 개발, 한국지식재산연구원.

황혜란, 정재용, 송위진 (2012), "탈추격 연구의 이론적 지향성 및 과제", 기술혁신연구, 20(1), pp.75 – 114.

색인

영문 색인

A

B

C

D

E

저자소개

지일용 교수는 현재 한국기술교육대학교 IT융합과학경영산업대학원에 재직하고 있다. 학사과정 중에는 기계공학을 전공하였고 대학원에서는 과학기술혁신학(STI; Science, Technology and Innovation Studies) 기반의 기술경영 및 기술정책을 전공하였다. 한국기술교육대학교에서는 "기술과 경제", "기술기획프로젝트", "안전환경과 기술기획" 등의 과목을 강의하고 있다.

- 영국 University of Surrey 기술경영학 석사
- 영국 University of Sussex 과학기술정책대학원(SPRU) 산업혁신분석 석사
- 한국과학기술원(KAIST) 경영과학과(IT경영학) 박사
- 산업연구원 부연구위원
- 현재 한국기술교육대학교 부교수
- 공동번역서:『혁신의 경제학: 산업혁명에서 정보혁명까지』(박영사)

제 2 판
기술혁신의 경제와 경영

초판발행   2023년 8월 14일

지은이   지일용
펴낸이   안종만·안상준

편 집   김민조
기획/마케팅   정연환
표지디자인   이수빈
제 작   고철민·조영환

펴낸곳   (주) **박영사**
             서울특별시 금천구 가산디지털2로 53, 210호(가산동, 한라시그마밸리)
             등록 1959. 3. 11. 제300-1959-1호(倫)

전 화   02)733-6771
f a x   02)736-4818
e-mail   pys@pybook.co.kr
homepage   www.pybook.co.kr
ISBN   979-11-303-1848-6 93320

정 가   24,000원